30

ANOS

LUIS NICOLAU PARÉS

O rei, o pai e a morte

*A religião vodum na antiga Costa dos Escravos
na África Ocidental*

COMPANHIA DAS LETRAS

Grafia atualizada segundo o Acordo Ortográfico da Língua Portuguesa de 1990, que entrou em vigor no Brasil em 2009.

Capa
Hélio de Almeida

Foto de capa
Detalhe da ilustração "Équipement des Dahoméens." In: Alexandre L. D'Albéca, *La France au Dahomey*. Paris, Librarie Hachette et Cie., 1895, p. 46.

Mapas
Sonia Vaz

Preparação
Leny Cordeiro

Índice remissivo
Luciano Marchiori

Revisão
Ana Luiza Couto
Jane Pessoa

Dados Internacionais de Catalogação na Publicação (CIP)
(Câmara Brasileira do Livro, SP, Brasil)

Parés, Luis Nicolau
     O rei, o pai e a morte : a religião vodum na antiga Costa dos Escravos na África Ocidental / Luis Nicolau Parés. — 1ª ed. — São Paulo : Companhia das Letras, 2016.

     ISBN 978-85-359-2736-8

     1. África Ocidental — Religião 2. África — Condições econômicas 3. África — Política e governo 4. Brasil — Religião 5. Candomblés 6. Vodu I. Título.

16-02790   CDD-299.6

Índice para catálogo sistemático:
1. Voduns : Religiões de origem africana   299.6

[2016]
Todos os direitos desta edição reservados à
EDITORA SCHWARCZ S.A.
Rua Bandeira Paulista, 702, cj. 32
04532-002 — São Paulo — SP
Telefone (11) 3707-3500
Fax (11) 3707-3501
www.companhiadasletras.com.br
www.blogdacompanhia.com.br
facebook.com/companhiadasletras
instagram.com/companhiadasletras
twitter.com/cialetras

*A Alberto da Costa e Silva, João José Reis, Louis Brenner
e Robin Law, mestres*

Sumário

Lista de mapas, tabelas e figuras   11
Agradecimentos   13
Abreviações   17
Prefácio — Alberto da Costa e Silva   21

INTRODUÇÃO   25

1. O PAI, O REI E A MORTE
    As "famílias" e os processos de centralização política . .   43
    O pai, o chefe-sacerdote e o rei-deus   58
    Os rituais funerários e o culto aos antepassados   68
    A transformação dos ritos funerários no Daomé   84

2. PRÁTICAS RELIGIOSAS NOS REINOS DE ALADÁ
   E UIDÁ (1650-1730)
    Cultos públicos, cultos da casa e deuses "particulares" . .   92
    Identidades religiosas: *hechiceros*, marabus, *vodunons* e
    bokós   99

Processos de adivinhação: do Bo ao Fá,
passando por Legba 106
Primeiros indícios da configuração de cultos
"públicos": Sò e Lissa 120
As árvores, a cura, e a aparente ausência do vodum da
varíola. 125
Conclusão 132

3. ENTRE O REI E A NAÇÃO: A SERPENTE EM UIDÁ E O LEOPARDO NO
DAOMÉ
A prova do rio: de culto transétnico a culto do Estado . . . 136
O culto à serpente no reino de Uidá: importação e
organização 141
O rei e o culto à serpente: tentativa de historicização, c.
1680-1727 150
"Adoção" e controle pelo Daomé dos cultos de povos
conquistados 162
O leopardo Agassu e a realeza: convergência ou
apropriação? 168

4. OS COSTUMES NO REINO DO DAOMÉ
As múltiplas dimensões dos Costumes ou *huetanu* . . 181
Principais características dos Costumes no século XVIII . 186
Processo de ampliação dos Costumes no século XIX . . 199
Sacrifícios humanos sob a ótica da oferenda religiosa . . 212
Sin-kon: o epicentro religioso dos Costumes 217

5. OS NESUHUE, OS *TOHOSU* E A MEMÓRIA RITUAL
Os Nesuhue e a misteriosa aparição dos *tohosu*. 236
Contraponto atlântico: Na Agotimé e a Casa das Minas. . 247

O ritual Nesuhue contemporâneo e a
memória política do reino   255
Pluralismo religioso e discursos de protesto ritual . . .   264

6. A ECONOMIA DO RELIGIOSO E A ESCRAVIDÃO
A economia do religioso e o profissionalismo dos
sacerdotes.   277
Os sacrifícios humanos e a economia ostensiva dos
Costumes.   293
A presença do vodum na economia da escravidão . . .   302
A escravidão e o idioma da escravidão nos cultos aos
voduns   309

7. DESDOBRAMENTOS ATLÂNTICOS, DIÁLOGOS E RECONFIGURAÇÕES
Da Costa da Mina ao Brasil e vice-versa: histórias
conectadas   320
A reconfiguração da coletividade familiar em
comunidade religiosa   327
Emblemas de autoridade oscilando entre o cívico e o
religioso   335
A multiplicidade espiritual e a dinâmica de
fragmentação e agregação   347
A modo de conclusão: a identidade de nação como a
identidade da casa.   354

Notas.   361
Referências bibliográficas.   431
Créditos das imagens   455
Índice remissivo   459

Lista de mapas, tabelas e figuras

Mapa 1: Principais reinos e grupos etnolinguísticos na Costa dos Escravos, séculos XVII-XVIII, p. 45

Mapa 2: Região em torno de Abomé, p. 176

Gráfico 1: Palácios Abomé, Danhome e Agligome, século XVIII, p. 189

Gráfico 2: Palácio Abomé e palácios "externos", c. 1860, p. 226

Tabela 1: Os diversos níveis da organização de parentesco e suas lideranças, p. 61

Tabela 2: Calendário dos Costumes, 1751-1811, p. 201

Tabela 3: Sequência de *sin-kon* em junho de 1850, p. 224

Tabela 4: Sequência de *sin-kon* em janeiro de 1864, p. 225

Tabela 5: Sequência de *sin-kon* em novembro de 1871, p. 225

Tabela 6: Lista de *tohosu*, reis correspondentes e bairros dos *hoga*. Abomé, 1911, p. 237

Figura 1: Ornamentos de crânios e bandeiras do Daomé, c. 1850, p. 88

Figuras 2A e 2B: Agoye, deus dos conselhos. Uidá, c. 1725, p. 113

Figura 3: Bandeja de Fá (Fátè ou ọpọ́n Ifá). Aladá, c. 1650, p. 115

Figura 4: Procissão à grande serpente pela coroação do rei de Judá, realizada em 15 de abril de 1725. Uidá, *c.* 1725, p. 149

Figura 5: Coroação do rei de Judá na Costa da Guiné, no mês de abril de 1725. Uidá, *c.* 1725, p. 156

Figura 6: Procissão pública das mulheres do rei. Abomé, *c.* 1790, p. 193

Figura 7: Procissão das riquezas do rei. Abomé, *c.* 1850, p. 194

Figura 8: Costumes *só-sin.* Vítimas para um sacrifício. Abomé, *c.* 1790, p. 195

Figura 9: Cerimônia do aniversário da morte do pai do rei do Daomé. Abomé, *c.* 1750, p. 196

Figura 10: Último dia dos Costumes anuais para regar as tumbas dos ancestrais do rei. Abomé, *c.* 1790, p. 198

Figura 11: A plataforma do *ato.* Abomé, *c.* 1850, p. 199

Figura 12: *Djeho* dos reis Daho [Dakodonu], Aho [Huegbaja] e Akaba. Abomé, *c.* 1871, p. 221

Figura 13: Altares erguidos em memória dos reis no palácio de Abomé. Abomé, *c.* 1911, p. 228

Figura 14: Casa erguida em honra de um dos fetiches *tohosu.* Abomé, *c.* 1911, p. 228

Figura 15: *Assens* num altar de Gu. Abomé, 1984, p. 232

Figura 16: Vodúnsis com suas *tobosi,* após a última feitoria de gonjaís, em 1914. Casa das Minas, São Luís, Maranhão, p. 250

Figura 17: Trono do rei Guezo. Museu de Abomé, *c.* 1950, p. 263

Figura 18: Sò Bragada. Abomé, *c.* 1908-9, p. 272

Figura 19: Sò Bragada no templo de Zomadonu. Abomé, 1931, p. 272

Figura 20: Sò Bragada nos templos de Zomadonu e Adomu. Abomé, *c.* 1950, p. 273

Figura 21: Bandeira de guerra. Museu Nacional do Rio de Janeiro, 1810, p. 296

Figura 22: Modo de execução no Daomé, *c.* 1850, p. 299

Figura 23: As vítimas do *só-sin.* Abomé, *c.* 1871, p. 301

Figura 24: *Botchios.* Benim, séculos xix e xx. Madeira, corda, argila e pátina sacrificial, p. 308

Figura 25: Procissão dos ministros. Abomé, *c.* 1871, p. 341

Figura 26: *Récades* ou cetros do rei Glele, do rei Behanzin e não identificada, p. 342

Figura 27: Voduns Nesuhue utilizando bengala e lençol. Abomé, *c.* 1950, p. 344

Figura 28: Os voduns Lepon e Arronoviçavá da Casa das Minas com bengala e lençol. São Luís, *c.* 1970, p. 345

Agradecimentos

Este livro é resultado de um longo processo de pesquisa que remonta à década de 1990, quando realizei minhas primeiras viagens ao Benim. Seria, portanto, impossível nomear todas as pessoas que, de uma forma ou de outra, contribuíram nessa caminhada. Cabe, no entanto, citar algumas delas. O trabalho de campo realizado nas cidades de Abomé e Uidá contou com a inestimável ajuda, nas funções de tradução, de Celestin Dako (1995), Simplice Dako (2006) e Constant Legonou (2006, 2007), e com a hospitalidade, em Abomé, da família Legonou. Entre os *vodunons* dos Nesuhue, em Abomé, devo um especial obrigado aos falecidos Mivede, Kpelusi, Abadasi e Semasusi e aos seus descendentes, que anos depois me acolheram como o "amigo do seu pai". Em Uidá, em 1995, realizei uma etnografia na casa do Avimanjenon que muito me ensinou sobre a cultura vodum. Durante minha pesquisa nos arquivos de Porto Novo (2006, 2007) contei com o apoio da École du Patrimoine African (EPA). Entre os amigos no Benim, um especial obrigado a Elisée Soumonni, que nas minhas estadas ali sempre fez eu me sentir em casa. O diálogo com o professor Alexis Adandé e Gabin Djemassé também aportou informações relevantes.

Este livro deve muito à inspiração de Robin Law, que sempre se mostrou solícito a minhas perguntas e pedidos, inclusive buscando informações nos arquivos de Londres e compartilhando resultados da sua pesquisa. A leitura dos seus trabalhos abriu inúmeras portas para a identificação de fontes e sua interpretação. Um obrigado também aos professores Edna Bay, John Henry Drewal, Louis Brenner, Paulo Fernando de Moraes Farias, Karin Barber, Kristin Mann, Peter Geschiere, Mattijs van de Port, Sérgio Ferretti, Roger Sansi e Lucy Duran, que de uma forma ou de outra contribuíram para a pesquisa.

No Brasil, João José Reis sempre acompanhou de perto a gestação do projeto e me aconselhou em diversos aspectos, inclusive com o título do livro. Também o meu especial reconhecimento a Alberto da Costa e Silva pela sua leitura atenta do manuscrito, pelo prefácio e pelo apoio continuado. Os agradecimentos se estendem aos colegas Maria Rosário de Carvalho, Carlos da Silva Junior, Lisa Earl Castillo e Hippolyte Brice Sogbossi, que me ajudou com a transcrição de várias expressões da língua fon. Agradeço também aos membros do grupo de pesquisa "Escravidão e Invenção da Liberdade" do Programa de Pós-Graduação em História e do grupo "Estudos Africanos" do Programa de Pós-Graduação em Estudos Étnicos e Africanos, ambos da Universidade Federal da Bahia (UFBA), pelas suas críticas e comentários às versões preliminares dos capítulos 1 e 6.

A pesquisa foi favorecida pelo desenvolvimento paralelo do projeto "Práticas religiosas na Costa da Mina: Uma sistematização das fontes europeias pré-coloniais 1600-1730". Nesse projeto, por mim dirigido, sediado no Centro de Estudos Afro-Orientais (CEAO-UFBA) e financiado pelo Conselho Nacional de Desenvolvimento Científico e Tecnológico (CNPq), contei com a colaboração dos bolsistas Lia Dias Laranjeira, Vinicius Lins Gesteira e Alan Passos. Seu estímulo foi importante para continuar a minha busca nos relatos dos viajantes.

A redação do livro foi realizada, em grande parte, durante minha residência no National Humanities Center, na Carolina do Norte, entre setembro de 2010 e maio de 2011. Com o suporte da John Hope Franklin Fellowship, o Centro foi um marco excepcional que providenciou as condições ideais para o trabalho intelectual. Um obrigado especial às bibliotecárias Liza Roberston, Brooke Andrade e Jean Houston; aos coordenadores do programa, Kent Mullikin e Lois Whittington, e a todos os *fellows* da turma 2010-1, que muito me estimularam em nossos diálogos, esclarecendo dúvidas e sugerindo leituras, em especial Paul Berliner, Bayo Holsey, Gavin Kelly, Dane Kennedy, Bernard Levinson, Cynthia Radding, Leah Rosenberg, Behnam Sadeghi, Rebecca Scott, Jay Straker, Lewis Taylor, Miguel Tamen e Henry Turner. Durante a estada nos Estados Unidos tive ainda a oportunidade de apresentar o projeto do livro no grupo "Slavery, Diaspora and the Atlantic World", na Duke University, recebendo comentários e sugestões dos professores Charles Piot, Lorand Matory, Vincent Brown e Laurent Dubois. Agradeço também ao Departamento de Antropologia da UFBA por ter me liberado de minhas funções docentes nesse período.

Agradeço a Mariângela Nogueira pela revisão inicial do manuscrito. Um obrigado especial também a Maria Eugênia Santos Conceição, pela amizade, e à minha família em Barcelona, pelo apoio incondicional.

Finalmente, agradeço ao CNPq, que ao longo dos anos tem dado apoio à minha pesquisa, em particular a este projeto, com uma bolsa de Produtividade Científica e com o financiamento das viagens ao Benim em 2006 e 2007.

Abreviações

AOM Archives d'Outre-Mer, Aix-en-Provence
APEB Arquivo Público do Estado da Bahia (Salvador)
BN Biblioteca Nacional (Madri)
BNP Bibliothèque Nationale (Paris)
HCPP House of Commons Parliamentary Papers
IHGB Instituto Histórico e Geográfico Brasileiro (Rio de Janeiro)
MMS Methodist Missionary Society
SOAS School of Oriental and African Studies (Londres)
TCRL The Cadbury Research Library (Birmingham)
TNA The National Archives (Kew)

NOTA: As referências bibliográficas a autores anteriores ao século XX omitem a abreviação do título, exceto quando um autor tem mais de uma obra. As referências a autores do século XX ou posteriores usam a abreviação do título.

Para facilitar a leitura, as palavras em língua gbe que aparecem com mais frequência ao longo do texto utilizam uma grafia portuguesa aproximada, incluindo entre parênteses, após a primeira ocorrência, a sua versão fonética, por exemplo, Nesuhue (*Nèsúxwé*). Na grafia portuguesa desses termos, o /h/ é uma consoante velar sonora e deve se pronunciar com uma leve expiração. A transcrição fonética, por sua vez, segue as convenções ortográficas do dicionário da língua fon de B. Segurola e J. Rassinoux, incluindo as vocais "ɛ" ("e" semiaberto) e "ɔ" ("o" semiaberto). Para distinguir os tons, as vogais podem estar acentuadas com acento agudo, para o tom alto, com acento grave, para o tom baixo, e com acento circunflexo invertido, para o tom modulado. As vogais sem acento indicam o tom médio. Entre as consoantes, as seguintes correspondem a sons distintos do português:

"c" corresponde a "tch," como em *tcheco*.
"ɖ" se pronuncia como /D/, mas colocando a língua na raiz dos dentes.
"g" sempre como em *guerra*, nunca como *general*.
"gb" se pronuncia de uma emissão de voz só ou como /G/ mudo.
"h" se pronuncia como um "r" ligeiro, com uma leve expiração vinda do peito.
"j" se pronuncia como "dj" e quase como "dji".
"kp" se pronuncia de uma emissão de voz só ou como /K/ mudo.
"ny" é uma nasal cuja pronúncia se assemelha ao português "nh".
"s" sempre como "ss".
"w" como em português a palavra *uísque*.
"x" não existe em português, se pronuncia como o jota espanhol.
"y" não existe em português, se aproxima à pronúncia de palavras como *iorubá, iaiá, ioió, Oiá*.

Os topônimos, etnônimos, títulos e nomes de deuses da área gbe também aparecem a primeira vez acompanhados de sua versão fonética, utilizando depois a grafia dicionarizada ou já reconhecida em português (por exemplo, vodum em vez de *vodún*, Daomé em vez de *Danxomè*). Igualmente, alguns dos termos em iorubá são grafados na sua primeira ocorrência com os caracteres fonéticos próprios dessa língua.

Prefácio

Alberto da Costa e Silva

O mundo dos deuses parece imutável. E imutáveis, os ritos que aceitam para dialogar com os homens. Este livro, no entanto, nos oferece outros enredos: os de deuses que não estiveram sempre conosco; que lentamente se foram revelando ou nos tomaram de surpresa; que consentiram em ser furtados dos vizinhos ou ser deles arrebatados pela violência; que se deixaram criar ou fortalecer com nossas preces e oferendas; que inauguraram o nosso sangue no mito e no tempo. Em suas páginas, conta-se como devoções e liturgias, muitas das quais pareciam desenhadas para sempre, mudaram de forma, endereço ou significado, ao compasso das gerações, nesse universo complexo, flexível, dinâmico e aberto às influências externas, o dos africanos falantes dos idiomas do grupo gbe que compartilham a fé nos voduns.

O que se vai ler é uma história das crenças e práticas religiosas desses povos e de como elas moldaram suas instituições e comportamentos políticos e como foram usadas, e até mesmo alteradas, para santificar a concentração do poder e o despotismo dos reis. Quem a escreveu, Luis Nicolau Parés, dedica-se há muitos anos, com carinho, afinco e zelo, ao estudo da religião e dos modos de vida desses povos que, no Brasil, tomaram o nome genérico de jejes e que compreendem, além de outros, os fons, guns, mahis, hulas, huedás, popos, evés, aizos, agolins e savalus. Sobre eles, neste lado do Atlântico, onde chegaram a ser, no século XVIII, entre um terço e metade da população africana de Salvador e do Recôncavo Baiano, Parés já nos dera um outro livro de leitura indispensável: *A formação do candomblé: História e ritual da nação jeje na Bahia.* Nesta sua nova obra, mudamos de mapa, pois ela se passa predominantemente no golfo do Benim, tendo por principais focos de ação os antigos reinos de Aladá, Uidá e Daomé.

Tanto já se escreveu sobre este último, dele mostrando, em diferentes momentos, diferentes retratos, e sobre a sua história, a partir de tradições muitas vezes discordantes, que se poderia considerar uma temeridade voltar ao tema. Parés o faz com bravura e firmeza e nos entrega um trabalho sobre a fé e o poder no Daomé, único, por seu escopo, peso e abrangência, em língua portuguesa.

Desde as primeiras páginas, este livro fascina o leitor. E não só pelas várias histórias que nele se entretecem, mas também pela concisão e clareza com que as recita. Parés gasta pouco para dizer muito. Não precisa mais do que algumas frases para reconstruir com detalhes expressivos um cenário apenas sugerido em suas fontes, ou para expor uma hipótese ou contrariar outra. A economia de meios não o impede, quando necessário, de ser minucioso, nem enfraquece os seus relatos ou argumentos; ao contrário, os aguça. E assim, com afetuoso cuidado, ele nos leva, de página em página, a percorrer o trajeto que vai da veneração aos antepassados da família, da linhagem ou do clã, que encontramos entre os diversos povos de idioma gbe, até o culto aos falecidos reis do Daomé, que, como voduns, eram adorados em cerimônias político-religiosas, os famosos Costumes, que podiam tomar boa parte do ano e eram considerados o mais importante acontecimento do reino. Parés nos ensina como, ao deificar os soberanos anteriores e prestar-lhes, assim como a outros voduns da linhagem real, os ritos mais significativos, se tornava ainda mais poderoso um monarca poderoso, pois, depois de investido como um rei sagrado, qualquer ato contra ele, ademais de um sacrilégio, se tinha, teoricamente, como fadado ao malogro. Isso não impedia as sangrentas disputas pelo palácio, quando da morte de um rei, nem sua deposição por um golpe de Estado. De um desses embates temos ressonância ou continuidade neste lado do Atlântico, com a fundação da Casa das Minas, em São Luís do Maranhão, onde se veneram os voduns da família real do Daomé.

A construção de um reino ferozmente centralizado, onde tudo — simplifiquemos — pertencia, em princípio, ao soberano, e dos rituais da religião de Estado a que servia e da qual se servia, é contada e analisada neste livro com tamanha riqueza de tons, dentro dos limites do que consentia o segredo do convento e do palácio, que qualquer resumo ou comentário o empobrece. Não me atrevo a mais do que a louvá-lo. Em voz alta.

Embora se aplicasse a todas as sociedades humanas, este livro poderia ter por epígrafe o que um daomeano disse, por volta de 1930, a Melville J. Herskovits: "A vida no Daomé está baseada na história, e é a história que governa o país". E não só a história dos homens — arrisca Luis Nicolau Parés. Também a dos deuses, quando a descobrem os homens.

Introdução

Este livro examina as práticas religiosas na antiga Costa dos Escravos, na África Ocidental, mais precisamente na região situada entre os rios Mono e Uemê (*Wĕmɛ̀*), correspondente à parte meridional da atual República do Benim. Nesse pequeno trecho de litoral foi embarcada uma parte significativa dos africanos que chegaram escravizados ao Brasil, em particular à Bahia. Nesse sentido, o livro privilegia os dois séculos que vão de 1650 a 1850, quando o tráfico transatlântico de escravos foi mais intenso, embora o estudo não se restrinja a esse marco temporal. Os principais reinos que dominaram a região nessa época foram Aladá (*Aladà*), depois Uidá (*Xweɖá*), e a partir da década de 1720, Daomé (*Danxomɛ̀*). Nas várias línguas faladas nessas sociedades, os deuses eram chamados de *yɛhwè*, *hùn*, *òrìṣà*, mas o termo mais comum era, como ainda é hoje, vodum (*vodún*). Assim, o principal objetivo do livro é analisar o dinamismo e a historicidade de aspectos discretos da prática associada aos voduns, destacando sua imbricação com a vida política e econômica desses reinos. Em função da ligação histórica do Brasil com a Costa dos Escravos, também conhecida pelos portugueses como Costa da Mina, a última parte do livro aborda questões relativas às repercussões que essas práticas vodum tiveram na Bahia e no Maranhão.

O foco no campo religioso se explica pelo fato de as religiões de matriz africana no Brasil — em grande parte herdeiras de práticas dessa região — constituírem um elemento crucial tanto da identidade cultural da população afrodescendente como do imaginário nacional. Por outro lado, o universo religioso afro-brasileiro, na sua valorização cosmológica da ancestralidade, está fortemente orientado para o passado, e essa projeção para as origens passa pela imaginação continuamente reelaborada de uma África mítica e amiúde idealizada. Nesse sentido, o livro almeja trazer elementos historiográficos e subsídio empírico para uma reflexão mais nuançada sobre uma das matrizes culturais dessa religiosidade afro-brasileira: a cultura do vodum. No entanto, não há preocupação em desvendar as "origens" dessa religiosidade, mas sim compreender uma dinâmica social localizada no tempo e no espaço.

Historiar as práticas religiosas nessa região apresenta numerosos problemas conceituais e metodológicos. Um deles diz respeito à natureza das fontes, na sua maioria escritas em línguas europeias por autores não africanos. Até onde eu sei, para os reinos de Aladá, Uidá e Daomé, no período em pauta, os documentos escritos em árabe ou em línguas africanas são inexistentes. O eurocentrismo dos relatos dos viajantes é um problema inescapável e continua a ser o argumento principal, levantado por alguns africanistas, para desqualificar uma história baseada nessas fontes, que refletem o olhar e o pensamento do estrangeiro dominador. Contudo, esse corpus documental, utilizado com a mesma cautela e reserva metodológica aplicadas em geral a outros tipos de fontes menos familiares, como à tradição oral, constitui o acervo mais rico de que dispomos para iluminar e imaginar aspectos parciais do passado africano.

Nesse sentido, a pesquisa beneficiou-se da rica historiografia existente sobre a região, notadamente de autores como Robin Law, Isaac Akinjogbin ou Pierre Verger, para citar apenas alguns dos nomes mais significativos, que se debruçaram sobre essa documentação desde a década de 1960. As tradições orais oferecem o valioso ponto de vista autóctone e foram utilizadas quando oportuno, mas estão sujeitas a grande variabilidade e a subjetividade e interesses dos narradores, o que por vezes compromete seu valor historiográfico. Informações derivadas da cultura material e de pesquisas arqueológicas foram trazidas à discussão quando possível e, com a devida prudência, a linguística histórica também foi utilizada.

Os relatos de viagens, as correspondências e os relatórios comerciais relativos à Costa dos Escravos são algumas das principais fontes privilegiadas na primeira parte do livro. Muitos dos "autores-viajantes", antes de virarem homens de letras, atuaram como mercadores, médicos, oficiais militares, missionários, ou até simples soldados, servindo nos fortes e feitorias construídos na costa africana para proteger e promover o comércio das companhias europeias. Profissionais do mar e comerciantes de longa distância contavam-se entre esses autores, embora muitos passassem apenas umas semanas no litoral, costeando de um porto a outro, a bordo de navios negreiros ou da Marinha. Também houve escritores profissionais que nunca viajaram à África, mas que compilaram e sintetizaram dados, não só de outros livros, documentos de arquivo e manuscritos inéditos, mas também de relatos orais de funcionários, marinheiros e comerciantes.[1] Os ditos "relatos de viagem" apresentam, assim, tanto na forma como no conteúdo, uma extraordinária diversidade que o historiador deve contextualizar para torná-los material útil para a reconstrução do passado.[2]

O grupo de historiadores ligados ao jornal *History in Africa*, nos anos 1980, insistia na necessidade de submeter os relatos de viagem a uma crítica historiográfica que permitisse "distinguir entre informações originais e aquelas que eram resultado de uma cadeia de empréstimos [ou plágios] bastante longa e complexa". Essa metodologia pressupõe o estabelecimento de conexões e comparações entre diferentes fontes, possibilitando a identificação dos exageros, erros e invenções de alguns viajantes. Também implica a interpretação dos textos a partir da pesquisa sobre "as biografias dos autores, sua identidade social, as condições de suas viagens e suas distintas estadas na África".[3]

Porém, como nos lembra Anne Hilton, apesar desses cuidados, "não podemos, exceto nas circunstâncias mais excepcionais, superar o problema da eurocentricidade dos dados".[4] Se o eurocentrismo das fontes sobre a África dificulta a compreensão de "temáticas semi-ideológicas como as relações de gênero, escravidão, parentesco ou arte", o problema se agrava com as práticas religiosas.[5] Conforme José da Silva Horta, para realizar uma historiografia da religião africana convincente, é condição indispensável a análise da representação que os europeus faziam da religião, ou seja, é necessário

> analisar as categorias de representação da religião que informam e condicionam todo o discurso antropológico dos autores; as significações a elas associadas que conduzem a uma filtragem na observação da alteridade [...]. A religião constitui, porventura, o nível de representação em que esse filtro cultural é mais espesso.[6]

As lentes conceituais para filtrar o universo religioso africano variaram com o tempo e segundo os lugares, adaptando, amiúde, termos das línguas pidgin utilizadas por marinheiros, mercadores e autóctones nas suas interações sociais no litoral. Desde os primórdios do contato português com o continente, no século xv, o eurocentrismo se expressou no discurso cristão da idolatria. A religiosidade africana era denunciada como superstição, prática gentílica, feitiçaria ou adoração de falsos deuses, sempre pressupondo o diabo como a agência maligna atuando por trás dos ídolos e feitiços.

Embora cada região tenha desenvolvido expressões próprias, algumas dessas categorias parecem acompanhar o avanço europeu de norte a sul, ao longo do litoral africano. O termo *marabu*, por exemplo, que na Alta Guiné designava sacerdotes islâmicos, foi projetado pelos viajantes europeus num contexto não islâmico, como a Costa dos Escravos, para designar os especialistas religiosos autóctones, indicando como a imaginação ocidental de uma África negra desconhecida se moldava a partir da oposição mais familiar ao islamismo. Na mesma lógica, os negros subsaarianos eram frequentemente denominados mouros.[7] Se alguns termos da Alta Guiné foram se deslocando para o sul, outros, como *mandinga*, bastante utilizado nas Américas, ou *grigri*, permaneceram desconhecidos na Costa dos Escravos, sugerindo também certa limitação à circulação atlântica dessas categorias.

Os missionários católicos, em função do seu interesse estratégico na catequese, foram aqueles que mostraram maior sensibilidade para as línguas vernáculas. Os capuchinhos espanhóis, por exemplo, foram os primeiros a utilizar, em texto de 1658, o termo *vodu* para traduzir a ideia de "deus". Igualmente, ainda no século XVII, foram registrados os nomes genéricos de *orisa* no reino de Benim e de *bossum* na Costa do Ouro.[8] Mas tivemos que esperar a segunda metade do século XIX para as primeiras tentativas de registrar termos vernáculos relativos a divindades individuais. Antes disso, persistiu um desinteresse generalizado que resultou na homogeneização da diversidade sob termos e categorias importados.

Ao lado das noções de ídolo e de diabo, o conceito mais significativo, e também o mais comentado pela literatura, para a caracterização europeia da religiosidade africana foi fetiche, e o seu correlato, fetichismo. A palavra "fetiche", uma evolução do termo português "feitiço" — grafada *feitisso, fetissi* pelos norte-europeus —, surgiu na Costa do Ouro, mas foi logo exportada e aplicada pelos viajantes na vizinha Costa dos Escravos. Enquanto na Senegâmbia dos séculos XV e XVI as palavras pidgin utilizadas no contexto religioso — como *marabu* ou mandinga — resultaram do confronto entre os projetos imperialistas do cristianismo e do islamismo, na Costa do Ouro dos séculos XVII e XVIII o embate se dava entre os discursos do protestantismo e do catolicismo, que por sua vez expressava a competição comercial entre o emergente mercantilismo capitalista norte-europeu e o poder em declínio dos portugueses.

Jean Barbot, um protestante huguenote, não poupava ocasião para arremeter contra o catolicismo, pondo no mesmo patamar o culto africano aos fetiches e a devoção católica às relíquias e aos santos.[9] Nessa atitude estava implícita a crítica protestante à adoração de objetos materiais ou imagens enquanto representações do divino, e à mediação de agentes humanos (sacerdotes) ou espirituais (santos) entre o indivíduo e o Deus supremo. O embate entre católicos e protestantes se correlaciona à transição do velho termo português, "feitiço", para o novo termo norte-europeu, "fetiche". Para os protestantes, a distinção católica entre feitiçaria e religião resultava supérflua, pois para eles a magia do feitiço e a religião ritualística (fosse ela africana ou católica) eram a mesma coisa.[10]

O conceito de fetiche surgiu, assim, do encontro, ou confronto, entre as sociedades africanas, a herança da teologia medieval e a cultura mercantilista europeia, a última fortemente impregnada da crítica ferrenha dos calvinistas e outros puritanos aos papistas romanos. Numa série de três artigos bastante influentes publicados na década de 1980, William Pietz tentou estabelecer uma distinção entre os conceitos de ídolo e fetiche. Segundo ele, na teologia cristã medieval o ídolo era concebido como um falso deus, a *representação* de uma força transcendente, no caso o Diabo, externa ao objeto material que lhe dava suporte. Já o conceito de fetiche, surgido na costa africana, comportava uma inovação, pois o próprio objeto era concebido como possuidor de uma força interna que lhe conferia vontade e intenção. Essa fantasiosa *personificação* que atribuía poderes divinos, quase pessoais, à materialidade dos objetos sacramentais seria, para Pietz, a característica definidora do fetiche.[11]

A teoria "materialista" de Pietz, contudo, não parece adequada para dar conta do discurso dos viajantes, em que o conceito de fetiche era utilizado, de forma indistinta, para designar tanto objetos materiais quanto deuses ou comportamentos rituais. O holandês William Bosman, por exemplo, extensamente citado por Pietz como um dos principais artífices do discurso do fetiche, reconhece a polissemia do termo. Bosman identifica fetiche com *Bossum* — nome genérico utilizado na língua acã (Costa do Ouro) para designar um "deus" ou um espírito tutelar, guardião da família ou da cidade.[12] Ele utiliza, de forma recorrente, "fetiche" como sinônimo de *afgod*, traduzido indistintamente como "ídolo" ou, em consonância com o discurso da idolatria, como "falso deus". Ele se refere aos juramentos feitos "pelo fetiche" e reconhece que "todas as coisas utilizadas ou realizadas em honra aos seus ídolos [*afgod*] [...] são chamadas fetiche".[13] Também define a expressão pidgin "fazer fetiche" como "adoração religiosa", podendo incluir a realização de oferendas, ou atividades de adivinhação, feitiçaria ou juramentos.[14] Ou seja, embora o discurso do fetiche transcendesse a noção medieval de feitiço, ele continuava imbricado e superposto ao discurso cristão da idolatria. Por outro lado, embora os fetiches fossem muitas vezes identificados com "objetos de poder" pessoais, eles não podem ser reduzidos apenas a "coisas", pois o termo designava também tanto os deuses, ou forças espirituais de caráter imaterial, como ações rituais e relações sociais.

Mais interessante parece a contribuição de Pietz ao problematizar a construção institucional do valor social atribuído aos objetos materiais.[15] Nesse sentido, o fetiche constituía "um discurso crítico sobre a falsidade dos valores objetivos de uma cultura da qual o narrador [europeu] estava pessoalmente distanciado".[16] Essa atribuição de falsidade e de engano moral talvez seja a característica que melhor capta a inovação do discurso do fetiche. Na opinião de Bosman, os sacerdotes africanos "sabidos e astutos, encorajados pela estúpida credulidade do povo, aproveitam toda oportunidade para impor ideias absurdas e roubar suas bolsas".[17] Para o holandês, a existência de uma elite local motivada pelo interesse material e explorando a ignorância e a superstição do povo sustentava e caracterizava um sistema social irracional e moralmente perverso.

Aliado à noção de perversidade moral, inerente ao profissionalismo dos sacerdotes, o discurso do fetiche caracterizava a religiosidade africana como irracional. Diante da reinterpretação iluminista da natureza que atribuía um caráter impessoal aos acontecimentos materiais, a ideia de "personificar" as forças naturais e de atribuir intencionalidade a eventos fortuitos e a objetos livremente associados deu suporte a uma nova ideia de superstição no século XVIII.[18] Segundo os pensadores europeus, os africanos estabeleciam relações causais entre fenômenos independentes, associados de forma arbitrária. Esse erro intelectual, que enxergava uma causalidade em encontros fortuitos, explicaria a maneira bizarra pela qual os africanos escolhiam os seus fetiches e lhes atribuíam valor.[19] Em última instância, esse erro evidenciaria a incapacidade dos africanos para comerciar e governar de forma racional, explicando assim o caos da "ordem social".

Para fundamentar essa suposta incongruência, vários autores, de Hegel a Pietz, citam um fragmento de Bosman em que este expressa surpresa e espanto quando um informante local — educado na feitoria francesa de Uidá e instruído na religião católica — lhe relata, com evidente intenção de ridicularizar, como os nativos escolhem seus "deuses" a partir do primeiro objeto que encontram ao sair de casa. Bosman reitera, assim, a ideia de que a escolha e a adoração do fetiche estão baseadas na fantasia arbitrária da imaginação, em conjunção com o "acaso conjuntural de um desejo ou intenção momentâneos".[20]

O trecho de Bosman é um bom exemplo da incapacidade europeia, tanto dos viajantes como de alguns teóricos contemporâneos, de entender a lógica cultural inerente à ação do africano. Nesse sentido, a etnografia contemporânea permite, sem muita margem de erro, identificar aquilo que Bosman chama, nesse trecho, de "deuses" com aquilo que as línguas vernáculas designam como *bŏ*. Os *bŏ* são objetos de poder pessoais, utilizados para fins específicos, e são claramente distintos dos voduns, ou deuses, enquanto entidades espirituais. Levando em conta essa distinção, a possível lógica que guia a escolha e a construção do artefato *bŏ* (e, de modo mais geral, os altares) permite matizar e relativizar a teoria do "primeiro encontro".

A evidência etnográfica mostra como a seleção dos elementos constitutivos do *bŏ* ou "fetiche" não resulta *apenas* de um "acaso objetivo", ou de uma "lógica poética de correspondências simbólicas" de caráter pessoal, mas está sujeita e orientada *também* por relações de significação prescritas socialmente.[21] Acredito, de acordo com MacGaffey, na existência de uma lógica simbólica e de uma práxis ritual que impõem certas limitações à constituição do "fetiche".[22] A lógica da contiguidade, por exemplo, parece estar funcionando quando determinado tipo de osso adquire força por ser parte de determinado peixe-fetiche, que por sua vez está imbuído de força pelo seu vínculo indissolúvel com o mar-fetiche que o contém. Nessa cadeia, a agência espiritual que animaria o mar, ou nele residiria, se distribuí progressivamente em diversas escalas materiais.[23]

O fetiche-objeto, portanto, adquiriria sua força através do contato direto ou indireto (às vezes basta ter sido encontrado perto de, ou exposto a) com a agência transcendente do fetiche-deus. O conceito fetiche pode designar, assim, o deus, o ser vivo no qual ele reside, e o objeto que dele deriva, criando a ilusão de continuidade e fusão entre a agência e o objeto em que ela se manifesta. O significado do termo não estabelece, assim, fronteiras entre o material e o imaterial, entre o animado e o inanimado, entre o visível e o invisível. O fetiche emerge precisamente como aquilo que transita e flui entre esses vários níveis ontológicos. Como já sugeri, a ambiguidade semântica e a confusão dos viajantes eram resultado da sua incapacidade intelectual de entender a lógica local, mas parece também traduzir e expressar um aspecto da complexa concepção autóctone do universo vodum: o que chamarei de princípio da transmutabilidade.

Esta digressão sobre o fetiche se justifica por ser um conceito-chave que balizou a história intelectual europeia na sua percepção da religiosidade africana. A partir desse grande "mal-entendido" transcultural, em 1757 Brosses cria o neologismo "fetichismo" para designar o culto a coisas inanimadas e animais, constituindo, segundo ele, o estágio anterior e inferior ao politeísmo e depois à religião monoteísta.[24] A noção do fetichismo foi assim uma pedra angular na configuração de uma ideia de África primitiva e a-histórica, antítese radical de uma Europa civilizada e histórica, e da representação de uma diferença hierarquizada que dará sustento ideológico ao evolucionismo social do século XIX, e que ainda hoje persiste no imaginário ocidental da alteridade africana.[25]

Elemento constitutivo e recorrente do "discurso do fetiche" foi (como ainda hoje é) a intolerância religiosa. Misturada com preconceito racial, ora explícito, ora latente, a estratégia dos europeus passava por uma constante ridicularização das práticas africanas, representando-as como absurdas e irracionais, e expondo sua ineficácia mística. Essas atitudes derrogatórias e de demonização refletiam, além da mentalidade cristã dos observadores, um processo de dominação e inferiorização, e raramente transmitiam alguma informação significativa sobre as sociedades observadas. Desvestir essas narrativas europeias do seu viés ideológico deveria estar no horizonte interpretativo de todo historiador, mas devemos convir que em muitos casos resulta quase impossível trazer à luz qualquer perspectiva autóctone sobre os eventos relatados.

Outro fator complicador é que o "discurso do fetiche" não pode ser pensado como exclusivamente eurocêntrico, pois foi resultado das interações de uma ampla gama de atores, e o idioma do fetiche foi também apropriado e utilizado pelos africanos, em particular pelos que interagiam com os europeus. Não apenas isso: os comerciantes e administradores das feitorias europeias também se engajavam em certas práticas locais associadas ao fetiche, como pactos de aliança e juramentos. Desse modo, a representação da religiosidade africana estava mediada não apenas pelos esquemas cognitivos dos viajantes cristãos, mas sobretudo pelos esquemas cognitivos daqueles que atuavam como seus informantes e intermediários culturais, africanos europeizados e europeus africanizados.

Desde a década de 1980, os historiadores da África debatem a distinção entre fontes internas, incluindo diversas formas de tradições orais e elementos arqueológicos, e fontes externas, incluindo os diversos tipos de escritos europeus. A maioria concorda que essa distinção não pode ser estabelecida com precisão:

muito do material que temos sobre as sociedades africanas pré-coloniais provavelmente se originou de informações transmitidas por africanos europeizados ou europeus africanizados; e essa zona gris torna quase impossível distinguir claramente entre fontes externas e internas, ou entre dados derivados da escrita ou da oralidade.[26]

Na mesma linha, Robin Law contesta a classificação dos documentos europeus apenas como fontes "externas", pois segundo ele o que os europeus escreviam refletia muitas vezes o que lhes era contado, mais do que aquilo que testemunhavam.[27] Contudo, é importante enfatizar que as "percepções e interpretações africanas" registradas pelos autores europeus provinham de interlocutores singulares, muitos deles membros de comunidades crioulas residentes no litoral, poliglotas e habituados ao contato com o europeu.

Era o caso do informante de Bosman acima citado, o capitão Assou, educado na feitoria francesa de Uidá, falante do francês e instruído na religião católica. Assim, uma das principais "fontes internas" de Bosman, e de outros autores posteriores, estava predisposta a distorcer, e às vezes ridicularizar, as crenças e práticas dos seus conterrâneos. As visões de mundo mistas e plurais desses intermediários não são facilmente extensíveis às sociedades africanas locais, mas também não podem ser omitidas, pois refletiam uma dimensão híbrida e cosmopolita também inerente àquela realidade social. O "discurso do fetiche" seria a expressão paradigmática desse encontro euro-africano e dessa "zona gris" de interseção e interpenetração cultural, embora o seu registro escrito, obviamente, redundasse em favor dos interesses ideológicos dos dominadores.

Apesar do eurocentrismo e das severas distorções contidas nas fontes, este trabalho não pretende reduzir-se a uma simples desconstrução ou análise do discurso europeu. Considera-se que, utilizando o aparato crítico acima mencionado, as fontes são passíveis de fornecer, ou sugerir nas entrelinhas, elementos historiográficos e etnográficos significativos para a reconstrução ou imaginação parcial do universo religioso africano e seus embates com o cristianismo e o islã. Ora, o próprio objeto de estudo que chamei de "universo religioso" apresenta uma primeira dificuldade, pois vários viajantes, em mais uma expressão de eurocentrismo, negavam a existência de "religião" entre os nativos, acusando-os de estarem presos a idolatria, superstição e veneração de fetiches. O holandês Olfert Dapper afirmava que "os habitantes de Arder [Aladá] não têm nem templo, nem *assembleia pública* de religião".[28] O francês François Delbée repete essa ideia ao dizer que a "veneração que têm aos seus fetiches" é apenas "superstição", e não pode ser considerada "religião". Segundo ele, "não há religião sem culto", e contrariando o que ele mesmo observou e documentou, chega a afirmar que "os templos, as rezas e os sacrifícios lhes são desconhecidos, assim como todos os sentimentos que a gente tem pelas divindades".[29] Essas afirmativas só podem ser compreendidas à luz de uma concepção de religião como culto público, pressupondo uma Igreja e um dogma nos moldes do cristianismo.

Contudo, para além do etnocentrismo, vale notar que o conceito de "religião" como esfera da vida social diferenciada, ou como sistema cosmológico coerente, parece ter sido alheio a essa parte da África até recentemente. Conforme assinala Louis Brenner, "não há evidência que sugira que cosmologias internas e sistemáticas foram alguma vez produzidas, nessa região, para integrar religiões ou pensamento teórico num todo coerente".[30] Nessa circunstância, a definição do que possa ser chamado de "práticas religiosas", ou "religião", deve ser necessariamente arbitrária e de limites abrangentes.

De forma simples, religião será aqui entendida como toda interação ou comunicação entre "este mundo" sensível e fenomenológico dos humanos e um "outro mundo" invisível, onde se supõe habitem entidades espirituais, responsáveis pela sustentabilidade da vida neste mundo. Assim, além de sacrifícios, ofendas e preces dedicadas às divindades, atividades de cura, divinação, feitiçaria, rituais funerários, juramentos e outros comportamentos significativos entraram na minha análise. Esses "costumes" ou "hábitos do país" mediavam e formavam parte de uma variedade de relações sociais, como parentesco, poder político, justiça, economia e arte. A imbricação entre o culto aos ancestrais, o parentesco e os processos de centralização política, por exemplo, será o tema do primeiro capítulo.

Ao mesmo tempo, mais do que resultado de um sistema de significados coerente e coeso, essas práticas se definiam através da experiência participativa dos indivíduos nos rituais, de modo que a dimensão comportamental e o engajamento corporal se tornam elementos-chave para sua compreensão. Na minha pesquisa documental, ênfase especial foi conferida a relatos sobre atividade ritual que pudessem ser localizados em lugares e momentos específicos, e que registrassem o que as pessoas diziam e faziam nessas situações. O objetivo, como já dito, foi mapear a distribuição e o movimento dessas práticas na tentativa de identificar o seu dinamismo e historicidade na região.

Apesar de as religiões "tradicionais" serem frequentemente representadas como práticas a-históricas, que se repetem imutáveis através das gerações, vários trabalhos têm destacado sua vitalidade. Paul Mercier, já na década de 1950, apontava para o fato de que, sob a aparência de conservadorismo, a cultura do vodum escondia um espírito inovador. Ele destaca a origem composta da religião e da cosmologia, tomando de empréstimo e assimilando, ao longo do tempo, uma pluralidade de elementos distintos.[31] Em relação à cultura material e à produção dos objetos de poder *bŏ* e *botchio* (*bòcyó*), Suzanne Blier também aponta para a "primazia da montagem" (*assemblage*) como princípio organizativo, em que partes diferentes são reunidas para formar uma única entidade.[32] Efetivamente, a capacidade de se apropriar de objetos alheios e interpretá-los segundo valores e preceitos locais, investindo-os de novos significados e representações, a serviço das necessidades do momento, forma parte do gênio religioso africano. Edna Bay, numa perspectiva histórica, também sinalizou como os daomeanos adquiriam "novos" voduns no período pré-colonial.[33] Também eu analisei essa dinâmica cumulativa dos panteões, apontando para o que chamei de "princípio de agregação" como elemento estruturante do processo que levou à formação de cultos a múltiplas divindades.[34]

Esse processo de crescente diversificação religiosa não seria possível sem o desenvolvimento paralelo de um alto grau de tolerância religiosa, um dos aspectos mais notáveis do complexo cultural do vodum que este livro pretende destacar. O pluralismo e a tolerância persistem até hoje, e se expressam quando os devotos se identificam com um único panteão e congregação, sem pretender interferir no culto do vizinho, que para todos os efeitos afirmam não ser sua religião.[35] Junto a essa atitude, em geral flexível e aberta, a evidência histórica aponta para uma tradição religiosa multifacetada, fluida e eclética, em que práticas, valores e deuses atravessam fronteiras étnicas e linguísticas, gerando fluxos culturais que se estendem por áreas geográficas bastante extensas. Como sugere Neil Norman, uma melhor compreensão dessa dinâmica que conecta as diversas regiões da África Ocidental é um requisito fundamental, antes de avançar para outras escalas de comparação maiores, como as conexões transatlânticas.[36]

Contudo, a despeito das inegáveis transformações ocorridas a partir da chegada dos europeus, no século XVII, com o tráfico transatlântico de escravos e a penetração do islã e do cristianismo, a análise mostra que uma parte significativa dos elementos cosmológicos e rituais que hoje configuram a religião do vodum já estava implantada nos reinos de Aladá e Uidá naquele momento. Assim, formas de organização religiosa de tipo eclesial ou conventual, associadas a complexos processos de iniciação, parecem ter existido na região desde longa data. Portanto, a transformação e a mudança devem ser compreendidas e contrastadas sobre o pano de fundo de estruturas mais estáveis e duradouras.

Nessa perspectiva, uma das questões fundamentais deste livro é identificar as forças que explicariam o dinamismo religioso. Trata-se de forças internas, inerentes à lógica político-cultural das sociedades africanas? Ou trata-se, como certa literatura tem enfatizado, de forças do capitalismo global que relegam os processos históricos locais a simples reações ou consequências de uma dinâmica externa, situando os africanos como sujeitos passivos e dependentes? Minha interpretação se alinha a uma tendência historiográfica recente que examina a micropolítica religiosa na sua dinâmica interna, mas também a dialética paralela estabelecida com as influências externas que levam à progressiva inserção do local na economia atlântica global.[37] Essa abordagem, ao buscar compreender o protagonismo dos atores locais, incide necessariamente nas ações das elites, a monarquia e os sacerdotes, pois é sobre elas que temos mais informação. Porém, entende-se que sua ação político-religiosa, embora condicionada em parte pelos interesses dos europeus, se definia também em função de processos de dominação sobre as populações subalternas locais.

Os Costumes do reino do Daomé, por exemplo, eram cerimônias desenhadas para exaltar o poder da monarquia e a memória dos ancestrais reais. Neles, o rei distribuía entre o povo a riqueza acumulada com o dinheiro sangrento do tráfico, e ao mesmo tempo destruía vida humana em cruentos sacrifícios, num teatro de ostentação e poder desenhado, entre outros fins, para intimidar os inimigos. Uma história interpretativa das práticas religiosas dessa região não poderia omitir essa instituição. Porém, ao desmascarar o envolvimento e a responsabilidade das elites africanas nesses processos de dominação e exploração local, há o risco de reproduzir o discurso europeu que desde o século XVIII utilizou o Daomé como exemplo da barbárie africana para justificar a escravidão e depois a colonização. Assim, as armadilhas e contradições que resultam do embate entre o politicamente correto e a fidelidade às evidências são algumas das questões que atravessam este trabalho.

O olhar da pesquisa recai de forma reiterada sobre as elites escravocratas africanas, por serem elas as que interagiam com os traficantes europeus, que por sua vez foram os que deixaram os documentos escritos. Há, no entanto, uma tentativa paralela de iluminar, na medida do possível, as estratégias dos grupos subalternos e esboçar uma historiografia da resistência. Porém, o dilema lembra aquela história do homem que no meio da noite, mesmo sabendo que tinha perdido as chaves na porta de sua casa, as buscava embaixo da lâmpada na rua, simplesmente porque era lá que tinha luz para enxergar.

Diante dessa dificuldade, a proposta metodológica mais arrojada do livro talvez seja o uso da etnografia ritual como subsídio histórico. É sabido que o anacronismo, ou a projeção no passado de informações de um período posterior, é o anátema do historiador. Contudo, a etnografia contemporânea pode oferecer chaves interpretativas para decifrar os eventos que os viajantes testemunharam, às vezes, sem entender. Igualmente, o ritual religioso constitui uma forma de "memória prática" que se lembra do passado não através das palavras, mas dos corpos e dos comportamentos.[38] Desde a década de 1960, as teorias mais influentes sobre ritual tenderam a enfatizar seus aspectos simbólicos, expressivos e comunicativos. Nessa perspectiva, um ritual pode ser lido como um "texto cultural", um discurso que inscreve e revela facetas fundamentais da ordem social, como as suas contradições e tensões internas.[39] A propósito, a análise das mudanças ocorridas na *ritualização*,[40] através do tempo e do espaço, pode fornecer ao historiador um novo insight sobre as mudanças no entorno social correspondente. Isso não significa dizer que o ritual é um simples espelho da realidade histórica e social, mas a maneira diferenciada através da qual o ritual absorve e transforma elementos concretos dessa realidade pode nos ajudar a melhor compreender "a forma como uma cultura produz significados".[41] Como diz Stephan Palmié, "políticas do passado conformam o ritual presente, e o ritual pode ser pensado como História presente".[42]

Seguindo a pista de Rosalind Shaw, ao lado da produção canônica da história baseada na pesquisa documental e nas tradições orais, devemos considerar o corpo, as imagens rituais, as experiências visionárias, os rumores como "alternativa historiográfica", ou, nas palavras de Palmié, como "evidência espectral", passíveis de produzir "versões" de uma história do inefável, carregada de "ideias culturais sobre o poder e seus abusos, a comunidade social e seus fracassos, os valores morais e suas transgressões".[43] O antropólogo Victor Turner já apontava para o ritual como a arma dos fracos, um idioma através do qual é possível veicular discursos contra-hegemônicos ou, para utilizar a expressão de James Scott, "roteiros ocultos" (*hidden transcripts*) que, no âmbito privado, criticam e questionam o discurso público e oficial.[44]

Nessa perspectiva, os últimos três capítulos do livro exploram as possibilidades de análise do ritual como forma de memória e como fonte que preserva indícios das vozes silenciadas pela história oficial, em especial em relação à experiência da escravidão. Esse diálogo entre a pesquisa histórica e a pesquisa antropológica, cruzando suas perspectivas, nem sempre é possível e exige cautela, mas permite ao historiador revelar aspectos ocultos, mas indeléveis, do passado que não são acessíveis através do documento escrito.

1. O pai, o rei e a morte

Em meados do século XVII, quando os europeus estabeleceram os primeiros contatos com a região habitada pelos falantes das línguas (gbe), que aqui chamarei de área gbe, encontraram uma série de sociedades relativamente centralizadas sob a forma de chefaturas e monarquias.[1] Em volta do poderoso reino de Aladá (Arda, Ardres), com seu porto principal em Jakin, surgiram no litoral os reinos de Uidá (Judá, Fida, Whydah, Ouidah) e de Popo (Poupou). Mais distantes, a oeste, na Costa do Ouro, dominavam os reinos Acã e Acuamu, e a leste os reinos de Oyó e Benim. Ao norte de Aladá, começava a se organizar o reino de Daomé, que no século XVIII se transformaria no poder hegemônico na região ao conquistar Aladá (1724) e Uidá (1727). Esses reinos, relativamente centralizados, coexistiam com outros de organização menos hierarquizada, como os adjas (*ajã*), enquanto alguns, como os povos mahis (*maxí*), localizados nas montanhas ao norte do Daomé, podiam oscilar, segundo as circunstâncias, entre níveis de centralização variáveis.

Embora as informações históricas sejam precárias, o que se constata na região é um constante movimento populacional, migrações de grupos escapando de guerras ou de conflitos locais à procura de novas terras onde se assentar. As tradições orais falam de um grupo de adjas saindo, por volta do século XV ou XVI, do poderoso reino de Tado (*Tádò*, na região do atual Togo) e instalando-se em terras dos aizos, onde teria surgido o reino de Aladá. Esse reino teria monopolizado o comércio de escravos e dominado as populações do litoral, como os hulas (*xwlà*, *pla*, popos, fulãos), até a segunda metade do século XVII, quando esses grupos, e outros como os huedas (*xweɖá*, *peɖá*), teriam conseguido libertar-se do jugo de Aladá.

O reino de Uidá dos huedas (com capital em Savi/*Savì*) teria surgido a partir da chegada de um grupo "lucumí" vindo das terras orientais (onde hoje se localizam os iorubás ou nagôs), dominando os autóctones hulas e amalgamando-se com eles. Nas últimas décadas do século XVII, grupos vindos da Costa do Ouro, escapando das guerras lançadas pelos acuamus, instalaram-se a leste do rio Volta: os anlos na região de Keta; os anes, gãs e outros grupos da região de Acra, em Pequeno Popo (Aneho/*Anéxɔ̀*), onde surgiria nas décadas seguintes o reino de Glidji, dos guens (*gèn*). Antes disso, ainda na primeira metade do século XVII, um grupo de guerreiros de Aladá teria migrado para o norte, instalando-se entre os guedevís (*gedeví*) e fons (*fɔn*), para depois dominá-los, constituindo o reino do Daomé. O crescimento e poderio desse reino teriam gerado novas migrações dos autóctones do planalto para as montanhas mahis, que lá se reuniram com populações protoiorubás e formaram reinos como os de Savalú e Save (*Ṣábɛ̀*). A partir de 1724, com a já mencionada conquista de Aladá pelo Daomé, novas migrações de refugiados de Aladá foram se instalar a leste do lago Nokué (*Nɔxwe*), propiciando a formação do reino de Porto Novo (Adjatché/*Ajacɛ́*, Hogbonu/*Xɔgbonú*).

MAPA 1: PRINCIPAIS REINOS E GRUPOS ETNOLINGUÍSTICOS NA COSTA DOS ESCRAVOS, SÉCULOS XVII-XVIII

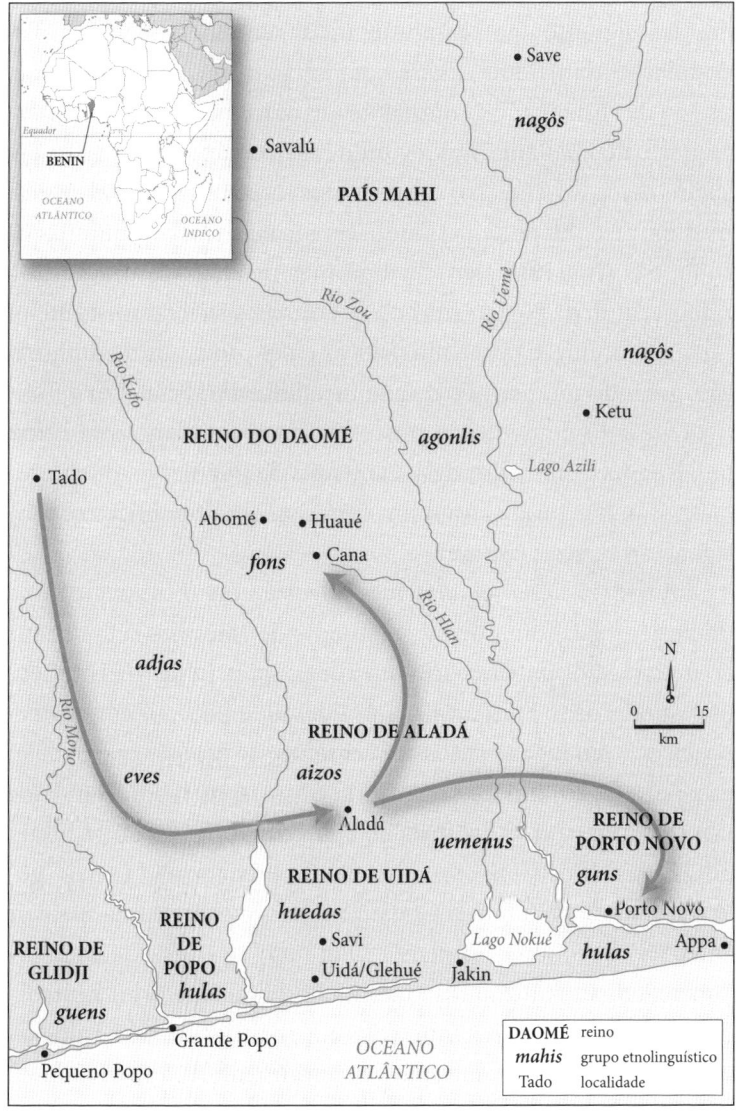

Desse breve panorama histórico é preciso destacar dois aspectos. Em primeiro lugar, os reinos de Aladá, Uidá e Daomé, que constituem o foco principal deste livro, surgiram a partir de grupos de imigrantes que se impuseram de um modo ou de outro às populações autóctones. Esse é um padrão bem conhecido na formação de "Estados" no continente africano, e discutirei seus pormenores mais adiante. Em segundo lugar, o fortalecimento (e, em alguns casos, a formação) desses reinos foi estimulado, em grande medida, pelo interesse na riqueza gerada pelo tráfico transatlântico de escravos. Para além da dinâmica mercantil que acicatava a depredação de povos vizinhos, os europeus facilitaram os meios (armas e munição) para intensificar esses processos de dominação, gerando um período de alta instabilidade social. Em definitivo, ao lado de distintos processos de centralização política, persistiam continuados deslocamentos de população, ou microdiásporas, que propiciavam um crescente cosmopolitismo e miscigenação étnica e cultural.

A organização social desses povos é pouco conhecida e os documentos falam apenas vagamente de "famílias" cuja chefia era transmitida patrilinearmente (de pai para filho).[2] Os homens mais poderosos praticavam a poligamia e podiam concentrar dezenas, e em alguns casos até centenas, de esposas, parte delas escravizada. No fim do século XVII, Bosman menciona em Uidá um "vice-rei" que tinha mais de 2 mil dependentes entre filhos, netos e escravos (sem contar mulheres e crianças).[3] Outro "governador" desse reino, o Gogan, tinha um exército de mais de "quatrocentos filhos homens".[4] O grande sacerdote de Uidá era "o chefe de uma numerosa família dividida em vários ramos".[5] Esses grupos familiares moravam nos mesmos bairros e aldeias, constituindo províncias sujeitas, geralmente, à autoridade do patriarca da coletividade familiar dominante. Por sua vez, esses homens fortes ou chefes locais, chamados pelos viajantes de "grandes do país", "fidalgos", "governadores" ou "cabeceiras", estavam sob a autoridade do rei.

Esses grupos familiares que compartilhavam uma mesma ascendência patrilinear e mantinham relativa unidade residencial podem ser identificados, conforme a terminologia da etnografia do século xx, como *hennus* (*hĕnnù*), uma das três principais formações sociais que configuram o sistema de parentesco na área gbe. As outras duas, situadas nos níveis inferior e superior, respectivamente, são o *huedo* (*xwédó*) e o *ako* (*akɔ̀*). Cada uma dessas unidades implica variados laços de solidariedade entre seus membros, que se expressam pelo idioma do parentesco. Não há um consenso entre os estudiosos (nem entre os membros dessas sociedades) sobre as características distintivas dessas formações sociais — nem sobre os termos europeus que melhor poderiam traduzi-las —, mas podemos estabelecer, como tentativa, alguns critérios orientadores.

Deixando de lado a unidade mínima do *hué* (casa)[6] ou família conjugal (às vezes família poligâmica), o *huedo*[7] é a coletividade familiar de base, composta pelos descendentes patrilineares de um ancestral recente (de três a cinco gerações). O *huedo* constitui uma coletividade residencial, e os seus membros moram no mesmo compound familiar, ao mesmo tempo que reconhecem um único chefe (*daá*)[8] em função do princípio de senioridade.

Por sua vez, vários *huedos* que reconhecem laços de parentesco ou uma origem geográfica comum aos seus respectivos ancestrais constituem um *hennu*, ou linhagem propriamente dita. Existiria ainda o *hennu daho* (*ḍaxó*), ou *hennu* extenso, que incluiria certos *huedos* agregados (no passado, com frequência de escravos), sem responder necessariamente a vínculos genealógicos. O *hennu* comporta submissão à autoridade de um chefe (*daá hɛ̀nnùgán*)[9] e das "velhas tias paternais" (*tánnyí*).[10] Os membros de um *hennu* podem estar geograficamente dispersos, mas o *hennugan* deve morar no local ou na casa onde o *hennu* se originou e onde fica a sepultura do fundador.

Finalmente, no nível superior está o *ako* ou clã, composto por aqueles *hennus* que reconhecem um mesmo ancestral mítico (*tohuiyo* ou *tɔ́xwyɔ́*). Compartilham certas proibições (alimentares e outras) e obrigações cerimoniais de caráter religioso, mas não reconhecem subordinação a um chefe, nem constituem necessariamente uma coletividade residencial. Na verdade, o *ako* não é o que se pode chamar de um grupo, mas uma categoria referencial a ser invocada de formas distintas segundo os contextos.[11]

A estratificação aqui proposta (*huedo, hennu, ako*) é, contudo, apenas aproximada, devido às variações regionais e à indeterminação dos limites dessas formações.[12] Para classificar os membros de um *huedo* se usa a terminologia do *ako*, havendo duas grandes categorias (em clara referência aos laços de descendência e aliança ou casamento): os *akovi* (*akɔví*, filhos do *ako*) e as *akosi* (*akɔsì*, esposas do *ako*).[13] O *hennu*, com frequência traduzido por linhagem, pode confundir-se facilmente com o *ako* ou clã. Le Herissé utiliza a expressão "tribo"; Herskovits, em inglês, "*sib*" (parentela), e Tidjani "coletividade". Como indica Le Herissé, os nomes dos *ako* põem em evidência a filiação e a origem geográfica dos seus membros. A filiação é indicada pelo nome do primeiro ancestral (*tohuiyo*) seguido do sufixo *vĭ*, "filho de"; e a origem, pelo nome de uma localidade seguido do sufixo *nù*, "habitante" ou "povo de". O *ako* real de Abomé (*Agbŏmὲ*), por exemplo, se chama *Agasúvĭ Aladá-Tádònù* (filhos de Agassu, gente de Aladá-Tado) ou ainda *Gbekpovi Aladahonu* (filhos da pantera, gente da casa de Aladá).[14]

Das considerações precedentes se depreende que, na área gbe, as principais unidades sociais que podem ser invocadas nos processos de mobilização política e identidade coletiva (*huedo, hennu* e *ako*) integram, ao mesmo tempo, marcadores de descendência e de territorialidade. Nessa perspectiva, o modelo clássico da antropologia social britânica, que privilegia as linhagens e a descendência como princípio sociológico da organização política, deve ser problematizado e complementado por uma ênfase paralela na unidade residencial. Isso é o que faz o antropólogo Jeremy S. Eades no contexto iorubano, ao dar primazia à "casa", o *ilé*, ou compound doméstico, como a unidade social de base.[15]

Examinando o conceito de *ilé*, na cidade de Òkukù, Karin Barber conclui:

> no fim das contas, não foi possível determinar se a unidade social fundamental era o compound ou a "linhagem". O princípio da descendência e o princípio da residência estavam, na verdade, imbricados e interpenetrados em todos os níveis, até chegar aos alicerces da identidade social.

Barber mostra a impossibilidade de considerar o *ilé* como um grupo corporativo fixo e fechado, mobilizando sempre os mesmos membros para fins semelhantes. Ela sugere um sistema mais dinâmico, fluido e situacional, em que diversas categorias podem ser invocadas por grupos variáveis, segundo as conjunturas. Considero que esse modelo interpretativo mais plural possa ser aplicado também à vizinha área gbe.[16]

Embora não adiante especular quais teriam sido as condições precisas da organização social nos séculos XVII e XVIII, num contexto de instabilidade social, mobilidade geográfica e dispersão populacional como o descrito acima, é razoável supor que a configuração das coletividades familiares estivesse sujeita a mesma fluidez e maleabilidade constatadas pela etnografia contemporânea em relação ao *ako*, *hennu* e *huedo*. Ora, o contínuo deslocamento de pessoas e a consequente segmentação (e fusão) dos grupos de descendência não implicavam um apagamento da identidade territorial. Ao contrário, ela era reconstituída nos contextos diaspóricos, não apenas nos processos de instalação e controle do novo espaço, como a partir da reiteração de laços emocionais e/ou rituais com a "casa" ou a unidade residencial de origem. Era para lá que, quando possível, os indivíduos queriam voltar e ser enterrados; era lá que estava sepultado o antepassado primeiro e, portanto, era o lugar a que pertenciam. Como veremos, a sepultura do ancestral, sobre a qual a casa está literalmente levantada, seria a expressão simbólica da interseção entre a profundidade temporal da genealogia e a concretude territorial da residência.

Quando falamos das coletividades familiares ou das "casas" como as unidades primárias da organização social, tendemos a pressupor uma horizontalidade igualitária, mas essa imagem obscurece a existência de desigualdades internas (divisão do trabalho por gênero e idade, distinção entre parentes consanguíneos, agregados e escravos) e de competição entre as diversas coletividades por recursos escassos, como terra, água, títulos, direitos comerciais, armas e, sobretudo, gente. Essa dinâmica competitiva estaria na base de processos de hierarquização social e de centralização política. Há quem defenda que a figura do rei nada mais seria do que a evolução do chefe-sacerdote de uma coletividade familiar que conseguiu impor-se aos vizinhos. Por outro lado, a teoria da conquista, corroborada parcialmente pelos casos de Aladá, Uidá e, sobretudo, Daomé, sustentaria que a constituição de uma ordem superior de autoridade por cima dos coletivos familiares foi resultado da chegada de um grupo estrangeiro, geralmente de guerreiros, que se impôs, por meios bélicos ou outros, sobre os autóctones.[17] Outras teorias de ordem econômica, como o controle do comércio de longa distância e a escravidão, poderiam ser invocadas para explicar os processos de formação de Estados. Mas deixando de lado esse tema espinhoso, interessa focalizar a relação, nem sempre tranquila, entre os chefes dos diversos grupos familiares e a autoridade do rei.[18]

Como foi sugerido, as "províncias" dos reinos de Aladá e Uidá não deviam passar de conglomerados de aldeias, provavelmente organizadas em torno de uma coletividade ou casa dominante e agregando uma pluralidade de outras secundárias. Ora, essas comunidades linhagistas e residenciais podiam atuar de forma corporativa e constituir espaços de contestação e dissidência em face da autoridade real. No caso de Uidá, há evidência suficiente para confirmar que os grandes do país ou os governadores das "províncias" constituíam um contraponto e uma força de resistência ao absolutismo almejado pelo monarca.

Apesar de todo o cerimonial e protocolo da corte que tratava o rei como um ser sacralizado detentor de poder absoluto, os governadores das "províncias", alguns inclusive membros da família real, podiam atuar de forma autônoma e, nos momentos de sucessão ou de mobilização militar, desafiar e ofuscar a autoridade central. O "vice-rei" de Uidá pôde repelir, sem o apoio do rei, um poderoso inimigo.[19] Já Gogan, governador de Paon, com seu exército de mais de "400 filhos homens", teve poder suficiente para se opor a um projeto militar do rei. De fato, o faccionalismo e as "guerras privadas" entre os diversos capitães e governadores foram uma constante no reino.[20]

A tensão e os conflitos entre o rei e os chefes locais, entre o palácio e as aldeias, eram exacerbados pelos interesses gerados pelo tráfico, porém todos estavam sujeitos a um pacto social que, em última instância, reconhecia as funções distributivas do rei. O monarca centralizava os principais tributos do comércio negreiro (chamados costumes) e outros impostos, mas também era forçado a sustentar e retribuir, com liberalidade, os seus súditos. Nesse sentido, o cerimonial religioso, em particular as procissões em honra da serpente Dangbé, servia para o rei encenar publicamente suas funções distributivas, com oferta de presentes ao corpo sacerdotal e aos chefes de família.

Paralelamente aos cultos reais, os "vice-reis" e outros chefes de família podiam ser "proprietários" de divindades tutelares associadas a aldeias ou regiões específicas, cultos que recrutavam adeptos para além do âmbito doméstico da linhagem. Esses cultos locais reforçavam a visibilidade social de seus patronos e sinalizavam a interação entre o religioso e o político, assim como a superposição entre as esferas da linhagem e da administração territorial. Em resumo, a relação entre o Estado e as comunidades de aldeia em Aladá e Uidá pode ser pensada como um processo dialético, sujeito a constantes tensões e negociações, em que a coroa era ainda mantida em xeque pelos "grandes do país".

Já no caso do Daomé, encontramos um maior grau de centralização respaldado por forte militarização. Segundo Katherine Moseley, a emergência do Estado nesse reino foi o resultado da interação de vários fatores: a densidade populacional, um sistema tributário sobre a produção agrícola e o relativo monopólio por parte da elite do comércio de longa distância, sobretudo o tráfico de escravos, de armas e de outros bens de prestígio.[21] A combinação desses fatores teria gerado um excedente de produção que de início favoreceu a estratificação social, com um incremento de cargos e títulos, e depois a crescente centralização, com a subordinação das chefias locais à monarquia. Nesse sentido, pode-se afirmar que houve no Daomé um processo histórico em que o poder do rei cresceu à custa do poder dos chefes das linhagens.[22] Essa centralização se expressava na crescente exploração que o Estado exercia sobre as populações locais, através de censos, impostos e regulamentação dos processos produtivos, embora isso fosse feito sob a aparência de reciprocidade simbólica, manifesta nos Costumes ou cerimônias em honra dos ancestrais reais. Contudo, como sustenta Max Weber, a manutenção de comunidades de linhagem e suas formas litúrgicas, também baseadas no culto aos ancestrais, permitiam um método barato e eficiente de governo indireto.[23]

Cabe, assim, afirmar a existência de diversas formas de centralização e legitimação política nos reinos de Aladá, Uidá e Daomé. O historiador nigeriano Isaac Akinjogbin sustenta que o reino do Daomé marcou uma ruptura radical em relação ao sistema político tradicional que imperava na região (e que ele chama sistema *ebi*), no qual o Estado era concebido como "uma versão ampliada da família, o rei assumindo a mesma relação com seus súditos que o pai com seus filhos", modelo seguido pelas monarquias de Aladá e Uidá (e também pelas de Oyó e Ashante). A autoridade política estava baseada na descendência, o rei de Aladá era considerado o rei "pai" e os outros monarcas da região, seus descendentes, cuja entronização devia ser ritualmente sancionada pelo primeiro.

Esse sistema social e sua ideologia de legitimação dinástica entraram em crise com o aumento do tráfico negreiro no fim do século XVII, primeiro em Uidá, que se desligou de Aladá, e depois no Daomé, que o subverteu, ao conquistar Aladá. Segundo Akinjogbin, no Daomé, o sistema patriarcal tradicional foi substituído pelo absolutismo militar, extremamente centralizado.[24] Essa nova ordem, ou essa nova concepção de Estado, se caracterizava pelo que Moseley chamou de "patrimonialismo", ou seja, o reino constituiu-se como *propriedade* do rei. Nesse sentido, o patrimonialismo teria trocado a relação de descendência pela de propriedade, a metáfora do filho pela do escravo.

Com o desenvolvimento de um Estado cada vez mais centralizado e patrimonialista, a territorialidade parece adquirir maior relevância em detrimento da dinâmica baseada no parentesco. Segundo o lema supostamente estabelecido por Huegbaja (Hwegbájà), todo rei daomeano devia expandir as fronteiras para além daquelas estabelecidas pelo predecessor. Mas, ademais da simples ocupação militar pela força, o monarca estabelecia sua autoridade através da "compra" da terra dos povos subjugados (e de suas divindades protetoras). Essa concepção se manifestaria na expressão "ele comprou o Daomé", utilizada durante a entronização, momento em que, num gesto de reciprocidade simbólica, o rei distribuía presentes aos representantes dos autóctones conquistados.[25] Assim, embora as fronteiras físicas do reino fossem sempre variáveis e difíceis de traçar, a figura do rei se identificava indissoluvelmente com a terra. O título de *ahosu* (*axɔsú*), utilizado para designá-lo, significa "aquele que paga a dívida", ou "o comprador das terras". Do mesmo modo, o rei podia ser chamado *ayinon* (*ayĭnɔ̀*), "dono da terra".[26] Aliás, o conceito de reino ou país, *tò* nas línguas gbe, está atrelado ao seu significado de espaço territorial.[27]

Apesar dessas transformações, para o historiador escocês Robin Law, não houve uma ruptura tão radical do Daomé em relação aos reinos anteriores. Ele reconhece a importância da utilização da força e do militarismo como inovação — refletindo o impacto do tráfico de escravos —, mas argumenta que o Daomé nunca abandonou a legitimação tradicional baseada no parentesco. O reino, aliás, teria consolidado sua autoridade precisamente pela elaboração e manipulação das tradições de legitimação dinástica.[28]

Embora o rei Agajá fosse responsável pela conquista de Aladá em 1724, acabando com a sua suposta relação de vassalagem, seu sucessor, o rei Tegbesú, por exemplo, tentou restabelecer o status de Aladá como fonte tradicional de legitimação política. Ele restaurou a monarquia de Aladá, embora numa posição apenas nominal e subalterna, instalando um novo Adjahutonon (*Ajáhùtɔ̀nɔ̀*), ou sacerdote responsável pelo culto a Adjahuto, o ancestral primeiro (*tohuiyo*) da dinastia desse reino. A tradição de Abomé sugere que isso tinha sido uma estratégia de Tegbesú para evitar certas imposições rituais, pois tradicionalmente um rei, após ter sido escarificado e entronizado, não podia mais ser visto em público. Tegbesú teria instalado o cargo do Adjahutonon para que este fosse escarificado e, enquanto seu "duplo", assumisse o preceito da invisibilidade. No entanto, o Adjahutonon tinha também a responsabilidade de consagrar os novos reis do Daomé em Aladá, e a restituição do cargo indicaria a vontade de Tegbesú de preservar o sistema de legitimação tradicional para garantir sua autoridade.[29]

Também Moseley reconhece a persistência do modelo do Estado patriarcal como uma versão expandida da família. Em suas palavras, "a metáfora familiar foi mantida para expressar a relação entre o rei e o seu povo, porém foi complementada por outra em que todos os bens e pessoas eram propriedade, sendo o rei o proprietário".[30] Evidência desse novo patrimonialismo fica atestada em relatos da época. Em 1789, Robert Norris observava que, no pensamento daomeano, "a minha cabeça pertence ao rei, não a mim mesmo; se ele desejá-la, estou pronto a entregá-la"; e ainda que "os pais não são proprietários dos seus filhos [...] eles pertencem inteiramente ao rei". De modo geral, os daomeanos eram "todos escravos do rei".[31] Outro relato da década de 1770 usa discurso semelhante:

> todo mundo é escravo, ninguém é livre [...] todos os filhos e filhas dos ministros e oficiais são entregues ao rei, que dispõe deles ao seu bel-prazer [...] todo indivíduo é educado sob a ideia de que sua cabeça pertence ao rei; por isso ele não se surpreende quando é condenado a perdê-la, considera esse infortúnio como o pagamento de uma dívida.[32]

Não obstante, Law afirma que era *precisamente* porque as pessoas eram consideradas propriedade do rei que ele não podia vendê-las (exceto em caso de castigo por algum crime). "A ideia de que o rei era o proprietário de tudo e de todos era percebida como garantia de segurança, mais do que ameaça de exploração."[33] Contudo, ao lado dessa tendência patrimonialista persistiu a ideia do Estado como família expandida, expressa, por exemplo, no título do rei, Dadá. A primeira referência aparece em 1727: "um negro nomeado Dada fidalgo [governador] do país d'Ahomè [Daomé]".[34] Em 1734, encontramos um comentário mais preciso: "Dada, isto é, na língua do país, pai do povo".[35] Já no final desse século, Pires, o sacerdote baiano que quis converter o rei Agonglo (Agɔngló), comentava: "Dadá, que quer dizer *pai* de todos [...] e todos lhe são escravos, e olham para o rei como para uma divindade; de maneira que tudo quanto estes possuem, seja por qualquer forma adquirido, o recebe como uma dádiva do rei".[36]

Nesta última citação constatamos a justaposição da orientação patrimonialista, junto à persistência da noção patriarcal, além da alusão ao caráter "sagrado" do rei. Nesse sentido, concordo com Law na ideia da combinação entre formas de patriarcalismo, expressas na ideologia do parentesco, e formas de patrimonialismo, expressas na linguagem da escravidão. Elas não eram antagônicas, mas se reforçavam, e embora enfatizassem o poder real, o faziam através da ideia de que essa autoridade iria beneficiar os subjugados. Contudo, é importante lembrar que a imbricação de patriarcalismo com patrimonialismo não era exclusiva do Daomé, e se reproduzia em outras partes da Costa dos Escravos, inclusive anteriormente à hegemonia daomeana.[37] Em relação a Uidá, por exemplo, Bosman afirmava que o rei "não considera os seus súditos mais do que seus escravos".[38] Ou seja, do mesmo modo que o patriarcalismo persistia num sistema patrimonialista, o patrimonialismo estava latente nos sistemas patriarcais. De fato, como vimos, a interpenetração de marcadores de descendência e territorialidade era intrínseca à identidade social das coletividades familiares.

Para matizar este último ponto, cabe lembrar que a concepção de escravidão, expressa no sistema patrimonialista dos reinos de Uidá ou Daomé, não correspondia necessariamente àquela desenvolvida pelo tráfico atlântico nas Américas, em que o escravizado tinha uma probabilidade maior de ser "animalizado", "coisificado" e sujeito a um regime de alienação e exploração violenta. Podemos pensar a escravidão doméstica africana como um status jurídico que significava uma relação de subalternidade e uma noção de "propriedade" sui generis, mas que não negava ao escravo o direito de pertencimento à comunidade. Ao contrário, era esse vínculo de sujeição que garantia a possibilidade de sua inclusão social.

Nessas circunstâncias, os escravos podiam usufruir de privilégios e responsabilidades semelhantes aos dos homens livres, embora houvesse restrições jurídicas, como a impossibilidade de herdar títulos. Era também comum a integração de escravas à família do senhor através do matrimônio, e os filhos dessas uniões passavam a ser membros consanguíneos da linhagem extensa.[39] Em sociedades em que a propriedade da terra era privilégio exclusivo do rei (Daomé), ou das coletividades familiares (*hennu*), as pessoas eram o bem patrimonial alternativo por excelência. Filhos, mulheres e escravos constituíam a riqueza mais prezada da família. Nesse contexto, estabelecia-se uma homologia entre os filhos e os agregados (mulheres, escravos ou servos), enquanto propriedade do patriarca e patrimônio da linhagem. Como diz Tidjani, "o filho é o bem do pai".[40] Portanto, complementando o argumento de Law, poderíamos dizer que certa noção de patrimonialismo já estava implícita na sociedade patriarcal, e que o patrimonialismo do rei, como se desenvolveu no Daomé, foi apenas desenvolvimento e acentuação de relações sociais latentes no sistema de linhagens patriarcais.

Retomando o argumento inicial sobre a legitimação do poder real, Law conclui que, no Daomé, a "revolução institucional", para ter sucesso, "devia ser mascarada com a aparência da continuidade". Ele sustenta, como vimos, que essa continuidade se processou, embora com ênfase renovada: 1. na manutenção de uma ordem judicial, baseada no patrimonialismo; e 2. na legitimação dinástica, com a reelaboração da origem em Aladá-Tado. Ele ainda assinala dois outros importantes fatores: 3. as funções redistributivas do rei; e 4. a promoção do culto aos ancestrais reais.[41] Embora as funções redistributivas do rei possam ser identificadas já em Uidá — em instituições como o culto à serpente —, no Daomé elas foram desenvolvidas (ou adaptadas) para concentrar de forma efetiva mais poder nas mãos do rei.

Quanto à legitimação do poder real através do culto aos ancestrais, também não parece ter sido uma inovação do Daomé. O culto aos antepassados estava indissoluvelmente ligado ao funcionamento do sistema de parentesco. Por extensão, aquele sistema político que, em maior ou menor grau, reproduzia formas do sistema patriarcal, devia necessariamente incidir no culto aos ancestrais reais. Essa instituição foi importante nos reinos de Aladá e Uidá, mas no Daomé ela foi significativamente transformada, promovendo o culto aos ancestrais reais (Costumes) no nível de culto "nacional", em detrimento dos ancestrais das casas familiares.

O PAI, O CHEFE-SACERDOTE E O REI-DEUS

A ideologia da descendência patrilinear está baseada no princípio básico de filiação, expresso na relação pai-filho (*tó-vǐ*). Esse elo social fundamental excede o vínculo puramente biológico e tem uma dimensão sociopolítica e religiosa bem mais complexa.[42] Nesse sentido, as línguas gbe distinguem entre a paternidade genética do *daá mejito* e a paternidade social ou legal do *daá hennugan*, ou *togbe*.[43]

O *daá mejito*, o pai genitor, é o chefe que se ocupa dos assuntos do *huedo*, ou unidade doméstica. Nesse contexto, observa-se total subordinação e obediência, até inclusive devoção, do filho em relação ao pai, aspecto cultural já destacado pelos primeiros viajantes e pela etnografia mais recente.[44] Todavia, o chefe do *huedo* está sujeito à autoridade do *daá hennugan*, o chefe da coletividade familiar ou *hennu*, considerado como o seu "pai" ou "avô". Trata-se aqui do segundo tipo de paternidade, a social, conferida apenas ao patriarca da linhagem. O *hennugan*, às vezes referido como *togbe*, conota uma dimensão sociorreligiosa mais abstrata, pois assegura a paternidade espiritual sobre o conjunto dos membros do grupo.[45]

Com efeito, o elo pai-filho fundamenta a relação primordial entre o mundo dos vivos e o mundo dos ancestrais. Como em muitas outras sociedades africanas, na área gbe existe um consenso relativo à crença num "outro mundo" invisível, moradia das forças espirituais, que é uma réplica do mundo fenomenológico e sensível dos viventes. Nessa perspectiva, a morte é imaginada como uma viagem a esse "outro mundo", o país dos mortos (*kútómè*), porém se trata de mortos "viventes", que continuam a agir e a interagir com o mundo dos humanos.

O antropólogo Melville Herskovits nota que, no contexto dos gbe-falantes, a coletividade ou linhagem extensa (*hennu daho*) não inclui apenas os vivos, mas também os mortos.[46] Essa ideia é chave para nossa compreensão do tema. De fato, os ancestrais são considerados responsáveis pela sustentação da vida neste mundo. Retomando a díade parental, os ancestrais são "pais", os mais velhos, e os vivos, os "filhos", os mais novos.[47]

Implícito nessa relação está outro princípio básico da organização social gbe: o princípio da senioridade, ou da gerontocracia, que institui o direito do mais velho sobre o mais novo, do pai sobre o filho, ou do primogênito sobre os irmãos mais jovens e, em primeira instância, dos ancestrais sobre os vivos. Assim, o *hennugan*, como o mais velho da coletividade, é aquele que está mais perto da morte, e portanto dos ancestrais. Ele é o elo entre os dois mundos, aquele que veicula "a energia vital que emana do mundo invisível".[48] Daí sua autoridade. Não por acaso, o *hennugan*, como representante dos ancestrais neste mundo, preside os rituais a estes dedicados e, em certas ocasiões, assume as funções de sacerdote do *tohuiyo*, o ancestral primordial.[49] Ele é detentor dos segredos e do conhecimento esotérico relativo ao *tohuiyo*, mas não necessariamente o responsável pela execução dos rituais.

Tohuiyo pode ser traduzido livremente como "pai adorado" e designa o ancestral mítico divinizado.[50] Às vezes chamado *akovodun*, divindade do clã, ou *hennuvodun*, divindade da coletividade familiar, ele pode ser uma planta, uma árvore, um animal ou um ser humano que após a morte veio se fixar numa fonte, numa pedra, na areia etc. Frequentemente esses animais e plantas, que Le Herissé considera "de caráter totêmico",[51] são designados por nomes diferentes das categorias genéricas utilizadas na fala cotidiana. O *tohuiyo* da família real de Abomé, por exemplo, é um leopardo macho (*kpo* ou *kpɔ̀*), mas ele é referido pelo nome próprio Agassu (*Agasú*). Todavia, um *hennu* pode ter um *tohuiyo* principal e outros secundários; alguns deles podem ser também voduns "públicos", como Gu (*Gǔ*), Dan (*Dàn*), Dangbé, Bosikpon (*Bosíkpɔ́n*), Sò, Mawu (*Mǎwǔ*) ou Lissa (*Lisà*).[52] Em Abomé, os ossos do ancestral mítico, colocados num recipiente de cerâmica e cobertos por um montículo de terra, constituem o altar do vodum Aizan (*Ayĭzàn*), responsável pela proteção da coletividade.[53] O fato evidencia a estreita relação de Aizan com o culto aos ancestrais e ilustra bem como eles se constituem em marcadores do território residencial.

Em outros casos, quando se quer evitar a utilização do nome do *tohuiyo*, utiliza-se a expressão genérica *togbe*, o pai maior, ou seja, o "avô" ou o "pai social". Togbé-Anyi, por exemplo, é o nome do ancestral mítico dos adjas, o fundador do legendário reino de Tado, onde ele é cultuado num santuário chamado Togbuihué (casa de Togbe?).[54] Também o vodum "nacional" dos huedas de Uidá, a serpente Dangbé, é às vezes chamado *togbe*.[55]

TABELA 1:

OS DIVERSOS NÍVEIS DA ORGANIZAÇÃO DE PARENTESCO

E SUAS LIDERANÇAS

Liderança	Grupo de parentesco				
Tohuiyo	*Ako*				"clã"
Daá hennugan	*Hennu* A		*Hennu* B		"coletividade familiar"
Daá mejito	*Huedo A1*	*Huedo A2*	*Huedo B1*	*Huedo B2*	"unidade doméstica"

NOTA: Tanto o *ako* como o *hennu* podem incluir membros vivos e ancestrais.

Na sequência que vai do pai genitor (*daá mejito*), passando pelo pai social (*daá hennugan*), até o pai espiritual (*tohuiyo*), há uma gradação crescente em idade, em autoridade, e na extensão do grupo sobre o qual se exerce essa autoridade. Aliás, há também uma progressão em ancestralidade, indo do mais humano ao mais divinizado. Embora se possa argumentar que a recorrência da noção de paternidade é resultado de um uso apenas linguístico, devemos reconhecer o caráter estruturante desse idioma do parentesco na organização e na prática social.[56]

É através dessa sequência do pai genitor ao pai espiritual que percebemos a imbricação da ideologia da descendência com o religioso, pois, como já foi dito, a unidade da coletividade familiar (*hennu*) se expressa de forma crítica através do culto aos antepassados, em especial ao *tohuiyo*, como emblema de origem. O argumento central é que a relação entre as identidades coletivas (da "família", do "clã", do reino) e a prática religiosa (culto aos ancestrais e voduns) está mediada pela ideologia da descendência, pela noção da existência de alguma "substância" que se transmite de pais a filhos e que gera conexões de parentesco primordiais e indissolúveis.

A lógica paterno-filial inerente ao culto aos antepassados, conforme já vimos, teria sido projetada no sistema de legitimação política do Estado, conferindo às monarquias de Aladá, Uidá e Daomé seu caráter patriarcal. Lembro que o rei daomeano era designado como Dadá, o "pai do povo".[57] Como salienta Herskovits, a posição do *tohuiyo* em relação à família é a mesma que a do rei em relação ao seu povo.[58] Outra analogia seria pensar o monarca como o *hennugan* ou o "pai social" do povo e, por extensão, os reis defuntos como os *tohuiyo* do reino. Mesmo num sistema "patrimonialista" que privilegiava o território ao vínculo de sangue, o princípio da autoridade paternal promovido pela ideologia da descendência permanecia inalterado e, em decorrência, a autoridade dos ancestrais constituía um idioma compreensível, convincente e conveniente para o exercício do poder.

A fundamentação sagrada do poder e a necessidade de sanção espiritual na investidura da autoridade política são bem conhecidas em grande parte das sociedades. No contexto africano, muitas teorias nativas do poder se baseiam na crença em algum tipo de "força" ou "energia vital" — o *muntu* dos bantos, o axé dos iorubás, por exemplo — que circula e é transmitida de um ser a outro, afetando suas relações mútuas; força que se pode acumular, promovendo saúde e fortuna, ou perder, atraindo o infortúnio.[59] Nessas ontologias, o ser está indissociavelmente atrelado a um conceito dinâmico e oscilatório do poder. Uma pessoa é mais ou menos, em função do incremento ou perda dessa força-poder. Completando esse sistema de pensamento, o chefe, como pessoa que acumula e concentra o máximo de "força vital", vira o emblema da coletividade, e o destino desta fica atrelado e dependente daquele do chefe. Na área gbe, como vimos no caso do *hennugan*, a comunicação com os ancestrais e as forças telúricas do "outro mundo" é que legitimam a autoridade do chefe.

Finn Fuglestad sustenta que o reino de Aladá se encaixava no que ele chama de sistema "dualista", e outros autores chamaram de "poder contrapontual".[60] Trata-se daquela organização social baseada no pacto entre um grupo guerreiro e conquistador, detentor do poder político (no caso, os agassuvis, descendentes de Agassu, vindos de Tado), e os chefes-sacerdotes dos povos autóctones (no caso, os aizos [*ayìzɔ́*] ou *daviénu*).[61] O rei legitimava sua autoridade através do reconhecimento do poder religioso dos chefes ou "donos da terra" (*ayinon*). Em Aladá, por exemplo, havia um "grande marabu", frequentemente designado "primeiro-ministro", que podia falar com o rei sem necessidade de prostrar-se diante dele. As fontes também registram a independência dos vários "governadores de províncias", estando o poder do rei, como foi sugerido acima, sujeito àquele dos "grandes do país".[62]

Fuglestad identifica em Uidá uma dinâmica semelhante, e sustenta que o sistema "dualista" e, de modo geral, o sistema "tradicional", baseado no parentesco e em crenças relativas à terra e à fertilidade, constituíam sério obstáculo para a consolidação de uma monarquia forte e centralizada.[63] Contudo, esse modelo foi ameaçado pelo contato europeu e pela introdução do cristianismo, que podia resultar num atrativo para o rei, enquanto estratégia de unificação e de resistência à pressão dos nobres e dos "chefes-sacerdotes" autóctones. Como veremos, tanto no caso de Aladá como no de Uidá, "o chefe dos *voudonons*" (*vodúnnɔ̀*, zelador do vodum) e seus seguidores conseguiram em repetidas ocasiões neutralizar a ingerência externa dos missionários.

Já no caso do Daomé, Fuglestad identifica uma ruptura histórica em relação aos reinos predecessores, aproximando-se, nesse ponto, da tese de Akinjogbin. A rígida política de controle e sujeição das coletividades familiares teria, segundo esse autor, subvertido o sistema "dual", comprometendo, portanto, a legitimidade da autoridade real, que para reafirmar-se teve que recorrer ao militarismo e a estratégias de ostentação cerimonial. Essa interpretação é persuasiva, mas há elementos para questionar vários de seus aspectos. Em poucas palavras, o reino de Uidá não pode ser reduzido a um simples sistema "dual", opondo o rei ao sacerdote, mas deve ser encarado como um sistema "plural", em que instituições religiosas unificadoras — como o culto à serpente —, sob a tutela do rei, eram utilizadas pelas várias facções políticas como campo de disputa simbólica. Por outro lado, no Daomé, apesar da evidente centralização, houve uma série de estratégias para negociar uma reciprocidade simbólica com os "donos da terra". O rei, por exemplo, tinha com o Agassunon (*Agasúnɔ̀*) — sacerdote da pantera Agassu, o *tohuiyo* real — a mesma deferência do rei de Aladá em relação ao "grande marabu". O Agassunon calçava sandália como o rei e era o único que não se prostrava diante dele. A propósito, pesquisas recentes sugerem que o *tohuiyo* real era adaptação de uma divindade autóctone e, portanto, sua promoção religiosa por parte da monarquia poderia ser interpretada como uma variação do modelo "dual".

Muito pouco sabemos do que se passava nos territórios em torno dos reinos de Aladá, Uidá e Daomé. Populações como os adjas, emigrados de Tado, os eves (*éwé*) ou uatchis (*wacî*), emigrados de Nɔtsé, os popos ou hulas das zonas lacustres, os grupos iorubás do leste ou os mahis do norte, tinham provavelmente menor grau de centralização e reproduziam o sistema em que o chefe de linhagem mais velho fazia as funções de "chefe-sacerdote" ou de alguma variante do sistema dual.[64] No fim do século XVIII, por exemplo, o rei dos popos, chamado de "rei do rio", era reverenciado como "grande sacerdote do seu país" e "grande mestre dos feiticeiros".[65] Um registro do início do século XIX reporta que "Oäche [isto é, Nɔtsé] é um lugar privilegiado, sendo o cabeceira [chefe]

Otckpeh um feiticeiro [*fetichman*], ou sacerdote supremo; muitos habitantes dos países adjacentes vêm aqui para participar dos benefícios de suas rezas e proteção".[66] No final do século XIX, o chefe dos adjas, Kpoyizu (Pohenzon), representante de Tado e supostamente responsável pela investidura dos reis daomeanos e uatchis, era reverenciado como um "rei-fetiche".[67] Como informa Gayibor, algumas dessas figuras demiúrgicas ou "reis teocratas", reminiscentes do rei-mago de James Frazer, podiam viver em reclusão, nos seus palácios ou nas florestas sagradas.[68] Infelizmente, esses povos periféricos são os mais silenciados pela história, e é arriscado aventurar hipóteses sobre sua organização político-religiosa.

Para melhor compreender a dimensão religiosa associada à chefatura, podemos distinguir três níveis no que seria, de fato, um continuum: a função sacerdotal ou atribuição de responsabilidades litúrgicas ao chefe; a sacralização do chefe enquanto representante do destino coletivo; e a deificação ou "vodunização" em vida do chefe. Na área gbe encontramos com frequência os dois primeiros casos, e parcialmente o último. O papel sacerdotal do *hennugan*, como vimos, não implica necessariamente um envolvimento místico (através de possessão mediúnica, por exemplo) com o mundo espiritual do *tohuiyo*. A função religiosa do chefe pode limitar-se à preservação de saber esotérico específico (rezas, nomes fortes, mitos de origem) e a assumir certas prerrogativas litúrgicas na hora dos rituais. O chefe pode ser assistido por outros especialistas religiosos e, portanto, sua responsabilidade "sacerdotal" pode variar muito de um caso a outro. Como veremos, o chefe é muitas vezes considerado o "proprietário" ou "dono" de determinada divindade, mas o culto é oficiado por terceiros. Esse é um ponto importante.

Como já foi dito, a figura do rei pode ser pensada como um redimensionamento da figura do *hennugan* ou chefe da coletividade. Assim, em alguns casos, achamos monarcas que exercerciam ao mesmo tempo as funções políticas e sacerdotais, como o rei popo a que nos referimos. Outros, como o Adjahutonon de Aladá após a conquista daomeana em 1724, foram reduzidos a funções exclusivamente rituais, desprovidos de qualquer poder político.[69] Já no Daomé, o rei Tegbesú foi chamado o "rei-sacerdote", mais pelo seu trabalho de controle político da religião do que por atividades sacerdotais.[70]

Nos reinos em apreço, mais frequente do que o rei-sacerdote era a sacralização do governante como emblema do destino coletivo, correspondente ao segundo nível da divisão proposta. Assumir uma posição de chefia pressupõe um favor dos deuses, e portanto a pessoa passa a inspirar respeito e reverência intrínsecos ao cargo. No caso do rei, isso se acentua. Documentos do século XVII, prévios à conquista daomeana, por exemplo, sugerem que os súditos de Aladá acreditavam que a boa fortuna e segurança do reino dependiam e estavam indissoluvelmente atreladas à saúde e força do seu monarca, assim como à manutenção das práticas religiosas locais prescritas pela tradição.[71]

A sacralização do rei se efetivava através da imposição de uma série de proibições e outros recursos protocolares. O cerimonial da corte contribuía para projetar uma imagem sobre-humana do régulo. Em Aladá, ele não podia comer em público, saía pouco do palácio, e as pessoas, inclusive seus ministros, deviam prostrar-se na sua presença, sem olhar para ele, em ostensiva atitude de humildade e subordinação.[72] O mesmo modelo de cerimonial se repetia em Uidá e, mais tarde, no Daomé.[73] Em Uidá, Bosman afirmava que a estratégia de ocultar a ingestão de alimentos teria sido concebida "para criar na imaginação dos seus súditos a ideia de que os reis eram algo mais do que humanos, e deviam ser respeitados e adorados como deuses". Quando quis saber onde dormia o rei, a pergunta foi rebatida com outra pergunta: "Onde mora Deus? Igualmente não é possível saber onde estão os aposentos do rei".[74] É provável que a resposta encobrisse uma preocupação com a segurança real, mas o idioma empregado é significativo.

Labat informa que, ao ser escolhido, um novo monarca "não é mais percebido como homem, ele vira num instante uma espécie de divindade da qual alguém se aproxima com o mesmo respeito que se rende às divindades do país".[75] No Daomé, Pommegorge denuncia o despotismo do monarca e menciona "o respeito que estes povos têm pelo seu rei, chegando até a *idolatria*".[76] Diante do rei não se podia fazer nenhuma alusão à morte, e eram necessários eufemismos para referir-se ao falecimento real.[77] A ocultação do lugar de sua sepultura podia responder a medidas de segurança, mas também se coadunava com a formação de uma aura de imortalidade. Para além da simples sacralização implícita na ideia de uma "monarquia sagrada", percebe-se nesses usos idiomáticos uma tênue transição para o terceiro nível da deificação em vida do chefe, e em particular do monarca. De chefe-sacerdote teríamos chegado ao rei-deus.

Lembremos que os comportamentos associados ao rei — como o não comer em público ou a exigência de se prostrar diante dele — são replicados pelas divindades voduns e seus devotos nos rituais. Ou seja, o cerimonial religioso reproduz parcialmente o cerimonial da corte (ou vice-versa?). Como sugere Bertho, "a organização atribuída ao mundo dos espíritos é [...] uma réplica análoga à da organização das cortes reais".[78] Essa ideia foi explorada mais a fundo no contexto iorubá por Karin Barber, ao mostrar como a relação do devoto com o orixá é análoga àquela que o súdito ou cliente tem com o seu senhor ou "homem forte".[79] Numa outra perspectiva, Law sugere uma correspondência entre a hierarquia política e a hierarquia dos panteões, identificando o rei com o deus supremo e os governadores ou chefes, com os voduns subsidiários.[80]

Os europeus tendiam, assim, a interpretar o cerimonial da corte como expressão do poder absoluto do rei e do seu caráter quase divino, porém o formalismo protocolar podia encobrir dinâmicas de poder menos visíveis e mais difíceis de identificar.[81] Já mencionei reiteradamente o poder político dos capitães e governadores de província nos reinos de Aladá e Uidá, relativizando a suposta autoridade real que podia ser mais simbólica que efetiva. Da mesma forma, no Daomé, a influência que as esposas do rei e, sobretudo, a mãe do rei podiam exercer no interior do palácio foi comentada pelos viajantes como contraponto ao poder absoluto do rei.[82] Contudo, houve no Daomé uma clara tentativa de controle religioso por parte do rei. Se sua autoridade política se apoiava na ideologia da descendência e investia necessariamente na manutenção do culto aos ancestrais, sua relação com o poder religioso dependia da contínua negociação de espaços ao mesmo tempo diferenciados e superpostos.

Seja como for, a imagem quase divina do rei era reforçada ano a ano quando ele presidia o culto aos seus ancestrais. A sacralização do rei replicava, em parte, a relação prescrita entre o mundo dos vivos e o mundo dos voduns e dos mortos. Para compreender melhor a relação entre parentesco, política e religião, faz-se necessário, agora, aprofundar o nosso entendimento das concepções da morte e dos rituais funerários a partir dos quais se desenvolve o culto aos ancestrais.

OS RITUAIS FUNERÁRIOS E O CULTO AOS ANTEPASSADOS

Fustel de Coulanges foi um dos primeiros autores que, no século XIX, destacaram a importância do culto aos mortos nas sociedades antigas, principalmente entre gregos e romanos. Para ele, "a morte foi o primeiro mistério", e o conceito do divino ou do "sobrenatural", daquilo que vai além do visível, teria surgido a partir do confronto do homem com a morte dos seus semelhantes. Os deuses seriam as almas dos mortos divinizadas (*démons* ou *heróis* entre os gregos; *lares, manes* ou *gênios*, entre os romanos) e os sepulcros, os primeiros templos onde se realizavam os sacrifícios, as oferendas de alimentos e as libações. Nessa "religião primitiva", cada deus podia ser adorado apenas pelos membros de sua família; tratava-se de um culto doméstico. Para Coulanges, essa "religião antiga" estaria na base da constituição da família grega e romana, do matrimônio e da autoridade paternal, consagrando o direito de propriedade e de herança e, em última instância, através da expansão da família, no desenvolvimento da cidade e da vida social moderna.[83]

Deixando de lado qualquer tentativa de especular sobre a "origem da religião primitiva", exercício que Evans Pritchard já demonstrou ser improdutivo,[84] ou de sustentar qualquer hipótese evolucionista, estabelecendo estágios sucessivos de desenvolvimento religioso, é preciso destacar a centralidade do culto aos mortos na cultura religiosa da área gbe. A discussão a respeito de os ancestrais serem "adorados" como deuses, ou apenas "venerados", e se a veneração deve ser considerada religião, parece-me pouco produtiva, pois, em termos comportamentais, adoração e veneração implicam práticas paralelas e, em termos conceituais, há uma extrema fluidez entre essas categorias.[85] O que interessa reiterar, a partir de Coulanges, é a estreita interdependência entre o culto aos ancestrais e a constituição das coletividades familiares.

Consideremos de novo a situação contemporânea para ter uma dimensão da íntima relação dos indivíduos com a morte nas culturas da área gbe. Tomemos por exemplo o caso dos fons de Abomé estudados por Adoukonou. Quando uma criança nasce, diz-se que vem ao país dos vivos (*gbὲtómὲ*), por oposição ao país dos mortos (*kútómὲ*). Ela é logo integrada no tempo dos vivos

69

com a imposição de um nome, muitas vezes correspondente ao dia da semana em que nasceu, e é integrada no espaço, com uma série de rituais, como o enterro da placenta, dos cabelos, do cordão umbilical, o *sunkúnkún* ou "assobio à lua", o rito de sentá-la no chão, e outros. Ela é também integrada na sociedade com outra série de cerimônias: o rito *videton* (*vìɖétɔ̀n*) ou "saída da criança", a suspensão das proibições aos gêmeos (se for o caso), o rito *agbasáyíyí*, que é a apresentação da criança à comunidade familiar (incluindo os ancestrais) e a identificação do *djoto* (*jɔtɔ́*, espírito guardião da criança). Porém, na cultura fon também se diz *mɛ jɔ̀ gbɛ̀ mɛ kú*, desde o dia do nascimento o homem começa a morrer.[86]

Em consonância com essa concepção processual da existência, a partir da morte física da pessoa há pelo menos três estágios para marcar sua reintegração ao mundo dos mortos. O primeiro é o *mɛsɛ̀ɖɔ̌ akpagbé*, correspondente ao enterro efetivo do corpo, ritual funerário provisório que acontece normalmente três dias após a morte. O segundo é o *cyɔ́ɖíɖí*, o enterro ritual que, para os fons, é o verdadeiro enterro, realizado quase sempre no sétimo dia. O terceiro estágio é aquele que confere ao defunto um status de ancestral divinizado, de vodum. Dá-se a essa complexa série de cerimônias o nome de *tchiodohun* (*cyɔ́ɖóhŭn*), literalmente "colocar na canoa" ou "embarcação dos mortos". Na mitologia fon acredita-se que os defuntos devam cruzar o rio Uemê (o maior da região) para descer ao país dos mortos, *kútómɛ̀*.[87] Nesse ritual, o *hŭn* (a canoa, mas também o tambor) é imaginado como o veículo que transporta os mortos.[88]

O *tchiodohun* só é celebrado de tantos em tantos anos, coincidindo em geral com a morte do sacerdote do *tohuiyo*, ou seja, do *daá hennugan*, o chefe da coletividade. Através desse ritual o *hennugan* é transformado em ancestral, possibilitando a partir de então sua manifestação através da possessão ou incorporação em algum membro da sua família. Também é o momento em que todos os familiares falecidos desde a celebração do último *tchio-dohun* são transformados em ancestrais ou voduns, ou seja, cerca de uma geração de defuntos é contemplada no processo. De forma análoga, com a morte do rei, o chefe máximo, não apenas da sua linhagem mas de todo o país, realizava-se o *tchiodohun* real. No Daomé, esses rituais correspondiam aos Grandes Costumes, cerimônias pelas quais eram "vodunizados" os reis, os príncipes e as pessoas mais importantes da corte, convertidos em *tovodum* (*tɔvodún*) ou Nesuhue (*Nèsúxwé*). Como diz Adokounou, "o *tchiodohun* tem, entre outras funções, a de constituir, no mundo invisível dos mortos, um novo segmento do *ako*".[89] Por fim, os ancestrais são "alimentados" periodicamente com libações e oferendas sacrificiais.

Embora seja difícil saber até que ponto é possível projetar essa ritualística e cosmologia no passado, a evidência documental, como veremos, sugere que estamos diante de práticas e crenças antigas, que existiam com anterioridade e também fora dos limites culturais do grupo fon do Daomé. Esse tipo de práticas, sobretudo, põe em evidência a estreita relação que existia, e continua a existir, entre as divindades ou voduns e os espíritos dos antepassados. Já apontamos que especular sobre a origem dos deuses é uma discussão estéril, mas devemos levar em conta a estreita proximidade entre o conceito de vodum — enquanto força invisível, mistério ou deus — e o conceito de ancestral divinizado. O conceito de vodum é, sem dúvida, mais abrangente, incluindo um variado leque de manifestações, mas o conceito de ancestral é indissociável do primeiro.

Voltemos o olhar para o passado. Os viajantes que desde o século XVI navegaram as costas da Guiné, da Senegâmbia ao reino do Congo, não deixaram de documentar, em relatos às vezes quase etnográficos, os rituais funerários dos plebeus e dos reis. Dessas informações se depreende que oferendas aos mortos eram realizadas de forma periódica, existindo, portanto, um culto institucionalizado e regular. Em relação à Costa do Ouro, o francês Nicholas Villault, por exemplo, nos diz: "*todos os anos* vão levar à fossa do morto de beber e de comer, para evitar que passe fome ou sede no outro mundo".[90] No reino do Benim, abriam as sepulturas para realizar as oferendas e os sacrifícios animais no aniversário do falecimento.[91] Tratava-se de um modo de agir generalizado em toda a Costa ocidental, respaldado em cosmologias variadas, mas que compartilhavam o princípio básico relativo à crença num "outro mundo" invisível, moradia dos "mortos viventes" que deviam ser "alimentados" para garantir a sustentabilidade da vida "neste mundo", ou seja, evitar infortúnios, guerras e doenças e propiciar fortuna, prosperidade e fertilidade.

Mesmo havendo uma comunidade de crença baseada nesses pressupostos gerais, a ausência de dogma ou ortodoxia eclesiástica permitia uma diversidade considerável de interpretações individuais. Embora fosse comum a teoria da metempsicose ou transmigração das almas (a ideia de que uma parte da pessoa — a alma, o espírito ou outra porção de ser — podia sobreviver à morte do corpo e reencarnar em outros corpos humanos, mas também em animais, plantas ou minerais), havia também defensores, em número menor, de teorias mais materialistas que sustentavam o fim da "alma" após a morte.[92] A essa variabilidade local se juntava o etnocentrismo europeu. A compreensão do imaginário religioso africano (como vimos na introdução) jamais foi um tema com o qual os viajantes se preocupassem muito, e foi sempre filtrada pela ideologia cristã, como mostra o surgimento, nesse período, do discurso do fetiche. A combinação da variabilidade local e da incompreensão europeia resultou numa imagem extremamente distorcida e contraditória das crenças locais. Em relação ao reino de Aladá, Dapper, um dos primeiros autores a oferecer informações sobre a região, aponta o seguinte:

Não acreditam na vida do além, e sustentam que a pessoa após morrer apodrece, e o seu sangue se espessa, de modo que não é possível a ressurreição. Exceptuam dessa regra os que morrem na guerra; sabe-se, dizem, por experiência, que aqueles que caem no campo de batalha não ficam mais de dois dias na tumba. Provavelmente os feiticeiros retiram os cadáveres das sepulturas à noite para fazer acreditar às pessoas que ressuscitaram e foram para outra vida, com o intuito de encorajá-las para a guerra.[93]

A ideia de que os nativos não acreditam na vida do além contradiz a noção de que os guerreiros teriam ido para outra vida. Ora, o comentário sugere que a transmigração das almas era diferenciada da ressurreição carnal. Haveria aqui talvez uma crítica nativa à crença cristã na possibilidade de restituição de vida à carne, como aconteceu com Jesus, o que não impede a crença na *metempsicose* ou num mundo invisível habitado por espíritos.[94] Já em Uidá, um francês registrava a crença em "espíritos retornados [*revenants*], e muitos asseguram como verdadeiro ter visto e falado com pessoas que estavam mortas", o que sugere certa noção de possibilidade de ressurreição carnal ou pelo menos de manifestação carnal post mortem, um antecedente do zumbi.[95]

Para uma melhor compreensão dessas questões, devemos lembrar que a noção de pessoa nessa região não é concebida, em termos ocidentais, como uma simples dualidade corpo e alma, mas envolve, além do corpo físico, uma pluralidade de agências metafísicas. Embora não exista consenso, entre os fons se acredita que a pessoa integra quatro almas (*sέ*, *yὲ*, *lǐdɔ̃n* e *wɛnsagùn*), um destino (*kpoli* ou *kpɔlí*), um princípio dinâmico (*Lɛ̆gbà*), o espírito guardião de um ancestral (*djoto*) e uma divindade "dona da cabeça" (vodum).[96] Assim, para compreender o que os autóctones entendiam por transmigração, metempsicose ou ressurreição seria preciso saber a qual dessas agências eles se referiam. Seja como for, se o variável mundo das ideias e crenças escapava à compreensão dos cronistas, eles não deixaram de documentar complexos rituais funerários que confirmam a importância conferida ao mundo do além e ao culto aos ancestrais nessas culturas litorâneas da África Ocidental. Ainda sobre o reino de Aladá, Dapper acrescenta:

> Os funerais são quase com as mesmas cerimônias que na Costa do Ouro. Rezam pessoas de um e de outro sexo no enterro. Os amigos do defunto e o fidalgo ao qual ele era subordinado oferecem de presente algumas roupas para cobrir o corpo, que é em seguida colocado em um porão da casa onde morava.[97]

Essa referência à sepultura doméstica merece destaque, pois sugere a localização do culto aos antepassados no compound familiar, relacionando o ritual funerário com o reforço da solidariedade da coletividade familiar ou da unidade residencial. Também Villault notava, na Costa do Ouro, a "mania de serem enterrados no lugar de seu nascimento".[98] Sobre o reino de Uidá, o francês Jean Barbot explicava: "os mortos costumam ser enterrados na casa onde morreram, porque não há cemitérios ou lugares especiais [de enterro]".[99]

Como sugere a citação sobre Aladá, as oferendas de panos eram muito comuns. Entre os popos, o padre Sandoval informa que "são muito supersticiosos com seus defuntos, uma de suas superstições é que no tempo em que se celebram seus lutos fazem tiras de tudo quanto possuem de pano e seda; e as jogam nas covas das sepulturas dos antepassados".[100] Cabe notar a menção, nesse caso, às sepulturas localizadas em "covas". Se o defunto fosse uma pessoa importante, colocavam junto ao corpo seus "fetiches", joias, utensílios domésticos, armas, realizando depois sacrifícios animais para propiciar a viagem ao além.[101] Em Uidá, Barbot descreve uma curiosa prática:

Observam diversas cerimônias depois da morte, inclusive a de atar ao pé de um pequeno pássaro preto (de uma espécie conhecida por eles) alguns fetiches feitos especialmente; então colocam o pássaro na sepultura do defunto junto a um grande pote com água, e dançam ao redor da tumba cantando, até que ela fica nivelada com o chão, porque de início amontoam a terra como nós fazemos.[102]

Havia grande variedade de normas associadas aos funerais, como a imposição aos parentes de tabus alimentícios, de abstinência sexual ou outras.[103] Era comum a participação de músicos, utilizando vários tipos de instrumentos (a referência a um pote de água na citação anterior poderia aludir ao *sinhún*, ou tambor de água, utilizado nos funerais daomeanos). Também era frequente a presença de carpideiras encarregadas de proferir lamentos rituais.[104] Os sobreviventes costumavam realizar rituais de purificação após o enterro, podendo envolver banhos no mar ou no rio.[105] Normalmente, após os banhos de limpeza se dava início à celebração e à festa que sempre acompanhavam as exéquias. Num manuscrito anônimo sobre o reino de Uidá, escrito entre 1708 e 1714, aparecem alguns desses elementos. O autor, testemunha ocular dos ritos funerários, era ao que parece algum funcionário ou comerciante francês.

Seus enterros acontecem parte com alegria, parte com tristeza. Quando o homem ou a mulher morrem, todas as mulheres da casa e da aldeia vêm chorar em volta do cadáver, que é paramentado com suas melhores roupas. Deixam-no dois dias[106] sobre um leito de canas, coberto com uma esteira dobrada pela metade, de modo semelhante a como nós expomos nossos mortos na porta. Coloca-se sobre essa esteira uma peça de pano de lã do país e perto da cabeça do defunto, aguardente. Os instrumentos ficam numa casa ao lado, e tocam dia e noite durante esse tempo. Os amigos vêm dar o último adeus ao defunto e bebem da bebida que se colocou perto de sua cabeça. Todos os parentes e amigos estão presentes quando o cadáver é enterrado com todas as suas roupas [...]. Para os pais, mães e parentes, o luto consiste em raspar os cabelos no dia do falecimento e logo os deixar crescer, com a barba, durante três meses.[107]

Caso o defunto fosse uma pessoa importante, como um chefe de família, o enterro era seguido, três meses depois, por uma segunda cerimônia correspondente à instalação do herdeiro no seu novo posto. Nessa ocasião, conforme descreve o anônimo francês, o corpo do defunto era desenterrado, "para tirar a cabeça, que é colocada numa outra casa". Amigos e parentes faziam seus cumprimentos ao sucessor e lhe ofereciam presentes, motivo pelo qual a cerimônia é referida como *coutume* (costume), termo também utilizado para designar os tributos cobrados pelo rei nas transações comerciais. Depois de os convidados "terem visitado o lugar onde foi colocada a cabeça do defunto", a investidura do novo chefe seguia com a imolação de "muitos animais, e embora custem caro, os presentes sempre superam as despesas".[108]

Constata-se, assim, uma divisão dos rituais funerários em duas partes principais, a primeira correspondente ao enterro, e a segunda, à investidura do sucessor, incluindo, no caso de Uidá, a exumação do crânio do defunto. Seguindo essa mesma estrutura, os ritos fúnebres dos reis não deixavam de ser uma versão ampliada daqueles dedicados aos comuns. O anônimo francês esteve presente em Uidá por ocasião da morte do rei Amar (ou Aysan) em 1708.[109]

No dia dessa morte, tudo concorreu para a tristeza, chovia intensamente e fomos acordados pelos prantos das mulheres de toda a vila que produziam em conjunto um grito espantoso. Durou até a tarde, quando vimos os negros perambular em bandos, abatidos e guardando um grande silêncio, os chefes começaram a usar o luto, que não é outra coisa senão raspar a cabeça e a barba e vestir um pedaço de pano branco na cintura caindo até os pés.[110] Esse luto dura até as últimas cerimônias da coroação do novo rei [três meses depois]. O dia dessa morte era muito perigoso, porque se alguém cometesse um assassinato, roubasse ou cometesse algum outro crime no interregno, estando o rei morto, não havia justiça e ele não seria perseguido. Foi o que testemunhamos, vários negros mortos na aldeia, o que os obrigava a andar armados [...] a partir do dia em que o [novo] rei foi reconhecido o país voltou à tranquilidade.[111]

Bosman, que esteve em Uidá durante o reinado de Agbangla, o pai de Amar, já mencionava a ocorrência de um período de caos, roubos e instabilidade social após o anúncio da morte do rei, seguido da restauração da calma com a promulgação da escolha do novo monarca.[112] Des Marchais — presente nos funerais de Agbangla em 1703 — comenta que a duração desse período de desordem era de cinco dias, e que a maioria das pessoas ficava recolhida em casa. Tratava-se de um momento de suspensão de todas as normas sociais, que entre outras coisas servia para pôr em evidência a necessidade de um novo rei para restabelecer a ordem.[113]

A morte do rei podia ser mantida em segredo, às vezes durante meses, e só era anunciada quando o corpo já tinha sido sepultado e o sucessor, escolhido.[114] Há alguns relatos sobre tumbas de reis e seus enterros, mas não são muito confiáveis, pois esse assunto era mantido no maior sigilo, entre outros motivos para evitar a profanação da tumba. O anônimo francês menciona que do enterro só participavam o "capitão das mulheres", o "capitão do palácio", o "grande sacerdote" e as mulheres do harém.[115]

Nessa ocasião, "se fazia morrer um número de esposas do serralho para, acreditam eles, acompanhar e servir o morto num país onde ele deve ser feliz". Labat menciona que oito das favoritas, levando comida e bebida ao interior da fossa, eram enterradas vivas, junto ao cônjuge. Igualmente, alguns servos eram sacrificados, sendo seus cadáveres logo expostos publicamente nos caminhos que rodeavam o palácio. O "massacre" continuava durante três meses após o enterro.[116]

Embora a sepultura real permanecesse secreta, logo depois que o herdeiro ocupava o palácio abria-se uma nova sepultura simbólica, onde eram depositados, como nos enterros comuns, oferendas e bens materiais. Segundo nosso anônimo francês, a fossa permanecia aberta durante três meses, e nela era depositado "o que [o rei] tinha de mais precioso", assim como alimentos e bebidas. Nesse período, o sucessor não podia ainda fazer ato público no palácio.[117] Já segundo Labat, a tumba era coberta com terra formando uma pirâmide, "acima da qual se colocam as armas que o rei costumava usar, rodeadas de muitos fetiches ou pequenas figuras de terra que são como as divindades tutelares que o protegem". Em relação ao enterro dos nobres, esse autor acrescenta que "o escudo, o arco e as flechas e o sabre do defunto são colocados sobre a fossa, e o rodeiam de seus fetiches e de muitos outros de sua família. Quanto maior o número deles, mais respeito impõe o mausoléu".[118] A presença de múltiplos objetos de poder, emblemas de forças espirituais acompanhando o defunto, era prática também comum na Costa de Ouro.[119]

Do mesmo modo que o rei levava para o além seus bens materiais, seus fetiches e suas armas, ele devia levar — reforçando a visão patrimonialista acima discutida — seus "bens humanos" de esposas e escravos. Os "sacrifícios humanos" nos funerais reais, às vezes considerados suicídios ou imolações rituais, têm sido um dos assuntos mais comentados pela literatura europeia, e de modo algum era uma prática exclusiva de Uidá. Em Aladá de meados do século XVII, Dapper informa que para marcar a autoridade do novo monarca, "dois ou três meses após a morte do rei se estrangulam alguns dos seus escravos e concubinas".[120] A expressão "alguns" sugere que a prática talvez não fosse tão intensa como, por exemplo, no vizinho reino do Benim. Sandoval detalha os sacrifícios nesse reino, em geral de criminosos ou prisioneiros de guerra, em que os corpos eram "abertos pelas entranhas e deixados amarrados nas árvores, onde eram devorados por urubus". Esse autor comenta que os popos, vizinhos de Uidá, "fazem coisas semelhantes".[121] Em relação a este último reino, Barbot, em 1688, mencionava:

> Também degolam muitos escravos e esposas, em honra do morto, especialmente dos reis, que segundo dizem devem possuir mais glória no outro mundo do que neste! Isso leva a que, no momento da morte do rei, todos os cortesãos possam ser ouvidos expressando o desejo de morrer com ele. Mas estou convencido de que na realidade eles retiram a proposta o mais rápido que podem.[122]

Havia vítimas determinadas pelos cargos que ocupavam, sendo a primeira o "favorito" do rei, um título sem funções especiais, mas que desfrutava de certos privilégios.[123] No cerimonial da coroação, o "grande sacrificador" presidia a morte ritual do "capitão dos costumes", que o novo rei devia executar antes de ser entronizado.[124] Labat comenta que, salvo raras exceções, aos nobres "não lhes é permitido matar nem sacrificar nenhum dos escravos e nenhuma das mulheres do defunto, como acontece na ocasião da morte do rei".[125] Ou seja, os sacrifícios humanos eram privilégio real e, enquanto tal, tinham uma função política. Cada pessoa sacrificava em função das suas possibilidades, portanto cabia ao rei — ou ao seu sucessor — o direito e o "dever" de sacrificar a dádiva de maior valor: a vida humana.

Nos rituais funerários dos reis de Uidá, se constata uma série de características recorrentes, como o segredo relativo ao enterro, o período de caos e instabilidade social que se seguia ao anúncio do falecimento, e o sacrifício de mulheres e escravos. Costumes semelhantes estão também documentados na vizinha Costa do Ouro, inclusive com anterioridade.[126] Esse paralelismo na organização das práticas funerárias indica um padrão comum na região (incluindo Aladá) e sugere processos de institucionalização da monarquia sagrada simultâneos e concomitantes. Essas características se confirmam também no reino de Daomé, apontando para uma continuidade institucional, embora com diferenças significativas.

O rei daomeano Tegbesú, após enfermidade aguda durante dois meses, faleceu em 12 de maio de 1774, e foi sucedido pelo seu primogênito Kpengla (Kpénglá).[127] No período de confusão posterior ao anúncio de sua morte, as mulheres reais destroçaram o palácio e, entre assassinatos e suicídios, morreram mais de 285 delas. Só quando os ministros Migan (Mìgán) e Mewu (Mɛwú) anunciaram a escolha do sucessor, e Kpengla entrou no palácio, cessaram o caos e a destruição.[128]

Um marinheiro francês que assistiu aos Grandes Costumes em Abomé, três anos depois, em outubro de 1777, relatou o enterro. Segundo esse testemunho, obviamente não presencial, na sepultura subterrânea, de uns vinte pés "de circunferência" e doze de profundidade, se colocou "uma espécie de leito [...] com tudo o que [o rei] tinha de mais precioso", e uma estatueta de madeira envolta em panos representando-o. Como em Uidá, o simulacro servia para manter em segredo o verdadeiro lugar do enterro e evitar sua profanação. Os coveiros teriam sido decapitados após o trabalho e, entre as muitas consortes, foram escolhidas doze que não tinham procriado e doze de suas servas pessoais, levando oferendas como conta coral, tabaco, aguardente, cachimbos, chapéus e incenso. Elas foram encerradas vivas na sepultura, com as pernas quebradas para não fugir. Mais de quinhentos disparos de canhão acompanharam o enterro.[129] Apesar do aumento do número de concubinas e do detalhe da mutilação, o paralelismo com as práticas de Uidá é notável. Também, como em Uidá, certos indivíduos com cargos específicos eram sacrificados no Daomé.

Conta o francês, mais uma vez só por ouvir dizer, que era "costume fazer morrer o chefe da aldeia de Ardres [Aladá] como um dos maiores príncipes, para acompanhar o rei no outro mundo". O comentário sugere que o Adjahutonon, o sacerdote de Adjahuto e "chefe" de Aladá, já tinha sido instalado nesse cargo no tempo de Tegbesú, tornando-se um dos seus protegidos. Naquela ocasião, como graça concedida pelo rei antes de morrer, a vida do "príncipe" de Aladá foi poupada, porém um homem foi batizado como Adjahutonon e sacrificado em seu lugar. A morte do rei também implicava a extinção de outro "duplo" ou protegido, designado como "diabo". Nesse caso, parece tratar-se de um *lègbásì*, iniciado do vodum Legba, provavelmente aquele privativo do rei.[130] Essa figura lembra o "favorito" do rei em Uidá, que também estava obrigado a morrer com o seu senhor e constitui uma chave interpretativa para entender a natureza desse "favorito", talvez uma espécie de *trickster* ou bufo da corte.[131]

Em Uidá, como foi dito, três meses após o sepultamento procedia-se à investidura (e parcial entronização) do herdeiro no palácio, marcando a segunda fase do ciclo funerário. Após a morte e o caos, sucedia o restabelecimento da vida e da nova ordem. No caso do Daomé, esse período podia estender-se durante anos, até que o sucessor reunisse as condições para celebrar os Grandes Costumes em honra do seu pai, cerimônias que o consagravam definitivamente como Dadá. No referido caso de Tegbesú, falecido em 1774, os Grandes Costumes só iriam realizar-se em outubro de 1777.[132] Mas voltemos à narrativa do anônimo francês relativa a Uidá:

Após três meses, os capitães vão procurar o novo rei e o levam até a porta principal do palácio, onde os sacerdotes da sua religião lhe apresentam um boi que ele mesmo degola para realizar um sacrifício. Em seguida passa por cima do corpo do animal e entra nos aposentos que lhe foram preparados, onde todo mundo o saúda e felicita. Fica pendente ainda prestar as últimas obrigações a seu pai, e cerca de oito dias depois abrem a cova do defunto e, após tirar a cabeça, enterra-se o corpo e levam essa cabeça para a casa que o rei vivo deixou. Com essa cerimônia se finaliza o massacre das esposas e o rei ganha toda sua autoridade, embora não seja ainda reconhecido absolutamente.[133]

Após esse ritual para transpor o limiar da nova residência, de forma análoga ao que acontecia na sucessão do chefe de família, o rei procedia à exumação da cabeça do antecessor para consagrá-la como objeto de devoção. Seguiam ainda rituais propiciatórios para a viagem ao outro mundo em que uma figura representando o rei e uma "canoa preta de um pé e meio a dois de comprimento" eram enterrados num lugar afastado, "no caminho do país dos ancestrais". Essa cerimônia noturna congregava "todos os negros do país" e era também motivo de grande celebração.[134]

A construção de uma canoa para "despachar" o espírito do rei ao "mundo dos ancestrais", e a afirmativa de que rituais semelhantes eram realizados também para os plebeus, sugere alguma forma pretérita do *tchiodohun*, ritual que marca a "vodunização" ou "ancestralização" dos defuntos na cultura fon. Nos rituais funerários da região de Porto Novo (e de Tori e Sêto), na hora do enterro se diz, metaforicamente: "Vai fabricar uma canoa para colocar os crânios e enviá-los ao oceano".[135] A metáfora da embarcação (*hǔn*) associada à passagem da morte decerto adquiriu novos significados com o incremento do tráfico transatlântico.

Seja como for, uma vez instalado no palácio, o rei era tratado como tal, mas conforme a citação, não era ainda "reconhecido absolutamente". Como os funerais, o processo de entronização comportava distintas etapas e preceitos. Para poder administrar a justiça (cortar cabeças, por exemplo) e virar rei de direito, o monarca precisava receber uma espada e um manto, ou capa, das mãos de "um rei das terras onde os negros de Judá tinham vivido".[136] Fica a dúvida se era um rei lucumí, pois os reis huedas tinham origem iorubá, ou o rei de Aladá, de quem os huedas foram inicialmente vassalos. Segundo Des Marchais, as cerimônias de coroação, em que era colocado o *adé*, ou coroa de pérolas, na cabeça do novo rei, eram presididas por um enviado especial de Aladá, e não pelo monarca desse reino.[137]

A dependência de Aladá não se limitava à coroação do novo rei e se estendia aos funerais ou Costumes do monarca defunto, que para sua execução precisavam também da presença de notáveis desse reino.[138] A mesma dependência de Aladá, embora apenas simbólica ou ritual, se perpetuou no Daomé. Os reis Kpengla e Agonglo, por exemplo, teriam passado por cerimônias de entronização em Aladá, oficiadas pelo Adjahutonon. Em 1776, Kpengla estava prestes a realizar "cerimônias, sacrifícios e fetiches", depois do qual seria investido de "uma antiga capa dos reis de Judá que se preserva para esse fim".[139] A menção a Uidá (Judá) talvez seja uma confusão com Aladá, embora, como vimos, também o rei de Uidá fosse investido de uma capa. Em 1790, Agonglo ia realizar "sua inauguração em Aladá, onde segundo o costume, seria investido de um belo manto (*fine coat*), como prova de sua soberania sobre o reino", porém essa cerimônia foi adiada e não sabemos ao certo se realmente aconteceu.[140]

Seja como for, os processos de entronização do filho estavam indissoluvelmente entrelaçados aos funerais do pai. As informações acima, além de reforçar a existência de significativas continuidades entre Uidá e Daomé, confirmam a centralidade do par "pai-filho" (*tɔ́-ví*) como relação basilar das instituições que garantiam a continuidade do reino. A tensão entre funerais e coroação, entre morte e vida, entre os ancestrais e os viventes estava, portanto, latente na legitimação política da monarquia.

A TRANSFORMAÇÃO DOS RITOS FUNERÁRIOS NO DAOMÉ

Apesar das evidentes correspondências institucionais entre os reinos de Aladá e Uidá, de um lado, e o reino do Daomé, do outro, havia também importantes descontinuidades. Uma das inovações deste último diz respeito a aspectos dos rituais fúnebres, em particular à exumação dos cadáveres e à separação da cabeça para seu uso cultual. Como vimos, essa era uma prática comum em Uidá, constitutiva da segunda parte dos funerais que selava a posse do sucessor. Para além dos funerais que se seguiam ao enterro, a devoção aos ancestrais, e em particular aos reis, se perpetuava em cerimônias periódicas, normalmente anuais, com oferendas aos crânios ou caveiras. Em Uidá, essa responsabilidade recaía sobre as mulheres do monarca. O controle feminino do ritual era também repetido no culto à serpente e a um rio vizinho de Savi.[141] O poder feminino no âmbito religioso é significativo e constitui um contraponto à autoridade política masculina em uma sociedade patrilinear. Vejamos a descrição fornecida pelo anônimo francês, no início do século XVIII:

> As mulheres do rei realizam todo ano uma procissão, da casa onde ele mora à casa onde ficam as cabeças dos reis, para rogar aos defuntos que lhes sejam favoráveis. Para esse fim, há três buracos sobre a cabeça daquele a quem se pede; num deles depositam *piteau* [cerveja de milho], no outro, comida e no outro, dinheiro do país [búzios]. As mulheres vão a essa procissão (que é anunciada com

sete tiros de canhão de tarde e sete de manhã), uma após a outra carregando sobre as cabeças balaios enfeitados de búzios, pequenos cofres e recipientes de cobre cheios de panos e vestidos. O capitão das mulheres do palácio, o grande sacerdote e os pequenos capitães do serralho [anões?] as acompanham, bem paramentados e pela sua ordem hierárquica.[142]

Na área gbe (como na iorubá), a cabeça (*ta*) é considerada o lugar ou assento por excelência das mais importantes agências espirituais constitutivas da pessoa, e o crânio, por extensão, funciona como um índice material através do qual se veicula e se fixa a presença imaterial do defunto. A preservação (e às vezes enterro) de caveiras no interior das residências familiares servia para evocar a memória do antepassado e veicular suas oferendas, e implicava que as casas (e metaforicamente a coletividade dos seus habitantes) se assentavam, literalmente, *sobre* os ancestrais.[143]

O uso ritual dos crânios foi prática comum entre os huedas até época recente, assim como entre os guns (*gùn*) de Porto Novo.[144] Em 1874, por exemplo, os missionários franceses descreveram os rituais realizados nos funerais do rei Messi (antecessor de Toffa). Três meses após o enterro, o crânio do rei foi colocado num pote de terra novo e "levado à casa do fetiche Mézé, situada no interior do palácio e comum às três famílias reais que partilham sucessivamente o poder". Disposto sobre uma caixa enfeitada com panos preciosos, o pote foi coberto com um chapéu e, em volta dele, foram suspensos o alfanje, o colar e outros objetos. Realizaram-se oferendas de molho à base de azeite de dendê, impregnando a parte inferior da vasilha, alimento também compartilhado pela assistência em honra do defunto. Na casa, havia três outros crânios de reis que ainda não tinham recebido as devidas honras fúnebres, envolvendo certos rituais realizados numa floresta sagrada, com a queima das esteiras e outros objetos do defunto e sacrifícios humanos.[145] Como os reis de Porto Novo tinham ascendência em Aladá, Law infere que costumes fúnebres semelhantes teriam sido praticados na Aladá pré-daomeana.[146] O rei de Badagri (originário de Lagos), na década de 1820, também mantinha devoção às relíquias craniais dos seus antepassados com sacrifícios e consultas oraculares.[147]

Fontes do século XX registram, igualmente, que os adjas de Tado preservavam os crânios dos reis no interior de potes. Segundo uma tradição local, quando Togbanyi, o primeiro monarca adja, de origem iorubá, ficou muito velho, a terra o engoliu vivo. No local do seu desaparecimento, seus filhos colocaram uma grande jarra com suas armas e roupas, vasilha que depois teria servido para preservar as caveiras dos antigos reis de Tado.[148] Rituais semelhantes estão documentados entre as linhagens plebeias na região de Porto Novo, onde são chamados de *ayisun* (costume da terra), e na região de Tori e Sêto. Depois de consagrados e alimentados, os crânios eram enterrados em potes chamados *agbozĕn*, ação referida pela expressão "vamos fabricar uma canoa para colocar os crânios e enviá-los ao oceano".[149] Constata-se uma nova versão da metáfora da embarcação associada aos ritos fúnebres.

Diante de semelhante difusão da devoção cranial, seria razoável encontrar vestígios dela entre os fons do Daomé, porém estes são raros, o que tem levado a sugerir uma importante descontinuidade, nesse reino, de práticas difundidas na região. Le Herissé, no entanto, sustenta que os guedevís, habitantes do planalto de Abomé, onde foi fundado o Daomé, também tinham por costume separar o tronco da cabeça dos cadáveres *antes* de enterrá-los.[150]

Estudos arqueológicos recentes parecem confirmar a continuidade dessa prática, pelo menos em alguns casos. Em Cana (na aldeia Domehouegbó), na proximidade de uma "floresta sagrada" dedicada a Dan, junto a três árvores baobás, foi identificada uma tumba contendo os restos de um homem decapitado, com cerca de trinta anos, ao que parece um príncipe. Além de um grande jarro invertido cobrindo a entrada da câmara mortuária, havia quatro braceletes de bronze, um colar e um cinto de vários tipos de contas, búzios e outros recipientes de cerâmica, incluído um *gozĕn*. Tudo indica que a cabeça havia passado por vários rituais antes de ser depositada na sepultura, que os arqueólogos datam de aproximadamente 1750, ou seja, durante o reino de Tegbesú.[151]

Essa evidência exige considerar com cautela as tradições de Abomé que sustentam que a prática de exumação e decapitação cadavérica foi suprimida por Huegbaja, supostamente o segundo rei da dinastia daomeana. O motivo da proibição teria sido evitar as brigas dos coveiros que "desenterravam os crânios para fabricar amuletos".[152] O medo da profanação das tumbas já foi referido como explicação para o segredo que cercava a localização das sepulturas dos reis. Em 1787, em Abomé, um francês foi informado de que "nunca se sabe onde os reis e rainhas estão enterrados pelo medo de que façam fetiches maus com seus corpos".[153] A memória da proibição imposta por Huegbaja se refletiria numa das suas louvações cantada durante os Costumes: "o rei comprou nossas cabeças sobre os nossos corpos".[154] Law sustenta que essa descontinuidade com a tradição autóctone representava uma tentativa da monarquia de enfraquecer o culto aos ancestrais das linhagens autóctones.[155]

Dada a importância que os povos da região conferiam aos crânios para o culto aos ancestrais, entende-se por que os daomeanos faziam questão de decapitar os chefes e reis inimigos, transformando a caveira em troféu de guerra, privando assim o povo vencido da continuidade dinástica e do suporte espiritual dos seus ancestrais.[156] Alguns dos crânios dos chefes inimigos, vítimas das guerras, podiam ser preservados com certa honra. Em

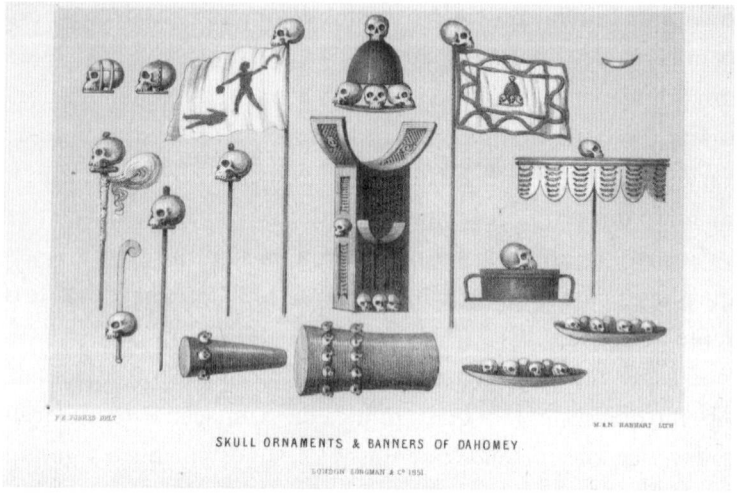

SKULL ORNAMENTS & BANNERS OF DAHOMEY

FIGURA 1. *Ornamentos de crânios e bandeiras do Daomé, c. 1850.*

1728, o rei Agajá mostrou a um visitante francês oito caveiras, entre elas a do "famoso Ayazaye rei de Uemê".[157] Em 1775, o rei Kpengla preservava a cabeça de um concorrente ao trono no palácio de Abomé, "depositada numa bacia".[158] Ora, nesse reino, a maioria dos crânios dos inimigos era ostentada publicamente como troféus, nos muros e nas portas dos palácios e das "casas fetiches", nos punhos dos sabres, nos tronos e nos guarda-sóis (figura 1).[159]

As tradições de Abomé sustentam, ainda, que o rei Huegbaja introduziu outras inovações nos costumes funerários. Entre elas estaria a instituição do cargo de *dokpegan* (*dɔnkpégán*), uma espécie de "agente funerário" responsável pelo controle dos enterros, que devia fiscalizar e evitar a exploração exercida pelos coveiros. Como retribuição aos seus serviços, o *dokpegan* só recebia uma peça de pano e búzios.[160] Outra fonte sugere que o rei Huegbaja teria inovado os funerais oferecendo um pano de algodão como mortalha aos seus súditos.[161] Porém, como nota Law, o uso da mortalha já tinha sido documentado por Dapper em Aladá.[162]

Houve outra tentativa de inovação no tempo do rei Agajá, mas esta parece restrita ao monarca. Consta que esse rei teria solicitado aos ingleses um caixão à moda europeia para suas próprias exéquias.[163] Nesse contexto, o ataúde deve ser percebido como um bem de prestígio, análogo a outros objetos, como as carruagens e cadeiras de arruar que os monarcas daomeanos recebiam dos europeus, e indica o interesse do rei em encenar funerais destacados e sua abertura a influências e modelos europeus, num domínio, por outro lado, fortemente normatizado por costumes locais.

Para concluir o tema relativo ao culto aos crânios, vale notar que existe outra evidência indicativa dessa prática entre os reis do Daomé, mas que provavelmente reflete práticas de Uidá mais que de Abomé. O padre baiano Pires esteve em Abomé em 1797, coincidindo sua visita com o assassinato do rei Agonglo, e relatou eventos relativos à coroação do seu sucessor. Segundo ele, o anúncio oficial da morte do rei só aconteceu dezoito luas mais tarde, momento em que o herdeiro recebia os presentes para o defunto, "a que lhe chamam Costume do rei ou grande festa do jirau". Cabe notar que, dezoito luas após o falecimento, Pires não estava mais no Daomé, e que, portanto, não poderia ter testemunhado os eventos que relata. Ele conta que nessa ocasião o rei retirava do túmulo a caveira e os ossos do defunto e os mostrava ao povo, segurando também "um pequeno machadinho", com o qual tinha governado durante o interregno, em nome do pai. Todo mundo se prostrava e o rei trocava o crânio e o machadinho por um "alfange que é como cetro", emblema de sua nova autoridade. Uma vez investido, começava a festa, com nova coleta de tributos, desta feita para ele. O rei mandava depois construir, sobre o túmulo, com o barro ensanguentado de mais trezentas vítimas, uma nova casa "semelhante a um grande forno, para a deposição dos ossos e caveiras do rei seu pai", que lá recebiam oferendas periódicas de búzios e aguardente.[164]

O uso de uma espada (*idà Ọ̀rányàn*) como emblema da autoridade real era um costume de origem iorubá que, como vimos, está documentado entre os reis huedas que eram de ascendência "lucumí".[165] Pires indica que suas informações foram coletadas entre "algumas pessoas da terra, e outros mulatos e pretos cristãos americanos" que, "para se verem livres do cativeiro do diretor de Ajudá [o governador do forte português em Uidá], foram oferecer sua cabeça ao rei". Ou seja, vários dos seus informantes eram mulatos e crioulos, alguns marinheiros portugueses capturados em Porto Novo, mas outros vindos de Uidá. Assim, a narrativa do enterro, da investidura do alfanje, e sobretudo da exumação dos ossos e do culto aos crânios dos reis, parece refletir práticas do litoral hueda.[166]

Assim, embora a evidência arqueológica de Cana não permita descartar a possibilidade de uma continuidade da decapitação nos rituais funerários do Daomé, tendo a pensar que o texto de Pires é fictício. Se houve de fato nesse reino uma ruptura com os cânones culturais da região, ela poderia ser interpretada, conforme sugere Law, como uma tentativa dos reis daomeanos de sabotar o culto aos ancestrais das populações dominadas e, desse modo, exercer um controle mais efetivo sobre elas. Converter o crânio de objeto sacro preservado na privacidade doméstica a troféu de guerra, exposto publicamente e negando-lhe as oferendas que asseguravam a interação com o mundo ancestral, era uma forma simbólica de violentar uma das instituições basilares da estrutura social daquelas sociedades. Não é por acaso que os Costumes *anuais* de Uidá, que consistem em oferendas de alimentos e búzios aos crânios reais, mas sem sacrifícios humanos, se transformaram, em Abomé, em cerimônias marcadas pela execução de vítimas humanas, na maioria decapitadas, cujas caveiras eram expostas nas portas dos palácios e outros espaços. A caveira se transformava, de objeto receptor de oferendas, na própria oferenda. A introdução de sacrifícios humanos durante os Costumes *anuais* parece ter sido outra inovação do Daomé, e pode estar relacionada à tentativa de desvirtuar, através da transgressão, as práticas tidas como mais sagradas entre as populações autóctones. Nesse sentido, o Daomé — apesar das fundamentais continuidades com seus vizinhos no uso do idioma do parentesco, do patriarcalismo e do cerimonial em torno dos ancestrais —, na sua progressiva centralização política, utilizou e subverteu os códigos religiosos mais críticos dos povos conquistados como forma de violência simbólica e mecanismo de sujeição.

A análise da organização social dos reinos de Aladá, Uidá e Daomé, das suas formas de legitimação política articuladas em função da ideologia da descendência, dos ritos fúnebres e do culto aos antepassados, permitiu compreender a imbricação entre o parentesco, a política e a religião. O próximo capítulo examina o sistema religioso nos reinos de Aladá e Uidá antes da conquista do Daomé, tentando elucidar como a diversidade de escalas desse sistema favoreceu ao mesmo tempo o pluralismo religioso e um equilíbrio entre a permanência e as transformações.

2. Práticas religiosas nos reinos de Aladá e Uidá (1650-1730)

O universo espiritual do litoral do Golfo do Benim é extremamente complexo, dinâmico e plural, e qualquer tipologia resulta limitada e provisória. Em relação à Costa do Ouro, os viajantes europeus distinguiam entre "fetiches particulares", que só "cuidam do particular", e os "grandes fetiches que protegem o país", como uma árvore, uma montanha ou uma pedra, "que eles respeitam tanto quanto divindades".[1] William Bosman, escrevendo no final do século XVII, informava que "cada sacerdote ou *feticheer* tem seu ídolo peculiar" e "cada pessoa particular tem seu falso deus peculiar", mas estes são claramente diferenciados das "cerimônias religiosas públicas e gerais, de toda uma nação ou cidade", organizadas em tempos de calamidade pelos chefes locais.[2]

A mesma distinção entre público e privado era reconhecida na área gbe; o mesmo Bosman utiliza a expressão "deuses públicos". O autor anônimo francês, no início do século XVIII, distingue entre as "grandes divindades" para as quais se celebravam concorridos festivais, e as "pequenas", que só recebiam rezas e sacrifícios sem festa pública. Todos os homens importantes tinham os seus "fetiches domésticos", ou o "seu *deus particular* em suas casas: pedaços de ferro em forma de campa [...] potes de terra e outras coisas parecidas".[3] Elaborando sobre essa distinção, o padre Labat distingue três tipos de entidades espirituais: os "deuses de toda a nação", os "deuses particulares de cada família" e aqueles de cada indivíduo, que ele chama de "fetiches".[4] Ou seja, no âmbito privado surge uma separação entre a esfera coletiva da família e a esfera individual do pessoal. O privado de caráter coletivo corresponderia aos ancestrais domésticos, mas não exclusivamente.

A etnografia do século XX não se afasta muito dessa tipologia. Le Herissé, por exemplo, em relação ao Daomé, distingue entre os *tovoduns* ou voduns do país, e os *akovoduns* ou *hennuvoduns*, os voduns da coletividade familiar.[5] Essa classificação remete a formas de organização social baseadas no território e no parentesco, respectivamente. Enquanto os deuses "públicos" costumam estar associados a determinado espaço geográfico, bairro, aldeia ou país, os deuses "domésticos" se ligam a coletividades familiares que, embora possam acentuar noções de descendência e ancestralidade, não eximem uma conotação de ordem territorial também. Os ancestrais não deixam de ser protetores das casas ou dos compounds.[6] Em relação ao Daomé, Herskovits distingue entre: 1. "deuses públicos"; 2. "divindades ancestrais"; 3. "deuses ou forças pessoais", como o *kpoli* (destino), Legba (princípio dinâmico), Dan etc.; e 4. a "magia", incluindo os "fetiches" ou sortilégios mágicos.[7]

Cabe notar que, nesta última tipologia, alguns dos deuses públicos ou "grandes deuses", geralmente associados a forças genéricas da natureza, como o trovão, o mar ou a terra, podem adquirir um caráter transétnico e translocal, extrapolando o âmbito fixo de um grupo ou território específicos. Em resumo, para fins analíticos, poderíamos estabelecer uma escala de quatro categorias principais: 1. os deuses públicos transétnicos e translocais; 2. os deuses territoriais, protetores de espaços geográficos específicos; 3. os deuses da "casa" ou coletividade familiar; e 4. os deuses individuais.[8]

Como foi dito, as fronteiras classificatórias precisam ser concebidas como necessariamente permeáveis e flexíveis. Há sempre a possibilidade de superposição entre duas categorias, pois os ancestrais de um *hennu* podem virar deuses de âmbito extrafamiliar e vice-versa. Até um objeto de poder pessoal pode eventualmente transformar-se num deus protetor da família, embora o contrário seja mais difícil. A compreensão dessa fluidez e capacidade de metamorfose e transmutação me parece fundamental para apreender o universo cultural do vodum. Contudo, a separação entre a esfera dos deuses públicos (translocais ou territoriais) e a esfera doméstica dos deuses da casa ou ancestrais parece responder a uma distinção nativa, corroborada pela historiografia e etnografia contemporânea.

A categoria mais problemática no discurso dos viajantes, no entanto, é a do "deus particular". Em primeiro lugar, em certos casos a expressão podia encobrir "deuses familiares" ou ancestrais, como no caso do anônimo francês citado acima. Sandoval também fala: "todos têm seus ídolos particulares em suas casas", sem ficar claro se está se referindo a um deus pessoal ou familiar.[9]

Em segundo lugar, os "deuses particulares" podiam designar o que nas línguas gbe é conhecido como *bŏ*, "complexos materiais consagrados" ou "objetos de poder" com uma pluralidade de funções propiciatórias, preventivas ou maléficas. Como aponta Herskovits, o termo *bŏ* inclui "todas as categorias de remédios específicos ou ajudas sobrenaturais, assim como suas contrapartes antissociais".[10] O *bŏ* se encaixaria no que esse autor chama de "magia" e que outros autores traduzem por sortilégio, encantamento, *gris-gris*, amuleto ou talismã. No Brasil, contudo, a tradução correta seria feitiço e contrafeitiço. Para Susan Blier, os *bŏ* "operam como forças agressivas e defensivas contra o infortúnio, muitas vezes interpretado como causado pela feitiçaria". Nesse sentido, Blier traduz *bŏ* como "objeto ativador" (*activating object*) ou "meio de empoderamento" (*empowered means*).[11]

Existiam ainda os *botchio* (literalmente, o cadáver do *bŏ*, ou o cadáver investido do poder do *bŏ*), figuras antropomórficas de madeira que podiam constituir um dos elementos do *bŏ*, mas que não se confundem com os voduns. Embora eles estivessem sujeitos a certas proibições (*sú*) e pudessem receber sacrifícios para ativar sua força, como diz Segurola, não se venera um *botchio*, "utiliza-se um *botchio* [ou um *bŏ*] para ser bem-sucedido em algum negócio".[12] Os *botchio* não personificam o vodum; eles revelam a presença das suas virtudes ou servem para invocá-las através de alguma propriedade do *botchio*. Os *bŏ* e *botchio* eram, em geral, propriedade de um indivíduo e serviam para seu uso pessoal, mas também podiam ser vendidos e reutilizados por terceiros. Foram esses objetos personificados e personalizados que os viajantes europeus com frequência identificaram como "fetiches" e que confundiram, erroneamente, com "*deuses* particulares" (ver o caso de Bosman, na introdução).

Existiria ainda uma terceira acepção para a categoria de "deus particular" enquanto manifestação individualizada de um "deus público". Como comprova a etnografia contemporânea, o iniciado consagra sua cabeça a determinado vodum, e a partir desse momento ele fica vinculado a essa divindade a quem louva, reza e sacrifica periodicamente. O anônimo francês informa que as sacerdotisas dos templos de Uidá estavam "sujeitas a um deus particular que tem os seus *vodunons* [sacerdotes]".[13] Nesse caso, o observador europeu teria confundido um "deus particular" com o que de fato era um "deus público" fixado na cabeça de uma pessoa particular. No Daomé, outros franceses também notavam que "cada um tem seu fetiche, do qual toma o nome, como nós tomamos aquele que nos deram no batismo".[14] Trata-se da personalização, individualização e incorporação de uma entidade pública e imaterial. A relação de uma pessoa com a entidade que rege a sua cabeça é mais uma instância que relativiza as fronteiras conceituais entre o público e o privado, entre o coletivo e o individual, entre o imaterial e o material. Fluidez e maleabilidade constituem a natureza do vodum.

A partir das polaridades apontadas nestes comentários preliminares (público-doméstico; territorialidade-ancestralidade; coletivo-individual), tentarei abordar o universo das práticas religiosas da área gbe no século XVII e nas primeiras décadas do século XVIII. O objetivo é apresentar duas formas de organização religiosa que parecem ter coexistido nesse período. A partir dos registros dos viajantes, é possível identificar, por um lado, cultos domésticos, organizados em torno de figuras ancestrais e de atividades oraculares e de cura e, por outro, cultos extradomésticos, geralmente associados aos territórios, envolvendo processos de iniciação e festivais públicos mais complexos. Esse sistema, como vimos, estava sujeito às tensões geradas pelo processo de centralização monárquica e sofreu alterações com a chegada dos europeus, a introdução do cristianismo, e com a difusão de novas técnicas de adivinhação como o sistema de Fá.

No reino de Aladá, refletindo uma situação de meados do século XVII, Dapper aponta para a coletividade familiar, ou "a casa", como o âmbito fundamental do religioso: "todas as pessoas de qualidade têm seus *fetiseros*, que são os sacerdotes de suas famílias [...] cada família tem uma assembleia particular a cada seis meses". Essa "família" corresponderia aos *huedos* ou aos *hennus* descritos no capítulo 1. Essas sessões consistiam em aspersões de cerveja e oferendas de frangos e cabritos no altar do "fetiche", seguidas de consultas em que, através de técnicas de ventriloquia,[15] o "fetiche" revelava informações sobre os assuntos que interessavam à "família". Além dessas consultas regulares aos ancestrais ou outros deuses da casa, a cura e a produção de medicinas sagradas, ou *bŏs*, eram aspectos complementares das atividades do *fetisero* da família.[16]

Ao lado desses cultos domésticos, coexistia outro tipo de instituição religiosa mais complexa. Delbée foi testemunha, em Offra, enclave comercial de Aladá no litoral, de um "fenômeno bizarro que somente as mulheres praticam", e que parece contradizer sua afirmativa (provavelmente derivada da leitura de Dapper) de que a "veneração que têm aos seus fetiches" não poderia ser considerada "religião", ou "culto" organizado.[17] Ele informa:

> Em cada vila, ou aldeia, o marabu tem uma casa para onde são enviadas, regularmente, as mulheres de todos os que entre eles são livres [...]. Lá elas residem quatro, cinco ou seis meses, para serem instruídas por umas velhas que têm a autoridade e a condução da casa, e o que ensinam [às moças] se limita a uma dança e uma espécie de canto que pode se chamar propriamente de uivo; as velhas as fazem entrar, em grupos, sucessivamente, a todas as horas do dia e da noite, numa sala destinada a este uso, depois de lhes amarrar nas pernas e nos pés uma espécie de pequenos ferros e placas de cobre, a fim de que façam mais barulho; depois lhes fazem iniciar uma dança ou, melhor dizendo, um atropelo de pés, uma agitação e um movimento de todo o corpo, que acompanham com um canto, seguido de gritos e de uma espécie de uivo cadencioso, que prolongam até cair de cansaço.[18]

Esse fragmento é extremamente revelador e faz referência clara a uma rede de "conventos", espalhados por diversos vilarejos, sob a supervisão do grande marabu (mais informação sobre ele em breve), onde eram recrutadas mulheres de várias famílias, sugerindo tratar-se de cultos públicos ou extradomésticos, não associados às linhagens, mas às aldeias. O ensino de danças e cantos litúrgicos através de cansativos ensaios, durante meses, é clara referência ao processo de iniciação das vodúnsi (*vodúnsì*), devotas ou "esposas" (*asì*) do vodum. É bem provável que os gritos, uivos e caídas que Delbée atribuía ao cansaço fossem, de fato, ocorrências de possessão mediúnica. Ou seja, teríamos aqui indícios de uma organização conventual ou eclesial, em que noviças eram consagradas a entidades espirituais que extrapolavam a categoria dos ancestrais. Cada uma dessas noviças, através dos rituais de iniciação, ficava vinculada a um "deus particular". O caráter exclusivamente feminino desses centros, com as velhas sacerdotisas como mestras, se contrapõe à predominância dos homens na liderança religiosa na esfera pública, ou seja, a visibilidade masculina no exercício do poder religioso tinha a contrapartida da invisibilidade feminina no interior do convento.

Encontraremos processos semelhantes no reino de Uidá, notadamente no culto à serpente Dangbé (ver capítulo 3). Mas, para além dessa, havia outras divindades que tinham seus templos distribuídos pelas diversas "províncias" ou aldeias do reino, reforçando a ideia de uma identidade territorial. Se nos cultos familiares a relação entre o devoto e o ancestral era de filiação (descendência), a relação entre o devoto e vodum nesses "conventos" era de aliança ou casamento, como sugere a expressão "vodúnsi" (esposa do vodum). Os altares desses voduns públicos eram chamados "case de Dios" (casa de Deus). Embora, para o europeu, a expressão pudesse evocar a "igreja" dos católicos, ela era, provavelmente, uma tradução do vernáculo *vodún xwé*, casa do vodum. A identificação do convento como "casa" é significativa pela correspondência que estabelece entre o grupo religioso e o grupo familiar.

Essas "casas de Deus" estavam localizadas amiúde em florestas sagradas, onde se celebravam rezas e oferendas periódicas, consultas oraculares e, no caso das "grandes divindades", pelo menos uma vez ao ano, assembleias que reuniam devotos "de todas as partes do país". Tratava-se, assim, de cultos extradomésticos que expressavam e provavelmente promoviam o poder político dos chefes das diversas províncias. Aos olhos do anônimo francês, essas assembleias e peregrinações eram celebrações de penitência, em que os devotos "solicitavam perdão pelo que cometeram contra a divindade *do lugar*", embora seja possível pensar que as pessoas iam ali pedir força ou poder pessoal. Havia, contudo, também espaço para festa, música, dança e, podemos imaginar, a manifestação ou incorporação da divindade nos seus iniciados.[19]

Fica assim sinalizada a relativa separação entre o âmbito privado das linhagens e do culto aos ancestrais e o âmbito extradoméstico das aldeias e do culto a suas divindades tutelares. Obviamente, certas práticas, técnicas e entidades espirituais podiam atravessar essas fronteiras e reproduzir-se em ambos os espaços, mas, para fins de compreensão, a distinção parece oportuna.

IDENTIDADES RELIGIOSAS: *HECHICEROS*, MARABUS, *VODUNONS* E *BOKÓS*

Lembremos a informação de Dapper segundo a qual em Aladá "todas as pessoas de qualidade têm seus *fetiseros*, que são os sacerdotes de suas famílias".[20] O padre José de Nájera também dizia que para as querelas ou os conflitos menores as pessoas se remetiam "ao grande feiticeiro (*hechizero grande*) que cada senhor e fidalgo tem em seus lugares".[21] Aqui a ênfase recai nos "lugares", mais do que nas "famílias", mas a ideia principal é a existência de especialistas religiosos associados a distintas coletividades. As resoluções jurídicas e outras decisões eram determinadas por esses "feiticeiros" através de "consulta, por meio das sortes, ao demônio; e suas respostas são carta executória e sentença definitiva".[22]

Devemos inferir dessas informações que, embora o chefe de linhagem pudesse ter uma função sacerdotal em relação aos ancestrais (ver capítulo 1), existia um lugar social diferenciado para o especialista religioso, em geral designado *vodunon*, enquanto responsável por oficiar a comunicação com o "outro mundo". A expressão *vodunon*, literalmente o proprietário, dono ou detentor do vodum, aparece pela primeira vez na *Doctrina Christiana* (1658) para traduzir o conceito cristão de padre ou sacerdote.[23]

Como vimos, como emblema da comunidade, o rei tinha uma dimensão sacerdotal. Nájera informa que, em Aladá, o *hechicero* — em oposição ao bruxo (*brujo*) — "é grandeza e majestade, e o rei é por excelência grande".[24] Nájera está chamando o rei de grande feiticeiro (*hechicero*), mas cabe notar que, para o frade espanhol, *hechicero* era sinônimo de sacerdote ou *vodunon*. Os capuchinhos eram chamados também *vodunons* (*boduños*), "que em sua língua quer dizer amigos de Deus", e *vodunon* era também o nome que "dão aos *hechizeros* que comumente consultam para que aplaquem os seus deuses e saibam deles a sua vontade".[25] Nájera, assim, aponta para uma importante distinção local entre os *brujos* (feiticeiros no português atual, ou praticantes de atividade antissocial e agressiva) e os *hechiceros* ou *vodunons*, entre os quais o rei seria o máximo expoente.

Numa narrativa sobre um legendário enfrentamento entre o antigo rei de Aladá e o tirano rei Popo (provavelmente o rei de Tado), Nájera descreve o envolvimento do primeiro em práticas religiosas, sobretudo oraculares.[26] Foi através dessa comunicação com o além que o rei conseguiu prever o ataque do inimigo, garantindo a vitória militar. Também Sandoval indicava que "o rei se esmera na adoração porque, como poderoso, tem seu templo e os seus ídolos vestidos da melhor forma que pode, à moda *espanhola*; a eles pede apoio e força para suas guerras".[27]

Se por um lado esses indícios reforçam tradições recentes que identificam o rei de Aladá como sacerdote de Adjahunto (ver capítulo 1), vale lembrar que o próprio rei Tojonu reconhecia, para os capuchinhos, sua dependência dos capitães e fidalgos, confessando que sem o consentimento e beneplácito deles não podia renunciar a seus "ídolos", abandonar os "costumes da terra" ou "faltar à observância de seus ritos".[28] Isso nos remete à noção de um sistema "dual" em que haveria uma sorte de pacto social entre o rei e os chefes-sacerdotes, "donos da terra". Nesse sentido, assim como cada chefe tinha seu "grande feiticeiro", o rei, para além de suas funções sacerdotais, também tinha o seu "grande marabu".

Delbée esteve em Aladá em 1670, dez anos depois de Nájera, e já durante o reinado do rei Tezyfon (ou Alkemy).[29] Ele apresenta, entre os ministros da corte, o "grande marabu", termo de origem islâmica que, como vimos, era utilizado pelos viajantes europeus para designar os especialistas religiosos não islâmicos da área gbe.[30] O "grande marabu" é apresentado como "a segunda pessoa do Estado, que decide não somente sobre os assuntos da religião, mas também sobre os da política; de sorte que podemos dizer que ele é como o primeiro-ministro do rei".[31] O grande marabu era o único que tinha livre acesso aos aposentos do rei e "o privilégio de lhe falar face a face", ou seja, sem necessidade de prostrar-se diante dele.[32]

Enquanto segunda pessoa do Estado, ele tinha dezenas de mulheres (entre sessenta e oitenta, na estimativa de Delbée), falava em bom português e desfrutava de grande riqueza, que ostentava com suntuosidade nos banquetes oferecidos aos mercadores europeus.[33] Ele estava também envolvido no comércio de escravos, tanto quanto o rei e os outros "grandes capitães".[34]

Embora sem utilizar o termo "marabu", fontes posteriores

parecem referir-se ao mesmo cargo sob a forma de "Captain Grandy" ou "Capitaine Grand", adaptações da expressão portuguesa "Capitão Grande". Vários documentos holandeses se referem a esse alto posto hierárquico, presumivelmente o segundo depois do rei, com variações de um nome local: "camiga", "camminga", "caminge", cammaga" ou "caminga grande". O sufixo "ga" (*găn*) — que nas línguas gbe significa chefe — indica tratar-se de um título e não do nome de uma pessoa.[35] Se todos esses termos se referem de fato ao mesmo cargo, talvez estejamos diante do antecedente do posto de Temigan (ou Migan), que, no reino do Daomé, ocupava a mesma posição de "primeiro-ministro".[36] O Migan era o responsável pelas execuções dos sacrifícios humanos, conferindo-lhe uma dimensão sacerdotal que evoca as funções religiosas do "grande marabu" de Aladá.[37]

Mas o que interessa destacar é a figura do chefe religioso como detentor de responsabilidades políticas e econômicas, indicando a superposição e ingerência do religioso em todas as esferas da vida social. Contudo, não é possível verificar a hipótese de Fuglestad sobre o grande marabu ser o representante dos povos autóctones, os aizo, ou o porta-voz dos interesses dos "feiticeiros" das grandes famílias do reino. É provável que a micropolítica fosse mais complexa, envolvendo uma pluralidade de facções estabelecendo relações dinâmicas de aliança ou conflito sujeitas à conjuntura do momento.

No reino de Uidá encontramos uma situação semelhante, embora com suas especificidades. O anônimo francês, escrevendo no início do século XVIII, distingue claramente entre duas categorias de especialistas religiosos: os *vodunons*, sacerdotes das divindades públicas, com frequência chefes de linhagem ou aldeia, e os *bokós*, os médicos, artífices de preparos mágicos, quase sempre pobres, sem muito poder e atuando no âmbito doméstico.

Há uma grande diferença entre seus *vaudonnous* e seus *boucots*: os *vaudonnous* são os sacerdotes dos deuses enclausurados nas florestas sagradas e têm seu chefe, enquanto os *boucots* são os cirurgiões e aqueles que manipulam os fetiches que produzem nas casas particulares. Os primeiros são quase todos ricos e chefes de aldeia, enquanto os outros não são nada disso, exceto o primeiro deles, que é o do rei.[38]

Os *vodunons* são identificados como "chefes de aldeia", "proprietários" ou responsáveis pelas divindades tutelares dos vilarejos, normalmente localizadas em florestas sagradas. Enquanto chefe de aldeia, o *vodunon* podia ser ao mesmo tempo chefe de família. Ele era obrigado a conhecer todos os segredos do vodum, as maneiras de tratá-lo para manipular sua força, mas sem necessidade de entrar em relação mística com ele. O chefe-sacerdote precisava de outros *vodunons* assistentes para a organização de um convento ou *hùnkpámè*. O "dono" do vodum era como o diretor de orquestra, precisava de músicos ou iniciados.[39]

Já os *bokós* (*boucot*) parecem ter atuado de forma mais independente e individualizada, sem estarem sujeitos a uma organização maior, vivendo dos seus serviços, preparando os "fetiches que produzem nas casas particulares". A sua atuação no âmbito doméstico é significativa em face da atuação mais pública dos *vodunons*. O preparo de "fetiches", ou seja, de *bŏs* — medicinas sagradas e outros objetos de poder de caráter defensivo, propiciatório ou agressivo — era parte integrante das práticas religiosas da região.

A palavra *boucot* seria a transcrição fonética francesa de *bokɔ́* (*bokɔ́*), por sua vez uma abreviação do termo autóctone *bokonon* (*bokɔ́nɔ̀*),[40] provavelmente um composto de *bŏ* (feitiço), *kɔ̀* (pescoço) e *nɔ̀* (dono de), em tradução livre, "aquele que carrega os amuletos" ou o "dono do *bŏ*". *Bokɔ́* é também o nome dado à pessoa nascida com o cordão umbilical em volta do pescoço, um signo de sabedoria.[41] *Bokonon* é o nome pelo que hoje são conhecidos os adivinhos de Fá na área gbe, chegados da área iorubá, como veremos, desde a primeira metade do século XVII. É possível que eles recebessem esse nome por associação com os *bokós* locais. Seja como for, no início do século XVIII, conforme registra o anônimo francês, a atuação dos *bokós* era bastante estendida.

Nessa perspectiva, o *bokó* era aquele especialista com funções principalmente de cura e adivinhação que atuava segundo a demanda de clientes individuais ou grupos familiares.[42] Pelo seu envolvimento na resolução de problemas pessoais, haveria uma potencial identificação, pelo menos em certas circunstâncias, entre o *bokó* e a figura do "feiticeiro" (o *brujo* de Nájera), o *azètɔ*, em termos atuais, aquele envolvido na manipulação das forças ocultas para fins individualistas ou antissociais. No entanto, o *bokó*, enquanto "médico" e adivinho, devia ser percebido como um ator socialmente benéfico. A separação entre o *vodunon* (sacerdote) e o *bokó* (ou o *bokonon* adivinho) se perpetua até hoje.

Para além dessa distinção básica, outro aspecto a destacar é que os *vodunons* estavam sujeitos a uma hierarquia: eles "têm seu chefe". No início do século XVIII, esse sacerdote supremo é identificado, em Uidá, como Beti, e também como "grande marabu", "grande preboste" ou "grande sacrificador". O Beti era o sacerdote supremo do culto a Dangbé, e todos os *vodunons* da serpente (e de outros voduns) dependiam dele. Como os grandes capitães, ele era governador de uma "província", no oeste de Savi.[43] Beti ocupava posição semelhante à do "grande marabu" de Aladá. Tinha o privilégio (junto com o "capitão das mulheres") de entrar no palácio sem esperar autorização real, mas, contrariamente ao que acontecia em Aladá, estava obrigado a prostrar-se diante do monarca.[44]

Chefe de uma "numerosa família dividida em vários ramos", os homens da sua linhagem constituíam o corpo sacerdotal da serpente.[45] Eles ocupavam os cargos de maior visibilidade pública, mas as mulheres também podiam exercer funções sacerdotais, havendo rituais exclusivos delas, e sendo a maioria das iniciadas meninas recrutadas anualmente durante a semeadura do milho.[46] Como vimos no relato de Delbée relativo a Aladá, nos conventos dedicados às divindades públicas atuavam intrincadas relações de gênero. Em contraste com o maior prestígio social dos homens, as mulheres, as mestras idosas, eram detentoras do saber esotérico e controlavam os processos iniciáticos internos aos conventos.

O anônimo francês informa que em cada coletividade familiar havia pelo menos uma representante das sacerdotisas chamadas *ainguin* (ou *aingain*). Depois de passar por longos períodos de iniciação de onde saíam bastante engordadas, essas mulheres eram "veneradas pelos seus maridos" e ficavam "sujeitas a um deus particular que tem os seus *vodunons* chamados, como as mulheres, *ainguin*".[47] Embora não esteja clara a etimologia dessa palavra, já comentamos o significado de "deus particular" nesse contexto. O que devemos reter é o importante papel que desempenhavam as mulheres na organização dos conventos das "grandes divindades" e também no seio das coletividades familiares.

A documentação oferece informações mais ou menos precisas sobre os chefes religiosos supremos (o "grande marabu" em Aladá ou o Beti em Uidá) e informações muito genéricas sobre os *vodunons*, os *bokós* e as sacerdotisas iniciadas. Infelizmente resulta muito difícil identificar indivíduos específicos nos graus intermediários dessa hierarquia do corpo sacerdotal. Na tentativa de destacar o papel que os governadores de província podiam ter como representantes de cultos extradomésticos, mencionarei a figura do Aplogan (*Akplɔgán*).

Aplogan era o governador da província de Gomet, ao norte do reino de Uidá, contígua a Aladá. No início do século XVIII, ele é definido como o "capitão de armas", "aquele que leva as armas do rei", explicitamente diferenciado do "capitão de guerra".[48] *Aplo* (ou *akplă*) significa pértiga ou lança, e Aplogan seria o "chefe da lança". Fontes mais tardias, em Porto Novo, identificam o Aplogan como o chefe dos cultos, um dos três ministros principais com assento no palácio. Como o Beti de Uidá, ele "centralizava o poder espiritual", participava da entronização do rei (a quem carregava nas costas para atravessar o umbral do palácio) e era responsável pela saúde pública em casos de epidemias, inundações ou outras calamidades. Em Porto Novo, ele estava associado a Aplo, um vodum de origem hueda, representado "por uma barra de ferro forjado terminada em cada extremidade por uma lança".[49] No Daomé, em 1755, Aplogan aparece mencionado como "general das guerras", responsável pelos caminhos de Aladá, e o viajante inglês Richard Burton, no século XIX, o descreve como "governador de Aladá". Em tempos mais recentes, ele era considerado o guardião dos túmulos reais de Abomé e de Aladá, ou ainda das lanças que compõem o assento de Adjahuto, o ancestral da dinastia real.[50] A documentação não permite saber se o cargo de Aplogan em Porto Novo e Aladá foi assumido por descendentes do governador de Gomet, ou se era um título assumido por famílias distintas em cada reino. Seja como for, as funções religiosas do Aplogan em Porto Novo e Aladá sugerem que ele pode ter sido detentor das mesmas enquanto governador de Gomet, no Uidá pré-daomeano. A ideia a sublinhar é que, ao lado dos cargos religiosos mais visíveis associados à monarquia, havia uma pluralidade de outros atores sociais que podiam assumir a responsabilidade e a liderança de cultos específicos.

PROCESSOS DE ADIVINHAÇÃO: DO BO AO FÁ, PASSANDO POR LEGBA

Antes de nos aprofundarmos nos cultos públicos, voltemos por um momento ao âmbito privado da casa. Uma das principais funções das práticas religiosas era a comunicação com o "outro mundo" para obter assistência espiritual sobre a condução dos assuntos "neste mundo". Os processos de revelação através da adivinhação, acompanhados de oferendas e sacrifícios nos altares, eram, assim, o epicentro da atividade ritual. Como relatava Dapper, em meados do século XVII, as famílias de Aladá celebravam "assembleias" periódicas, nas quais o *vodunon* fazia aspersões sobre o *fetissi* da casa, "coberto por um pote com orifícios". Após as oferendas se procedia à sessão oracular, e o *fetissi* respondia com "uma voz pequena e fina". Dapper se pergunta se essa voz vinha "por baixo do pote ou do fundo da garganta do sacerdote". Como vimos, a cura era um aspecto complementar das atividades do *vodunon*, ou *bokó*, pois nesse caso é difícil separar as duas funções. Quando alguém da família ficava doente, chamava-se "um *fetisero* que vem imolar bois, carneiros, frangos e banhar de sangue seu *fetissi*, que geralmente não é mais do que um velho pote de terra ou alguma pasta coberta sob uma cesta".[51]

No início do século XX, Maupoil menciona um antigo sistema de adivinhação chamado Bo ("oráculo da alma dos ancestrais") utilizado pelos guedevís e adjas, povos do planalto de Abomé. O adivinho, chamado *bokanto* (*bokàntɔ*), utilizava ramos de folhas para invocar os espíritos dos mortos e transmitia as mensagens do além através de exercícios de ventriloquia. Esse autor menciona que o *bokanto* "tem amiúde um pote invertido do seu lado de onde se acredita provém a voz do além". Segundo Maupoil, esse Bo seria distinto do *bǒ* (objeto de poder) e, portanto, o *bokanto* não poderia ser confundido com o *bokó* ou *bokonon*.[52] Herskovits registrou outra narrativa segundo a qual os *bokanto* eram consultados após o sepultamento de uma pessoa. O adivinho esfregava as mãos ou uma série de búzios sobre um pote invertido, até que a voz do defunto era escutada, com a revelação da causa da sua morte.[53]

Essas informações do período colonial parecem reproduzir

as práticas descritas por Dapper no século XVII. Os altares mencionados pelo holandês, com potes de terracota, alguns com orifícios, são as primeiras referências sobre o uso da cerâmica como parte fundamental da cultura material na religiosidade do vodum. Conforme registra a etnografia contemporânea, os potes com orifícios na base, chamados *adjalala* ou *adjalalazen* (*ajalalazén*), são utilizados com certa frequência nos cultos a Sakpatá, vodum associado à terra, mas especialmente no culto a Aizan, vodum associado aos ancestrais e ao *tohuiyo* da linhagem (ver capítulo 1). O assento deste último vodum "é constituído por um montículo de terra [e areia de diversas procedências], em cima do qual se coloca [invertida] uma jarra com pequenos orifícios, rodeada por franjas de folhas de dendezeiro (*azàn*)".[54] A presença do *adjalala* na narrativa de Aladá sugere que a agência espiritual invocada nos cultos domésticos seria algum espírito ancestral da linhagem, e o uso da ventriloquia reforça a hipótese de tratar-se de alguma forma de Bo.

Na década de 1680, no reino de Uidá, encontramos práticas oraculares baseadas na ventriloquia semelhantes às descritas por Dapper, mas perpetradas nos altares de deuses públicos, como os da serpente Dangbé. Barbot informa que "em cada uma dessas cabanas fica uma moura idosa, que eles mantêm para servir como sacerdotisa". Essa mulher respondia aos consulentes "*com uma voz profunda e deliberada* (como as antigas sibilas)", prescrevendo tabus sexuais, alimentícios e outros, que eram obedecidos à risca, "pois imaginam que, se fizessem de maneira diferente, *Dios* os faria morrer".[55] O capuchinho Celestin de Bruxelles parece confirmar essa função oracular de Dangbé ao dizer que o diabo "fala com eles através de serpentes".[56]

Algumas décadas depois, no mesmo reino de Uidá, o anônimo francês descreve semelhante processo oracular nas florestas sagradas dedicadas aos voduns públicos, de novo extrapolando o âmbito restrito dos cultos familiares. Nesse relato, o *vodunon* rezava e sacrificava sobre os potes dos altares que os nativos "imaginam conter o seu deus", para depois se deslocar com o fiel à casa do vodum — uma construção em forma de pequena torre, coberta com um teto de palha —, onde se procedia à consulta, cuja resposta "se faz através de uma mulher encerrada no interior, que fala *com uma voz extraordinária*. O negro acredita que é deus que o possui nesse momento".[57]

Estaríamos, assim, diante de formas oraculares oficiadas por médiuns iniciados, nesses casos mulheres, ao que parece sob os efeitos de "possessão" espiritual, que veiculavam os recados do além através de técnicas de ventriloquia. O sistema divinatório praticado em Uidá sugere que as práticas dos cultos domésticos de Aladá foram replicadas e adaptadas nos templos das divindades extradomésticas ou territoriais. Aqui já não seriam os ancestrais das linhagens, mas divindades públicas, como a cobra, ou outras, as encarregadas de transmitir as mensagens; não seriam homens "feiticeiros", mas mulheres iniciadas e, por fim, acrescentava-se a lógica da possessão mediúnica para legitimar a ventriloquia. Contudo, não é impensável que esse tipo de mudança já tivesse se desenvolvido em Aladá.

Em face dos processos de revelação baseados no Bo, associados aos "potes", aos espíritos dos defuntos e àqueles praticados nos templos das divindades públicas, envolvendo a experiência mediúnica, podemos acrescentar uma terceira categoria que, sem excluir a técnica de ventriloquia, estaria mediada por estatuetas ou "ídolos", geralmente de caráter antropomórfico.

Embora a informação deva ser tomada com cautela, o padre Nájera ouviu falar de um antigo rei de Aladá que tinha, na entrada do palácio,

> umas figuras grandes de barro, a modo de estátuas, e cada uma delas representa um rei circunvizinho, amigo, ou inimigo, [...] a estas

dá algum gênero de obséquio e adoração, porquanto o Demônio, nelas e por elas, lhe diz quanto se lhe oferece, inclusive contra os mesmos reis que representam as figuras, seja em relação a algum dano, traição ou guerra que os reis, ou seus vassalos, quiserem tentar.[58]

Deixando de lado a distorção católica do capuchinho — identificando o diabo como o agente que falava através daqueles "ídolos" —, a narrativa sugere a existência de um oráculo real e também de um estreito vínculo entre as funções sacerdotais do rei e a defesa militar do território. Já Delbée, na visita realizada à casa do "grande marabu", deparou com "um pequeno ídolo" que, "da altura de uma criança de quatro anos, era bastante branco". Delbée perguntou se aquela era "a imagem do diabo e por que a pintavam de branco". O marabu respondeu que o deus era efetivamente branco e que "o sabia por tê-lo visto e ter falado com ele várias vezes", e que foi o ídolo que, seis meses atrás, vaticinara a chegada de Delbée.[59]

Já em Uidá, na década de 1680, Barbot comentava que "os fetiches do rei, como os do povo, são todos feitos de madeira ou terra, são grandes *e brancos* e têm forma de boneco".[60] Essas figuras antropomórficas, algumas delas brancas, poderiam ser associadas ao vodum Legba, conhecido pelas suas funções mediadoras entre os deuses e os humanos.[61] Barbot acrescenta que esses bonecos eram "colocados em lugares especiais nas estradas, como acontece com os santos na Itália e na Espanha".[62] Para além da velada crítica do huguenote ao catolicismo, os Legba também estão frequentemente localizados nos caminhos, nas encruzilhadas, nas entradas das aldeias ou das casas e, com certeza, o rei tinha os seus.

No Daomé, na segunda metade do século XVIII, um marinheiro francês relatou que todos os "grandes" tinham nas portas de suas casas, para protegê-los do infortúnio, três ou quatro pedaços de madeira, igualmente pintados de branco, cobertos de palha ou panos, aos quais chamavam "diabo". Essas estatuetas recebiam a cada semana oferendas de "farinha diluída em água com um pouco de azeite de palma". Isso é o chamado *amiwɔ*, uma das comidas votivas preferidas de Legba, o que fortalece a identificação desses "diabos" com o dito vodum. O francês acrescenta que o rei, "por distinção", tinha como "diabo" não uma estátua, mas um homem de cerca de trinta anos (presume-se iniciado), instalado numa casa na estrada, a uma légua da sua residência.[63] Até hoje, em Abomé, e na área gbe de modo geral, há casas de Legba guardando os caminhos de entrada, custodiadas por iniciados desse vodum, chamados *legbasi* (*lɛ̀gbásì*). Como já foi dito, no tempo do rei Tegbesú, o seu *legbasi* era obrigado a acompanhá-lo ao outro mundo.[64]

Mas, retrocedendo no tempo e voltando a Uidá, um viajante inglês que por lá passou em 1694 descrevia, "ao lado do palácio do rei", práticas divinatórias associadas a uma imagem antropomórfica, consultada pelos "cabeceiras" ou nobres do país. O oráculo era oficiado à noite por dois anões da corte que, uivando, "rezavam pelo seu rei ao fetiche, que amiúde falava para eles [...] através de uma grande imagem de madeira [...] que tinham esculpido como um homem, embora parecesse mais um diabo". É provável que as respostas do vodum fossem canalizadas por algum médium, seguindo as práticas de ventriloquia dos cultos domésticos, mas o inglês, irritado com o silêncio da imagem, em uma das amostras mais flagrantes de intolerância religiosa, acabou disparando contra ela para provar sua falsidade e desmoralizar os crentes locais.[65] O fato sugere mais um oráculo associado à corte, diferenciado daquele oficiado nas casas da serpente, nas florestas sagradas dos voduns públicos ou nas casas particulares.

Vale destacar a recorrência dos viajantes, fossem eles católicos ou protestantes, em identificar a entidade espiritual por trás dessas figuras com o diabo. Para além de exemplificar a persistência do discurso da idolatria, agindo ao lado do discurso do fetiche, teríamos nesses registros da segunda metade do século XVII as primeiras evidências indiretas do sincretismo entre Legba (Elegbara/ Ẹlégbára ou Exu/Èṣù nas tradições iorubás) e o diabo cristão. De fato, a primeira associação explícita aparece no Brasil, quando, em 1741, na *Obra nova da língua geral de Mina*, Peixoto identifica "Leba" com "Demônio".[66] Essa identificação, que permanece até nossos dias e que está na base da demonização e discriminação das religiões afro-brasileiras por parte do cristianismo, encontraria suas raízes nesse contato inicial dos europeus com aquelas estatuetas, amiúde pintadas de branco. O aspecto fálico que caracteriza as representações de Legba na atualidade só aparece registrado tardiamente, quando Pommegorge, que esteve em Uidá entre 1743 e 1765, fala do "deus Príapo".[67]

Conforme mostra a etnografia contemporânea, Legba é uma figura multifacetada, considerada o princípio dinâmico do universo, o agente que ativa qualquer processo. Ele é o *trickster*, jovial, astucioso, vaidoso, suscetível, irascível, caprichoso, grosseiro, indecente, que pode solucionar qualquer problema, ou atrapalhar e gerar desordem e acidentes. Mas, acima de tudo, Legba é considerado o mensageiro entre homens e deuses (sobretudo Mawu, o vodum criador do mundo), o intermediário, o linguista, o tradutor, e alguns afirmam que foi ele quem mediou a revelação dos segredos da adivinhação do Fá aos humanos.[68] Essa é mais uma razão para identificar pelo menos algumas dessas figuras e ídolos envolvidos em processos oraculares com entidades que estariam na esfera do que hoje conhecemos como Legba ou, no caso iorubá, como Exu.

Vejamos outro exemplo em Uidá. No início do século XVIII, Des Marchais acrescentava ao panteão tripartite fornecido por Bosman (a serpente, as árvores e o mar) uma quarta divindade

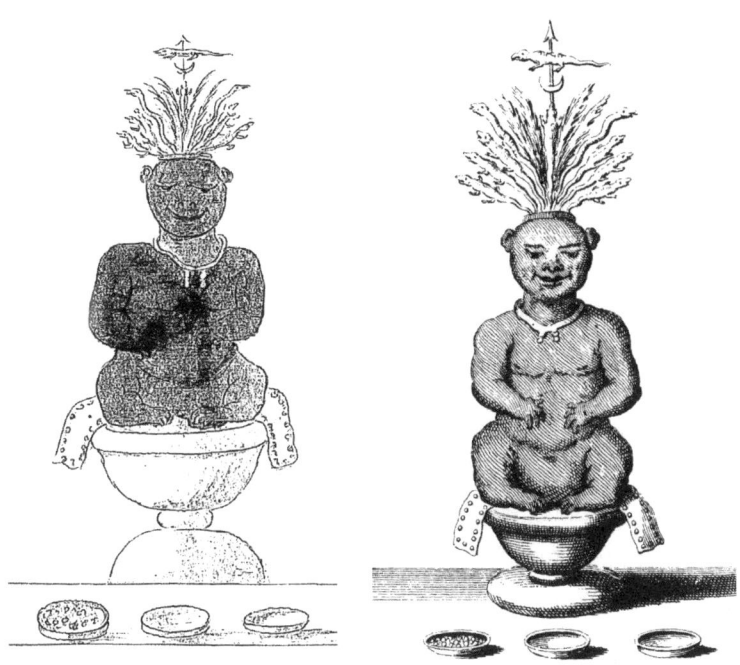

FIGURAS 2A E 2B. *Agoye, deus dos conselhos. Uidá, c. 1725.*

chamada Agoye, figura também antropomórfica com funções
oraculares, descrita como o "deus dos conselhos". A estatueta estava sob custódia do "grande sacrificador", o Beti, que, pelo seu cargo na corte, devia supervisionar as consultas relativas aos assuntos
do rei. Os ornamentos da estatueta, como o colar e o pano de cor
vermelha (cor privativa do rei), sinalizam o seu vínculo com o
monarca (figuras 2A e 2B). A relação de Agoye com Dangbé se refletia numa série de serpentes que emergiam em volta da sua testa.
Do centro da mesma saía também uma flecha que sustentava um
lagarto e uma meia-lua, e várias penas vermelhas.[69] O animal seria
um camaleão, emblema do vodum Lissa, e a lua, uma representação do vodum Mawu, associado ao reino celeste e noturno.[70] Esse
seria um dos primeiros indícios do par Mawu-Lissa, considerado

pela mitologia posterior o casal primordial responsável pela criação do mundo.

Além do rei, quem pudesse pagar pelo serviço consultava o oráculo de Agoye. Os recipientes com pequenas bolas na frente da figura eram utilizados para a adivinhação. O Beti, ou algum dos seus assistentes, manipulava as bolas de uma gamela à outra e o número, par ou ímpar, que nelas ficava determinava as respostas. Labat identifica as bolas como sendo de terra, o que sugere uma técnica divinatória original.[71] Contudo, esse tipo de manipulação evoca práticas semelhantes realizadas com uma série de dezesseis nozes de palma, num sistema divinatório já difundido na região naquele período: o Fá. Maupoil descreve a representação do Legba Agbànukwè, o guardião e o mediador do Fá, como uma estatueta de terracota, que leva na cabeça penas, uma agulha, uma faca e outros emblemas de ferro como um pequeno *assen* (*aséén*) do tipo *goɖokpónɔ*. Isso nos levaria a identificar Agoye com um Legba de Fá, mais do que com um *botchio*, como sugere Blier.[72]

Evidências da cultura material constatam a prática do sistema de divinação de Fá (Ifá em iorubá) na corte de Aladá, antes de 1650. Conserva-se num museu da cidade alemã de Ulm uma bandeja de Fá, *faté* (*fátè* ou *ọpọ́n Ifá* em iorubá), coletada por um comerciante dessa cidade, Christoph Weickmann (1617-81). No inventário dessa coleção, elaborado em 1659, reporta-se que a bandeja era utilizada pelo

> rei de Haarder [Aladá], vassalo do grande rei de Benim, junto com seus oficiais e homens mais importantes da região, nos sacrifícios e nas práticas fetiches aos seus deuses, para sacrificar sobre ela para eles. Esta bandeja de sacrifícios foi oferecida ao mesmo rei de Haarder, e por ele utilizada.[73]

Os motivos decorativos do *faté*, além de complexa simbologia cosmológica, evocam um universo do vodum plural e inter-relacionado, com vários tipos de pássaros, serpentes, quadrúpedes e outros animais que poderiam ser rãs, crocodilos, camaleões (o emblema de Lissa) e carneiros (o emblema de Sò). Na parte superior da bandeja figura um rosto com três cabaças que, a partir de informações contemporâneas, podemos identificar com Legba.[74] Assim se confirmaria a antiguidade da ligação entre o vodum mensageiro e os oráculos de Fá. Outros elementos iconográficos, como um cachimbo, e talvez um fuzil, indicam também, já naquela época, a assimilação de elementos europeus na cultura local.[75] O fato de o rei e os grandes da região utilizarem essa técnica de adivinhação estrangeira, de origem iorubá, indicaria uma difusão estendida de elementos dessa cultura na região, tema sobre o qual voltarei mais adiante.

Porém, se em meados do século XVII, em Aladá, o uso do Fá parece ter sido um privilégio da corte, algumas décadas depois, em Uidá, o seu uso parece ter sido democratizado. O anônimo francês, escrevendo entre 1708 e 1714, fornece o que seria o primeiro

FIGURA 3. *Bandeja de Fá (Fátè ou ọpọ́n Ifá). Aladá, c. 1650.*

registro escrito da geomancia de Fá na área gbe. Consulente e adivinho sentavam-se no chão, em frente a uma pequena mesa com "caudas de cavalo, chocalhos, pequenos sacos com nozes de palma e cem outras bagatelas". Na mesa tinha também a bandeja de adivinhação, o *faté*, parecida com aquela de Aladá já descrita (figura 3):

de um pé de largura e meio de comprimento, com bordas e, do lado, uma espécie de copa de madeira ou cobre onde coloca as nozes de palma. Depois de ter mastigado um fruto do país e malagueta, cospe sobre elas e depois as sacode bastante entre suas mãos, o que chama dar-lhes a comer. São estas nozes que servem para realizar a consulta. Em seguida coloca e estende pó de madeira da cor do buxo sobre a pequena prancha e depois segura de novo as nozes que tinha colocado dentro da copa e as movimenta entre as mãos durante um tempo e faz marcas com o dedo do meio sobre o pó.[76]

Embora o documento não forneça mais detalhes, sabemos pela etnografia contemporânea que a manipulação das nozes consiste em passá-las rapidamente de uma mão à outra, deixando apenas uma ou duas na mão que passa; caso sobrem duas nozes, um único sinal (uma barra vertical) é feito na bandeja de adivinhação; se ficar apenas uma noz na mão, um duplo sinal será feito. São esses sinais que o adivinho marca com o dedo no *faté*, sobre o pó. Repetindo o procedimento quatro vezes, resulta uma das dezesseis configurações básicas correspondentes aos signos de Fá que têm, por sua vez, uma série de histórias associadas a partir das quais se interpreta o significado das respostas.[77]

O jogo das nozes de palma podia ser complementado por outras técnicas. Ao consulente, por exemplo, também era permitido colocar nas mãos de um assistente "búzios, conchas, cacos de cerâmica, ferros e outras coisas" às quais vinculava a fortuna do assunto consultado. O assistente escondia as mãos, recolocando nelas os objetos de forma aleatória e depois as apresentava de novo ao consulente, que escolhia uma ou outra mão. Dependendo dos objetos que apareciam, ele julgava a sorte da sua consulta.[78]

O anônimo francês apresenta essas práticas divinatórias como sendo de caráter doméstico, e não nomeia especialistas específicos, embora mencione que, se um particular não pudesse realizar esse "fetiche" (o Fá), podia mandar outra pessoa fazer por ele. Também, de forma enigmática, acrescenta "o rei como os outros", o que parece significar que o rei também utilizava essa forma de divinação.[79]

Na área gbe, o especialista dedicado ao Fá é conhecido, desde pelo menos o século XIX, como *bokonon*. Ele é ao mesmo tempo adivinho, sacrificador, aquele que prescreve amuletos, médico e farmacêutico.[80] Reforçando a aproximação entre o adivinho e o curador, o babalaô (*babaláwo*) iorubá de Ifá e o *bokonon* de Fá são conhecidos pelo seu vínculo com Oçãim (*Òsanyìn*), o orixá das folhas, associado à cura e ao preparo de medicamentos.[81] Nesse sentido, é provável que a categoria local *bokó* (*boucot*), que o anônimo francês utilizava no início do século XVIII para designar os cirurgiões e produtores de *bŏ*, tenha expandido sua abrangência semântica para incluir os novos adivinhos de Fá. O único problema interpretativo é que o anônimo francês não utiliza o termo *boucot* para os praticantes do Fá.

Contudo, reforçando a hipótese de uma superposição ou convergência entre os médicos-*bokó* e os adivinhos de Fá — processo que poderia estar acontecendo nas primeiras décadas daquele século —, o anônimo francês informa que os *bokós* (cirurgiões) eram na sua maioria lucumís, vindos do país iorubá: "são quase todos estrangeiros e vêm de um país chamado laucommis [lucumís] de onde os judas [huedas] são originários".[82] Por outro lado, sabemos que o Fá introduzido na área gbe vem, muito provavelmente, do leste iorubá. A própria palavra Fá seria uma evolução fonética de Ifá, pois é sabido que as palavras iorubás absorvidas pelas línguas gbe perdem a vocal inicial.

A origem remota do Fá/Ifá está ligada aos "povos do deserto" e em especial à difusão do islã.[83] A presença de muçulmanos ou malês em Uidá está documentada no início do século XVIII, mas restringia-se a comerciantes, e não foi expressiva o bastante para justificar a difusão já grande do Fá naquele momento.[84] Como vimos, essa técnica estava presente em Aladá desde a primeira metade do século XVII, num contexto, aliás, extremamente influenciado pela cultura iorubá.

Conforme comentava Dapper, em 1668, "é curioso que estes negros [de Aladá] depreciem sua língua materna, que utilizam pouco, aprendendo outra de uso mais corrente que chamam Ulkumy [lucumí]".[85] Aladá foi de início tributária do reino edo do Benim e depois esteve sujeita ao poder do reino iorubá de Oyó.[86] A influência iorubá se perpetuaria no reino de Uidá — cuja dinastia real, como informa o anônimo francês, era de origem "lucumí" — e no reino de Daomé, tributário de Oyó durante todo o século XVIII. Portanto, para entender a configuração do sistema religioso da região é preciso levar em conta a interação cultural com a área iorubá. A difusão do Fá (a partir de Ilé Ifé segundo a convenção contemporânea) ilustra perfeitamente essa influência nos reinos de Aladá e Uidá. Como sugere Maupoil, seria a partir deste último reino que o Fá teria sido adotado pelo Daomé.[87]

A questão que se impõe é como essas novas técnicas divinatórias do Fá, vindas do exterior, afetaram as supostas antigas técnicas autóctones do Bo. Caberia postular uma tensão entre o velho sistema divinatório local dos *bokanto*, baseado na ventriloquia e na comunicação com os defuntos, e o sistema dos *bokonon*, relativamente mais novo e estrangeiro, baseado em técnicas de manipulação de objetos materiais e associado a forças espirituais mais genéricas como Mawu ou Orumilá (Ọ̀rúnmìlà).[88] Em termos de gênero, essa dicotomia talvez tenha implicado uma mudança ou competição entre o sistema de possessão em geral assumido por pitonisas mulheres (mas nem sempre) e os especialistas religiosos, homens, detentores do saber divinatório de Fá. As cortes dos reinos de Aladá e Uidá parecem ter se apropriado de várias formas de adivinhação, incluindo, além do Fá, o uso de figuras como Agoye (que estaria na esfera dos *botchio* ou das divindades do tipo Legba), como forma de distinção e centralização de poder religioso. As diversas negociações com os missionários católicos se inscreveriam também nessa dinâmica de procura de status e demarcação de território político em face da concorrência das linhagens locais.

Conforme Maupoil, no planalto de Abomé, o Bo era utilizado para identificar o *djoto*, ou espírito ancestral que acompanha os recém-nascidos, mas também para identificar a causa da morte das pessoas. O uso do oráculo para esse fim sugere seu potencial para estimular acusações de feitiçaria, e para promover conflitos, alianças e conspirações de várias ordens. Por esse motivo, o Bo das linhagens foi recusado pelos reis daomeanos, que como alternativa se apropriaram do sistema do Fá.[89] Nessa perspectiva, o sucesso do Fá aparece como vinculado aos processos de centralização política na região. Porém, como sugere o caso de Uidá, o Fá se democratizou com relativa rapidez, constituindo-se numa prática transétnica e translocal.

O movimento de difusão do Fá ilustra uma das dinâmicas subjacentes à consolidação dos cultos extradomésticos nos reinos de Aladá e Uidá. Ou seja, eles não teriam surgido apenas a partir do crescimento de cultos domésticos locais, mas poderiam ser também resultado de processos de importação, gerados pelo deslocamento de especialistas religiosos e devotos, devido ao comércio, à guerra, às alianças matrimoniais ou ao tráfico de escravos. Esse poderia ser o caso também de outros cultos "públicos", como o de Lissa, que, como o Fá, parece ter chegado da área iorubá. Tentarei a seguir mapear a distribuição desses cultos públicos organizados em torno de congregações com estrutura eclesial, envolvendo o recrutamento periódico de noviças e uma hierarquia sacerdotal.

PRIMEIROS INDÍCIOS DA CONFIGURAÇÃO DE CULTOS "PÚBLICOS": SÒ E LISSA

Para imaginar o surgimento da veneração a divindades extradomésticas pode-se especular em torno de algum tipo de ampliação da esfera de influência de determinado deus local a partir da ascensão política da linhagem correspondente. Pode-se também considerar a importação e a adaptação local de um deus estrangeiro trazido por especialistas religiosos de terras vizinhas. Nas sociedades com uma instituição monárquica consolidada, a adoção de uma divindade pelo rei pode ser outro caminho para promover sua disseminação. A tese de que a centralização política levaria à centralização espiritual, ou à adoração de deuses cada vez mais genéricos, resulta atrativa, mas não pode ser considerada como explicação única e absoluta, nem deve sugerir nenhum processo de substituição dos deuses locais e domésticos.[90] O caso de Aladá, a propósito, sugere outro tipo de processo, em que necessidades coletivas relativas à renovação agrícola e à defesa do território, por exemplo, levariam a mobilizações de caráter religioso igualmente coletivas e extradomésticas.

O capuchinho Nájera, um dos sobreviventes da expedição missionária de 1660 a Aladá, registrou a lenda do enfrentamento do oitavo antecessor do rei Tojonu (o que dataria o evento no início do século XVI, aproximadamente) com o rei Popo. Este último, às vezes identificado com o rei de Tado, havia escravizado o rei de

Aladá, obrigando-o a construir um palácio e a transportar toda a água necessária valendo-se apenas de sua boca.[91] O rei de Aladá teria finalmente escapado do tirano e, depois, graças a seu oráculo, o teria derrotado pelas armas. Em memória dessa vitória, cortaram uma mão do rei Popo, que Tojonu mandou mostrar aos frades, "a qual guardam com grandíssima reverência", junto com "uma faca e um esporão".[92]

Três décadas antes, o jesuíta Sandoval tinha registrado outra versão do que seria o mesmo evento, mas identificando o rei subjugado como "príncipe Fulao" (provável referência a um rei hula). Esse autor menciona que "quando saem a fazer suas semeaduras", levavam a mão em procissão "com grande festa e algazarra, celebrando o triunfo e a vingança".[93] Nájera reitera o uso da mão como "relíquia", no tempo da semeadura, mas acrescenta que também era exposta "em tempo de guerra; como triunfo e sinal de valor, para impor horror e espanto a seus inimigos". O capuchinho ainda nota que a usavam no tempo "de necessidade de água, para fazer, no seu parco entender, como por força e pela força do seu valor, que as nuvens chovessem".[94]

Ou seja, os ossos humanos tinham se convertido num objeto de poder, invocado numa pluralidade de situações: nos rituais agrícolas, na produção de chuva e na guerra. Essa multiplicidade de funções sugere uma correlação conceitual entre as noções locais de revitalização agrária e de poderio militar. Assim, a sorte do coletivo, vinculada à fertilidade da terra e à guerra, encontrava um meio de expressão no emblema da mão. Como vimos, o uso de ossos do inimigo, especialmente dos crânios, como troféus, mas também como amuletos de guerra, era comum na região e correspondia à paralela valorização dos crânios nos rituais funerários e no culto aos ancestrais (capítulo 1).[95]

Como foi dito, o rei era percebido como emblema do destino comunitário, e a prosperidade e a segurança do país dependiam da sua saúde e força, assim como da manutenção das práticas prescritas pelos sacerdotes.[96] Essa relação podia concretizar-se na apropriação e ritualização de objetos sacralizados, como a mão, capazes de mobilizar a população em tempos de calamidade, de guerra ou de revitalização social. O rei virava cabeça visível de rituais que abrangiam todos os súditos, para além das famílias específicas. Cabe notar, no entanto, que não estamos diante de uma divindade ou vodum, mas de um poderoso amuleto (*bŏ*) ativado para fins pragmáticos, em ocasiões singulares.

Em relação a Aladá, Delbée fala em "fetiches particulares", mas adiciona: "os do rei ou, melhor dizendo, *os do Estado*, são grandes pássaros negros que quase parecem corvos, dos quais seus jardins estão repletos; e a opinião comum é que se alguém os matasse, ocorreria uma tragédia como uma invasão de inimigos, ou uma *comoção geral do país*".[97] As grandes aves negras não eram apenas fetiches do rei, mas do Estado, protetoras de todo o país ou território nacional. Também Sandoval comenta que "todos têm seus ídolos particulares em suas casas", mas acrescenta: "e *todos juntos* adoram cobras e jacarés".[98] Ou seja, as aves negras, as cobras e os jacarés, recebiam uma veneração coletiva, de caráter "nacional". Mais uma vez, o surgimento desses cultos "públicos" ou "estatais" estaria atrelado à monarquia, e por extensão a um processo de centralização política.

Embora em Uidá haja referências à adoração de "morcegos, grandes como pombas", desconheço qualquer sobrevivência da veneração a pássaros na corte dos reinos de Daomé ou Porto Novo, o que poderia indicar uma ruptura nessa tradição religiosa.[99] Law sugere que as aves eram urubus (*aklasú*), animais que devoravam as vísceras dos sacrifícios animais e humanos. Nessa função, eram considerados mensageiros ou servidores dos deuses, mas não voduns. Em Abomé, como em Aladá, eles não podiam ser mortos, sugerindo certo grau de sacralização.[100] Em Uidá o anônimo francês fala do *puant* (fedorento), um pássaro "do tamanho e aspecto de um peru que o negro chama *osou* [*aklasú*] porque come as carniças [...] há quantidade deles [...] são necessários para consumir os sacrifícios, pois sem eles o país se infectaria".[101] Já o culto aos jacarés ou crocodilos persiste até hoje em Uidá, Daomé e Porto Novo como manifestação do vodum Tokpodun.[102] O culto às cobras será examinado em detalhe no próximo capítulo, em relação ao vizinho reino de Uidá, mas vale reter esta primeira alusão de Sandoval, que o localiza em Aladá.

A documentação da missão capuchinha fornece também evidência, senão de um culto organizado, pelo menos de uma relação significativa com os trovões, raios e relâmpagos, percebidos como sujeitos à mediação dos especialistas religiosos. Essa seria a primeira referência indireta à deificação, ou pelo menos atribuição de poder espiritual ao fenômeno do trovão na Costa dos Escravos.[103] Aliás, o registro fornece um excelente exemplo das dificuldades de comunicação transcultural e do "diálogo de surdos" em que estavam engajados os missionários e os autóctones. O rei Tojonu, após escutar a arguição dos frades de que para ser batizado devia abandonar a poligamia e a prática de suas "feitiçarias", respondeu que não tinha solicitado o envio de sacerdotes

> para mudar de crença e admitir outra lei que aquela em que vivia e haviam vivido seus maiores: senão para que [o rei de Espanha] se servisse de lhe enviar alguns *Budonós*, ou sacerdotes cristãos, que lhe conjurassem os nublados [tormentas], por ser muitos os estragos que fazem naquela terra, caindo inumeráveis raios e centelhas com que perecem a gente e os gados e se lhes abrasam as casas e os campos.[104]

O controle das trovoadas, e indiretamente da chuva, reaparece como uma prioridade à qual, sem dúvida, os *vodunons* locais tinham se dedicado, ao que parece sem o sucesso esperado. A mesma decepção que os capuchinhos sofreram, ao escutar a resposta do rei sobre sua conversão, este deve ter experimentado quando constatou que os "*vodunons* dos brancos" também não sabiam governar "os nublados". Uns vinte anos depois, ao elaborar um vocabulário da língua de Aladá e de Uidá, Barbot identificou o trovão — *sou* na grafia dele, *sò* na grafia contemporânea, significando relâmpago, raio, trovão — com o diabo.[105] Essa associação do fenômeno natural com o demônio, estabelecida pelo huguenote francês, provavelmente traduzia o que em termos locais seria uma relação de temor e reverência — pelas razões expostas pelo rei Tojonu — e seria indicativa da presença dos voduns do tipo *sò*.

Conforme mostra a etnografia, o vodum mais conhecido dessa categoria seria hoje Heviesò (*Xɛbyoso*, *sò* da cidade de Hevie, *Xɛvyè*), embora essa fama talvez date apenas do século XIX. Nessa família se distinguem Sogbó (o grande trovão), seguido de Jakata *sò* (raio gerador de grandes chuvas), *Gbamè sò* (raio dos pântanos), *Aklɔ̀nbè sò*, Akute *sò* e outros. Acredita-se que os aizos, habitantes originais da região de Aladá, seriam os primeiros cultuadores de *sò*, no entanto os iniciados dessas divindades são chamados *huedanus* (*xweɖánù*), por ser sua língua ritual o hueda de Uidá. Não por acaso, o primeiro registro explícito a "templos" e ao culto ao trovão aparece em Uidá, no início do século XVIII, referindo-se a ele como "uma divindade vingativa dos crimes e sobretudo do latrocínio".[106]

Também é possível identificar, no reino de Aladá, a presença do vodum Lissa, já mencionado em relação ao "deus dos conselhos", Agoye. Lissa é conhecido atualmente por sua associação à cor branca e ao âmbito celeste. Lissa é uma evolução fonética da palavra iorubá orixá (*òrìṣà*), que significa de forma genérica "deus", mas, enquanto divindade branca, Lissa corresponde aos *òrìṣà funfun* da família de Obatalá (*Ọbàtálà*) e, portanto, seu culto teria uma origem iorubá. Resulta significativo que na *Doutrina*

Christiana, editada pelos capuchinhos espanhóis, a palavra "Cristo" (Jesus Cristo) fosse traduzida por Lissa. Podemos supor que na cabeça de Bans, o embaixador de Aladá, ou de seu intérprete, prováveis responsáveis pela escolha, o deus dos brancos devia ser associado ao vodum branco. Também o título do catecismo foi transcrito como *Pranvi Elisa*, que, numa tradução livre, seria "Pequena doutrina de Lissa".[107] Essa terminologia comprova, sem margem de erro, a existência desse vodum em meados do século XVII, antecedendo a emergência do Daomé, que só veio a consagrar e popularizar esse culto em meados do século seguinte. A presença de Lissa é também expressiva da já comentada influência cultural iorubá em Aladá, e aponta para a cultura dos orixás como uma das matrizes do sistema religioso vodum. O emblema de Lissa é o camaleão, também muito reverenciado pelos iorubás como Ajemu (*agẹmọ*), e referências ao culto a esse animal aparecem também em Uidá: Doublet fala em adoração a "lagartos"; o anônimo francês menciona a presença de camaleões na região, e uma representação desse animal aparece na efígie de Agoye.[108] Resta saber se a recorrente alusão à cor branca com que eram pintadas muitas das estatuetas do tipo Legba teria alguma relação com a difusão do culto a Lissa na região.

AS ÁRVORES, A CURA E A APARENTE AUSÊNCIA DO VODUM DA VARÍOLA

Para além de Sò e Lissa, os três "deuses públicos" principais identificados por Bosman em Uidá, no fim do século XVII, eram a serpente, o mar e as árvores. O culto ao píton Dangbé e a veneração ao mar serão examinados nos próximos capítulos. Resta aqui tratar da divinização do universo vegetal, ou fitolatria. A veneração de árvores e outras espécies vegetais era prática comum em várias partes da África Ocidental, e na Costa da Mina adquiriu uma notável dimensão, embora faltem fontes em relação a Aladá.

Como vimos, em Uidá qualquer vodum importante tinha um espaço de mato a ele dedicado, e os templos das divindades públicas estavam efetivamente localizados num entorno vegetal sacralizado.[109] Algumas dessas florestas sagradas consistiam em conjuntos de árvores enormes, às vezes plantadas em círculo e enclausuradas por um muro de arbustos. Na sua entrada, ou no interior, se levantavam as casas ou altares dos voduns, onde eram deixadas as oferendas trazidas pelos devotos e se realizavam as consultas oraculares.[110] Embora fosse nesses templos que se realizavam os festivais anuais, o acesso a certas partes das florestas sagradas estava restrito aos iniciados.

Cabe distinguir essas florestas associadas às divindades públicas da veneração de certas árvores ou arbustos específicos, concebidos como manifestação ou hábitat de uma entidade espiritual particular. Essas árvores sagradas podiam estar associadas a espaços significativos da comunidade, marcando o lugar do primeiro assentamento dos ancestrais, limites territoriais, mercados, sepulturas ou qualquer outro local memorável.[111] Assim, esses "monumentos" vegetais, embora nem sempre de tamanho espetacular, junto a outros enclaves ecológicos, como rios, montanhas, rochedos ou lagoas, constituíam parte fundamental do patrimônio ecológico e paisagístico, e elementos-chave da memória e identidade coletiva. A identidade territorial estava, em parte, constituída por essas marcas naturais.

A etnografia contemporânea identifica Loko (*Lŏkò*) como a divindade associada à espécie de árvores do mesmo nome (*Chlorophora excelsa* ou *Milicia excelsa*). Trata-se, como no caso de Lissa, de um vocábulo de origem iorubá (*Ìrókò*). Nas línguas gbe, *atín* significa árvore, e os voduns associados a elas são hoje conhecidos sob a categoria genérica *atinmevodun* (*atínmévódún*, literalmente "árvore, dentro, vodum") enquanto seus altares são chamados *atínsá* ("no pé da árvore"). Loko é um *atinmevodun*, mas voduns de várias outras ordens (*tohuiyos*, Kpo, Dan e outros) podem ser honrados na sua forma vegetal também. Outras árvores comuns na região com semelhante dimensão sagrada são o baobá (*Adansonia digitata, em vernáculo: kpasá, zunzón*), a sumaúma (*Ceiba pentandra*, em vernáculo: *hŭn*) e diversas espécies de palmeira (*Elaeis guineensis; Borassus aethiopum* ou *agɔtín; Phoenix reclinata, Raphia vinifera*).[112]

O tabu de talar ou podar árvores sagradas era bem conhecido dos marinheiros europeus sempre à procura de lenha. De Marchais constatou esse fenômeno em Uidá, "entre a beira-mar e o rio Eufrates", e embora acreditasse que a proibição se devia à escassez de madeira, ele sugere outro motivo ao reconhecer "que consideram cada árvore como uma divindade".[113] O viajante francês Dralsé de Grand-Pierre se refere a um "culto antigo, nomeado por eles *fetige* [fetiche]", cuja cerimônia consistia em reunir-se "ao pé de uma árvore onde amarram vários tipos de farrapos e aí murmuram suas rezas, o que fazem sentados com suas pernas em cruz". Ao som de música, realizavam sacrifícios animais e também esfregavam seus corpos "com galhos de árvore como para se purificar".[114] O anônimo francês sugere que enquanto os homens mais ricos tinham altares particulares nas suas casas, com objetos votivos elaborados, como cerâmica e *assen*, aos quais sacrificavam, os camponeses mais pobres tinham "pequenas árvores em volta das quais fazem as mesmas coisas, cada um tem a sua".[115] Ou seja, a fitolatria era a religião do povo.

Havia também o uso corporal de elementos vegetais. De Marees já descrevera o uso de fibras vegetais amarradas ao corpo como proteção na Costa do Ouro.[116] Em Uidá o anônimo francês observava que nos festivais anuais celebrados nos templos, quando se realizavam as penitências pedindo perdão à divindade pelas transgressões cometidas, os devotos colocavam em volta do pescoço "um ramo de erva que cresce nas suas roças. Eles praticam a mesma cerimônia quando vão ao palácio do rei receber o perdão por alguma falta".[117] Essa "erva" era provavelmente o *azàn* (*màrìwò* em iorubá), a folha do dendezeiro, ainda hoje utilizada da mesma forma no contexto das iniciações religiosas como símbolo de submissão à divindade.[118]

Em Uidá, Bosman indica a associação das árvores com práticas terapêuticas, especialmente a cura das febres.[119] A farmacopeia vegetal ou as virtudes curativas de certas folhas, raízes, cascas, sementes e o seu preparo eram um dos saberes guardados com mais zelo tanto por *vodunons* como pelos *bokós* e *bokonons*.[120] O anônimo francês comentava: "embora os cirurgiões europeus tenham se empenhado em conhecer suas ervas, nunca conseguiram, pois os *boucots* e cirurgiões negros nunca quiseram revelar suas propriedades".[121] O segredo resultava, em parte, do vínculo estabelecido entre o poder curativo dos remédios vegetais e a agência dos voduns. A transmissão restrita e especializada desse saber era o que lhe conferia sua natureza sagrada ou religiosa.

Em relação a Abomé, no fim do século XVIII, Pires chama a grande árvore de "Feitiço de Bocó", provavelmente uma confusão com Loko, pois depois ele identifica os adivinhos como *Loco*.[122] A confusão não era apenas fonética, pois os adivinhos (*bokó* ou *bokonon*) estavam estreitamente vinculados ao saber medicinal das folhas.[123] Também o uso das nozes de palma no Fá estabelece uma forte associação entre esse sistema divinatório e o dendezeiro. Maupoil chega a sugerir que a expansão do Fá na área gbe pode ter se produzido a partir da superposição com o culto local ao dendezeiro, chamado *dě*.[124] Esses elementos permitem intuir os diversos níveis de entrecruzamento e associação entre os voduns, e entre eles e as práticas terapêuticas.

De fato, a adivinhação e as práticas de cura são indissociáveis, pois qualquer terapia precisa de uma diagnose prévia. A interpretação da doença é um fenômeno cultural intimamente associado às noções de pessoa e de corpo desenvolvidas numa determinada sociedade. Na África Ocidental, como em outros locais, a causa da enfermidade está associada a uma pluralidade de fatores. Pode resultar da perturbação provocada pelos espíritos dos mortos; em outros casos, pode ser atribuída à feitiçaria, ou seja, à agência malévola de um sujeito humano; ainda em outros casos, pode ser interpretada como castigo das divindades, motivado pela transgressão de alguma prescrição ritual. Cada um desses diagnósticos comporta uma combinação de procedimentos terapêuticos, como a fabricação e aplicação de remédios, o exorcismo dos agentes patogênicos, ou ainda sacrifícios e oferendas para apaziguar os deuses. Como vimos, os *bokós* tinham o conhecimento da farmacopeia vegetal, fabricavam remédios sagrados ou objetos de poder (*bŏ*) para a proteção de indivíduos ou grupos. Porém, quando a cura envolvia sacrifícios às divindades, era necessária a intervenção também dos *vodunons*. Nesse sentido, as funções dos curadores e dos sacerdotes se superpunham, tornando difícil uma distinção nítida entre eles.[125]

Um viajante inglês relata o caso de Mr. Smith, feitor dos ingleses em Uidá, que em 1694 caiu doente com febres. O rei Agbangla enviou o seu "*fatishman*", que ofereceu "brandy, rum, azeite, arroz etc." na tumba do fundador da feitoria, o capitão Wiburn, a quem o curador atribuía a tentativa de querer levar o doente para o outro mundo. Os presentes iam acompanhados de súplicas para que Wiburn desistisse do seu desígnio. O caso exemplifica como os europeus recorriam aos saberes e práticas locais na tentativa de sobreviver num ambiente adverso, embora sempre expressassem repúdio e justificassem a aceitação apenas pela condição extrema em que se encontravam. No caso, o "*fatishman*" foi bruscamente interrompido e expulso da feitoria, e dois dias depois Smith faleceu. Podemos imaginar que ambos os lados acharam elementos para justificar a ineficácia da cura: os europeus reforçando sua descrença em práticas irracionais (nonsense) e os autóctones em função da suspensão violenta do ritual.[126] Contudo, o exemplo aponta para o exorcismo como uma lógica fundamental da cura, e a agência dos espíritos de defuntos como causa do infortúnio.

O anônimo francês, que parece ter passado mais tempo na região, e conhecer melhor a dinâmica local, afirma que "as medicinas são bastante boas, mas as utilizam raramente, só com as feridas que curam perfeitamente". Os remédios costumavam ser aplicados externamente, e podiam fazer sangrias, cortando a parte afetada, para jogar depois sobre ela uma maceração de ervas. Como vimos, os encarregados dessas operações eram os bokós, mas eles podiam recusar a cura de doentes graves, pelo medo, em caso de morte, de serem perseguidos pelas famílias.[127]

As curas podiam também consistir em oferendas e sacrifícios que, em casos excepcionais, como os que envolviam o rei ou seus capitães, podiam requisitar vítimas humanas. Mr. N*** conta como o filho de um capitão em Uidá (Assou) foi curado após o sacrifício de um escravo realizado no templo da serpente Dangbé, uma das divindades, junto às árvores, que tinha entre suas funções a cura de doenças.[128] Des Marchais e Labat rememoram o que parece ser o mesmo caso, mas com variação. Nessa versão, o sacrifício foi realizado para curar o pai do capitão, e foi oferecido, "depois que eles invocaram inutilmente a serpente", ao deus supremo, ou "deus do céu", que pode ser identificado talvez com Lissa ou Mawu-Lissa.[129]

Um fato que chama a atenção é a ausência de qualquer referência explícita, nos séculos XVII e XVIII, ao vodum Sakpatá (Sànpònná em iorubá) associado à terra e às epidemias da varíola e a outras enfermidades contagiosas. Tradições do século XX sustentam que o culto a Sakpatá foi introduzido de Dassa, pelo rei

Agajá, ele próprio vítima da varíola.[130] Só indiretamente, através de referências às epidemias dessa doença, poderíamos identificar a presença dessa poderosa e influente divindade. No *ọpọ̀n Ifá* de Aladá examinado acima, aparece uma vassoura que também pode ser identificada com o atributo cerimonial dessa divindade, um feixe de fibras de dendezeiro, o *xaxará*, como é conhecido no Brasil.

Outra evidência provém de documentos da Inquisição portuguesa da primeira metade do século XVIII. Consta entre os réus dessa instituição o africano Domingos Álvares, escravizado pelo rei daomeano Agajá nas primeiras décadas do século, acusado de feiticeiro no Rio de Janeiro, e deportado para Portugal. Ele declarou ser filho de "Afnaje", talvez uma corruptela fonética de Avimanje (*Avĭmajè*), um dos nomes de Sakpatá, vodum do qual teria sido sacerdote. Domingos era natural de Nangon, localidade no país Mahi (em Agonli-Cové), região conhecida como ponto de difusão desse culto.[131] Todavia, sabemos pela etnografia contemporânea que os iniciados de Sakpatá são chamados de *anagónù* (gente nagô) e que cantam e falam uma língua ritual que seria uma forma arcaica de iorubá, sugerindo, mais uma vez, uma provável difusão ou origem do culto em terras iorubás.[132]

O caso de Domingos aponta para a presença do culto aos voduns da terra e da varíola na região pelo menos desde o início do século XVIII. James Sweet aponta para uma associação entre esses cultos de Sakpatá e as práticas autóctones dos Bo, incluindo tanto a produção de objetos de poder (*bŏ*) como o sistema de adivinhação Bo (*bokanto*).[133] O uso promitente de potes de cerâmica nos dois casos (alguns do tipo *adjalalazen*) e a persecução e marginalização que ambos sofreram no tempo de Agajá reforçariam essa hipótese e explicariam, até certo ponto, sua invisibilidade nos documentos.

Em 1797, o padre Pires comenta que Adandozan (Àdándózàn), recém-entronizado, mandou chamar "o Padre dos Feitiços de Bocó" para curar uma das suas mulheres que estava com bexigas.[134] Uma década depois, em junho de 1810, em Uidá, há menção a Grandes Costumes celebrados "por conta de razões pestilentas", para os quais os ingleses contribuíram com um presente de rum e panos. Para supervisionar essa cerimônia, foi enviado de Abomé o Adjaho (*Ajaxo*), ministro dos cultos e chefe da polícia secreta do reino. Em 1811, se repetem os presentes dos fortes europeus para esse festival, que, em 1812, é identificado, inequivocamente, como os "Grandes Costumes para a varíola e outras enfermidades".[135] Portanto, durante o reinado de Adando-zan, o culto aos voduns da família Sakpatá se celebrava com periodicidade e gozava de certo reconhecimento ou controle oficial. Isso pode ter sido uma inovação desse rei, pois o traficante inglês Adams, no fim do século XVIII, menciona ser muito frequente entre as pessoas comuns, quando queriam convencer os interlocutores de suas afirmativas, pedir "que a varíola os matasse se o que estavam falando não fosse verdade", e o rei, possivelmente Kpengla ou Agonglo, teria proibido essa prática, por achar que esse tipo de juramento aumentava o risco de atrair a terrível doença.[136] A alternância entre o medo e a perseguição e a tolerância e o controle desses cultos persistira ao longo do século XIX.

CONCLUSÃO

O que emerge da análise das fontes disponíveis para o reino de Aladá e Uidá, no século XVII e início do XVIII, é um quadro de uma complexa variedade de agências espirituais que atuavam em diversas escalas da geografia social. Essa pluralidade religiosa não era muito diferente da que registrariam os viajantes e antropólogos dos séculos XIX e XX. Na sua etnografia do Daomé, Herskovits distingue, além dos deuses familiares e pessoais, os panteões do céu, da terra, do trovão e da serpente. Em Uidá, no início do século XVIII, já coexistiam os cultos a Lissa (e provavelmente Mawu), ao trovão, ao mar, às árvores e à serpente. Ou seja, com exceção dos voduns da terra (e isso provavelmente por limitações da documentação), as grandes famílias do panteão vodum estavam latentes, de uma forma ou de outra, antes da chegada dos europeus. A veneração aos voduns "públicos" se complementava com os cultos aos ancestrais reais e aos das linhagens e dos diversos sistemas divinatórios (isto é, Bo, Legba, Fá) e práticas de cura, envolvendo uma multiplicidade de objetos de poder pessoais (*bŏ*). Em Aladá, apesar de a documentação ser mais limitada, comprova-se uma diversidade semelhante, embora com algumas diferenças, como o culto às aves e a ausência da instituição do culto à serpente. O que parece ter prevalecido na região é uma série do que John Peel, referindo-se à área iorubá, chama de "complexos de cultos locais" (*local cult complexes*), definidos como um conjunto de cultos que tende a incluir tanto um bom número dos voduns conhecidos em toda a região como outros de caráter mais local, talvez até exclusivos do lugar.[137]

Os cultos territoriais vinculados às diversas "províncias" ou aldeias estavam, provavelmente, sob o comando das coletividades familiares dominantes em cada localidade. Esses voduns públicos, associados às florestas sagradas, em alguns casos podiam estar organizados em torno dos ancestrais ou *tohuiyo* das linhagens, adquirindo aos poucos um caráter extradoméstico. Podemos supor que a maior ou menor visibilidade e sucesso desses cultos deviam estar ligados à fortuna política dos seus patronos. Ou seja, o processo de centralização política contribuía para o surgimento de voduns de atuação mais abrangente.

Outro fenômeno constatado é a influência cultural iorubá no sistema religioso da área gbe. A presença de divindades como Lissa, Loko, Fá, Legba (e talvez Mawu), cujos nomes são evoluções fonéticas do iorubá *òrìṣà*, Ìrókò, Ifá, Ẹlégbára (e talvez Yemọ̀wó), é um indício significativo. Essa transferência estava ligada, em parte, à origem iorubá (lucumí) da família real de Savi (hueda), mas também era favorecida pelo contato contínuo, através da lagoa, com os povos orientais sob o domínio dos reinos de Benim e Oyó. O contato resultava de relações comerciais, diplomáticas, de parentesco, de guerra e do tráfico de escravos, facilitando o deslocamento e a fuga de especialistas religiosos, como os *bokós*, ou de devotos, com seus altares e parafernália ritual.

A antiga relação de vassalagem entre Aladá e Uidá e as rotas do tráfico garantiam um trânsito fluido entre os dois reinos, embora perturbado pelos contínuos conflitos resultantes da competição escravagista. A presença de refugiados políticos de um reino no outro confirma, porém, o movimento de pessoas, inclusive nos momentos de maior tensão.[138] Essa relação modelava a liturgia da corte, relativa a cerimônias de coroação e rituais funerários, entre outros. A comunicação com o oeste também não deve ser subestimada. Desde a década de 1680, a presença de "minas", vindos de Pequeno Popo e de Acra, e dos acuamus, foi notória, sobretudo como canoeiros e também mercenários a serviço dos holandeses, ingleses ou dos reis locais. Com certeza, eles trouxeram seus saberes particulares para a fabricação de amuletos defensivos, para fins militares, por exemplo.[139]

Para além dessa comunicação intrarregional, a partir da última década do século XVII, há evidência da presença de muçulmanos, vindos das zonas mais distantes do interior com o Corão.[140] Algumas décadas antes também os missionários católicos, espanhóis, portugueses e franceses começaram a transformar, embora de forma tímida, aspectos externos do comportamento das elites locais. É provável que cruzes, rosários e outros elementos da cultura material tivessem uma difusão mais rápida do que aspectos conceituais ou litúrgicos do cristianismo.

O cosmopolitismo da região foi incrementado (embora não

inaugurado) pelo tráfico transatlântico de escravos, contribuindo para o dinamismo religioso. Nesse contexto de intenso fluxo de pessoas, ideias e mercadorias, é plausível imaginar o incremento do que acredito ter sido uma prática antiga, que consiste na acumulação de várias divindades e devoções em determinado templo ou espaço sagrado. Essa dinâmica cumulativa, que num outro trabalho designei o "princípio de agregação", seria condizente com a institucionalização de cultos de múltiplas divindades. Em Uidá, o rei mantinha o templo da serpente em paralelo com a devoção a inúmeros fetiches e deuses oraculares residentes no palácio. Embora localizados em lugares diferentes, sinalizam um culto diversificado, mantido por um mesmo indivíduo. Embora as florestas sagradas estivessem seguramente sob os auspícios de um vodum principal, desconfio que fosse comum a agregação de entidades espirituais satélites ou secundárias. A evidência historiográfica não é conclusiva nesse período, mas uma análise dos ditos "deuses particulares" e "fetiches", estes sim reconhecidamente plurais, agregados e descartados segundo a conveniência, talvez nos ajudem a melhor entender o dito "princípio de agregação".

No entanto, é importante lembrar que essa diversidade de devoções e cultos constituía um sistema dinâmico. No seu conjunto, poderíamos falar de uma ecologia do religioso através da qual o homem sacralizava seu meio ambiente, seja geológico, atmosférico, vegetal ou animal, conferindo ao universo circundante uma agência responsável pelo devir da vida humana. Ao mesmo tempo essa ecologia do religioso molda a paisagem com significados políticos, morais e identitários que permitem ao homem situar-se no mundo. Deuses e acidentes naturais se confundem para virar referências cognitivas.

3. Entre o rei e a nação: a serpente em Uidá e o leopardo no Daomé

A PROVA DO RIO: DE CULTO TRANSÉTNICO A CULTO DO ESTADO

Neste capítulo, examino duas instituições religiosas emblemáticas da correlação entre os processos de centralização política e o estabelecimento de cultos extradomésticos. O culto à serpente Dangbé, no reino de Uidá, e o do leopardo Agassu, no reino do Daomé, foram instituições inicialmente associadas à monarquia, mas que através dela foram promovidas a emblemas da nação. Contudo, antes de abordar esse tema, comentarei um caso complementar, relativo a uma prática jurídico-religiosa localizada num rio que cruzava os reinos de Aladá e Uidá. Quando a região estava sob o domínio de Aladá, o apelo ao espírito desse rio tinha aparentemente um caráter translocal e transétnico. Com a independência de Uidá — estimulada em grande parte pelo interesse no controle dos recursos gerados pelo tráfico de escravos —, o culto foi circunscrevendo sua área de influência apenas a esse reino e, em particular, à sua corte.

Em 1660, Nájera chamava a essa instituição jurídico-religiosa de "tribunal do *Bodù* [vodum], que quer dizer, em seu idioma, tribunal de deus". Era um ritual concebido para determinar a culpa ou a inocência dos acusados, através da mediação de uma entidade espiritual.[1] Embora Nájera não tenha sido testemunha dos eventos, ele presenciou, quando esteve em Offra (o porto de Aladá), multidões se dirigindo ao rio onde se celebrava a prova e, portanto, deve ter indagado sobre o que lá se passava.

Em caso de querela ou delito grave, como uma acusação de feitiçaria, por exemplo, não podendo ser provados por testemunhas, o chefe local (chamado capitão grande, juiz ou fidalgo senhor do lugar) procedia à cobrança de uma taxa e convocava acusados e acusadores, junto com suas parentelas, "com grande prevenção de armas, azagaias e flechas". No rio vivia, com sua família, "um criado do rei, ou ministro de justiça", também referido como "ministro da costa ou do rio", que atuava como guardião do lugar e fazia as vezes de barqueiro. O ofensor, ou o ofendido, devia jurar a verdade da sua causa e, para prová-la, o barqueiro o levava numa canoa até a parte mais profunda do rio, onde era jogado pela borda. A operação era repetida três vezes. Segundo Nájera, os culpados ou aqueles que juravam falsamente, mesmo sabendo nadar, não conseguiam alcançar a beira do rio, enquanto os inocentes, mesmo sem saber nadar, eram levados pela correnteza até a sua margem. "Prodigiosa e admirável maravilha" que Nájera, mesmo acreditando ser tudo obra do Diabo, atribuiu à intervenção da justiça divina que, "de certa maneira, eles [os nativos] reconhecem, pois dizem que é o deus da verdade que está obrando".[2] Estaríamos, assim, diante de um vodum das águas que controlava o exercício da justiça, mas que estava fixado num acidente geográfico concreto, onde as correntezas deviam ser especialmente fortes.

Aquele que superava o teste ainda era obrigado a beber de uma cabaça contendo algum veneno. Se não sofresse nenhum dano, ficava confirmada sua inocência. Caso contrário, a vítima sofria terríveis provas; Nájera menciona casos de antropofagia, o que decerto era puro exagero, resultado de rumores.[3] As provas do veneno eram muito comuns na região, e este seria o primeiro registro documental dessa prática na Costa dos Escravos. A ingestão de bebidas para testar juramentos ou selar promessas eram referidas como "beber deus", "beber o fetiche" ou, conforme a etnografia mais recente, "beber o vodum" (*nù vodún*).[4] A provação do rio finalizava geralmente em banquete e algazarra, com o inocentado coroado "de flores, ou penas de aves, com grande música, baile e acompanhamento, fazendo notório e público o sucesso". Nájera ainda informa:

> Naquele posto concorrem muitos e vários reinos circunvizinhos, como é o reino do Popò, do Venin [Benim], Iurà [Jura, Uidá], Fuloò [Fulão], Lucumi [Oyó?] e outros, a fazer o mesmo juramento, ou prova, a quem, junto aos naturais do reino, víamos muitas vezes passar, com grande alvoroço, música e festa.[5]

Tratava-se, portanto, de uma instituição jurídico-religiosa transétnica cuja fama cruzava as fronteiras políticas, atraindo populações de reinos vizinhos que peregrinavam para submeter-se aos desígnios do "tribunal do vodum". Duas décadas depois, em 1682, Barbot documentou o que parece ser a mesma instituição no reino de Uidá.[6] Igualmente no fim do século, Bosman afirma que o rio onde se realizava a prova estava "próximo da corte do rei", ou seja, de Savi.[7] A aparente mudança de localização refletia apenas a independência política do reino de Uidá a partir da década de 1660, quando passou a incluir em seus limites territoriais o rio antes considerado parte de Aladá.[8]

Nájera diz que o rio estava localizado a umas duas léguas (cerca de nove quilômetros) da marina (Offra), e que era "um rio muito caudaloso […] no qual podem entrar navios de alto bordo". O anônimo autor francês que também menciona a prova, identifica o rio como aquele que separa as "terras de Savi e Toga", sendo Toga uma província a nordeste do reino, contígua ao reino de Aladá. Um comentário interessante desse autor diz que o rio "tem sua fonte nas terras" (*prend la source dans les terres*), o que pode ter contribuído para sua aura de excepcionalidade. O rio que corria entre Savi e Toga, em direção a leste — pois esse autor afirma que "vai se perder no reino do Benim" —, provavelmente era um enclave no sistema de lagoas que corre paralelo ao litoral, desde o rio Lagos até Grande Popo, atravessando toda a Costa dos Escravos.[9] Os mapas da época se referem a ele como o rio Eufrates. Esse ecossistema lacunar era estratégico na região para a pesca, as comunicações e o comércio e, dada essa centralidade econômica e ecológica, não surpreende que fosse sacralizado ou "vodunificado". O anônimo francês fala explicitamente do "deus" do rio.

Barbot acrescenta que as mulheres do rei e dos súditos eram frequentemente submetidas ao teste do rio em casos de suspeita de adultério. "Exceto quando se consideram inocentes, elas nunca se expõem a nadar no rio; se confessam de boa-fé, elas são [apenas] repudiadas ou feitas escravas."[10] Bosman, com sua costumeira ênfase no "interesse" que regia a sociedade local, comenta que os nativos eram experientes nadadores e que nunca ouviu que "o rio tivesse até então condenado alguém; pois todos se saem bem, pagando certa soma ao rei, para cujo exclusivo fim, acredito, esta prova foi concebida".[11] Já no início do século XVIII, o anônimo francês especifica que a prova só se realizava para dirimir "crimes de Estado", com a presença de governadores e capitães, o que lhe dava grande distinção. Ele mesmo foi testemunha do julgamento do capitão da guerra e do primeiro cirurgião acusados de terem envenenado o rei. Nesse caso, esses dignitários tiveram o privilégio de delegar a responsabilidade de cruzar o rio a dois dos seus súditos, que conseguiram chegar a terra após muito esforço, "mais brancos que as nuvens".[12]

A localização do rio perto da corte, em Savi, a participação das mulheres do rei nos testes, a cobrança de propinas por parte do rei e a posterior circunscrição a "crimes de Estado" sugerem uma progressiva perda do caráter transregional e transétnico que a prova desfrutava no tempo de Nájera. Cabe lembrar que a rivalidade no tráfico de escravos entre Uidá e Aladá, sobretudo a partir da virada do século, gerou grande instabilidade social, levando a fechar os caminhos e dificultando, portanto, peregrinações desse tipo. Trata-se de um exemplo de instituição jurídico-religiosa que perdurou durante décadas, mas que foi transformando seu caráter.

A partir da década de 1710, os viajantes, em Uidá, deixam de se referir à prova do rio e passam a reportar a celebração anual de uma procissão ao rio Eufrates. Embora não exista prova conclusiva, é provável que as oferendas envolvidas nessa cerimônia acontecessem no mesmo lugar onde se realizava o "tribunal vodum". Des Marchais menciona que a procissão ao rio era presidida pelo "grande mestre de cerimônias", e contava com a participação do "grande sacrificador", o Beti, chefe supremo do culto à serpente, acompanhado de quarenta fuzileiros, com numeroso séquito de músicos (tambores, trompetes, flautas etc.) e das mulheres do rei, que carregavam os presentes. Segundo Labat, o responsável pela deposição das oferendas do rei era o "grande sacrificador". A peregrinação ao rio sucedia aquela realizada ao templo da serpente, naquele momento o culto mais importante do reino, e embora ambas as procissões fossem muito semelhantes, a do rio era de menor escala.[13] Não seria impossível que o vodum do rio tivesse algum vínculo com os voduns hulas do mar, pois Naeté, por exemplo, esposa de Agbè, patriarca do panteão do mar, é tida como responsável pelas atividades da pesca na lagoa, ou seja, nas águas doces. Nesse sentido, talvez o "mestre de cerimônias" citado por Des Marchais fosse um dos *vodunons* hulas do mar.[14]

Seja como for, a prova do rio pode ser considerada uma prática jurídico-religiosa atrelada a um espaço particular e, portanto, com uma dimensão territorial localizada, mas, ao mesmo tempo, inicialmente transétnica, aberta e democrática. A subsequente circunscrição aos interesses do Estado de Uidá, em particular da corte, sugere um processo de "nacionalização". Levando em conta a posterior organização de cerimônias devocionais centralizadas em torno das oferendas do rei e aparentemente despindo o culto da sua antiga função jurídica, permitem vislumbrar uma progressiva formalização do ritual, processada pela monarquia e seus sacerdotes, no sentido de esvaziar e controlar uma instituição que, pela sua abertura à pluralidade étnica e política, podia constituir uma ameaça ao poder central de Savi.

O CULTO À SERPENTE NO REINO DE UIDÁ: IMPORTAÇÃO E ORGANIZAÇÃO

Na década de 1690, Bosman identificava três "divindades públicas" principais no reino de Uidá: a serpente, as árvores e o mar. "Cada uma delas [...] tem a sua provincia particular [...] com esta diferença apenas, que o mar e as árvores não podem interferir naquilo que é responsabilidade da serpente, enquanto esta tem um influente poder sobre aqueles."[15] Isso significa que, naquele período, a serpente já tinha virado a divindade suprema em Uidá, e sugere que o correspondente corpo sacerdotal estava organizado numa estrutura hierárquica análoga, provavelmente bastante competitiva. Dangbé,[16] nome do vodum associado ao píton real (*pythia regia*), tinha um amplo leque de atribuições, e era in-

141

vocado para propiciar a fertilidade agrícola, para controlar a chuva, para favorecer o país na guerra, para curar doenças e febres, entre outras.[17]

O culto ao píton é uma das instituições religiosas mais bem documentadas na história da Costa dos Escravos, pois todos os viajantes escreveram sobre ele e foi recorrentemente associado ao rei e ao reino de Uidá. O objetivo da minha reflexão, porém, será mostrar que por trás desse vínculo aparente, a relação do rei com essa instituição era bastante variável e podia expressar ou encobrir tensões políticas com a aristocracia do país. Em última instância, a análise tentará avaliar de que modo essa instituição religiosa contribuiu para a formação de uma identidade "nacional".

Celestin de Bruxelles, um capuchinho francês que esteve em Uidá em 1682, foi o primeiro europeu a registrar a veneração de serpentes, dizendo que os nativos "vivem sob o cativeiro e a tirania do Diabo, que [...] fala com eles através de serpentes, e se faz adorar através delas".[18] Para a mentalidade cristã, moldada pela narrativa bíblica, a associação da serpente com o Diabo era inevitável. Barbot esteve em Uidá no mesmo ano e informa que nas estradas havia "cabanas de palha (que eles chamam de *case de dios* [casa de deus]) onde alimentam as cobras". Lá moravam velhas sacerdotisas, ou pitonisas (interessante coincidência), que sobreviviam das oferendas realizadas pelos devotos. A "singular veneração por esses animais" comportava promessas, sacrifícios, oráculos e a consagração ou bênção dos "fetiches" nos altares ofídicos.[19] Esse autor não estabelece nenhum vínculo explícito entre o culto e o rei, mas deixa patente que, no início da década de 1680, a adoração ao píton já estava bem estabelecida, embora seu surgimento não parecesse antigo.[20]

Como comentaria décadas depois Labat, a cobra era "a principal divindade, embora seja a mais nova".[21] As narrativas da sua origem são variáveis, mas parecem indicar que foi um culto importado, talvez do norte, embora a possibilidade de uma origem do oeste, na região do Mono, não possa ser descartada.[22] Bosman fala que os huedas "a encontraram há muitos anos, e que por causa da malevolência dos homens ela *saiu de um outro país* e veio a eles", de maneira que a receberam como um novo deus.[23] O anônimo francês comenta que a serpente foi erigida em divindade após uma guerra com Aladá, quando o rei de Uidá,

> *persuadido pelos seus sacerdotes*, lhes prometeu que tomaria essa serpente como um deus se triunfasse sobre seus inimigos, e terminando a guerra com uma batalha que ele ganhou ao rei de Ardres [Aladá], ofereceu sacrifícios em honra à serpente em reconhecimento de sua vitória. Desde então a serpente foi, geralmente, reconhecida pelos seus súditos *como o Deus tutelar da nação*.[24]

Outro viajante francês, Dralsé de Grand-Pierre, em 1713, foi informado de que essa idolatria instaurou-se após uma vitória militar ter sido prevista "por algum augúrio em que a figura da serpente apareceu desenhada".[25] Numa das suas viagens, De Marchais recebeu uma versão mais enfeitada. Durante as guerras contra Aladá, uma grande serpente teria surgido no campo de batalha, passando do lado inimigo para o território hueda. Após constatar que o animal não era perigoso, os sacerdotes interpretaram a aparição como um bom augúrio; isso encorajou as forças huedas, que, tomando-a como divindade protetora, conseguiram logo a vitória. A partir de então, a nova divindade passou a ser cultuada num templo construído perto de Savi. Dessa narrativa podemos inferir que essas guerras correspondiam às que liberaram os huedas do jugo de Aladá, na época o poder dominante na região.[26]

A independência do reino de Uidá em relação a Aladá teria acontecido em meados do século XVII. O relato do capuchinho

Zamora, escrito em 1674, mas baseado em informações coletadas pelos missionários espanhóis em Aladá (1660-1), menciona que onze antigas províncias tinham se rebelado contra Aladá, incluindo "Foulao, Jura, Fo e Lucumi".[27] Os foulao seriam os hulas localizados em Glehué (*Glexwé*, futuro porto do reino de Uidá). Os fo seriam os interioranos fons que viriam a constituir o reino do Daomé. Os lucumi seriam um grupo iorubá (embora não necessariamente Oyó), enquanto os jura seriam os huedas do emergente reino de Uidá, com capital em Savi.[28] Também Nájera, como vimos em relação à prova do rio, menciona, entre os reinos circunvizinhos de Aladá, o de "Iurà", ou seja, Uidá.[29]

Dessa cronologia poderíamos inferir que o culto à serpente foi introduzido em Uidá no fim da década de 1650 e que teria conseguido se impor como culto hegemônico no reino com relativa rapidez, em apenas duas ou três décadas. Essa hipótese seria reforçada por Des Marchais quando menciona que a população de Uidá acreditava que a serpente honrada no período da sua viagem (1725 ou 1704) era a mesma que liberou Uidá da opressão de Aladá, embora essa antiguidade possa ser apenas uma forma de conferir à divindade maior prestígio e poder.[30]

O anônimo francês é bastante explícito ao indicar que a instauração desse culto foi resultado da imposição dos sacerdotes ao rei, numa aparente instância de sistema "dual". Num sistema social dominado pelo faccionalismo, a autoridade do novo rei — lembro que a dinastia real hueda era de origem lucumí, ou seja, estrangeira, vinda de terras iorubás — teria sido reconhecida e legitimada só após algum tipo de "pacto social" que equilibrasse as várias forças em jogo. Labat infere de Des Marchais que o culto à serpente teria aos poucos desbancado os outros cultos locais, como o do mar dos autóctones hulas ou o das árvores, também arraigado na região de longa data.[31] Pode-se pensar que o novo culto veio a complementar, ou talvez a contrabalançar, o poder do culto aos ancestrais das coletividades familiares. Nesse contexto, a pergunta que se apresenta é: que vínculo existia entre o rei e essa nova instituição religiosa? Seria possível pensar o culto à serpente como estratégia da dinastia real para centralizar e unificar o reino? Ou era apenas um emblema nacional que o rei devia assumir e ostentar pressionado pelos sacerdotes? Seja qual for o cenário, a serpente favoreceu a criação de um culto suprafamiliar de unidade nacional, mas, como veremos, não necessariamente ao gosto do rei, que podia, através dele, ser controlado pelos seus capitães em associação com os sacerdotes.

Na década de 1690, o culto à serpente já havia se estabelecido como instituição pautada pela estrutura eclesial que regia o culto a outras grandes divindades do país, com complexos processos iniciáticos e hierarquia sacerdotal. Bosman informa que qualquer vilarejo tinha uma "casa" ou templo para iniciar as devotas da serpente e que as aldeias mais importantes tinham duas ou três. Esse tipo de organização religiosa garantia ao corpo sacerdotal um contingente nada desprezível de devotas, uma parte delas escravizada, empregada parcialmente em trabalhos de lavoura, serviço doméstico e outros. Bosman estimava em mais de mil as esposas de Dangbé em Savi. Esse recrutamento periódico de adeptos se justificava com base em princípios religiosos, tendo por finalidade consagrar na cabeça dessas mulheres a sua "divindade particular", através de intrincados rituais e longos processos de aprendizado. Mas o recrutamento tinha também uma motivação de ordem material, pois essas mulheres, ou seus parentes, contribuíam "com todo tipo de produtos" para as atividades do templo, e "isso de forma tão abundante que os sacerdotes podem viver com fartura".[32]

Como vimos no caso de Aladá, essas congregações, majoritariamente femininas, eram extradomésticas e recrutavam adeptos de várias origens, embora possamos supor que algumas delas, de porte menor, pudessem incluir uma maioria de membros da mesma coletividade familiar. Como o culto à serpente foi o mais bem documentado pelos europeus, a descrição dos seus processos de iniciação pode nos ajudar a imaginar os aspectos gerais que caracterizavam a vida interna dos conventos extradomésticos.

As noviças de Dangbé eram conhecidas como *beta*, e os noviços, como *boa*.[33] O seu recrutamento estava ligado ao ciclo do milhete, sinalizando a importante associação da divindade com a fertilidade agrícola. Depois da semeadura, os camponeses saíam correndo e gritando em volta das casas, com tochas de palha acesas, para "espantar o diabo" que diziam ter visto "querendo estragar o milho". No período em que começava a brotar, as sacerdotisas saíam à noite correndo em bandos, uivando e "fazendo o grito dos sacerdotes", solicitando a Dangbé que lhes propiciasse uma boa colheita. Nessa ocasião, entravam nas casas e raptavam as meninas impúberes de quatro a catorze anos, imediatamente recolhidas no convento.[34] Cabe notar que era nesse momento do ciclo agrícola que as cobras se reproduziam nas terras cultivadas.[35]

A captura das devotas era imputada à serpente, e a iniciação era rodeada do maior segredo, pois os *vodunons* ameaçavam com a loucura ou a morte aquele que espionasse os rituais.[36] Durante a reclusão, esfregavam o corpo das noviças com azeite de dendê e graxa, e elas eram bem alimentadas. Dois ou três meses depois saíam em procissão ao rio, em atitude submissa, "curvadas, com as mãos juntas nas costas e de um jeito figurado", o que indicaria estado de possessão mediúnica. Elas aprendiam uma "língua particular", sem poder mais falar a língua materna, e recebiam um novo nome que marcava sua nova personalidade espiritual. Também praticavam as saudações compatíveis à divindade num "movimento da língua a velocidade extraordinária".[37]

Finalizada a primeira fase, após uns três meses, elas eram escarificadas com complexos desenhos que as cobriam "do pescoço até a cintura", aspecto que caracterizava as vodúnsis de

Dangbé até recentemente.[38] Quando as feridas cicatrizavam, procedia-se à apresentação ou à saída pública das noviças. Bem paramentadas, com uma coroa de penas, dançavam em grupos na praça, onde "faziam contorções extraordinárias", algumas delas com os ombros.[39] Essas "contorções" podem aludir às coreografias que as vodúnsis de Dangbé realizam imitando os movimentos ondulantes e sinuosos das cobras, e ao que no candomblé se conhece como *jika* (do iorubá *èjìká*, ombro), movimento que consiste em sacudir convulsivamente as escápulas e que é também característico das danças da região. A coroa de penas pode se referir às penas de papagaio (*ekodídẹ́*) que utilizam algumas vodúnsis na sua iniciação. Depois dessa cerimônia, elas eram recolhidas no convento para serem enviadas alguns dias depois a suas casas. Como já foi dito, os pais das devotas pagavam a alimentação e os custos da iniciação às sacerdotisas, que depois partilhavam com os sacerdotes.[40]

Encontram-se nesses relatos os elementos principais que constituem o processo iniciático descrito pela etnografia do século XX e que se perpetuam até a atualidade: recrutamento anual, língua ritual, aquisição de um novo nome, procissões ao rio, escarificações, saída ritual do convento e pagamento da iniciação pelos parentes. Essa evidência sugere que a estrutura conventual e iniciática que caracteriza a religião do vodum, como os panteões descritos no capítulo 2, estava provavelmente arraigada antes da chegada dos primeiros europeus à região em meados do século XVII.

As *beta* estavam subordinadas à autoridade do Beti e, conforme relata Labat, sua iniciação envolvia uma cerimônia, oficiada pelos sacerdotes homens, em que elas eram "possuídas" pela serpente, contendo o ritual encenações de cópula sexual.[41] Lembremos que as noviças eram recrutadas virgens e a iniciação era concebida como um casamento espiritual. Uma vez iniciadas, as *beta* gozavam de grande prestígio e eram muito estimadas e respeitadas pelo povo. Quando possuídas por Dang-bé, ou mesmo sem que isso acontecesse, elas podiam exigir dos maridos fiel obediência e a satisfação dos seus caprichos, atribuindo a demanda à vontade divina. Eles deviam ajoelhar-se diante delas e poucos ousavam contestar seus pedidos, pois corriam o risco de ganhar o perigoso desprezo dos *vodunons*.[42] Essa dinâmica de "guerra dos sexos" suscitou comentários irônicos dos escritores europeus, mas na verdade sugere um uso político do espaço religioso, como forma de contestação e empoderamento feminino, numa sociedade patrilinear fortemente dominada pelos homens.[43] Des Marchais comenta que, embora houvesse homens iniciados, em certas cerimônias de Dangbé só participavam mulheres. Elas tocavam tambores e trompetes e, no que se assemelharia a um ritual dionisíaco, corriam possuídas pela fúria divina.[44]

Outro aspecto importante diz respeito à economia do religioso. O monarca era responsável pela manutenção do templo do grande píton, localizado a três quartos de légua do palácio em Savi, e a construção e o reparo das suas dependências eram realizados pelos grupos de trabalho cooperativo que cultivavam as terras do rei.[45] Ele enviava víveres diariamente, assim como búzios, panos e outros presentes com certa frequência.[46] Contudo, o momento de máxima exposição pública da liberalidade real se manifestava nas procissões anuais à casa da serpente.

Essas peregrinações promoviam a assembleia de súditos e estrangeiros e se celebravam, "com muita magnificência e ao mesmo tempo com grandes presentes; porque não somente o rei fazia oferendas bastante consideráveis, mas ainda distribuía muitos presentes a todos os grandes homens que o acompanhavam".[47] Ou seja, para além dos sacerdotes, as procissões anuais beneficiavam também os nobres, ou chefes das coletividades familiares, que recebiam "dinheiro, peças de tecidos de seda e outros materiais, to-

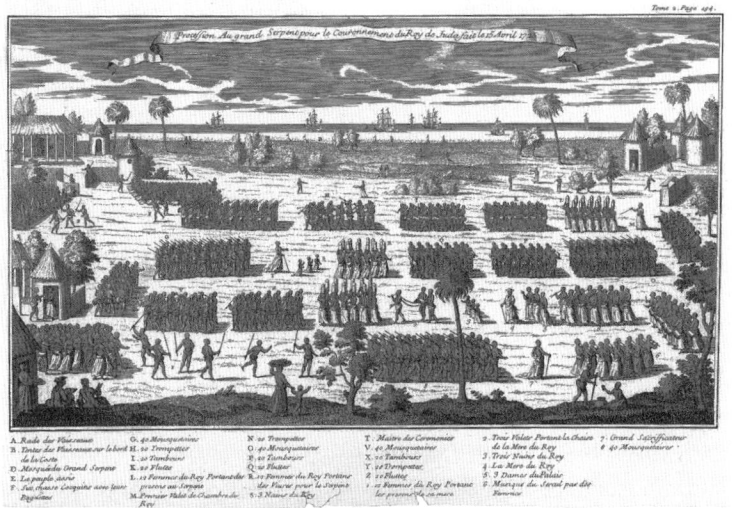

FIGURA 4. *Procissão à grande serpente pela coroação do rei de Judá, realizada em 15 de abril de 1725. Uidá, c. 1725.*

dos os tipos de mercadorias da Europa e da África, todo tipo de gado, e tudo o que há de melhor para comer e para beber".[48] Essa dimensão distributiva do cerimonial religioso é comparável à dos Costumes do Daomé.

Complementando os benefícios gerados pelo recrutamento das noviças, que já davam para "viver com fartura", as procissões anuais vinham acrescentar a ganância dos *vodunons* e dos grandes do país. Ora, se "a devoção à serpente custava caro ao rei, os dividendos que obtinha dela também não eram inconsequentes", pois ele recebia uma parte dos benefícios obtidos pelos sacerdotes das famílias das vodúnsis.[49] O rei podia inclusive iniciar alguma das suas filhas, e aproveitar a cerimônia de sua saída pública para receber presentes dos governadores e capitães.[50] Isso sugere uma economia do religioso em que a redistribuição de recursos era acompanhada de uma dinâmica de reciprocidade, estabelecendo uma circulação de bens entre o rei e os membros da elite local. Ou seja, se a instituição da serpente pode ser pensada como um engenhoso mecanismo de compensação para neutralizar o poder real, ela também implicava um pacto social entre os poderes religioso e civil. Porém, como veremos a seguir, essa dialética não estava isenta de tensões.

O REI E O CULTO À SERPENTE: TENTATIVA DE HISTORICIZAÇÃO, C. 1680-1727

Para incidir na historicidade do culto à serpente e relativizar sua suposta hegemonia, lembremos o episódio testemunhado por Bosman (entre 1697 e 1699) quando um dia encontrou o rei Agbangla encolerizado no seu palácio. Quando lhe perguntou o motivo, ele respondeu:

> que ele tinha enviado esse ano à casa da serpente muito mais oferendas do que o normal, para ter uma boa colheita; e que um de seus vice-reis (que ele me mostrou) vinha solicitar de novo, da parte dos sacerdotes, ameaçando com um ano infértil, para providenciar ainda mais. Ao que ele respondeu que não tinha a intenção de fazer novas oferendas esse ano; e que se a serpente não quisesse lhe dar uma boa colheita, ele não se importava. Pois (diz ele) não poderia ficar pior do que já estou, pois quase todo o meu grão já está estragado nos campos.[51]

Note-se que a pressão era exercida por um dos vice-reis, atuando em nome dos sacerdotes, o que sugere uma aliança entre eles. Em outro lugar, os "grandes" são designados como os "instrumentos dos sacerdotes".[52] Mas também é perceptível a estratégia do rei, que desde 1688, ou seja, durante pelo menos uma década até a visita de Bosman, tinha abolido sua participação nas procissões ao templo ofídico, delegando a responsabilidade a algumas de suas mulheres.[53] A oposição ao culto a Dangbé do rei Agbangla pode ser correlacionada com o seu interesse em atrair os missionários católicos, como contrapeso à influência dos sacerdotes.[54]

Agbangla, filho caçula do rei Kpate, ascendeu ao trono com uso da força na década de 1670, desbancando o herdeiro primogênito, graças ao apoio dos europeus. Segundo Bosman, isso o teria predisposto em favor dos estrangeiros,[55] e talvez justifique seu interesse em acolher os missionários. Em 1682, os capuchinhos franceses Celestin de Bruxelles e Benedict de Hulst tentaram converter Agbangla e persuadi-lo a renunciar à poligamia. Celestin se mostrava otimista, declarando que o rei "não se preocupa com o deus que seus súbitos adoram" — sugerindo certo ceticismo em relação às crenças locais — e que tinha entregado seu filho primogênito para ser educado com eles — e indicando certa atração pela religião estrangeira.[56] Porém, segundo Barbot, Agbangla era "muito supersticioso e um escravo de seus fetiches, dos quais o palácio está cheio".[57]

A memória do desfecho dessa tentativa de catequese, só registrada décadas depois, indica, como na missão de Aladá, um fracasso total. Segundo uma das versões, na véspera do batismo real, "alguns negros a quem essa novidade pareceu perigosa", atearam fogo na capela dos religiosos e "persuadiram o rei de que eram os próprios deuses que se opunham ao batismo". Essa circunstância, reforçada pelos conselhos dos "chefes dos *vaudonnous*", convenceram o rei a se manter fiel às tradições, embora continuasse a "reverenciar" o catolicismo.[58]

Outra versão francesa sugere que foram cristãos "de uma religião oposta à nossa", em clara referência aos ingleses (ou holandeses?), que temendo ser expulsos do país e perder o comércio se o rei se convertesse ao catolicismo, conspiraram e "deram tantos presentes aos marabus que excitaram uma sedição". Nesse caso, teria sido o medo de uma revolta civil instigada pelos sacerdotes o que convenceu o rei. O capuchinho Benedict morreu pouco depois, sob suspeita (não comprovada) de ter sido envenenado, e seu companheiro Celestin foi obrigado a abandonar o reino.[59] O episódio é indicativo das interações e do complexo jogo de poder envolvendo o rei, os *vodunons*, os nobres e os interesses europeus, em particular dos franceses e ingleses, opondo também catolicismo e protestantismo. Ele mostra a relativa vulnerabilidade e dependência do rei diante dos desígnios dos seus capitães, sancionados espiritualmente pelos sacerdotes, e ilustra bem como o campo religioso podia veicular e expressar tensões políticas. Em 1687-8, Agbangla recebeu mais uma missão de padres dominicanos, e em 1698-9 chegou um padre agostiniano, mas então o rei Agbangla se mostrava mais cético, e após participar de uma missa, diz "que era muito bom, mas que preferia ficar com seu *Fetiche*".[60]

Esse foi o período das visitas de Bosman, entre 1697 e 1699, quando Agbangla parecia estar sob a influência do capitão Carter, o Yovogan (Yovógán) ou chefe dos brancos, responsável pelo controle dos europeus. Bosman fala dele como a "alma do rei".[61] Com o incremento do tráfico, na década de 1690, surge em Uidá uma série de cargos subordinados ao Yovogan, associados a cada uma das nações europeias e designados como "intérpretes". Esses postos, conferidos pela corte com base em habilidades comerciais e linguísticas ou outros interesses conjunturais, configuravam uma via de mobilidade social e uma alternativa à aristocracia hereditária do reino.[62] O capitão dos ingleses era um negro da Costa do Ouro, conhecido como capitão Tom, personagem que, como estrangeiro, devia estar coligado com o rei e o capitão Carter para ser promovido a esse posto.[63] Porém, ele também estava casado com uma mulher que pretendia iniciar-se no culto a Dangbé. Como o capitão Tom não aceitou esse compromisso religioso e se recusou a levá-la ao templo, a mulher o denunciou aos *vodunons*, que de vingança acabaram por envená-lo, deixando-o mudo e paralítico.[64] No contexto político mais amplo, esse episódio pode também ser interpretado como um ataque encoberto dos sacerdotes de Dangbé contra os aliados do rei e de Carter, incluindo os ingleses, protegidos do Yovogan.

Dois anos depois, em 1701, o capitão Agou (*Agoei*), a segunda pessoa do Yovogan e intérprete dos holandeses, e o capitão Assou (*Azou*), o intérprete dos franceses, provavelmente nomeado havia pouco tempo, aparecem como personagens muito influentes, "que tudo podem nesta corte", sinalizando uma possível mudança nas relações do poder local.[65] Além disso, o "grande marabu" — o Beti, o mais alto dignitário religioso do reino — era, naquele início de século, um irmão do capitão Assou.[66] A estreita relação de parentesco entre o Beti e o capitão dos franceses poderia explicar a ascensão deste último ou vice-versa.

Como sacerdote supremo de Dangbé, em tempos de seca, de chuva excessiva, de guerra ou diante de qualquer calamidade que assolasse o reino, o Beti determinava as oferendas a serem entregues à divindade e organizava as procissões correspondentes.[67] Ele estava incumbido também de prender os que cometessem crimes contra as serpentes e de executar os culpados.[68] Aliás, as funções do Beti extrapolavam o âmbito do culto ofídico, e ele assumia diversos papéis na corte. Além de participar das cerimônias em honra aos ancestrais reais, ele era responsável, junto com o "capitão das mulheres" e o "capitão das casas", pelos rituais funerários do rei, oficiando o enterro e escolhendo as vítimas humanas a serem sacrificadas.[69] Na coroação do rei, dirigia os sacrifícios dedicados ao píton e presidia a execução ritual do "capitão dos costumes", realizada pelo rei antes de ser entronizado.[70] Como vimos, ele participava, de forma muito distinta, das procissões anuais ao templo do píton, e era responsável pelo depósito das oferendas do rei e da rainha-mãe nos altares interiores, do mesmo modo que fazia nos rituais em honra da divindade do rio.[71] Na sua residência, conservava a estatueta de Agoye, o deus dos conselhos, ou oráculo do reino.[72] Comprova-se, assim, que o Beti adquiriu, ao longo do tempo, diversas funções que interligavam de forma institucional o trono ao templo. Qualquer pessoa que ocupasse essa posição, pela própria natureza do cargo, tinha condições de exercer forte influência sobre o rei.

Após a morte de Agbangla em agosto de 1703, o capitão Assou (segundo a versão dos franceses) ou o capitão Carter (segundo a versão dos ingleses) conseguiu, graças a suas "intrigas", entronizar Amar (Aysan ou Ahinsan Mazé), o filho caçula do defunto. Segundo a versão francesa da história, Assou virou o favorito do novo monarca, como já o fora do pai. Contudo, esses capitães tiveram que neutralizar as pretensões do primogênito, que primeiro foi forçado a se refugiar em Aladá e depois, derrotado em campanha militar.[73] Com essa vitória, consolidava-se a influência de Assou na corte e, com ele, o sustento dos sacerdotes e dos franceses. Uma fonte, provavelmente relativa a 1703, informa que embora Assou não fosse um dos primeiros capitães, era dos mais considerados. Sua residência era quase tão grande quanto a do rei, e tinha mais de cem mulheres.[74] Prova do seu crescente poder é que, um ano depois, um forte francês foi construído em Glehué, ao lado do forte dos ingleses.[75] Em correspondência da WIC (West Indian Company), em março de 1705, os holandeses ainda reconheciam Carter e Blanke como os capitães mais importantes. Em abril, porém, reconheciam o poder conferido pelo rei à nação francesa, e protestavam contra.[76]

Partirei da hipótese de que a coroação testemunhada por Des Marchais (que ele data, de forma errônea, de abril de 1725) foi, na verdade, a do rei Amar, acontecida em 1704.[77] Apesar da tensão criada pela disputa sucessória com seu irmão refugiado em Aladá, o rei Amar fez explícita sua vontade de "pacificar o país", presumivelmente se referindo às relações com esse reino.[78] Em data indeterminada, mas que pode coincidir com esse momento, o rei de Aladá aceitou "a submissão que o rei de Uidá lhe fez", e liberou a passagem nas estradas que comunicavam ambos os reinos.[79] De fato, em 1704 parece ter havido uma relativa calma que durou até abril de 1705, quando uma nova escalada de tensões provocou mais uma vez o fechamento das estradas.[80] Embora breve, esse período de reconciliação teria permitido o deslocamento de um "grande de Aladá", conforme relata Des Marchais, para oficiar a investidura de Amar. Aliás, a submissão referida pelo rei de Aladá talvez correspondesse ao gesto simbólico da reconstrução das portas de Aladá, realizada por gente de Uidá, que precedeu, como requisito, a coroação do rei.[81] Se a datação do relato de Des Marchais em 1704 é correta, podemos inferir que esse talvez tenha sido um dos momentos de maior esplendor do culto da serpente na história do reino, pois nessa coroação se comprova a centralidade dos referentes à divindade no cerimonial político, a magnificência das procissões e a autoridade suprema do Beti.

Os sacrifícios de abertura do ciclo de cerimônias para a coroação foram em honra a Dangbé. Embora anacrônico, o desenho de Des Marchais coloca, de forma significativa, a serpente no centro do pátio onde foi realizada a coroação (figura 5). Durante as festas que acompanharam o cerimonial, repetidas procissões ao templo do píton foram realizadas para solicitar um bom reinado. Outra peregrinação mais solene foi presidida pela rainha-mãe no final das cerimônias. Ainda segundo a mesma fonte, após três meses da coroação, o rei teria realizado mais uma procissão, a primeira e última que contaria com sua presença, ficando depois disso enclausurado no palácio.[82] Apesar da ausência do rei nas procissões anuais — o que dava continuidade à prática do seu pai —,

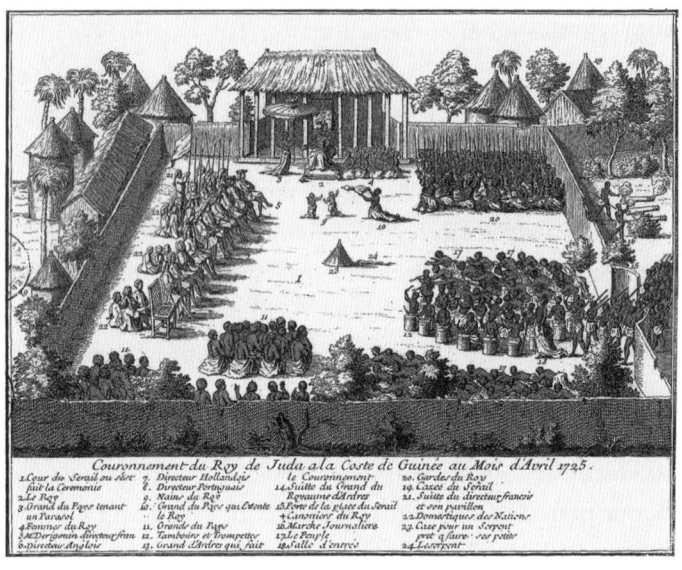

FIGURA 5. *Coroação do rei de Judá na Costa da Guiné, no mês de abril de 1725. Uidá, c. 1725.*

podemos supor a persistência da centralidade do culto à serpente, pois Amar continuou a oferecer presentes diários, e a influência do capitão Assou teria encorajado e garantido essa relação.[83]

O rei Amar veio a falecer em 1708, com 28 ou trinta anos, com a suspeita de ter sido envenenado por seu capitão de guerra e seu *bokó* ou médico da corte.[84] Essa morte prematura e o processo de sucessão desencadearam um novo princípio de guerra civil. Desta feita, Xavier Gogan, governador da província de Paon (e parente próximo do rei) e o capitão Carter, talvez querendo recuperar o antigo poder, tentaram ocupar o palácio, mas foram rejeitados pelos seguidores do capitão Assou, que mais uma vez conseguiu entronizar seu candidato, o primogênito do defunto rei, o menino Huffon, naquele momento com apenas doze anos. Essa circunstância explicaria a pretensão de Xavier Gogan, que por direito associado ao seu cargo devia assumir o trono no caso de a família real desaparecer. Não obstante, com o beneplácito dos poderes europeus e o apoio de uns 160 fuzileiros franceses, Assou conseguiu, nesse primeiro momento, dominar a situação.[85] Na coroação do rei menino, as *beta* figuravam de forma notória, e ondeava o pavilhão real: uma serpente sobre fundo vermelho (cor de uso restrito ao rei) indicando a persistência emblemática do culto.[86] Não há, no entanto, referências, nessa coroação, à presença de um representante de Aladá, indicando a rivalidade com esse reino naquele momento.

Nos anos seguintes, correspondentes à minoridade de Huffon, o vínculo real com o culto da serpente parece ter conhecido um relativo declínio. O anônimo francês menciona a suposta presença do monarca nas procissões anuais, mas admite que todo o tempo em que esteve lá — provavelmente entre *c.* 1704 e 1712 — não teve oportunidade de assistir à cerimônia por causa dos problemas (*embarras*) que enfrentou o rei Amar, pela sua morte e, depois, pela baixa idade do sucessor. O francês acrescenta que esse período de interrupção podia levar o novo rei Huffon a abolir o ritual, pelos grandes custos que lhe supunha e porque muitos dos governadores e notáveis do país não assistiam às cerimônias conduzidas apenas por suas mulheres.[87] Embora ficasse implícita a continuidade do culto, constata-se um evidente declínio. A ausência de parte dos governadores na procissão era expressiva também da oposição política que enfrentava o monarca.

Em 1713, um viajante francês notava a divisão da população local entre o "partido" daqueles que apoiavam e eram protegidos pelos franceses, ou seja, Assou e o seu entorno, e o daqueles que apoiavam e eram protegidos pelos ingleses, o partido de Carter.[88] Resultado dessas tensões foi a expulsão de Uidá do diretor do forte inglês, em 1714, após seus repetidos abusos de poder e enfrentamentos com portugueses e holandeses.[89] O antagonismo entre Assou e Carter, e entre franceses e ingleses, parece ter se perpetuado até 1726, nas vésperas da invasão daomeana.[90]

Ressentido pelo tratamento que recebera dos grandes do país quando criança, o rei já adolescente tinha se afastado dos antigos capitães, tolerando apenas Carter, a quem no entanto costumava humilhar. Huffon rodeou-se de um novo conselho de jovens "valetes" (alguns deles ex-escravos) e, embriagado pela riqueza fácil do tráfico, parece ter caído no despotismo.[91] Nessa nova conjuntura, o capitão Assou parece ter perdido sua antiga influência e passou a segundo plano. Contrariamente, Xavier Gogan, governador da província de Paon, e Aplogan, governador da província de Gomet, são descritos como os "dois capitães mais poderosos do reino" e, de fato, a rivalidade que os separava, por causa de um caso de adultério do primeiro com uma mulher do segundo, constituía a maior ameaça à autoridade real. Em 1715, quando o rei quis atacar o reino de Tori ao norte do país, ele não conseguiu mobilizar seus súditos pela oposição de Aplogan, que tinha o apoio de um terço do reino e controlava a passagem às terras inimigas, e pelo medo de uma possível traição de Xavier Gogan.[92] A vulnerabilidade do poder real e o enfraquecimento político de Assou certamente minimizaram a visibilidade do Beti e do culto à serpente.

Isso não significa que Dangbé não continuasse a intervir na dinâmica política. Se o vodum não gozava do antigo favor da corte, o governador Aplogan bebia "pela serpente ou fetiche, para estabelecer fidelidade recíproca" com seus aliados.[93] Embora esse tipo de juramento fosse prática comum, resulta tentador interpretar a menção à cobra como indicativa de uma aliança com os sacerdotes de Dangbé, num momento em que o rei cogitava acabar com as cerimônias anuais. Se isso for verdade, pode-se inferir uma aproximação política entre Aplogan e Assou. Essa hipótese seria reforçada se o capitão da província fronteiriça, com o qual se enfrentou Assou naquele período, fosse o Gogan, um dos aliados de Carter.[94] Do seu lado, o rei também podia utilizar o culto à serpente para seus próprios fins. Em julho de 1718, Huffon, após novo desentendimento com o diretor inglês, naquele momento William Bailley, teria ordenado que se matasse uma serpente para acusar de sacrilégio um negro residente no forte inglês. Embora o incidente fosse resolvido com presentes, ele sugere o uso pragmático e pouco reverente de Dangbé pelo rei.[95]

Seja como for, toda essa instabilidade política interna, acrescentada à constante disputa com o reino de Aladá e Jakin pelo controle do tráfico, foi debilitando o reinado de Huffon, que se alastrou até 1727, quando sucumbiu ao ataque do rei Agajá, do Daomé.[96] Nesse processo, cabe supor a progressiva perda de influência de Assou e dos *vodunons* de Dangbé na corte. Se desconsiderarmos o relato de Des Marchais, que como vimos deve ser datado de 1704, durante o reinado de Huffon, não achamos nenhuma evidência de processões ao templo do píton.

O fim da hegemonia de Dangbé não parece ter sido muito glorioso. Segundo Snelgrave, ante a ameaça da invasão daomeana, os huedas apelaram à sua divindade tutelar, oferecendo-lhe dois sacrifícios diários, realizados à beira do rio que deveria impedir a passagem dos daomeanos. No entanto, a estratégia espiritual não surtiu o efeito esperado, e, após uma pequena tropa exploratória daomeana ter atravessado o rio, os huedas teriam fugido apavorados, deixando o caminho aberto para o exército inimigo. Depois da conquista, os daomeanos teriam matado e comido a serpente, em humilhante transgressão que simbolizava a vitória estrangeira.[97] Com a conquista de Savi, o culto à serpente teria perdido sua centralidade política, mas, como veremos a seguir, era costume dos daomeanos tolerar e até assimilar as divindades dos povos vencidos. É provável que nesse momento seu templo principal tenha sido deslocado de Savi para Glehué (a atual cidade de Uidá), onde sua devoção persistiu, conforme constatam numerosos relatos de viajantes posteriores.

Dessa tentativa de traçar um panorama histórico, constata-se que a memória hueda associou Dangbé a dois momentos críticos da história do reino: o da independência de Aladá, nos seus primórdios, e o da derrota diante do Daomé, no seu declínio. Em ambos os casos a serpente é colocada no espaço crítico da fronteira, no limite que separava os huedas dos vizinhos e inimigos. Enquanto entidade espiritual, o píton constitui um emblema da fronteira territorial, mas também uma fronteira cultural e, por extensão, um símbolo político da nação.

No interior do território hueda, o píton era sacralizado por uma série de tabus que proibiam tocá-lo (exceto os iniciados), maltratá-lo e muito menos matá-lo. São inúmeras as anedotas que registram a sorte fatal daqueles que voluntária ou involuntariamente matavam um deles, fossem autóctones ou estrangeiros, africanos ou europeus, ou até inclusive outros animais, como os porcos.[98] Esse tabu era reforçado pelo contraste com os de fora, caracterizados como transgressores que praticavam sacrifícios e consumiam a carne do animal. Nesse sentido, a serpente parece ter funcionado como sinal distintivo da identidade hueda diante de Aladá, embora, como vimos, sua origem talvez estivesse nesse reino.[99] Des Marchais comenta que Aladá tinha "os mesmos costumes que os de Judá [Uidá], com a diferença de que os primeiros não adoram a serpente, mas ao contrário a matam e a comem";[100] e o anônimo francês menciona que os sacrifícios humanos oferecidos à serpente em Uidá eram de cativos "de um reino nas terras onde os negros comem a sua serpente".[101] Lembremos a ainda mais antiga bandeja de Fá, pertencente ao rei de Aladá, onde aparecem pássaros comendo ou matando com o bico várias serpentes (capítulo 2, figura 3). Outro viajante francês, ancorado em Uidá em 1727, na iminência da invasão das tropas daomeanas, relata como mais de 3 mil refugiados "fouins" — provavelmente aladás que escaparam das tropas daomeanas após a invasão de sua capital em 1724 — foram escravizados ou deixados morrer de fome, por serem acusados de terem sacrificado uma serpente ao seu deus e por tê-la comido.[102] Caberia então pensar que nessa dialética de proibições e transgressões em torno do píton estava implícita a negociação de uma fronteira político-nacional, mas também identitária.

A serpente, sendo um culto importado, não poderia ser confundida com o *tohuiyo* ou ancestral primeiro da dinastia real, mas enquanto sustentada e tutelada pelo rei, virou um aglutinador "nacional" que favorecia, apesar das tensões internas, a coesão social do reino. Como reconhece o anônimo francês, "a serpente é adorada pelos grandes e pelo povo" e, mais adiante, "a dizer verdade, seria de todas as divindades aquela que eles reconhecem como a protetora *da sua nação*".[103] Nesse sentido, explica-se o uso de sua imagem no pavilhão real e, como emblema da identidade nacional, entende-se que autores mais recentes a considerem o *tohuiyo* do povo hueda.[104] Também pela posição hierárquica superior dos seus sacerdotes, Dangbé acabou por ser identificado como o "avô" ou o "grande pai" (*togbe*), mas não devemos esquecer que o seu culto se instaurou no meio de outras devoções preexistentes.

A análise dos diversos conflitos e tensões em torno dessa complexa instituição mostra a dificuldade em definir o que seria um culto "nacional". Embora inserida no cerimonial da corte e financiada pelo rei, o seu corpo sacerdotal era relativamente autônomo e podia responder a interesses políticos alheios à família real. O monarca, como vimos, mantinha uma relação de aproximação ou afastamento dela segundo a conjuntura. No entanto, como ápice da hierarquia espiritual, Dangbé podia ser utilizado e projetado como emblema nacional, dependendo das circunstâncias, sobretudo quando confrontado com ameaças externas.

"ADOÇÃO" E CONTROLE PELO DAOMÉ DOS CULTOS DE POVOS CONQUISTADOS

A monarquia daomeana adotou estratégias diversas e bastante complexas em relação aos deuses dos povos dominados, refletindo a política de assimilação e controle das populações conquistadas. Norris nota que essa política se baseava, entre outras coisas, em "tolerar aos seus novos súditos o livre exercício de suas várias superstições", e menciona o culto a Dangbé em Uidá: "os sobreviventes em Uidá que escaparam do fio da espada [de Agajá] ficaram-lhe muito agradecidos por permitir-lhes continuar a desfrutar do culto à serpente".[105] Mas não era apenas uma simples atitude de tolerância, pois o culto hueda da serpente foi adotado "numa posição subalterna pelos conquistadores, que rendem outro mais direto aos rios e às árvores".[106] Diz-se que Dangbé foi "comprada" por Agajá para aplacar a fúria e evitar a possível vingança da divindade contra os conquistadores.[107] É provável que, nessa mesma dinâmica, o Hunon Dagbo (*Xúnɔ̀ Daagbó*), sacerdote supremo do panteão hula do mar, fosse promovido a chefe religioso da região, subordinando os sacerdotes de Dangbé. É provável também que fosse nesse momento que os voduns locais do trovão (Sò, Hevioso e outros) e do mar (Hu/*Xù*, Naeté e outros) fossem importados para Abomé.[108] A promoção do Hunon por Agajá é significativa se levarmos em conta que os voduns do mar estavam associados ao comércio europeu.

No fim do século XVIII, Gourg apontava que "a religião dos daomeanos é, em geral, a idolatria, mas muito diversificada, porque eles adotaram aquela dos povos que eles conquistaram".[109] Esse processo de assimilação, complementado pela agregação de cultos importados através das alianças matrimoniais ou do deslocamento de escravos, contribuiu para um pluralismo religioso baseado numa tradição de tolerância religiosa. Como afirmavam Chenevert e Bulet, "em geral, eles respeitam os fetiches uns dos outros".[110]

Contudo, desde o início do século XVIII, esse pluralismo esteve sujeito a severos processos de centralização e hierarquização. Maupoil fala de um "plano de submissão dos altares ao trono", e Maurice Glèlè, de um "controle de polícia administrativa" do Estado sobre as congregações vodum. O rei Tegbesú, sucessor de Agajá, foi responsável pelo estabelecimento do Adjaho, ao mesmo tempo ministro dos cultos de voduns e chefe da polícia secreta do rei.[111] A mãe do rei Tegbesú, Na Huanjile (Nà Hwanjɛlé), é geralmente tida como responsável pela introdução, por volta de 1740, do culto Mawu-Lissa em Abomé, transformando esse casal de voduns em divindades genitoras e supremas, situando-as na cumeeira de um panteão cada vez mais vertical e hierarquizado, mas também inclusivo. Como veremos, o culto aos ancestrais reais também contribuiu para essa estratégia de controle social através dos templos.

A política religiosa, porém, alternava a inclusão com a repressão temporária ou até a eliminação daqueles cultos percebidos como ameaça à autoridade real. Devoções autóctones como a do vodum Guede (*Gede*), por exemplo, foram perseguidas, e muitos dos seus seguidores, escravizados, a ponto de o culto quase desaparecer no Daomé, mas sobreviver nas Américas, particularmente no Haiti. Outros cultos sofreram repressão intermitente, como os do vodum Sakpatá, ora perseguido, ora tolerado. Esse vodum, originalmente ligado ao culto aos ancestrais e à terra (e, portanto, talvez aos *bokanto* referidos no capítulo 2), foi progressivamente associado às epidemias da varíola que assolavam regularmente o Daomé. Os seus sacerdotes eram as únicas pessoas capazes de realizar as curas e os rituais para aplacar a cólera do deus, o que lhes conferia popularidade, mas também eram temidos por serem detentores do conhecimento para castigar com a varíola. No século

XVIII, quatro dos cinco reis daomeanos pegaram a doença, e três morreram dela. A combinação desses fatores convertia Sakpatá numa ameaça para a monarquia, e, embora não haja evidência, o vodum teria, aos poucos, sido percebido como o verdadeiro "rei da terra", e portanto contestador do poder dos conquistadores. Tradições recentes reportam que nos tempos de Agajá houve "numerosas conspirações lideradas por sacerdotes de Sakpatá, muitos deles sendo expulsos do país; muitos trabalhos mágicos eram realizados nos templos de Sakpatá com o fim de acabar com Agajá".[112] Vários reis mandaram tirar os altares de Sakpatá da cidade de Abomé e instalá-los fora dos seus muros. Nesse caso, a política daomena oscilava entre a vontade de exterminar o culto e a necessidade de preservá-lo como medida preventiva contra as epidemias.[113]

Existem outras narrativas que refletem o processo de supressão da concorrência religiosa no tempo de Tegbesú. Conta uma lenda, registrada na década de 1770, que havia em Cana (ou Calamina, cidade vizinha a Abomé) um "grande *vodunon*" que se declarava enviado do céu, intérprete de deus, e que veiculava seus oráculos através de uma grande árvore sagrada. Recebia devoção popular e sua fama e arrogância chegaram ao ponto de menosprezar a autoridade real, até o dia em que o rei Ahaldi [Tegbesú], em audiência pública, lhe perguntou se efetivamente era invulnerável e estava ao abrigo de todo poder humano. Ante a resposta afirmativa, o rei o teria decapitado na frente de todo mundo, provando a impostura, e passando, a partir de então, a ser considerado "deus dos deuses", adquirindo um caráter quase divino. O marinheiro francês que registrou a história ainda acrescenta que, apesar de o rei ter derrubado a árvore sagrada, o povo continuou a prestar devoção às "árvores de madeira vermelha", sugerindo, assim, a persistência da resistência "religiosa" à hegemonia real.[114]

Adokonou analisa uma narrativa semelhante, preservada num canto histórico. Certa feita, durante o reinado de Tegbesú, o vodum Gbade (*Gbàdé*), da família do trovão Sò, teria se manifestado no interior do palácio, em Cana, possuindo algumas das mulheres do rei — o que simbolicamente pode ser interpretado como um adultério. O Migan, primeiro-ministro, substituto do rei e, nesse caso, associado a Legba, sabendo da notícia, foi ao palácio, onde, enfurecido, decapitou as devotas de Hevioso (ou seja, ao próprio vodum) e quebrou a cabeça dos tocadores de tambor. Após o massacre, Sò teria respondido com raios e centelhas, mas sem poder atingir o Migan, que assim demonstrava o poder do palácio diante do poder do trovão. Adoukonou interpreta a narrativa como expressão do conflito entre Tegbesú e Hevioso, entre a monarquia e os sacerdotes, entre a terra e o céu, entre os *ahovi* (*axɔví*, linhagens reais, literalmente filhos do rei) e os *anato* (linhagens plebeias).[115]

Embora se trate apenas de lendas, seu significado metafórico não deve passar despercebido. A tensão entre um culto central, controlado pela monarquia, e uma série de cultos periféricos aparece como característica fundamental do sistema religioso daomeano. No entanto, a política mais comum, como foi dito, tendia a *assimilar* ou "comprar" os cultos, tanto para apaziguar a fúria e possível vingança das divindades conquistadas como para se congraçar com os vencidos, e dominá-los.

A mesma atitude de tolerância e assimilação seletiva regeu a relaçao do reino daomeano com as religiões estrangeiras, como o islã e o catolicismo. A presença de comerciantes malês, reportada em Uidá em 1704, foi também atestada na corte de Abomé em 1724.[116] Como sabemos, o comércio foi uma das principais vias de expansão dessa religião, mas, nesse estágio inicial de contato, sua influência na corte daomeana não devia ser muito expressiva.[117] O mesmo pode ser dito do catolicismo. Desde o século XVII, houve várias tentativas missionárias, respondendo à solicitação explícita dos reis de Aladá, Uidá e Daomé, aos reis de Espanha e Portugal, para serem batizados, encobrindo, amiúde, interesses mútuos de tipo comercial.[118] Esses projetos de conversão foram sempre frustrados, ora pela insistência dos missionários em impor a monogamia e o abandono das "práticas gentílicas", ora pela resistência das elites religiosas locais, que viam na penetração do catolicismo uma ameaça ao seu poder político. O envenenamento do rei Agonglo, em 1797, pode ser explicado, sob essa ótica, pela sua pretendida conversão religiosa, embora o provável é que houvesse outros motivos internos de ordem político-econômica.[119]

Contudo, a circulação de emblemas católicos (*paternostes*, rosários, cruzes ou imagens de santos) e sua utilização como "fetiches" ou bens de prestígio foram crescentes. O rei Agajá carregava consigo um missal em latim, obséquio de um mulato português, que ele simulava ler nas audiências.[120] No fim do século XVIII, havia pelo menos duas mulheres com aparente devoção católica em Abomé. Uma era uma afro-holandesa chamada Sofia, viúva do diretor do forte francês em Uidá, Olivier de Montaguère, "herdada" como esposa pelos reis Kpengla e Agonglo. Ela mantinha um altar católico no palácio. A segunda era a mulher de um dos embaixadores daomeanos enviados a Portugal por Agonglo em 1795. Retida em Abomé, sob os auspícios da *kpojitó* (*kpɔjitɔ́*), ou rainha-mãe Senume (Sénúmè), ela rezava para uma imagem de santo Antônio para bem casar as princesas e acalmar as tempestades.[121]

A presença de padres católicos na capela do forte português, em Uidá, foi mais ou menos regular, mas não estava isenta de tensões. Em agosto de 1790, ainda em tempos de Agonglo, o diretor português promoveu a celebração de uma trezena para santo Antônio, com três missas a cada dia, mas um tenente da fortaleza, seu inimigo político, "teve ânimo de me malquistar com o rei dizendo que eu estava fazendo feitiços com os padres na igreja para o rei morrer".[122] A percepção da religião estrangeira como potencial ameaça e fonte de feitiçaria é significativa e replica o medo gerado pelos cultos locais.

Essa ambivalência se percebe também no rei Adandozan, que em 1804 exaltava os poderes do seu deus Legba, mas que poucos anos depois, em 1810, na tentativa de obter os favores comerciais do monarca português (isto é, o monopólio do tráfico de escravos), dizia querer viver na "lei de deus" e solicitava todo o material necessário para construir uma capela em Abomé (ou Uidá), incluindo sinos para as torres, ornamentos, imagens, pedreiros e dois sacerdotes.[123] Já o rei Guezo (Gezò) havia feito vir da Europa várias estátuas de santos, e tinha em seus aposentos um quadro da Virgem Maria, encarregando várias mulheres da corte de lhe prestarem culto.[124] Igualmente, discursos relativos ao deus supremo ou outras noções cosmológicas, como o inferno ou a identificação de certas divindades com o Diabo, foram interagindo com crenças locais, sendo apropriadas e ressignificadas a partir dos valores locais.[125] Entretanto, no Daomé, não houve nenhum processo de "sincretismo afro-católico" comparável ao que se deu no reino do Congo nos séculos XV e XVI, onde o catolicismo foi adotado como religião de Estado. Até o século XIX, a influência dessa religião na área gbe foi comparativamente mais limitada.[126]

No Daomé, como foi dito, os cultos aos voduns dos povos dominados foram subordinados e integrados sob o guarda-chuva centralizador do casal Mawu-Lissa. Paralelamente, foi a promoção do culto aos ancestrais reais como culto "nacional", ou "religião de Estado", com precedência sobre o resto de divindades "públicas", que contribuiu de forma determinante para a estruturação piramidal do sistema religioso e para a legitimação e centralização do poder real.[127] O vistoso cerimonial político-religioso dos Costumes estava concebido para intimidar as nações estrangeiras e ao mesmo tempo agregar a população local em torno do monarca. Porém, complementando o culto aos ancestrais reais, atuava outra

instituição religiosa orientada para a mesma finalidade de centralização política.

Do mesmo modo que no reino de Uidá o culto à serpente se
transformou num emblema de unidade nacional através de sua
associação com a monarquia, no reino do Daomé, o culto ao leopardo — Kpo (*Kpɔ̀*), na sua forma genérica, e Agassu, como qualidade particular — seguiu um processo semelhante.[128] Porém,
enquanto Dangbé era uma divindade estrangeira apropriada por
uma dinastia real autóctone (ou pelo menos estabelecida no território com anterioridade à chegada do vodum), Agassu parece ter
sido uma divindade autóctone apropriada por uma dinastia real
estrangeira. Contudo, em ambos os casos a associação com a realeza projetou as divindades como emblemas de caráter "nacional",
e expressões da identidade hueda e daomeana.

O LEOPARDO AGASSU E A REALEZA: CONVERGÊNCIA OU APROPRIAÇÃO?

A relação simbólica entre chefes e leopardos era bastante comum na África Ocidental, e vários cultos associados a esse felino,
tido por "rei" do mundo animal, podem ter coexistido em lugares
e momentos diferentes.[129] No Daomé, a associação do leopardo
com o rei e o tabu de matar o animal começam a ser mencionados
no último quartel do século XVIII. O registro relativamente tardio
do fenômeno pode se dever a uma lacuna historiográfica ou, ao
contrário, pode indicar algum tipo de inovação que se processou
naquele momento.

A primeira referência ao "tigre" (isto é, leopardo) e ao elefante como "fetiches do rei" foi registrada pelos franceses Chenevert e
Bulet, que estiveram em Uidá em 1776. Segundo eles, se alguém
matava um "tigre", o que só podia ser feito em caso de defesa pes-

soal, estava obrigado a levá-lo diante do rei, naquela altura Kpengla.[130] Dois anos depois, um anônimo marinheiro francês comentava que muitos daomeanos consideravam o "tigre" como um deus, acrescentando que, se algum estrangeiro matasse um, devia envolvê-lo em peças de pano (*platille*) e esteiras, e depois enterrá-lo.[131] Na década seguinte, Gourg afirmava que a "divindade mais respeitada no país é o tigre, que é o fetiche do rei", e quem matava um era punido com a morte. Os brancos podiam matar, mas não podiam ficar com a pele.[132] Em 1788, em Abomé, Labarthe comenta que o tigre era "muito venerado por estes povos"[133] e, no fim do século, Dalzel identificava o "tigre" como "o fetiche do Daomé", da mesma forma que a serpente o era de Uidá.[134]

No fim do reinado de Agonglo, na virada do século XIX, o padre Pires informava que "o quinto Feitiço [vodum] é da guerra, o qual vem a ser uma onça, que o rei tem presa, e esta é tratada por certo número de negras destinadas para este serviço". Quando o rei pretendia iniciar alguma guerra, oferecia-lhe o sangue de numerosos bois, carneiros e cabritos, enquanto a carne sacrificial era repartida entre os chefes militares e o "padre dos feitiços pertencentes à mesma onça".[135] A associação do leopardo como divindade da guerra talvez explique por que o segundo chefe militar do Daomé (após o Gawú) era nomeado Kposú (Kpɔsú), "leopardo macho". O relato também sugere a existência de um corpo de devotas associado ao culto e de um animal mantido em cativeiro como emblema do deus.

Meio século depois, no final do reinado de Guezo, o oficial da Marinha inglesa, Frederik E. Forbes, foi o primeiro autor a nomear o leopardo pelo nome vernáculo "pogh" (kpo). Ele reiterava a identidade nacional do animal como "fetiche do Daomé" ou como "deus imaginário do Daomé", acrescentando que, enquanto representante na terra do ser supremo Sé (*Sé*), ele era cultuado junto ao vodum do trovão Sò. Esses vínculos com outros voduns, resultado de décadas de pluralismo religioso, apontam para a existência de um panteão inter-relacionado. Segundo Forbes, não estava legalmente proibido matar esse "animal sagrado", mas o caçador devia sofrer duras penas nas mãos dos sacerdotes (às vezes pagando com a própria vida), o que, obviamente, desencorajava a prática. Já a vítima mortal de um leopardo era considerada afortunada por ter ido morar na "terra dos bons espíritos". A pele e a cabeça do animal eram sempre privilégio do rei.[136] Em 1843, André de Brue menciona que, em caso de morte forçada, os bigodes do leopardo deviam ser entregues aos "ministros do fetichismo".[137]

Tivemos que esperar o inglês Richard Burton, em 1864, para encontrar a primeira referência a Agassu como nome do leopardo real.[138] Uma década depois, Skertchly reiterava a proibição de caçar ou matar o leopardo, e falava dele como "fetiche especial do rei".[139] Finalmente, a etnografia do século xx, na voz de Herskovits, retomando a tradição inaugurada por Dalzel, classificava a pantera Agassu como uma "deidade nacional".[140] Minha interpretação se alinha com a opinião de Le Herissé, que apresenta Agassu como "o maior vodum de todo o Daomé, porque ele o é da família mais poderosa".[141] Ou seja, Agassu foi primeira e principalmente um vodum associado ao rei, e só por extensão, como aconteceu no caso da serpente Dangbé em Uidá, foi concebido como vodum "nacional".

O problema se complica quando tentamos compreender o processo formativo da relação entre o leopardo e os reis daomeanos. A análise dessa questão exige apresentar brevemente o mito de origem dos fundadores do Daomé. As tradições orais desse reino, embora sujeitas a múltiplas variações, coincidem em afirmar que a dinastia real de Aladá estava ligada por linha materna à de Tado. Seu fundador seria um estrangeiro, que alguns identificam com Agassu, em geral representado por um leopardo, que procriou com uma princesa local, chamada Aligbonon (Aligbónɔ̀). Os descendentes de Agassu, ou agassuvis, após enfrentar outras linhagens pelo trono de Tado, tiveram que fugir sob a liderança de Adjahuto, nome normalmente traduzido como "o assassino dos adjas". Adjahuto, filho ou neto de Agassu, é considerado o fundador da linhagem Aladá-Tadonu (gente de Tado-Aladá). Já instalados em Aladá, passadas algumas gerações, houve uma nova disputa sucessória entre três príncipes irmãos, após a qual decidiram separar-se. Um deles ficou em Aladá, outro foi para o norte, para fundar o Daomé, e o terceiro teria ido em direção ao leste, para fundar Porto Novo.[142]

Segundo essas tradições, a fundação de Porto Novo seria contemporânea à fundação do Daomé, embora saibamos que o reino de Adjatché, conhecido entre os europeus como Porto Novo, se constituiu apenas quando a família real de Aladá e seus partidários se refugiaram na região oriental do lago Nokué, após a invasão do seu reino pelas tropas daomeanas, em 1724.[143] Essa incongruência cronológica lança dúvida sobre a precisão histórica do mito. Mas não é o único elemento inconsistente.

Na narrativa, o leopardo Agassu aparece como ancestral das linhagens reais de Aladá, Daomé e Porto Novo. Porém, enquanto em Abomé ele é de fato identificado como *tohuiyo* ou *hennuvodun* da família real, em Aladá e Porto Novo o culto é desconhecido. Da mesma forma Adjahuto, o primeiro rei dos agassuvis, fundador do reino de Aladá, seria logicamente um vodum das dinastias do Daomé e de Porto Novo, mas em Abomé ele é quase ignorado.[144] Enquanto Agassu é concebido sob sua forma de leopardo, e por isso considerado por alguns como um "totem", Adjahuto seria um ancestral humano, venerado no lugar identificado como sua sepultura, em território de Aladá.[145]

Numa crítica radical a essas tradições orais, Law e Blier sustentam que o mito de origem em Tado, envolvendo a princesa Aligbonon e o leopardo Agassu, seria uma construção fictícia relativamente tardia, talvez do século XVIII, embora só documentada no século xix. A lenda teria sido originalmente elaborada pela família real daomeana — para legitimar sua autoridade com base em uma ascendência em Tado e Aladá —, sendo depois apropriada e adaptada pelas dinastias de Porto Novo e de Aladá, a última já sob o domínio daomeano.[146] A manipulação das genealogias e a reconfiguração estratégica das origens por interesses políticos é um fenômeno bastante recorrente nas sociedades segmentárias africanas, e o exemplo daomeano, portanto, não é isolado ou extraordinário.[147]

Um dos aspectos que amparam a hipótese de Law e Blier diz respeito a Agassu, pois há indícios de que seu culto (e de modo geral o do leopardo Kpo) era uma prática autóctone do planalto de Abomé que os imigrantes aladahonu (*aladaxónú*, gente da casa de Aladá) teriam encontrado em sua chegada à região. Ou seja, Agassu não teria nenhuma relação com Tado. O mesmo aconteceria com Aligbonon. Examinar essa questão nos obriga a uma nova imersão no âmbito legendário das tradições orais, dessa vez relativa à migração de Aladá para Abomé.

A versão "tradicional" sustenta que, em algum momento da primeira metade do século xvii, Dogbagli, chefe dos aladahonu, partiu de Togudo, capital de Aladá, e após atravessar as florestas e a zona pantanosa da Lama, teria chegado ao território guedeví. Dogbagli teria estabelecido um acordo de neutralidade com o chefe local Akpahè, *ayinon* ou dono da terra, e este lhe teria concedido licença para se instalar num lugar chamado Huaué (*Hwàwé*) (ver mapa 2). Dogbagli foi sucedido por seu filho Dakodonu (Dakŏdonú), que desrespeitando os acordos com os *ayinon*, e após derrotar outro chefe local chamado Dàn, teria levantado o primeiro palácio de Abomé, chamado Danhome (*Danxomè*, "sobre o ventre de Dàn"). Em outras versões, o protagonista dessa história seria Huegbaja, sucessor de Dakodonu.[148]

Versões alternativas sustentam que Dakodonu era, de fato, o

chefe local que acolheu aos aladahonu em Huaué. Uma das variantes afirma que Dakodonu adotou o forasteiro Huegbaja como seu filho e, seguindo um padrão clássico de aliança entre o chefe local e o visitante, Huegbaja teria casado com a irmã de Dakodonu, Adonon (Adónò), futura mãe dos reis Akaba (Akábá) e Agajá. Ainda segundo outra versão, Huegbaja teria procriado de forma adúltera com Adonon, que nesse caso seria a mulher de Dakodonu, transformando-se Adonon, assim, em fundadora de uma nova dinastia real que legitimava os estrangeiros invasores como "filhos" dos donos da terra.[149]

Seja como for, a partir do primeiro assentamento em Huaué, a historiografia tem apresentado esses guerreiros estrangeiros se impondo pela força às populações vizinhas, desrespeitando os chefes-sacerdotes locais (*ayinon*), sem estabelecer nenhum pacto político-religioso ou sistema dual, como era comum em outros contextos africanos.[150] Ora, se Agassu fosse efetivamente uma divindade local, haveria margem para questionar essa interpretação e sugerir algum tipo de acomodação e arranjo inicial entre os reis conquistadores e as populações autóctones, de que ainda restavam vestígios na segunda metade do século XIX.

No tempo do rei Glele (Glɛlè), Burton comparava o sacerdote de Agassu, o Agassunon, ao arcebispo de Canterbury, e comentava que "em Abomé ele tem uma distinção paralela à do rei", identificando-o como "o mais alto sacerdote da cidade". Skertchly reitera que o Agassunon era a cabeça do clero metropolitano e que os sacerdotes de Agassu eram os "cardeais da religião daomeana". Burton informa que, diante do Agassunon, o rei devia tirar as sandálias e prostrar-se, o que era um gesto de subordinação excepcional que só um antigo pacto político-religioso poderia justificar.[151]

Na entrada de Abomé, antes de chegar à Porta de Cana, uma das principais da cidade, havia um conjunto de altares e "fetiches", com um grande *bŏ* ou Legba, entre outros. Em 1851, o cônsul inglês Fraser observou numa das casas "a imitação de um leopardo, branco com manchas pretas", provavelmente um baixo-relevo. Burton menciona vários "lugares de fetiche" e pequenos casebres contendo "tentativas de leopardos e outras bestas sagradas". Nesse ponto do caminho, era preciso descer da rede e passar a pé, e Fraser foi informado de que até o rei devia seguir esse protocolo.[152] Podemos inferir, assim, que na proximidade da Porta de Cana havia um templo dedicado a Agassu. Pode ter existido outro templo no "palácio campestre" do Agassunon, chamado Bweme, onde havia várias "cabanas cônicas", em geral indicativas de lugares de culto.[153]

É provável, porém, que o principal local do culto a Agassu estivesse na aldeia de Huaué, que, não por acaso, era a residência habitual do Agassunon.[154] Como vimos, Huaué foi o primeiro assentamento dos aladahonu no planalto.[155] Segundo Le Herissé, lá cresciam muitas árvores do tipo hua (*ahwà*),[156] e os aladahonu nelas puderam instalar um altar para Agassu, o que fora impossível desde sua saída de Aladá. "Em lembrança chamaram esse lugar Huaué, 'abrigo de Hua' e adotaram o gênio local que desde então nunca se esqueceram de honrar simultaneamente ao seu grande vodum familiar Agassu."[157] Esse gênio local, que segundo Le Herissé faz parte "da corte de Agassu", era o vodum Huaué (mais um exemplo de nome de vodum que deriva de um topônimo). Nessa narrativa do século XX, fica explícita a ideia de que os aladahonu trouxeram o vodum Agassu de Aladá e que em Huaué apenas se apropriaram de um vodum local menor. Ora, outras informações sugerem que Agassu podia ter sido, na verdade, o vodum local que os aladahonu passaram a reverenciar.

Burton é bastante enfático ao indicar que Agassu não era originário de Tado, mas um "velho fetiche Makhi [mahi] que governava Abomé antes da conquista de Dakodonu. Aquele o ajudou na sua empresa, motivo pelo qual o Agassunon, ou sacerdote supremo, é na capital equivalente ao que o Hunon é em Uidá".[158]

Skertchly, por seu turno, afirma que Agassu era um "fetiche original de Huaué, antes de Abomé ser conquistado pelos fons", e "um dos deuses mais poderosos do panteão nativo".[159]

Essas informações que datam a presença da divindade na região de antes da chegada dos aladahonu e a deferência conferida ao Agassunon sugerem que o culto a Agassu teria representado, no passado, uma forma de sujeição ritual ou acomodação cerimonial dos conquistadores aos "donos da terra", reconhecendo até certo ponto os direitos dos povos autóctones. Segundo Edna Bay, os aladahonu teriam feito um pacto com o rei de Huaué — provavelmente Dakodonu —, e reforçando essa hipótese, Blier diz que o cargo de Agassunon era ocupado por descendentes de Dakodonu.[160]

Maupoil também sugere que os adjas (isto é, os aladahonu) tomaram o leopardo dos guedevís "como brasão" e menciona, nos anos 1930, a presença de vários templos (*hùnpkámè*) desse vodum, com árvores Loko a ele consagradas.[161] Como ainda acontece na atualidade, Kpo era uma categoria classificatória ampla, integrando uma pluralidade de voduns do "tipo" leopardo, que podiam manifestar-se de formas diversas.

Bosikpon era um desses voduns do tipo Kpo. Algumas coletividades familiares, habitantes da região antes da chegada dos aladahonu, reconhecem Bosikpon como seu *tohuiyo*. Os Ananuví Dokonnù, por exemplo, da aldeia de Dokon (*Dokɔn*), a poucos quilômetros ao norte de Abomé, afirmam que o seu Bosikpon reside numa árvore hua, da qual não podem utilizar nem as folhas nem a madeira.[162] Dokon era a terra de Awisu, lembrado por tradições do início do século xx, como um chefe guedeví que foi submetido por Huegbaja, e que era também adorador do vodum Bosikpon.[163]

Como no caso do Agassu de Huaué, um dos Bosikpon de Dokon estava assentado na árvore hua. Também a língua ritual

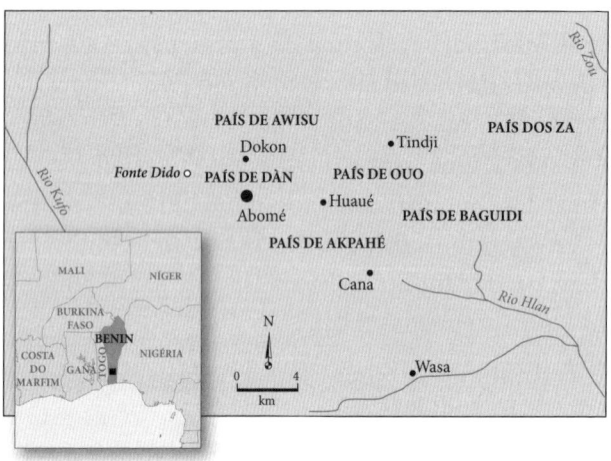

Adaptado de Le Herissé, L'Ancien, *p. 384.*

dos adeptos de Agassu parece a mesma dos adeptos de Bosikpon.[164] Emerge, assim, uma teia de intrincadas relações entre os voduns Agassu, Bosikpon e Huaué, sugestiva da existência de um antigo sistema de divindades locais, associado ao leopardo e anterior à chegada dos aladahonu. Reforçando a hipótese de um culto gue-deví de Agassu, comprova-se que outra figura central do mito de fundação da dinastia real, a princesa Aligbonon, supostamente originária de Tado, era de fato membro de uma família do planal-to de Abomé.

Segundo Le Herissé, Aligbonon era o ancestral primordial (*tohuiyo*) dos Aligbononvi Wasanu, família originária de Wasa, outro centro guedeví localizado a vinte quilômetros ao sul de Abomé. Esse autor justifica a ligação de Aligbonon com Tado di-zendo que ela "teria passado para a [tribo] dos adjas por casamen-to. Honrando Aligbonon, os aladahonu rendem apenas o culto que qualquer um deve aos fetiches da mãe".[165] Já Law e Blier, destacando a associação com a localidade guedeví de Wasa, negam qualquer vínculo dela com Tado. Blier sugere que Adonon — esposa de Huegbaja e mãe dos reis Akaba e Agajá — era originária de Wasa e membro da família de Aligbonon, a quem cultuava como *tohuiyo*. Ela teria sido responsável pela promoção do seu ancestral como "mãe primeira" da dinastia real. Bay acrescenta que Adonon era sacerdotisa de Aligbonon e estabelece um paralelismo entre os pares Agassu/Aligbonon e Agajá/Adonon, constituindo a relação entre o rei e a mãe do rei, entre o "leopardo" e a "mãe do leopardo" (*kpo/kpojitó*), a "unidade ideológica" do Daomé. Essa dualidade representaria também uma divisão de gênero e de classe entre as linhagens principescas dos *ahovi* e as linhagens plebeias dos *anato*, entre as quais eram recrutadas as mulheres e futuras mães dos reis.[166]

Embora não seja possível descartar de forma definitiva a hipótese de os aladahonu terem importado de Tado algum culto associado ao leopardo — na dinastia desse reino aparecem nomes compostos, como Kpoèzoun, por exemplo[167] —, o que parece incontestável é a presença de um culto paralelo bem arraigado no planalto de Abomé. Qualquer que fosse a bagagem ancestral dos aladahonu, houve um processo de justaposição e simbiose com divindades afins preexistentes. Os indícios disponíveis sugerem uma intrincada série de negociações e alianças com os *ayinon* guedevís, mas rapidamente o uso dos referentes locais para legitimar uma origem em Tado parece ter silenciado o primeiro estágio de acomodação político-religiosa.

A estreita associação do rei com o leopardo, que aparece de forma explícita no fim do século XVIII, sugere que qualquer reminiscência do antigo poder dos *ayinon* foi aos poucos silenciada. Com o tempo, Agassu passou a ser oficialmente apresentado como o *tohuiyo* da linhagem aladahonu, originário de Tado. A transformação de uma vodum local em insígnia distintiva dos invasores estrangeiros constitui um interessante caso de apropriação cultural, "invenção da tradição" ou de construção da memória.

Como no caso da serpente em Uidá, mais do que um emblema nacional, o leopardo se transformou num símbolo do rei, ou ainda mais: o rei *era* o leopardo. Ao monarca estava interditada a ingestão de carne do felino ou de qualquer animal anfíbio ou terrestre (como o antílope *agbanlín*) que tivesse na pele manchas semelhantes às do leopardo.[168] O uso idiomático corrobora a identificação; assim, o rei era interpelado, entre outros títulos, com o de *kpo* e, por extensão, as rainhas-mães eram chamadas *kpojitó*, literalmente "aquela que engendra o leopardo", e as favoritas, *kposi* (*kpɔsì*), "esposa do leopardo".[169]

Segundo a tradição oral, a identificação do monarca daomeano com o felino alcançava sua máxima expressão durante a coroação, quando tatuava nas suas têmporas cinco incisões representando as farpas do animal. Essa escarificação era exclusiva do rei e devia ser realizada por um especialista vindo de Aladá. Depois desse ritual, os súditos não podiam mais olhar para o rosto do rei, pois seria como encarar diretamente o ancestral mítico. Assim, o monarca estava obrigado a permanecer oculto no palácio durante o resto de sua vida.[170] Para evitar essas incômodas restrições, o rei Tegbesú teria designado um substituto em quem mandou fazer as ditas tatuagens e a quem obrigava a permanecer recluso na aldeia de Togudo. Como já vimos no capítulo 1, esse cargo, com funções meramente religiosas, foi assumido pelo Adjahutonon, suposto responsável pela consagração plenária dos monarcas do Daomé e de Porto Novo no trono.[171]

Para finalizar, cabe destacar a associação apontada por Forbes entre Kpo e Sò, ilustrativa de como a assimilação de vários voduns comportava interligações previamente inexistentes entre eles. O rei daomeano e por extensão Abomé se identificavam com o vodum do trovão Sogbó , ou ainda Hevioso, um deus guerreiro, quente, viril, vingativo e responsável pela administração da justiça. A associação entre o rei, o leopardo e o trovão se reproduzia em Oyó, onde o orixá do trovão, Xangô (Ṣàngó), era o deus principal do *aláàfin* e do reino. Por extensão, em muitos *oríkì* de Xangô, ele é chamado de leopardo (*ẹkùn*).[172] Em Abomé, a ligação do rei com Sò se traduziu numa importante presença do vodum do trovão nos templos das divindades *tohosu* (*tɔ̀xɔ́sú*), associadas aos reis.

Fora de Abomé, em Uidá, Kpo podia estar associado ao panteão do mar. Lá se considera que Kpo e Gbengbo (um vodum marinho sob forma de pantera) foram engendrados por uma mulher de Grande Popo, após ter mantido relações com o vodum do mar Hu. Mas em Abomé os iniciados de Gbengbo e Kpo dançam nos conventos de Hevioso, que por sua vez incluem o panteão do mar.[173] Chamo a atenção para esse vínculo porque ele perdurou no Brasil, onde o vodum Kpo é considerado o pai de Sogbó. Mas, como foi dito, no contexto africano Kpo passou a representar uma "qualidade" ou um "caminho" através do qual podiam manifestar--se voduns de várias categorias. A etnografia do século XX documenta, nos templos do vodum Sakpatá, várias de suas qualidades (Dada Lansu, por exemplo), que são concebidas como leopardos e dançam imitando os movimentos do felino, curvando os dedos das mãos como se fossem farpas. Nesse sentido, o ícone da realeza parece ter sido apropriado por cultos de voduns públicos que, desse modo, reclamavam os atributos do Kpo real.

Embora a discussão sobre o leopardo Agassu não permita uma leitura histórica tão detalhada quanto a da serpente Dangbé, este capítulo tentou mostrar o modo diferenciado como os processos de centralização política encontraram expressão no âmbito das práticas religiosas. Em ambos os reinos, os cultos promovidos pela monarquia geraram processos identitários de caráter nacional, embora com graus de sucesso variáveis. Os casos de Dangbé e

Agassu apresentam também dinâmicas distintas em relação às estratégias utilizadas e à identidade dos atores por trás delas. No caso de Uidá, o culto à serpente parece ter funcionado, em vários momentos, como instrumento da aristocracia para controlar o monarca. Já no Daomé, parece ter existido uma iniciativa mais consciente dos próprios aladahonu no seu uso da prática e do discurso religioso. A aparente apropriação de um vodum alheio como *tohuiyo* indica uma tentativa de manipulação e controle dos referentes locais para fins de legitimação política. Porém, conforme apontado no capítulo 1, essa estratégia pressupõe um claro investimento no idioma do parentesco e da ancestralidade mais que na promoção de um culto "público" que transcenda a coletividade familiar. No caso do Daomé, ao lado do *tohuiyo* Agassu, houve um investimento complementar no culto aos ancestrais reais, celebrados nos festivais dos Costumes. Aí, o uso da ideologia do parentesco foi ainda mais enfático e evidente, o que permite estabelecer um contraste com Uidá, reino que, apesar de fundado no patriarcalismo e de ter importantes rituais dedicados aos ancestrais reais, para a articulação de sua identidade "nacional" investia em emblemas como Dangbé, que não eram apresentados nem como *tohuiyo* nem como ancestral.

4. Os Costumes no reino do Daomé

As palavras *customs*, em inglês, e *coutume*, em francês, correspondem ao termo português "costume", significando hábito ou uso, e em Uidá e Jakin eram utilizadas para designar os tributos que os capitães europeus deviam pagar ao rei local antes de iniciar as transações comerciais e a compra de escravos. Por extensão, os funerais reais, e seus aniversários, que tradicionalmente envolviam oferta de presentes ao defunto ou a seu sucessor, foram também chamados de "costumes", pois se esperava que nessa ocasião os súditos do reino e os representantes dos países estrangeiros pagassem seus "tributos". O uso do termo para designar os funerais reais já era comum no reino de Aladá. Após a morte do rei de Aladá em 1717, por exemplo, seu sucessor, Sozo, devia atacar Uidá, mas adiou a campanha militar para celebrar os "costumes" que deveriam acontecer em três meses. No início de 1719, ainda estava "realizando os costumes pelo seu pai".[1] Vale notar como uma expressão utilizada no contexto do tráfico atlântico de escravos foi

181

inserida no vocabulário religioso dos rituais funerários, sugerindo correlações significativas entre esses dois âmbitos.

Dando continuidade a esse uso linguístico, no século XVIII, as cerimônias dedicadas aos ancestrais dos reis daomeanos eram também conhecidas pelos europeus como Costumes. Em meados do século XIX encontramos a expressão vernácula *huetanu* (*xwetanú*, coisa, *nŭ*, cabeça, *ta*, ano, *xwè*) designando as cerimônias celebradas no início (cabeça) do ano; ou ainda a expressão *anun'gbome* (ir a Abomé no período da seca).[2] Essas expressões se referem ao calendário das festas, pois eram realizadas a partir de dezembro, durante os meses de janeiro e fevereiro, coincidindo com o fim do período das chuvas e da colheita do milho, momento que sinalizava o início do ano daomeano.[3] Contudo, a partir da primeira década do século XIX, houve uma ampliação do ciclo cerimonial, com a celebração de vários Costumes ao longo do ano, alguns deles entre julho e agosto, durante a pequena estação seca.

Uma primeira e importante distinção deve ser feita entre os Grandes Costumes, celebrados após a morte de um rei, e os Costumes anuais, de porte menor, em que se evocava a memória e se sacrificava para os ancestrais reais. No século XIX, o viajante inglês Richard Burton comentava que a celebração *anual* dos Costumes era conhecida dos europeus desde os tempos de Agajá (1708-40), embora, segundo ele, estes teriam sido praticados com anterioridade.[4] A partir da leitura questionável de um manuscrito francês de 1717, Akinjogbin pretende que os Costumes de Aladá eram referidos com a expressão "le *Sou*", o que para ele demonstraria a continuidade entre os rituais de Aladá e os Costumes *Só-Sin* (*só-sìn*, amarrar os cavalos) de Abomé.[5] Argyle, defensor da hipótese dessa continuidade institucional, sustenta que os Grandes Costumes foram introduzidos no Daomé por Huegbaja (em meados do século XVII), a partir do modelo importado de Aladá, mas essa afirmativa também não encontra sustentação documental sólida.[6]

Ao contrário, numa das primeiras notícias sobre os Costumes, uma carta supostamente escrita por Agajá ao rei inglês Jorge I, em 1726, informa:

Temos um Costume que é bastante diferente daquele dos Adraenses [Aladá]. Sou obrigado a sair [do palácio] em distintos momentos do ano, e ofertar grande quantidade de produtos e dinheiro ao povo, e realizar sacrifícios aos nossos deuses e antepassados, às vezes de escravos (costume que tenho limitado parcialmente), às vezes de cavalos, outras vezes de bois e outras criaturas.[7]

A diferença com Aladá consistia no fato de o rei daomeano mostrar-se em público, pois o rei de Aladá, uma vez coroado, devia permanecer enclausurado no palácio.[8] Já a afirmativa da redução dos sacrifícios humanos parece orientada a não ferir a suscetibilidade do leitor europeu, pois não está confirmado que isso tivesse acontecido. Ora, a citação de Agajá é importante porque lista três dos aspectos mais destacados pela historiografia sobre os Costumes: a função distributiva do ritual, o culto aos antepassados e os sacrifícios humanos; além de outros detalhes interessantes como os sacrifícios aos "deuses", além dos antepassados, e os sacrifícios de cavalos.

Os autores que escreveram sobre os Costumes salientam as múltiplas dimensões dessa instituição, porém cada um enfatiza um aspecto distinto. Coquery-Vidrovitch destacou os Costumes enquanto "fenômeno social total" e "motor da economia do tráfico".[9] Yoder enfatizou sua função política, minimizando a função religiosa.[10] Argyle elaborou sobre a dimensão institucional dos Costumes, destacando sua natureza militar.[11] Ronen sublinhou a centralidade do ritual na renovação do elo entre os viventes e os mortos, através da figura do rei.[12] Bay sinalizou a interdependência de três campos de legitimação do poder real: o religioso/ideológico, o militar e o político/econômico.[13] Sem entrar numa análise histórica, Adouko-nou examinou os Nesuhue — nome pelo qual é conhecido o culto contemporâneo aos ancestrais dos reis — identificando o antago-nismo entre príncipes (*ahovi*) e plebeus (*anato*).[14]

Os Costumes duravam várias semanas e, com o tempo, fo-ram ampliando sua duração e se tornando mais complexos. Eles reuniam a população local e visitantes estrangeiros e funcionavam como uma exibição pública do poder do monarca. Era o momen-to em que o rei centralizava e ostentava os recursos econômicos do país, coletando presentes e tributos. Os ministros, os governadores das províncias, os representantes dos fortes europeus e dos reinos vizinhos, os comerciantes locais e estrangeiros, inclusive os malês islamizados do norte, os chefes de família, até "o homem livre mais simples nas aldeias", todos estavam obrigados a assistir e a ofertar presentes "que são de fato impostos".[15] Apesar das repeti-das queixas dos europeus por serem forçados a assistir aos Costu-mes, sua presença também se justificava por ser o evento o marco perfeito para todo tipo de negociações políticas e transações co-merciais, inclusive a compra e venda de escravos.[16]

Após a centralização de presentes e tributos, o rei estava obri-gado a retribuir com liberalidade, conforme impõe a lei da reci-procidade. Durante semanas seguidas, ele repartia bebida e comi-da em abundância entre a multidão, e de forma recorrente, como testemunha a carta de Agajá, jogava búzios (a moeda do país), te-cidos e outros produtos à população. Contudo, segundo a voz crítica dos viajantes, o rei sempre acumulava mais do que regalava, sendo a distribuição apenas simbólica.

Os Costumes eram o momento de importantes "palavras" ou sessões públicas para deliberar sobre assuntos políticos e para a tomada de decisões estratégicas relativas aos assuntos do país. As cerimônias eram cenário para "escutar queixas, punir delinquen-tes e premiar o mérito", e para os chefes jurarem fidelidade ao rei.[17]

Muitos casos judiciais aguardavam esse momento para serem expostos ao rei, que, como autoridade suprema, indultava ou condenava os imputados. Os sacrifícios humanos eram, em muitos casos, sentença sumária de criminosos.[18]

De forma complementar ao exercício da justiça, não faltavam nos Costumes exibições do poder militar do reino, em que as distintas companhias do exército desfilavam em frente ao rei, gastando com liberalidade a pólvora de espingardas e canhões. Os Costumes estavam planejados para mobilizar o furor coletivo, antes e depois das campanhas militares. Em combinação com a ostentação pública da brutalidade de algumas cerimônias, as paradas marciais eram destinadas a intimidar o inimigo. Dalzel apresenta os Costumes como cenário orientado a promover a exaltação nacional, envolvendo o sacrifício de prisioneiros de guerra para propiciar a vitória das novas campanhas militares. No século XIX, quando os Costumes se prolongavam durante a maior parte do ano, Burton caracteriza a vida do reino como uma alternância entre os períodos de "guerra", correspondendo às incursões anuais à procura de escravos, e os rituais propiciatórios e de celebração. Ou seja, nessa perspectiva, os Costumes seriam o contraponto a um estado de guerra permanente.[19]

Embora, para compreender a natureza dos Costumes, seja indispensável levar em conta sua multifuncionalidade — comercial, política, judiciária e militar —, na presente análise tentarei destacar o campo religioso/ideológico, ou seja, as ofer endas sacrificiais aos ancestrais (e a outras divindades) e a concomitante ativação pública da memória do passado, como a lógica estruturante do ciclo cerimonial. Nesse sentido, examinarei de forma mais detalhada o segmento ritual denominado *sin-kon* (*sìn-kɔ̀n*), que pode ser traduzido livremente como "dar a beber", envolvendo as rezas e oferendas aos ancestrais, assim como sua manifestação mediúnica.

Essa análise deverá mostrar como o cerimonial religioso do *sin-kon*, apesar de seus aspectos inovadores, reproduzia uma estrutura ritual apropriada de cultos voduns mais antigos. Por sua vez, no próximo capítulo mostrarei como aspectos discretos do ritual *sin-kon* podem ser ainda identificados nos cultos contemporâneos dos Nesuhue e dos voduns públicos, tanto no Benim como no Brasil. Antes de entrar nesse labirinto de espelhos da memória ritual, será preciso, porém, tentar uma reconstituição histórica dessa instituição religiosa.

PRINCIPAIS CARACTERÍSTICAS DOS COSTUMES NO SÉCULO XVIII

Para a primeira metade do século XVIII, as informações sobre os Costumes são escassas. Ao lado da já citada carta de Agajá, contamos com outra escrita por Bulfinch Lamb, empregado da Royal African Company capturado pelas tropas daomeanas durante a invasão de Aladá em 1724. Lamb menciona os dois palácios principais de Agajá e parece fazer referência à cerimônia de distribuição de presentes entre o povo quando diz que o rei "reparte búzios como lixo e brandy como água".[20] Também menciona o harém real com mais de 2 mil mulheres, residentes no interior do palácio, que era "como uma pequena aldeia". Exaltando o luxo em que o rei mantinha suas esposas, Lamb acrescenta que

> Quando 160 ou duzentas delas *vão buscar água com pequenos potes*, um dia elas vestem ricos panos de seda amarrados no peito, chamados *arse-clouts*; outro dia todas vestem roupas escarlate com grandes colares de coral, de três ou quatro voltas, no pescoço, e as supervisoras vestem panos de veludo, ora carmesim, ora verde ou azul,

segurando nas mãos bengalas de prata dourada, que parecem bastões de ouro.[21]

Essa descrição corresponde, provavelmente, às procissões que as mulheres do rei faziam ao rio, ou à fonte sagrada, à procura da água lustral utilizada nos templos para as oferendas do *sin-kon*.[22] A busca de água na fonte é, atualmente, a cerimônia inaugural do ciclo ritual do culto Nesuhue e de outros voduns públicos. Em fila indiana, as vodúnsis carregam na cabeça pequenos potes com água. Os panos coloridos, amarrados no peito e na cintura, e os colares de coral são atributos comuns das adeptas do vodum, mas a referência ao uso de bengalas, emblema ainda hoje distintivo das devotas do culto Nesuhue, não deixa dúvida quanto à identidade dessas mulheres. Com base no testemunho de Lamb, podemos supor que, no tempo de Agajá, algumas consortes do rei atuavam como sacerdotisas no culto aos seus ancestrais.

A evidência disponível, embora limitada, indica que o ritual no tempo de Agajá já integrava pelo menos dois aspectos centrais dos Costumes posteriores: a distribuição de búzios desde uma plataforma (*ato/atò*) e a procissão ao rio (*tòyíyí* ou *zĕndŏta* em termos atuais). Se o primeiro aspecto pode ser considerado uma inovação daomeana, o segundo, de caráter mais religioso, dá continuidade a práticas arraigadas em outros cultos da região. Achados arqueológicos perto de Savi, relativos ao final do século XVII e início do XVIII, incluem um pote do tipo *gozen* (*gozĕn*), indício da prática de procissões aos rios e fontes com anterioridade à emergência do Daomé.[23] Porém, uma característica do ritual em Abomé (que talvez já acontecesse em Uidá) seria o envolvimento das mulheres do rei como sacerdotisas.

Com a morte de Agajá em 1740, ascendeu ao trono seu filho Tegbesú (1740-77), conhecido como "rei-sacerdote" pelas importantes mudanças que, junto com sua mãe, a *kpojitó* Na Huanjile, introduziu na organização religiosa do reino. Como vimos em capítulos precedentes, Na Huanjile é tida como responsável pela promoção e instituição do casal Mawu e Lissa como progenitores primordiais do panteão daomeano. Também nesse período teria sido adotado pela corte o sistema de adivinhação de Fá, desbancando outros sistemas autóctones como o Bo. O rei Tegbesú teria instituído o cargo do Adjaho, ministro dos cultos de voduns e chefe da polícia secreta do rei,[24] e várias narrativas sugerem suas tentativas de suprimir e controlar cultos autóctones concorrentes (ver capítulo 3). Nesse processo de centralização religiosa, a promoção dos Costumes pode ter sido estratégica.

Joseph Pruneau de Pommegorge teria passado três períodos no forte francês de Uidá, entre 1748 e 1765, e presenciado os Costumes já durante sua primeira viagem, provavelmente em janeiro de 1749.[25] Robert Norris, um traficante de escravos e ativo defensor do infame comércio, presenciou os Costumes em fevereiro de 1772 e escreveu o relato mais conhecido sobre essas cerimônias, reproduzido posteriormente na *História* de Dalzel, outro ferrenho defensor do tráfico.[26] Um anônimo francês, "marinheiro de profissão", escreveu um terceiro documento por volta de 1778, com aspectos gerais dos Costumes anuais e uma descrição dos Grandes Costumes de Tegbesú, celebrados pelo filho Kpengla, entre outubro e novembro de 1777.[27] Esses três relatos são relativamente consistentes e apontam para a existência, no terceiro quartel do século XVIII, de uma estrutura do ciclo cerimonial estável e consolidada.

Apresento a seguir uma breve reconstituição dos aspectos principais. Nesse período as cerimônias se alternavam entre os palácios Danhome (Dahomy) e Agligome (*Agligomè*, Gringomy), os primeiros a serem construídos pelos reis daomeanos.[28] Ambos estavam localizados no interior da muralha e fosso defensivo da cidade, sendo que Abomé significa "dentro do fosso".[29] O palácio Danhome, porém, ficou fora dos limites murados do palácio principal que, a partir do núcleo original de Agligome, foi sendo ampliado pelos sucessivos monarcas, com dependências separadas para cada um deles e suas mulheres. Por conveniência expositiva, chamarei esse grande recinto, palácio Abomé. Como quer que seja, fora os palácios Danhome e Agligome, a parte pública dos Costumes se realizava no mercado Adjahi (*Ajaxì*), localizado a oeste do palácio Abomé (gráfico 1).

As cerimônias tinham uma duração de aproximadamente três semanas.[30] Norris passou apenas duas e chegou a Abomé com os rituais em andamento, pois se refere a "dois festivais precedentes" e a um "festival por volta de oito dias antes", talvez a procissão das mulheres do rei à procura de água na fonte sagrada.[31] A documentação disponível, portanto, é parcial e impede uma reconstrução precisa.

GRÁFICO 1: PALÁCIOS ABOMÉ, DANHOME E AGLIGOME, SÉCULO XVIII[32]

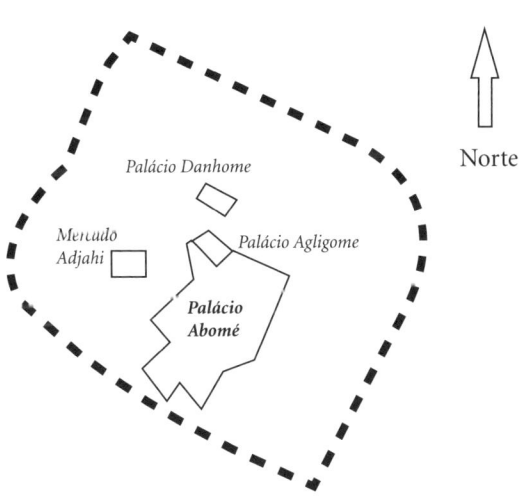

Muralha e fosso defensivo, século XVIII.

A maioria dos viajantes, por exemplo, não assistia às cerimônias noturnas, quando se realizavam os sacrifícios, e se contentava em documentar, no dia seguinte, as cabeças expostas nas portas dos palácios ou os corpos pendurados nos mercados, sem indicar a quem eram dedicados os sacrifícios. Contudo, havia uma série de segmentos rituais aos quais os europeus eram sempre convidados e que permitem esboçar uma estrutura mínima da parte *pública* dos Costumes.

O marinheiro francês informa sobre o início do festival. Seguindo o calendário lunar, e "à conveniência do rei", escolhia-se a data da abertura, normalmente depois da colheita, a partir do fim de dezembro. Proclamada a data com antecedência por todo o país, no dia marcado todos os convidados, representantes das nações europeias e dos reinos vizinhos, governadores provinciais e demais chefes, se reuniam em Abomé com os seus presentes ou "costumes". Não valiam as promessas, e só era considerado aquele que efetivamente entregava os "regalos". Norris, por exemplo, presenteou o rei com um órgão e uma cadeira sedã.[33] Como afirmava o marujo francês, "aquele que mais oferta é o mais bem recebido". Nesse sentido, continuava ele, os ingleses levavam vantagem, pois, desde a clausura do Forte de São Luís em Uidá, os presentes dos franceses eram muito pequenos. Esse autor nota que os europeus deviam contribuir com um mínimo de 1200 a 1800 libras francesas, e lista os "presentes" dos chefes locais durante os Grandes Costumes de 1777.[34]

> Os grandes tributários estão obrigados a dar quatro cativos dos dois sexos, um boi, um carneiro, um pombo, dois patos, duas galinhas, 24 pintas de azeite de dendê. Os ministros e governadores das vilas, assim como todos os comandantes, devem dar dois cativos dos dois sexos, um cavalo, um boi, um carneiro, dois pombos, doze galinhas, doze patos, duzentas cabeças de búzios, um pano de seda vermelha e oito *platilles* [tipo de pano].[35]

Embora pouco confiável, essa lista é indicativa da variedade de recursos centralizados pelo rei. Na mesma ocasião, Lionel Abson, o diretor do Forte William em Uidá, entregou ao rei, e a vários outros altos cargos (Yovogan, Tamegan, Cano e Mewu), os presentes habituais nos Costumes anuais — uma peça de seda e 56 galões de rum — acrescentados, "em consequência do enterramento do seu pai", de mais quatro peças de seda, nove barris de pólvora, dez espingardas dinamarquesas e 72 galões de rum, somando um valor total de 152 libras esterlinas.[36]

Procedente desses presentes, o rei fornecia abundante alimento e bebida aos seus convidados durante tudo o período dos Costumes. A abertura das cerimônias era anunciada com disparos de canhão, e os "grandes do país" se juntavam com seus seguidores e dependentes em frente às portas do palácio, embaixo dos guarda-sóis, que eram os emblemas pelos quais os diversos grupos se identificavam. Cada chefe tinha seus cantores, cada um com seus músicos, entoando cantos em honra do rei, suas vitórias e sua grandeza. Notava o francês que "esses cantos representam de algum modo os historiadores da Europa". Em 1777, os cantos duraram dois dias, ao fim dos quais o rei anunciou que iria repetir a cantoria, o que de fato aconteceu no terceiro dia, momento em que o rei "recompensou os cantores" com presentes.[37]

Como foi dito, ao longo dos Costumes, o monarca premiava repetida e publicamente aqueles súditos que considerava dignos de reconhecimento, fossem músicos, artesãos, mercadores ou chefes militares, entregando-lhes presentes de panos, búzios e, às vezes, escravos e esposas. As mulheres do palácio eram as que em geral escolhiam as jovens que deviam ser entregues como cônjuges, e quem as receberia, o que lhes conferia poder nesse mercado amoroso.[38] A entrega de presentes aos cantores e aos tocadores de tambor, contudo, parece constituir um segmento diferenciado, próprio da fase inicial dos Costumes.[39] O ritual de "pagamento aos tocadores", celebrado na Casa das Minas do Maranhão, onde há forte influência das cerimônias abomeanas, parece reproduzir essa tradição de premiação a músicos e cantores.

Num dos primeiros dias dos Costumes, no alvor da manhã, o rei aparecia na porta principal do palácio, carregando um arco e uma aljava com setas, coberto (à moda dos caçadores) com roupa de fibra vegetal, em memória dos tempos em que eles conquistavam valorosamente seus vizinhos sem armas de fogo e "quando não havia tecidos europeus no país". Nesse ritual, conhecido como "Costumes de Huegbaja", o rei simulava grande tristeza, lamentando-se, ao som dos tambores e de disparos de canhões e espingardas, pelo passado precário dos ancestrais.[40] Essa encenação funcionava como contraponto dramático à celebração posterior, que comemorava a prosperidade e riqueza do rei, propiciada, em parte, pela introdução europeia das armas de fogo.

Outros segmentos que constituíam a estrutura cerimonial eram duas procissões: uma protagonizada pelas mulheres do rei; e outra, em que as mesmas desfilavam carregando e exibindo os bens do rei. Essas paradas aconteciam nos pátios interiores dos palácios e o rei assistia com seu séquito, sob uma grande marquesinha com teto cônico. As mulheres, filhas e filhos do rei, eunucos e amazonas desfilavam organizados em diversas companhias, segundo suas diferentes graduações. As favoritas, ocultas aos olhares indiscretos sob os guarda-sóis, lideravam cada uma sua tropa, e dançavam e cantavam diante do rei, para depois receberem seus presentes. Um número significativo dos bandos era de amazonas, as esposas-soldado do rei, o que conferia ao evento um caráter militar.[41] Em 1773, Norris contabilizou no desfile 1660 consortes, quinze filhas, 150 filhos e trinta eunucos. Havia as danças de arlequins, e uma em que várias mulheres faziam movimentar, com a cintura, uma longa cauda feita com pele de leopardo.[42] Simulta-

Table Procession of the Kings Women &c

FIGURA 6. *Procissão pública das mulheres do rei. Abomé, c. 1790.*

neamente, no exterior, em volta das portas do palácio, os homens dançavam, comiam e bebiam com grande algazarra.

Essas paradas podiam se repetir em cada um dos palácios principais (Danhome e Agligome), como aconteceu em 1772, e normalmente antecediam o desfile das riquezas do rei. Nessa outra procissão, em 1760, as mulheres do palácio carregaram sobre as cabeças "balaios de coral, tecidos dourados, prateados e de seda, rolos de pano de seda e de algodão, jarras de prata" e, inclusive, "uns santos de prata". Em 1789, Gourg fala de "várias estátuas recebidas do Brasil", uma novidade em relação ao ano anterior, e menciona a exibição de "duas pequenas carroças". Os reis foram acumulando artefatos tecnológicos de origem europeia, como as cadeiras sedã e o

EK-BAH-TONG-EK-BEH.

FIGURA 7. *Procissão das riquezas do rei. Abomé, c. 1850.*

órgão de Norris, que faziam questão de exibir, junto com outros "fetiches", como objetos de poder e bens de prestígio.[43]

Uma das cenas observadas por Norris corresponde ao que, no século XIX, foi chamado de *só-sin* (*só* = cavalo; *sìn* = amarrar). Nesse ritual, um número variável de homens e cavalos era amarrado às colunas de grandes barracões construídos para a ocasião. As vítimas eram expostas durante dias, algumas se beneficiando, nesse intervalo, da clemência real, enquanto as outras eram destinadas ao sacrifício. Agajá, no início do século XVIII, e outros autores depois, já reportava sacrifícios de cavalos, animal geralmente associado ao exército de Oyó. As informações sobre o significado e a regularidade do ritual, porém, são esparsas e difíceis de interpretar.[44] O sacrifício das vítimas se realizava predominantemente à noite, em vários "festivais" consecutivos, no mercado e nas diversas portas dos palácios. Essa parte tinha um caráter mais privado. É recorrente a menção dos viajantes, quando visitavam a corte pela manhã, a cabeças recém-decepadas expostas nas portas. Havia noites — conhecidas no século XIX como as "noites do mal" (*evil night*)[45] — em que ninguém podia sair às ruas, sob risco de ser preso e imolado na hora. É provável que o rei participasse de algumas dessas noites sanguinárias.

FIGURA 8. *Costumes* só-sin. *Vítimas para um sacrifício. Abomé, c. 1790.*

A cerimônia do *ato* encerrava os Costumes, embora esta pudesse ser celebrada várias vezes antes da clausura. *Ato* designava uma grande plataforma elevada sobre compridas colunas de madeira.[46] No tempo de Norris, a cerimônia acontecia no mercado Adjahi.[47] A tarde, após o desfile de suas riquezas, o rei e o os dignitários europeus — em cadeira sedã o primeiro e em redes os segundos — se deslocavam até a praça onde se levantava o estrado. Nele ondeavam as bandeiras francesa, inglesa e portuguesa e o rei fazia questão de aparecer em companhia dos europeus, os quais ostentava como parte do seu séquito. A cerimônia envolvia o ritual de distribuição descrito por Agajá e constituía a parte "popular" dos Costumes, quando o rei se mostrava publicamente fora do palácio. Em 1778, a performance se repetiu em dois dias consecutivos. No primeiro, depois de jogar ao povo búzios e outras mercadorias, o rei ofereceu um banquete aos convidados e, à noite, seguiu-se mais uma sessão de sacrifícios humanos. No último dia, as atividades se iniciaram no palácio, com nova entrega de presentes "aos gerais, capitães e guerreiros que tinham se distinguido, e aos grandes mercadores que fizeram bem ao país através do comércio". De tarde, no mercado, se repetiu a cerimônia de repartição de bens.[48]

Pommegorge estimou o tamanho da multidão em 9 ou 10 mil pessoas, entre as quais o rei distribuiu "40 mil ou 50 mil búzios, corais, *calicos*, lençóis, *chollets*, panos de algodão, sabres, contas, picaretas, machados".[49] Norris fala em "uma profusão de presentes", incluindo tecidos africanos, indianos e europeus, e

FIGURA 9. *Cerimônia do aniversário da morte do pai do rei do Daomé. Abomé, c. 1750.*

"uma quantidade prodigiosa de búzios".[50] No fim do século, Dalzel acrescenta ainda "tecidos de Brasil, tabacos, cachimbos, garrafas de licor e outros artigos".[51] Como aponta Law, estes eram na sua maioria produtos do tráfico atlântico, sugerindo mais uma vez a interdependência entre esses Costumes e a dinâmica mais ampla do comércio europeu.[52]

O caráter redistributivo da monarquia não era exclusivo do Daomé, sendo a exibição da generosidade e a repartição de recursos por parte do chefe uma prática comum na região.[53] A ênfase do rei daomeano na distribuição de riqueza tem sido interpretada como a tentativa de legitimar a autoridade de uma linhagem estrangeira que assumiu o poder pela força, ou ainda como uma forma de compensação pelo monopólio exercido pelo rei sobre o crescente e lucrativo negócio do tráfico.[54] Mas, invertendo a equação, poderíamos dizer também que o poder estava a serviço da pompa cerimonial, e não o contrário.[55] A cultura política do Daomé estava baseada na projeção espetacular da autoridade do monarca e, na sua teatralização dos Costumes, ao mesmo tempo magnificente e intimidadora, se inscreviam todas as formas culturais e institucionais do reino. A dramaturgia do ritual do Estado cultivava o esplendor do luxo e o excesso da festa — ao que chamarei de "economia da ostentação" —, mas a publicidade simbólica da generosidade, intrínseca à legitimação política, se conjugava com o não menos ostensivo "teatro da dominação". A encenação da autoridade, o status e a deferência se entrelaçavam com a subordinação, a coerção, a ameaça da violência e o horror do sacrifício humano.

A última parte da cerimônia consistia no lançamento desde o *ato* de um número variável de vítimas humanas, um crocodilo e dois pombos brancos.[56] Se nas "noites do mal" os sacrifícios eram dedicados aos ancestrais e outros deuses, ao que parece essas últimas oferendas humanas eram concebidas para o deleite e a exaltação do povo. Os cativos eram apresentados ao público, amarrados de cócoras dentro de grandes balaios, e jogados da altura do *ato*, para serem decapitados por verdugos postados embaixo (figuras 10 e 11). Essas cruéis imolações escandalizavam os europeus, que não deixaram de fazer circular rumores, nunca comprovados, de antropofagia com esses corpos.[57]

Finalizada a parte pública dos Costumes, o rei despedia os europeus e os chefes vindos de fora, mas as atividades rituais continuavam com "outras cerimônias particulares",[58] entre elas a sequência do *sin-kon* dedicada a "regar as tumbas" dos reis. Antes de examinar essa parte, porém, precisamos compreender as transfor-

FIGURA 10. *Último dia dos Costumes anuais para regar as tumbas dos ancestrais do rei. Abomé, c. 1790.*

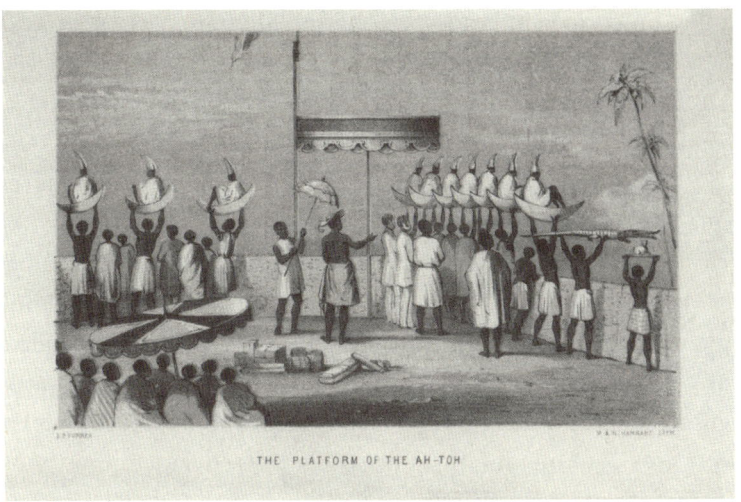

FIGURA 11. *A plataforma do* ato. *Abomé, c. 1850.*

mações mais importantes acontecidas na virada do século XVIII
para o século XIX.

PROCESSO DE AMPLIAÇÃO DOS COSTUMES NO SÉCULO XIX

Em 1789, o diretor do forte francês, Gourg, presenciou os
últimos Costumes celebrados pelo rei Kpengla. Ele acompanhou
parcialmente, durante três semanas de janeiro, os festivais que
naquele ano teriam sido mais curtos pela pressa do rei em atacar a
cidade iorubá de Kétu.[39] Gourg testemunhou a "cerimônia dos
cantos" e o pagamento dos músicos (repetido no primeiro e quarto dias), a procissão das mulheres do rei (segundo dia), as exibições militares (terceiro e sexto dias) e a procissão das riquezas do
rei (sexto dia). A distribuição de búzios e panos desde o *ato* foi
repetida três vezes (primeiro, segundo e sexto dias).[60] Essa estrutura sugere uma tendência à reiteração de certos segmentos ri-

tuais, processo já indicado pelo marinheiro francês em relação às sessões de cantoria e às cerimônias do *ato*, e por Norris, em relação aos desfiles das mulheres nos dois palácios.

O sucessor de Gourg, Denyau de la Garenne, em março de 1791, regressava dos Costumes e informava aos seus superiores que as despesas em Abomé foram superiores às dos anos anteriores, porque "o enterro do rei virou um *segundo* Costume, motivo de custos adicionais". Esse ano, efetivamente, o rei Agonglo celebrou os Grandes Costumes do seu antecessor Kpengla e as cerimônias se prolongaram de janeiro a março. No ano seguinte, o diretor francês reitera que "as cerimônias foram duplas este ano".[61] O que interessa notar é a referência, em dois anos consecutivos, à duplicação dos Costumes, no início do reino de Agonglo. Porém, a repetição parece ter acontecido sem solução de continuidade.

O padre baiano Pires esteve em Calamina entre abril e julho de 1797 e testemunhou a tentativa de golpe de Estado que se seguiu ao envenenamento do rei Agonglo e a subsequente ascensão ao trono do seu filho Adandozan. Pires menciona também a celebração de dois Costumes: um em 24 de junho e outro em 25 de dezembro.[62] O relato das cerimônias do *só-sin* e do *ato* do mês de junho resultou de ouvir dizer, pois nesse mês Pires esteve adoentado.[63] Porém, a dupla celebração, não de um segmento ritual, mas dos Costumes na sua íntegra em dois momentos do ano diferentes, é uma novidade que antecipa o processo de ampliação do ciclo cerimonial que alcançaria seu apogeu no século XIX. Em 1803, o inglês M'Leod foi informado de que em alguns anos se celebravam "Costumes únicos" e em outros, como aquele, "Costumes duplos".[64]

Os relatórios bimensais produzidos pelos diretores ingleses do Forte Williams, em Uidá, detalhando as datas em que realizavam as viagens a Abomé para os Costumes, mostram as mudanças do seu calendário ao longo dos anos de 1751 e 1811 (ver Tabela

2).[65] Em 1757, os costumes pela morte da mãe do rei Tegbesú, Na Huanjile, foram celebrados nos meses de junho e julho.[66] Tegbesú faleceu em 12 de maio de 1774 e teve uns Costumes preliminares no mês de julho, mas os Grandes Costumes só foram celebrados em 1778, nos meses de outubro e novembro, prolongando-se provavelmente até março do ano seguinte.[67] O rei Kpengla parece ter realizado Costumes no mês de junho de 1784, talvez em preparação para a guerra contra Badagri.[68] Fora esses casos excepcionais, os Costumes parecem ter se realizado uma única vez por ano, sempre entre dezembro e fevereiro (às vezes março), até 1803, quando se constata nas fontes inglesas a primeira ocorrência de uma dupla celebração anual dos Costumes. Coincidindo com essa mudança, há um aparente deslocamento da celebração dos Costumes para os meses de abril a junho, correspondente à época de chuvas e tornados, mas também à época da semeadura. O novo calendário, aparentemente instaurado pelo rei Adandozan, vingou e foi mantido por seus sucessores Guezo e Glele.

TABELA 2: CALENDÁRIO DOS COSTUMES, 1751-1811

	jan.	fev.	mar.	abr.	maio	jun.	jul.	ago.	set.	out.	nov.	dez.
1751												XXX
1752												XXXX
1753	XX											
1754	XXXX	XXXX										XXX
1755												XXXX
1756	XXXX											XXXX
1757	XXXX				XXXX	XX						XXXX
1758-9												
1760	XX											XXX
1761												XXXX

201

	jan.	fev.	mar.	abr.	maio	jun.	jul.	ago.	set.	out.	nov.	dez.
1762												
1763		xxx										
1764	xxxx	xxxx										
1765	xxxx	xx										
1766												
1767	xxxx	xxx										
1768	xxxx	xxx										x
1769	xxxx	x										x
1770	xxxx	xxxx										x
1771	xxxx	xxxx										x
1772	xxxx	xxx										xx
1773	xxx											
1774	xxxx	x				xx						
1775-76												
1777	xx	xxxx	xxx									
1778	xx	xxxx	x							x	x	
1779	x	xxxx	xxxx									
1780	xx	xxxx										
1781	xxx	xxx										
1782		xx										
1783	xxx											
1784	xxx	xxxx				x						x
1785	xxxx	xxxx	xxxx	xx								x
1786	xx	xx										
1787												
1788	x	xxxx										
1789	xx											
1790	xx	xxx										
1791	xx	xxx										
1792	xx	xx										
1793-95[69]												
1796	xx	xx										

	jan.	fev.	mar.	abr.	maio	jun.	jul.	ago.	set.	out.	nov.	dez.
1797-8												
1799	xx	xx										
1800	xx	xx										
1801	xx	xx										
1802	xx	xx										
1803	xx	xx			xx	x						
1804	xxx	xxxx				xxxx	xxxx	xxx				
1805		xxxx	xxx	xx								xx
1806	xxx	x			xx	xxxx						
1807			xx		xxx							
1808					xxxx	xxx					x	
1809				xxx	xxxx	x						
1810				xxx	xxxx	xx						
1811			xx	xxxx	xxxx	xxxx						

FONTE: TNA, T70/1158-63, "Day Books for William's Fort, Whydah, 1751-1812".
Nota: cada "x" corresponde aproximadamente a uma semana.[70]

O problema com a série documental da tabela 2 é que os relatórios do diretor inglês Lionel Abson, entre os anos 1792 e 1803, são incompletos e pouco confiáveis, pois ele copiava as mesmas informações e datas de um ano para o outro.[71] Essa deficiência nas fontes permite supor que a dupla celebração anual dos Costumes, mencionada por Garenne em 1791 e Pires em 1797, podia ter se repetido antes de 1803. Uma hipótese é que Adandozan, secundado pelos seus ministros (Mewu e Migan), tentasse consolidar essa inovação como forma de oficializar e fazer pública sua autoridade, após a tentativa de golpe de Estado que acompanhou sua ascensão ao trono.

Em 1804, houve uma nova duplicação dos Costumes, cada um deles se estendendo por vários meses, coincidindo com os Grandes Costumes de Agonglo, sete anos após sua morte. No mês de novembro desse ano, em carta escrita ao príncipe João de Portugal, Adandozan menciona o seu defunto pai, "a quem os deoz Voro poci tenhão com todos os seus estados para honra minha". *Voro poci* talvez seja uma corruptela de *Vodò kpòsì*, referindo-se aos ancestrais Nesuhue, cujo culto se supõe originário de Vodò, no país Mahi. Na mesma carta, além de mencionar repetidamente o "meu grande Deus Leba [Legba]", Adandozan se refere aos Grandes Costumes que o consagraram como novo monarca com plenas funções:

> É costume Sr. nestas nossas Nações, depois de ser falecido o Soberano do Reinado, ao Sucessor que tocar não governar sem haver vários costumes passados [...] e agora como já é completa a minha idade [indicando que passou por todos os rituais necessários], e os costumes do falecido todos feitos e eu governar sobre mim [...][72]

Entre 1805 e 1807, Adandozan, envolvido em guerras com Porto Novo, acampou várias vezes em Aladá, onde parece terem sido realizados alguns Costumes. Em dezembro de 1805, por exemplo, o rei requeria a presença do "fetiche inglês" (assentado no Forte Williams de Uidá) e vários *vodunons* viajaram a Aladá. Em outubro de 1808, há menção a um "Costume do milhete", mas a partir de 1809 as celebrações parecem ter se limitado a uma vez por ano, centradas nos meses de abril, maio e junho.[73]

Não é fácil explicar toda essa atividade ritual, que ocupava pelo menos dois meses do ano, num momento de relativo declínio econômico. Essa decadência vinha se alastrando desde o reinado de Kpengla, e continuou, apesar dos esforços de Adandozan para estimular a economia agrícola e atrair o comércio a Uidá. Em 1804, quando assumiu o trono plenamente, enviou uma embaixada ao Brasil, solicitando, embora sem muito sucesso, o monopólio do tráfico no seu porto de Uidá. Os fortes inglês, francês e português encerraram de forma intermitente suas atividades, enquanto

Porto Novo capitalizava o crescente comércio escravagista gerado pela decomposição do reino de Oyó.[74]

Só tardiamente, a partir do tratado anglo-português de 1810, que limitava o tráfico de escravos a Uidá, houve uma tímida recuperação, perceptível talvez na extensão da duração dos Costumes. Em 1810, conforme descreve o próprio Adandozan em carta ao príncipe regente de Portugal d. João Carlos de Bragança, os Costumes foram dedicados ao "fundador e primeiro rei desta terra chamado o Ebagâr [Huegbaja] com toda a grandeza [...] aonde matei muita gente, tudo que é vivente matei, para os seus Costumes".[75] No ano seguinte, os Costumes se prolongaram por quase três meses e meio. Contudo, a incapacidade para reverter o declínio econômico acabou por custar o trono a Adandozan.

Uma hipótese é que tenha sido o declínio econômico o que o levou a investir na festa e no ritual como mecanismo compensatório e/ou propiciatório. Além dos recursos econômicos, a ampliação do cerimonial do Estado demandava uma complexa produção. Trabalhadores especializados (carapinas, ferreiros, tecelões) montavam e desmontavam estruturas, como o *ato*, em vários pontos da cidade. Organizar o abastecimento de milhares de pessoas, durante semanas, e coordenar o protocolo das diversas comitivas de convidados exigiam uma logística bastante sofisticada. Uma vez finalizados os Costumes, seguiam-se outros festivais dedicados às divindades públicas. Vimos, no capítulo 2, como isso acontecia, a partir de 1810, em Uidá, com os Costumes de Sakpatá. Seja como for, pela evidência apresentada se pode afirmar que a lógica da duplicação que regeu a ampliação do ciclo cerimonial dos Costumes já estava latente e operativa na virada do século, e que a mudança subsequente, durante os reinados de Guezo e Glele, foi mais em escala do que de natureza qualitativa.

Contudo, não resta dúvida de que foi o rei Guezo quem levou os Costumes para um novo patamar de complexidade. Com a ajuda do traficante Francisco Felix de Souza, esse monarca conseguiu destronar Adandozan em 1818. Segundo tradições orais de Abomé, a deposição teria acontecido durante os Costumes daquele ano.[76] Num momento de inflexão política e econômica, com um aumento significativo do tráfico atlântico, o rei Guezo promoveu uma progressiva expansão do ciclo cerimonial, aumentando a sua magnificência e tempo de duração.[77]

Provavelmente após a vitória militar contra o reino de Oyó, em 1823, em comemoração pela "libertação" do pagamento dos tributos anuais que tinha subjugado o Daomé desde o início do século XVIII, foram instituídos os Costumes de Oyó, celebrados em Cana.[78] Normalmente, estes aconteciam após a campanha militar anual, antes dos Costumes *huetanu*. Com o tempo, novos segmentos rituais foram agregados. Coquery-Vidrovitch sugere que a conjunção do tráfico de escravos e a crescente produção de azeite de palma permitiram a Guezo acumular suficiente riqueza para promover o novo fausto dos Costumes.[79] Yoder considera que o fim do tributo a Oyó, as novas guerras e o comércio foram a combinação responsável pelo crescimento econômico entre 1818 e a década de 1840.[80]

Em meados do século XIX, Forbes enumera uma série de seis segmentos cerimoniais, ou Costumes, distribuídos ao longo do ano. Ele apresenta um calendário normativo que, no entanto, nos anos de 1850-2, se viu defasado pelo prolongamento das guerras com Abeokuta.[81] Segundo essa fonte, no retorno da campanha militar, normalmente em janeiro (mas naqueles anos em março), acontecia o primeiro Costume, quando o rei "fazia fetiche" em Cana, com oferendas aos voduns. Nessa ocasião ele comprava cativos aos soldados e os vendia aos traficantes atlânticos. Com esse "dinheiro ensanguentado", o monarca pagava os Costumes *huetanu*, as grandes festas anuais, que finalizavam em março com as oferendas aos ancestrais (*sin-kon*).[82] Em maio e junho, aconteciam os Costumes "em honra do comércio", com a parada, em torno de Abomé, de um pequeno barco sobre rodas, em clara alusão ao comércio atlântico. Em julho, tinha lugar o Costume "dos disparos", uma sucessão de detonações de espingarda executada por soldados postados ao longo do caminho entre Abomé e Uidá, concebida como uma saudação ao "fetiche das grandes águas, ou deus do comércio exterior".[83] Agosto era dedicado à preparação da guerra, com diversas palavras deliberativas, também consideradas um novo Costume. Antes da campanha militar, celebravam-se uns últimos Costumes, "em memória do seu pai", com duração aproximada de um mês. Estes aconteciam no palácio de Agonglo, no bairro de Gbekon, extramuros da cidade.[84] Cabe notar que essa série de seis Costumes principais podia ser complementada por outros Costumes ou cerimônias de porte menor e de caráter mais privado.[85]

É provável que esse calendário de Costumes, que se estendia ao longo do ano, tenha sido um exagero dos informantes de Forbes, interessados em aumentar o cálculo das despesas reais, com o intuito de obter uma indenização maior por parte dos ingleses, que naquele momento estavam negociando o fim do tráfico transatlântico. Resulta significativo que, nas duas breves semanas em que Forbes acompanhou os Costumes, entre 27 de maio e 10 de junho de 1850, ele testemunhasse, além dos Costumes de rigor — como o desfile das riquezas do rei e a cerimônia do *ato* —, a apresentação do barco, uma parada militar com disparos de fuzis (embora sem ir até Uidá) e as palavras ou conselhos deliberativos sobre a guerra iminente. Ou seja, alguns Costumes podiam incluir versões reduzidas de outros como segmentos adicionais.

Segundo Burton, no tempo do rei Glele, já na década de 1860, o calendário envolvia a campanha militar anual, que iniciava em fevereiro e se prolongava até março ou abril. De volta, o rei celebrava a compra dos cativos, no seu palácio de Djegbe, e em maio realizava os Costumes de Cana. Depois de alguns meses de repouso, a partir de novembro, no fim das chuvas, dava início aos Costumes *huetanu*.[86] Ainda segundo esse autor, os *huetanu* se dividiam em dois tipos: os *ato* (plataforma) e os *só-sin* (amarrar os cavalos), celebrados em anos alternados. Essa divisão já tinha sido notada por Dawson, em 1862, mas não se confirma em outras fontes.[87] Com anterioridade a Guezo, os Costumes do *ato* e os do *só-sin* formavam parte integral do mesmo ciclo cerimonial.[88]

Seja como for, a discrepância entre os relatos de Forbes e Burton indica a flexibilidade a que estavam sujeitos os calendários das cerimônias e rituais religiosos, sempre adaptados às circunstâncias. Além de seguir os ciclos lunares, a celebração dos Costumes devia se adaptar à logística imposta pelas campanhas militares, o que explicaria a relativa variabilidade do calendário. Nesse sentido, a duplicação dos Costumes no século XIX pode ser interpretada como uma adequação estratégica às campanhas militares, conferindo ao ritual um caráter propiciatório no momento anterior à guerra, e uma vocação de celebração, agradecimento e consumo do butim no momento posterior. Na narrativa de Forbes também sobressai a associação entre o crescimento dos Costumes e a economia atlântica, especialmente nos Costumes "em honra do comércio", envolvendo o desfile pelas ruas de Abomé de um simulacro de embarcação europeia, ornamentada com bandeiras de distintas nações. Não por acaso, o rei recebeu esse emblemático presente do grande traficante de escravos Francisco Felix de Souza, o Chachá.[89]

Junto a essas influências do global no local, interagiam dinâmicas locais. Na década de 1850, os Costumes *huetanu* passaram a ter um desdobramento interno. Ou seja, eles eram compostos de uma parte dedicada ao rei e outra ao rei-enquanto-príncipe. Esses novos Costumes não são mencionados por Forbes e só aparecem registrados a partir de 1856 nos diários do pastor metodista Thomas Birch Freeman. Este nota a duplicação dos Costumes do *ato* para "uma personagem imaginária chamada o irmão do rei", ou *Guarpay*. Burton transcreveu o nome como *Ga-pwe*, correspondendo a Gakpe, o nome de Guezo antes de ser entronizado. Para indicar essa segunda identidade imaginária do rei, utilizava-se também o nome Adokpon, que seria um nome forte de Gakpe, e Burton cunhou a expressão "rei do mato" (*bush king*). Essa personagem era encarnada por um indivíduo que morava relativamente isolado, na aldeia de Akpwe-ho, com uma *kpojitó* e corte de ministros paralela à do rei. Assim, em teoria, os Costumes se repetiam quatro vezes: para o rei, para sua *kpojitó*, para o rei-enquanto-príncipe e para a *kpojitó*-enquanto-princesa. Como indica Skertchly, "tudo o que é feito para o rei em público é repetido três vezes: primeiro para as amazonas, depois para Adokpon, e em terceiro lugar para as amazonas de Adokpon".[90] Skertchly descreve esses quatro Costumes gerais, cada um deles com vários segmentos, o que fazia aumentar de forma considerável o tempo ritual e o dispêndio da coroa.[91]

Essa nova ampliação ritual, com os Costumes de Adokpon, aconteceu, como foi dito, em meados da década de 1850, no momento em que o tráfico atlântico havia quase cessado e em que a economia do azeite estava em fase de implementação, ou seja, num momento de transição e de relativo declínio econômico. Edna Bay tenta explicar o enigma dessa transformação apresentando três hipóteses principais. A primeira postula a necessidade do rei, tradicionalmente associado à guerra e ao tráfico de escravos, de criar um duplo que pudesse assumir as novas responsabilidades comerciais associadas à economia agrícola do azeite e outros processos de manufatura. Outra hipótese, defendida pela autora, é que a duplicação cerimonial reforçaria a imagem pública de Guezo enquanto devoto esforçado do culto aos ancestrais, legitimando assim sua autoridade política comprometida pelo fato de ter ascendido ao trono através de um golpe de Estado e não ter realizado ele mesmo os Grandes Costumes para o seu pai (Agonglo).[92]

Uma terceira explicação, inicialmente esboçada pelo etnólogo francês Paul Mercier, sustenta que a dinâmica de desdobramento ritual seguia a lógica dualista que regia a visão de mundo dos daomeanos. O duplo do rei seria uma extensão da ideologia de que a completude ou totalidade só se realiza a partir da junção de complementos.[93] A dualidade intrínseca à natureza que divide o masculino e o feminino, ou que rege o nascimento dos gêmeos, por exemplo, encontraria correspondência no sistema de classificação binária que rege o pensamento humano. Essa interpretação explicaria esquemas cognitivos fundamentais como a divisão entre esquerda e direita, ou concepções cosmológicas como a que separa o mundo visível dos vivos do mundo invisível dos mortos, ou a que concebe a divindade primordial Mawu-Lissa como um casal, emblemático da complementaridade da noite e do dia, do céu e da terra e outras.

No Daomé, essa lógica dualista parece fundamentar a organização política, a segmentação social e a distribuição espacial. Tudo o que pertencia ao domínio masculino do rei era replicado pela contraparte feminina da rainha-mãe ou *kpojitó*. Por sua vez, a complementaridade entre o rei e a *kpojitó* era emblemática do pacto social entre as famílias *ahovi* (representadas pelo rei) e as famílias *anato* (de onde provinham as *kpojitó*). A lógica da duplicidade tinha também uma expressão espacial, pois tudo o que acontecia de forma pública, fora do palácio, se repetia no âmbito privado, no interior do palácio. Os mesmos ministros que tinha o rei, os da esquerda e os da direita, tinha a *kpojitó* no interior do palácio, assumidos por esposas reais. Rei e *kpojitó*, Migan e Mewu, *ahovi* e *anato*, fora e dentro, público e privado, a lógica dual guiava o sistema de pensamento e comportamento daomeano. Caso essa lógica dual não tenha sido a razão principal para a inovação do

Adopkon, com certeza ela contribuiu para moldar a forma que essa duplicação cerimonial adquiriu.

Contudo, essa ampliação do ritual só se justifica a partir de interesses específicos e possibilidades materiais concretas. A criação da figura de Gakpe tem sido interpretada como estratégia para encobrir e desresponsabilizar o rei de qualquer possível envolvimento no tráfico clandestino, no momento em que estava sendo perseguido pelos ingleses. Aliás, uma das razões arguidas por Guezo para manter o tráfico era a necessidade de subsidiar os Costumes, motivo pelo qual os britânicos estavam considerando subsidiar o Daomé em troca do fim da exportação de escravos. Assim, outra possibilidade é que a expansão dos Costumes tenha sido uma tentativa de aumentar o seu custo, para pedir uma maior compensação.[94]

Alternativamente, a expansão dos Costumes pode ser interpretada como sujeita à já mencionada economia da ostentação. Quanto maior o investimento e o consumo na festa, maior o retorno em força, poder e prestígio do monarca. A mesma lógica rege o sacrifício, quanto maior a quantidade de animais imolados, maior a grandeza da casa e os benefícios obtidos ou esperados. Aliás, a expansão dos Costumes durante o ano todo garantia a presença continuada em Abomé de governadores, comerciantes, traficantes, representantes europeus e outros, capazes de aportar ao reino presentes, tributos e opções de negócio. As cerimônias eram também uma forma de manter o grosso da população sob controle, através das atividades planejadas pela corte, numa mobilização constante de éthos militar.[95] A festa era uma forma de produção e, como foi sugerido acima, a pompa cerimonial pode ser pensada como veículo para o exercício do poder.

Porém, lembro que a repetição ritual já estava latente nos Costumes do século XVIII e não foi apenas uma inovação do século XIX. A duplicidade identitária do rei também encontrava antecedentes, por exemplo, no Adjahuntonon de Aladá, ou no Legba do rei documentado pelo anônimo marinheiro francês nos funerais de Tegbesú (capítulo 2). Podemos assim afirmar que houve uma dramática transformação na escala e magnitude do ritual, mas talvez nem tanto no seu aspecto substancial. Aliás, do ponto de vista da práxis ritual, o que aos olhos ignorantes do leigo se apresentava como simples repetição podia encobrir uma complexa ordem sequencial, em que os distintos reis e suas *kpojitós* eram homenageados. Penso que seja o caso dos rituais do *sin-kon*, dos que tratarei mais adiante e da sequência dos sacrifícios humanos.

SACRIFÍCIOS HUMANOS SOB A ÓTICA DA OFERENDA RELIGIOSA

Os sacrifícios humanos são um dos temas mais comentados em relação ao Daomé, mas provavelmente também um dos mais incompreendidos, por estarem filtrados pela óptica do horror europeu. No capítulo 6 abordo o papel que eles desempenharam na economia do religioso e sua relação com o tráfico atlântico. Agora, porém, me limitarei a esboçar uma compreensão do fenômeno sob a lógica local da oferenda religiosa como forma ritualizada de interação entre o mundo dos vivos e o "outro mundo" invisível dos espíritos. As vítimas sacrificiais eram, antes de tudo, concebidas como mediadoras ou mensageiras encarregadas de levar ao mundo espiritual os recados e pedidos dos viventes.[96] Conforme mostra a etnografia contemporânea, o sacrificador fala ao ouvido do animal sacrificial a solicitação a ser transmitida à divindade.

O capitão inglês William Snelgrave, que esteve no acampamento de Aladá onde residia o rei Agajá após a conquista do litoral em 1727, testemunhou como aqueles cativos que não eram vendidos como escravos eram sacrificados ao "fetiche ou anjo da guarda" do rei.[97] Antes de matar a vítima, o "chefe *feiticheer*" colocava a mão sobre a cabeça dela, murmurando "algumas palavras de consagração que duravam por volta de dois minutos". Tratava-se, possivelmente, do recado que o "mensageiro" devia levar ao outro mundo. A morte se produzia por pancada no pescoço com um pau de cachaporra ou por decapitação com cutelo (ver figura 22), e Snelgrave foi informado de que a cabeça era para o rei, o sangue "para o fetiche ou deus", e o corpo para o povo.[98]

Convém notar que, nesse caso, o destinatário do sacrifício era o "fetiche" ou o deus do rei, visando alguma ajuda dele ou lhe retribuindo por alguma graça alcançada. O sangue da vítima, símbolo de vida por excelência, era oferecido para "alimentar" a entidade espiritual. Paradoxalmente, dava-se vida através da morte, na expectativa de que a divindade retribuísse com mais vida e prosperidade ao ofertador. Um "coronel" informou a Snelgrave que a "oferenda de cativos ao seu deus" se realizava para propiciar e garantir o sucesso das campanhas militares.[99] Assim, o consumo sacrificial almejava sempre, em última instância, um retorno maior ou uma mais-valia em relação ao "investimento" inicial.

Vítimas humanas podiam ser imoladas às principais divindades do reino, como à serpente ou ao mar em Uidá, tendo um caráter de oferenda propiciatória.[100] Outras vezes os sacrifícios visavam à cura de uma pessoa importante, como o rei.[101] A doença podia ser interpretada como castigo infligido por um vodum que reclamava a vida do doente, e a vítima do sacrifício era concebida como um substituto para aplacar a fúria divina e liberar o doente da sua sorte. Um ritual, portanto, de substituição, que no candomblé, por exemplo, corresponderia à chamada "troca de cabeça". Nos casos de suspeita de feitiçaria, contrariamente, a vítima era o suposto feiticeiro. Aqui, o sacrifício era uma execução sumária que adquiria sua dimensão terapêutica ao suprimir a causa da doença.

Os sacrifícios humanos dedicados às divindades, porém,

eram excepcionais, e normalmente privilégio do rei. Como foi indicado no capítulo 1, o valor das oferendas exigidas pelos sacerdotes variava em função do status e das possibilidades do ofertante. Tratando-se do rei, cabia-lhe o direito e o "dever" de sacrificar a dádiva de maior valia, ou seja, a vida humana. Ora, de modo geral, a prática de sacrifícios humanos estava vinculada aos funerais e, em particular, aos funerais dos reis, embora em alguns casos também se realizassem em honra de chefes importantes.[102]

Os "sacrifícios humanos" realizados nos funerais podiam ser de diversa índole, podendo distinguir-se aqueles que acompanhavam o enterro e os celebrados nos aniversários ou Costumes anuais. No primeiro caso, eram frequentes os suicídios voluntários, embora o suposto voluntarismo fosse apenas formal e respondesse à internalização de uma exigência ou expectativa social. Muitos daqueles que se suicidavam após a morte do rei eram esposas ou ocupantes de cargos específicos, e era essa posição que os obrigava a atuar desse modo.[103] Em capítulos anteriores vimos como o bufo em Uidá ou o *legbasi* do rei no Daomé eram forçados a acompanhar seu senhor ao além. Outros, em geral escravos, eram executados e "enviados" ao outro mundo para engrossar as fileiras do séquito real e atuar como servidores do defunto.

Nem Aladá nem Uidá realizavam sacrifícios humanos durante os aniversários da morte do rei, como iria acontecer no reino do Daomé. Nesse sentido, o uso sistemático de sacrifícios humanos nos Costumes anuais se converteu em marca distintiva do Daomé. Os autores europeus reiteram o desgosto que lhes produzia a ornamentação dos muros dos palácios com crânios humanos, prática que se originara no reino de Agajá e que, como vimos, atribuía ao crânio do inimigo um valor de troféu. Mas, durante os Costumes, os europeus ficavam ainda mais revoltados com a exposição pública das cabeças e dos corpos das vítimas recém-sacrificadas.

Como foi dito, as imolações costumavam acontecer à noite, e

eram presenciadas por poucas pessoas, com exceção da cerimônia do *ato*, quando se realizavam de forma pública. Boa parte delas acontecia em dois espaços privilegiados: o mercado e as portas do palácio. Gourg nos oferece uma das raras descrições do assunto no fim do século XVIII, ainda durante o reinado de Kpengla:

> Às oito horas da noite sacrificaram oito homens nas duas portas do rei, ou seja, quatro na porta por onde se sai para ir ao mercado, e quatro naquela pela qual entram as mulheres. Normalmente o rei sai quando se faz o sacrifício dos últimos quatro, coloca os pés no sangue que flui. [Depois] vai ao mercado onde coloca igualmente os pés no sangue dos dezesseis que foram sacrificados lá, a saber, oito numa das pontas do mercado e oito na outra, e faz o mesmo com os quatro que foram imolados na volta. Esta cruel cerimônia é o que caracteriza o Costume. Esta cerimônia era para a mãe do rei que se chama Chiaie [Tchayi/ Cayì]. Os negros estão persuadidos de que as pessoas e os animais que são sacrificados vão ao outro mundo servir à mãe do rei.[104]

O significado e o simbolismo da ação de "colocar os pés no sangue" escapam à minha compreensão, mas a expressão aparece em outros contextos e parece sugerir algum tipo de consagração ou purificação do limiar que separa o mundo do palácio do exterior profano.[105] As portas e as entradas, enquanto fronteiras que separam o interior do exterior, são geralmente lugares protegidos por forças espirituais. As portas do palácio constituíam espaços simbólicos de comunicação com o mundo de fora, mas também com o mundo invisível, e eram, portanto, lugares sacralizados. É provável que os sacrifícios nelas realizados fossem dedicados a voduns conhecidos pelos seus atributos de mensageiros e de protetores das entradas, como Legba ou entidades semelhantes. Contudo, também é provável que a repetição de sacrifícios, aparentemente gratuita, seguisse uma ordem mais complexa associada à sequência da dinastia real, como acontecia em outros segmentos rituais dos Costumes (ver abaixo o *sin-kon*). De fato, cada porta do palácio estava associada a uma rainha-mãe (*kpojitó*) ou a um rei específico, e era lugar de memória de um ancestral particular.[106]

No mercado (Adjahi no século XVIII, e Hundjlò a partir de Glele), os corpos das vítimas eram pendurados e expostos à vista, de forma variada (ver figura 23). Quando se tratava de criminosos, os requintes de crueldade podiam ser bastante sofisticados.[107] Nesse espaço, é provável que parte dos sacrifícios fosse dirigida ao vodum Aizan, o vodum que rege os mercados.[108] Gourg também observou no mercado, junto às cabeças, um cachorro sacrificado, animal associado a Gu, vodum da guerra e dos metais.[109] Isso significa que, embora a lógica geral dos sacrifícios humanos nos Costumes estivesse baseada na ideia de enviar mensageiros para transmitir recados e acompanhar os ancestrais ao outro mundo, parte dos sacrifícios podia estar dirigida a entidades espirituais como Legba, Aizan ou Gu.

Como vimos, Snelgrave comenta que os sacrifícios humanos eram dedicados, além dos ancestrais, a uma série de "fetiches" ou deuses. O informante do inglês descreveu o deus do rei como um "anjo da guarda invisível, subordinado a outro deus" — talvez alguma forma de ser supremo —, mas "como esse deus não tinha se dignado a revelar-se a eles, deviam ficar satisfeitos com aquele que adoravam".[110] Numa outra ocasião, Snelgrave não foi recebido pelo monarca por ser "o dia do fetiche do rei".[111] Não há como saber se esse deus era Legba ou o vodum particular do rei. Já no tempo de Glele, nos Costumes de 1860, foram realizados sacrifícios prévios para uma pluralidade de entidades espirituais. Conforme Mr. Bernasko, foram enviados "mensageiros" humanos às portas do mar [Hu?], aos "espíritos do mercado" [Aizan?], aos "espíritos viajantes" nos caminhos [Legba?], ao firmamento e ao céu [Mawu? Sò?], assim como um cervo às florestas, para avisar aos animais [Ague?], um macaco às lagoas e às árvores, para avisar aos animais [Hoho?], e um urubu (*turkey-buzzar*) liberado para subir ao céu e avisar aos pássaros.[112] Fora isso, nos Costumes de Cana, como vimos, o rei "fazia fetiche" e sacrificava amplamente aos voduns com generosos presentes aos seus sacerdotes.[113]

Essas informações, embora parciais e desarticuladas, sugerem que os sacrifícios tinham sempre destinatários específicos e plurais, e que o fato de alimentar uma entidade espiritual exigia que o mesmo fosse feito com outras correlacionadas, sob risco de consequências graves se esses deveres rituais não fossem atendidos. Essa dinâmica também permite imaginar os interesses concorrentes dos representantes dos diversos grupos religiosos ou coletividades familiares em disputa pelos limitados recursos disponíveis, em termos de vítimas e oferendas, e as possíveis negociações nos bastidores para orquestrar a produção de complexas cerimônias que duravam semanas e meses. Voltarei com mais detalhe sobre a economia do religioso no capítulo 6. Por ora, para encerrar nossa análise dos Costumes, precisamos examinar um dos segmentos rituais mais significativos do ponto de vista religioso: o *sin-kon*.

SIN-KON: O EPICENTRO RELIGIOSO DOS COSTUMES

O *sin-kon* constitui o nó religioso fundamental que justifica os Costumes enquanto ritual funerário ou culto aos ancestrais. Essas cerimônias correspondiam aos sacrifícios e às oferendas de alimentos e bebida aos ancestrais, celebradas inicialmente no interior do palácio. Com base na sua viagem à corte de Tegbesú em 1773, Norris é o primeiro autor a fazer referência à expressão "regar as tumbas dos ancestrais", embora se refira ao sangue das vítimas humanas.[114] Em 1851, Forbes foi o primeiro autor a mencionar o termo vernáculo *se-que-ah-hee*, que Burton grafou como *sinkwain*.[115] A expressão provavelmente corresponde à frase *sìn kɔ̀n*, em que *sìn* significa água e *kɔ̀n*, jogar ou verter, ou ainda *sìn kɔ̀n nyì àyǐ*, verter água sobre a terra.[116] Enquanto autores como Gourg traduzem fielmente a expressão como "verter água" (*jeter de l'eau*), outros como Burton e Skertchly que, como Norris, estavam obsedados com a prática dos sacrifícios humanos, identificam essa "água" com "sangue humano".[117] Certamente, o sangue era um elemento fundamental nas oferendas, mas a água trazida da fonte Dido, a água Nesu, era o complemento indispensável que justifica o nome *sin-kon*.[118] Simbolicamente, água e sangue representavam a reunião do branco e do vermelho, do frio e do quente, entre outras polaridades conceituais.

Antes do *sin-kon*, portanto, era preciso realizar a procissão em busca de água à fonte sagrada. Esse ritual constitui a abertura do ciclo cerimonial e era praticado desde tempos remotos, mas a participação das mulheres do rei era uma particularidade dos Costumes do Daomé. Já em 1724, Lamb confirmava essa prática e, em 1772, Norris menciona uma "procissão" das mulheres do rei que devia passar pelo mercado e que, provavelmente, era o mesmo ritual, pois tinha acontecido "por volta de oito dias antes", ou seja, no início dos Costumes.[119] Em Cana, outros autores presenciaram procissões das consortes reais carregando água, mas nem todas estavam necessariamente associadas aos Costumes ou a práticas religiosas.[120]

No século XIX, Burton diz que os potes utilizados para carregar água eram chamados *bagwe* (hoje conhecidos como *gozen*) e que as sacerdotisas iam à fonte em fila indiana, acompanhadas de amazonas, as mulheres-soldado do rei, para buscar "o elemento dos misteriosos ritos Nesu".[121] Skertchly, em 1874, chama o ritual de *Agasunno já ga sin tansi gbeh nesu* — literalmente, "hoje o Agassunon vai buscar água lustral (*ghost water*) para Nesu" —, identificando esse sacerdote como a autoridade principal. Naquele ano, a procissão foi celebrada na manhã do segundo dia dos Costumes *só-sin*. O cortejo — incluindo 22 princesas com seus *bagwe*, oito médiuns incorporando os espíritos das mães dos reis defuntos, várias dezenas de sacerdotisas de diversos voduns, e mais de uma centena de amazonas — partiu da casa Nesu — o "altar do celebrado fetiche Nesu, divindade tutelar de Abomé", situado no palácio Kumasi — e rumou para a fonte Dido, ao norte da cidade.[122]

Na fonte, os *bagwe* eram enchidos e o Agassunon, após realizar oferendas animais sobre uma estatueta moldada com a lama do poço, selava as cabaças que tapavam os potes com um pouco da argila ensanguentada. À tarde, a água era levada em procissão para o templo Nesu, em meio a cantos e alvoroço geral.[123] Ainda hoje, nos rituais dos voduns, o trajeto da ida à fonte (*toyiyi*) é considerado um momento de perigo e morte, enquanto a volta, contrariamente, é celebração e vida, associada à presença plena da divindade. A água lustral recolhida no templo serviria, nos dias seguintes, para a limpeza dos altares e as oferendas do *sin-kon*.

Os *sin-kon* eram celebrados depois da parte pública de desfiles, procissões e sacrifícios do *só-sin* e do *ato*. Se estas últimas cerimônias eram dedicadas especialmente ao pai do monarca regente; as do *sin-kon* parecem ter tido caráter mais coletivo, sendo dedicadas a toda a dinastia real, incluindo os reis e as *kpojitó*.[124] Enquanto o monarca fazia questão da presença dos europeus durante os Costumes do *só-sin* e do *ato*, foram poucos os que tiveram acesso ao *sin-kon*. Como acontece até hoje, o momento dos sacrifícios e das oferendas nos altares era restrito, e inicialmente só o assistiam, no segredo do palácio, a família real e os altos dignitários.

Um dos primeiros relatos conhecidos é o testemunho do diretor do forte francês em Uidá, Gourg, que depois de assistir durante vários dias aos Costumes, em 17 de janeiro de 1789 foi convidado pelo rei Kpengla a participar "da cerimônia chamada jogar água à sua mãe", ou seja, o *sin-kon* dedicado à *kpojitó* Tchayi. Celebrado num dos pátios do palácio Danhome, às oito horas da manhã, quando Gourg chegou, o ritual já tinha iniciado.

Conforme essa descrição, o rei estava sentado, sob um guarda-sol, em frente a três "casas fetiches", perto de uma grande árvore de madeira branca. Nas duas casas dos extremos havia dois "grandes cata-ventos de prata, um coroado com um galo e o outro com um camaleão do mesmo metal"; na do meio, havia um cata-vento com outro galo, aparentemente de cobre.

> Diante de cada [casa] fetiche havia uma pequena praça da mesma largura, que podia ter de oito a dez pés, por três ou quatro de comprimento, elevada do chão quatro ou cinco palmos e recoberta de terra branqueada. De cada lado, dando a volta por trás [da casa], havia um pavimento feito com um cordão de cabeças dispostas em três ou quatro fileiras.[125]

As caveiras, expostas como ornamento, pertenciam a chefes inimigos mortos nas guerras e a prisioneiros sacrificados. Por trás das casas ficava um número considerável de cabeças de bois, imolados à noite — "momento em que se fazem os sacrifícios" —, cujo sangue molhava a terra. Gourg diz ter sido informado de que foram sacrificadas também "algumas mulheres", mas não dá mais detalhes. Quando perguntou se as casas eram as tumbas dos reis e rainhas, responderam-lhe que "nunca se sabe onde os reis e rainhas estão enterrados por medo de que façam fetiches maus com seus corpos, mas que estas [casas] fetiches eram levantadas em sua memória e se chamavam *dgiao*".

TOMBS OF DAHO, AHO, AND AKABAH,

FIGURA 12. Djeho *dos reis Daho* [*Dakodonu*], *Aho* [*Huegbaja*] *e Akaba. Abomé,* c. *1871.*

Dgiao seria uma corruptela de *djeho* (*jὲxɔ́*), termo que pode ser traduzido como sala ou casa (*xɔ̀*), da palavra sagrada (*ɖὲ*), ou seja, "casa das preces", ou, mais provavelmente, como casa das pérolas ou contas (*jɛ̆*).[126] Gourg informa que essas casas eram consideradas "santas" e que no passado abrigavam "as riquezas do país, como coral vermelho e azul, bengalas com castão de ouro e prata etc.". Só o rei e os grandes chefes, como o Migan, Mewu e Yovogan, participavam dessa cerimônia, mas "como roubaram muitas dessas riquezas e as outras foram retiradas", desde então o ritual ficou mais aberto. Três dias após esse *sin--kon*, houve outro para "jogar água à avó" do rei, ou seja, Huanjile, mas Gourg não foi convidado.[127] Comprovamos, assim, que Gourg só assistiu e ouviu falar de *sin-kon* dedicados às *kpojitó*. Por coincidência ou não, a única outra referência conhecida a um *sin-kon* nesse período, nos Costumes de 1783, faz referência também a Tchayi, a mãe do rei Kpengla.[128]

O texto de Gourg permite confirmar a prática do *sin-kon* no fim do século XVIII, no reinado de Kpengla, antecedendo em mais de seis décadas o mais conhecido relato de Forbes, escrito em 1850. Forbes assistiu, no palácio Danhome — no pátio chamado Agodome —, ao *sin-kon* do rei Dakodonu "e sua família" ou, como consta do jornal, "seus sucessores". Como no tempo de Gourg, o "mausoléu" consistia em "três pequenas cabanas de barro cobertas de palha", com uma "coluna de panos" diante de cada porta e, no teto, um "grande ornamento de prata", rodeadas de "milhares de crânios humanos, fêmures, mandíbulas e outros ossos".[129] O paralelismo com as "casas fetiches" de Gourg é manifesto.

A mesma tríade de *djeho* tinha sido observada dois anos antes (outubro 1848) por Blanchely, o gerente francês da Casa Regis em Uidá. Segundo ele, no palácio Danhome estavam as "tumbas" (*djeho*) dos reis Dako, Kaka Demenanu [Aho (Axɔ)] e Akaba.[130] No palácio Agligome estavam as dos reis Agajá, Tegbesú, Kpengla e Agonglo. Sem especificar a localização, ele também nomeia (com erros de transcrição) as tumbas de seis (na verdade cinco) das *kpojitó* (Adonu, Huanjile, Tchayi, Senume e Agotimé). Blanchely teve acesso ao interior dos *djeho* dos reis, onde viu crânios e ossadas (troféus de guerra), assim como "fetiches, *gongons*" (campas) e cadeias (*pièces de cordage*), que supôs procederem de navios. No de Agonglo, o *djeho* mais espetacular de todos, havia até uma âncora. A descrição arquitetônica (com as aves de prata na cumeeira) e de sua distribuição espacial coincide com a do século XVIII e sugere uma relativa permanência desses lugares de culto.[131]

A mesma tríade permanecia na década de 1870, e Skertchly, como Blanchely, os associa aos reis Daho [Dakodonu], Aho [Huegbaja] e Akaba. Os cata-ventos de Gourg, ou ornamentos de prata de Forbes e Blanchely, são descritos em detalhe por esse autor.[132] A figura do camaleão observada por Gourg — uma possível referência ao vodum Lissa — no século XIX tinha sido substituída por mais um galo. Esses trabalhos em cobre e prata talvez fossem produções locais forjadas pelos ferreiros da família Hountondji. Edna Bay identifica esses ornamentos como *assen* do tipo *hotagantin* (*xɔtagantín*, literalmente, "árvore de ferro no topo da casa").[133]

Entre os dias 11 e 22 de junho de 1850, Forbes foi testemunha de uma série de *sin-kon* nos palácios Danhome, Agligome e Adandjlo-Akodé, os dois últimos intramuros no palácio Abomé (ver gráfico 1).[134] A sequência teve início, como foi dito, com oferendas ao primeiro rei, Dakodonu, e "seus sucessores". Seguiu-se um dia para o qual Forbes não fornece nenhuma informação, mas que pela lógica sucessória foi dedicado aos reis Huegbaja/Aho e Akaba. Dois dias depois, seguiram dois *sin-kon* repetidos para o rei Agajá, e logo um *sin-kon* para cada uma das *kpojitó* ou rainhas-mães (ver tabela 3). Em repetidas ocasiões, Forbes menciona que era o *sin kon* de tal rainha "e seus parentes", cabendo supor uma celebração conjunta do rei e sua *kpojitó*.[135] No tempo de Gourg, a cerimônia de Tchayi tinha acontecido no palácio Danhome, e não em Adandjlo-Akodé, indicando a possibilidade de deslocamento dos *djeho*. No caso de Na Agotimé (Nà Agɔ̀ntínmɛ̀), a cerimônia parece ter acontecido na proximidade da porta do palácio dedicada a essa rainha. Seja como for, como no tempo de Kpengla, a centralidade das *kpojitó* é ainda notável.[136]

TABELA 3: SEQUÊNCIA DE *SIN-KON* EM JUNHO DE 1850

Data	Homenageado	Palácio
11 junho	Dakodonu	Danhome
12 junho	- [Aho/Huegbaja e Akaba?]	-
13 junho	Desfile militar das Amazonas	Mercado Adjahi
14 junho	-	-
15 junho	Agajá-Dossu	Agligome
16 junho	Agajá-Dossu	Agligome
17 junho	Adonon (*kpojitó* de Akaba e Agajá)	-
18 junho	Huanjile (*kpojitó* de Tegbesú)[137]	Danhome
19 junho	Tchayi (*kpojitó* de Kpengla)	Adandjlo-Akodé
20 junho	-	-
21 junho	Senume (*kpojitó* de Agonglo)	-
22 junho	Agotimé (*kpojitó* de Guezo)	Adandjlo-Akodé (porta Na Agotimé)

FONTE: Forbes, II, pp. 86-170; HCPP, *Slave Trade*, 1850-1, Class A, incl. 2 in n. 220, "Journal of F. E. Forbes", pp. 329-47.

Em janeiro de 1864, Burton não foi admitido para presenciar a cerimônia do *sin-kon*, embora tenha conseguido enxergar, de longe, "dois modestos tetos de palha e um par de imitações de pássaros de prata" — ou seja, os *hotagantin* —, e esboçou um calendário aproximado das celebrações (tabela 4).[138] Nesse aspecto, Skertchly conseguiu superar seu conterrâneo, ao acompanhar durante dez dias, e descrever com minúcia, os *sin-kon* celebrados em novembro de 1871 (tabela 5). Nesses dois relatos, embora persista a ordem marcada pela genealogia dinástica, constata-se a centralidade ritual dos reis, em detrimento das *kpojitó*, o que constitui uma importante mudança introduzida nos últimos anos do reino de Guezo ou nos primeiros de Glele. Burton nem sequer menciona as rainhas-mães, enquanto no tempo de Skertchly a sua homenagem parece ter sido reduzida e justaposta à dos reis (tabelas 4 e 5).

TABELA 4: SEQUÊNCIA DE *SIN-KON* EM JANEIRO DE 1864

Data	Homenageado	Palácio-Bairro
9 janeiro	Guezo	Kumassi
10 janeiro	Aho	Porta Aho [Pal. Abomé]
11 janeiro	Dakodonu-Akaba[139]	Danhome
14 janeiro	Agajá-Dossu	Agligome
15 janeiro	Tegbesú	Tegbesú-Adandokpoji
15 janeiro	Kpengla	Kpengla-Adandokpoji
16 janeiro	Kpengla	Kpengla-Adandokpoji
17 janeiro	Agonglo	Agonglo-Gbekon hwegbo
17 janeiro	Agonglo	Agonglo-Gbekon hwegbo
19 janeiro	Guezo	Kumassi-Gbekon hounli

FONTE: Burton, *A Mission*, pp. 309-13.

TABELA 5: SEQUÊNCIA DE *SIN-KON* EM NOVEMBRO DE 1871

Data	Homenageado	Palácio-Bairro
8 novembro	Dakodonu-Aho-Akaba[140]	Danhome
9 novembro	Dakodonu-Aho-Akaba-Tchayi[141]	Danhome
10 novembro	Agajá-Tegbesú-Kpengla-Agonglo Adonon - Huanjile - Tchayi - - Senume	Agligome
11 novembro	Agajá-Tegbesú-Kpengla-Agonglo Adonon - Huanjile - Tchayi - - Senume	Agligome
12 novembro	Tegbesú	Tegbesú-Adandokpoji
13 novembro	Tegbesú	Tegbesú-Adandokpoji
14 novembro	Kpengla	Kpengla-Adandokpoji
15 novembro	Kpengla	Kpengla-Adandokpoji
16 novembro	Agonglo	Agonglo-Gbekon huegbo
17 novembro	Agonglo	Agonglo-Gbekon huegbo
18 novembro	Guezo	Kumassi-Gbekon hunli

FONTE: Skertchly, pp. 391-413.

Outra transformação ritual desse período foi a exteriorização espacial do ritual, ou seja, o deslocamento cerimonial do interior dos muros de Abomé para os palácios que, a partir de Tegbesú, cada monarca (ou príncipe herdeiro, *vidaho*) construiu extramuros da cidade (ver gráfico 2). Com efeito, embora cada rei construísse sua residência particular no interior do grande palácio de Abomé, devido à pressão demográfica e à progressiva segmentação das coletividades familiares, eles levantaram também outras residências privadas para morada de suas esposas, filhos e serventes, fora dos muros da cidade. Em volta desses palácios externos foram criados novos bairros habitados pelos seus agregados (isto é, descendentes dos ministros nomeados por esse rei), assim como outros dependentes e escravos.

GRÁFICO 2: PALÁCIO ABOMÉ E PALÁCIOS "EXTERNOS", C. 1860

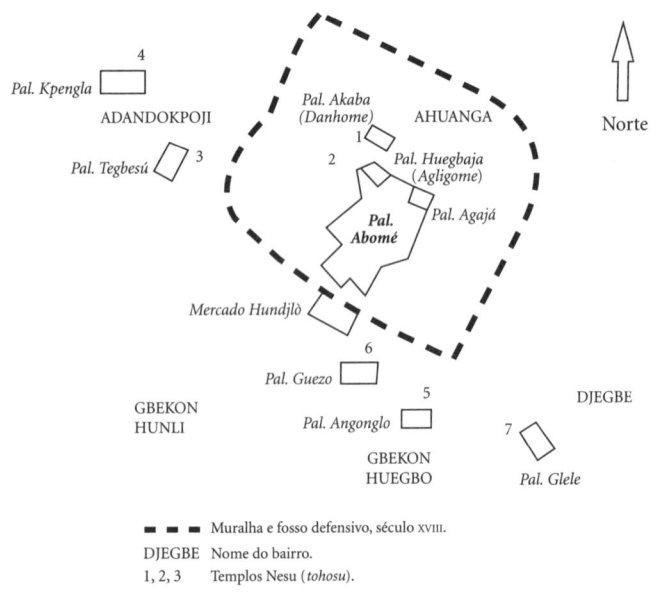

FONTE: Gráfico adaptado de Bay, *Wives*, p. 104.

Seguindo essa dinâmica, vários dos *sin-kon* começaram a ser celebrados extramuros do palácio central, nas residências externas de Tegbesú, Kpengla, Agonglo e Guezo. É bom lembrar que essas mudanças coincidiram com o fim do reinado de Guezo, quando o cerimonial dos Costumes foi duplicado com os de Adokpon e acrescentado um novo Costume em honra do seu pai, no palácio de Agonglo.[142] De fato, em 1848, Blanchely observou, em Cana, réplicas dos *djeho* reais do palácio de Abomé. Segundo o francês, as construções teriam menos de um ano.[143] Isso sugere que o cerimonial do *sin-kon*, embora ainda centralizado nos palácios Danhome e Agligome, conforme testemunhou Forbes, já podia ter experimentado alguma forma de reprodução externa, coincidindo talvez com os Costumes em Cana, instaurados em 1823.

Skertchly descreve as "casas dos espíritos" dos palácios "externos" como grandes edificações retangulares, com telhado de palha e uma série de colunas pintadas de branco e outras cores, decoradas com desenhos geométricos e figurativos.[144] Essas casas diferem significativamente das construções circulares descritas em relação aos *djeho* intramuros do palácio (figura 13). De fato, as "casas dos espíritos" dos palácios externos apresentam as mesmas características arquitetônicas dos *hòga* (*xɔ̀gà*), ou "grandes casas" dos espíritos *tohosu*, localizados *no exterior* desses palácios (figura 14).

Burton é o primeiro autor a falar dos Nesu "cultuados em grandes barracões chamados Nesu-*hwe* adjuntos aos vários palácios", aludindo, provavelmente, aos templos dos *tohosu*, os espíritos sacralizados dos filhos do rei que nasciam com alguma deformidade. A água trazida da fonte Dido para "o grande Nesu", descrito por Burton como "o verdadeiro fetiche fon de Abomé", era a mesma utilizada para os *sin-kon* e, portanto, a associação de Nesu com os antepassados reais parece clara.[145] Resta saber se du-

FIGURA 13. *Altares erguidos em memória dos reis no palácio de Abomé. Abomé, c. 1911.*

FIGURA 14. *Casa erguida em honra de um dos fetiches* tohosu. *Abomé, c. 1911.*

rante os *sin-kon* havia rituais paralelos nas casas Nesu para os *tohosu*. Contudo, parece plausível que a exteriorização dos *sin- -kon*, para fora dos muros do núcleo urbano, em sintonia com a ampliação do cerimonial dos Costumes, coincidisse com uma maior integração do culto *tohosu* no culto aos ancestrais reais. Voltarei a esse assunto no próximo capítulo, mas fique registrado que, no tempo de Glele, foram identificados templos Nesu no exterior dos palácios de Kpengla, Agonglo e Guezo (ver números 4-6 no gráfico 2).

Embora Burton comente que o rei passava cinco ou oito noites no palácio de cada um dos antecessores, o que se constata, tanto no relato dele como no de Skertchly, é que ele demorava dois dias, ou menos.[146] O rei, acompanhado das esposas, filhas e amazonas, sentava-se, a certa distância, em frente aos ministros, comandantes militares e outros chefes. Nessas ocasiões, o "conselho deliberativo", ou a "corte de justiça", celebrava audiências para decidir sobre as campanhas militares, os casos judiciários.[147] Os interlúdios eram ocupados com divertimentos e, sobretudo, com cantos históricos, que evocavam a memória e as façanhas dos antigos reis.[148]

Simultaneamente a essas atividades político-sociais, desenvolviam-se duas atividades religiosas principais. A primeira eram as rezas e oferendas nos "altares"; a segunda, a comunicação do rei com os seus antepassados, via a manifestação mediúnica destes nos corpos de suas sacerdotisas. O último aspecto está documentado apenas no reino de Glele, mas, em face da centralidade da possessão mediúnica na cultura vodum, podemos supor que constituía parte essencial do ritual em período anterior.

A atenção dos viajantes europeus, como já citei, ficava presa nos sacrifícios humanos, embora no *sin-kon* fossem em número menor que em outros segmentos dos Costumes. Em 1850, Forbes contabilizou um total de 32 vítimas, quatro por cada um dos oito *sin-kon*, embora ele suspeitasse de mais sacrifícios femininos no interior do palácio.[149] Já em 1864, no tempo de Glele, Burton contabilizou apenas duas vítimas nesse segmento ritual.[150] No *sin-kon* de 1871, Skertchly contou sete, incluindo um homem nagô para Agonglo e três vítimas para Guezo, enquanto várias delas foram anistiadas.[151]

Os sacrifícios de bois, bodes, carneiros, frangos e pombos eram muito mais numerosos e, de fato, constituíam um elemento central da cerimônia, pois esta tinha como função principal a distribuição de alimentos entre os assistentes.[152] Preocupados com as vítimas humanas, poucos europeus repararam nesse aspecto, mas Forbes não deixou de notar como, no espaço central do pátio, entre o rei e o *djeho*, eram colocados de forma esparsa "grandes peças de carne cozida", de bois, bodes e frangos imolados, presumivelmente na noite anterior.[153] Havia nos *sin-kon*, portanto, uma primeira parte de rezas e sacrifícios e uma segunda parte, normalmente no segundo dia, em que se apresentavam nos altares e se distribuíam entre os presentes as carnes cozidas. Isso explicaria os dois dias dedicados a cada *sin-kon* (tabelas 4 e 5).

A partir do depoimento de uma testemunha ocular, Burton narra que no *sin-kon* reuniam-se, na frente do *djeho*, os animais sacrificiais, junto com água — a água Nesu contida nos potes *bagwe*, especifica Skertchly[154] —, rum e nozes de cola. As *tasino* (*tásínɔ* ou *tánnyínɔ*) eram as sacerdotisas encarregadas de iniciar as rezas, invocando os espíritos ancestrais e pedindo prosperidade e fortuna para o reino. Nesse momento, iniciavam-se os sacrifícios, e todos os participantes — nesse relato inclusive o rei — se prostravam diante do *djeho*.[155] Forbes menciona que no *sin-kon* de Dakodonu o rei estava reclinado numa esteira, enquanto no *sin-kon* da *kpojitó* Adonon, dias depois, ele estava sentado num trono ou "cadeira de Estado".[156] O fato de deitar numa esteira pode ser interpretado como um gesto de humildade diante dos ancestrais.

O fato de o gesto não se reproduzir no *sin-kon* da *kpojitó* indicaria a excepcionalidade do comportamento, assim como certa distinção hierárquica entre os antepassados masculinos e femininos.[157]

Burton diz que as oferendas de água, rum e sangue eram realizadas sobre a "tumba" — embora, como vimos, o lugar da verdadeira sepultura era secreto —, e que as comidas eram apresentadas em volta do trono ou "outra relíquia parecida do defunto", como "emblema de sua presença". A representação do defunto pelo trono vazio é importante e continua até nossos dias. Numa outra versão fornecida por Mr. Bernasko, Burton especifica que o trono ficava oculto num recinto protegido por panos e que, no seu interior, as *tasino* rezavam e o rei aspergia no chão, à direita do assento, água, rum e cerveja local. A cerimônia finalizava com a distribuição das provisões entre os assistentes.[158]

Segundo o relato de Skertchly, as primeiras rezas aos reis defuntos e o primeiro sacrifício humano eram oficiados pelo Agassunon, reiterando a centralidade desse sacerdote nos rituais da família real.[159] Skertchly não faz referência aos tronos, mas menciona os *assen*, objetos votivos de ferro que representavam os monarcas defuntos, normalmente cobertos por panos, mas descobertos para as oferendas. Eles estavam custodiados pelas *tasino* e *bassajeh*, que com seu "monótono canto" e "lamento cadencioso" se encarregavam de regá-los com água Nesu e rum, enquanto o Agassunon fazia o mesmo com o sangue. Seguia-se depois a apresentação de alimentos cozidos e frutas em frente aos *assen*, concluindo assim o banquete real.[160]

Na atualidade, as *tasino* são as mulheres mais idosas da coletividade familiar, responsáveis pelas rezas e oferendas nos *assen*. Como diz Burton, elas "servem e rezam aos espíritos dos reis defuntos".[161] Num outro contexto ritual, ele descreve "oito mulheres idosas, os fantasmas dos reis", desfilando "solenes e devagar, apresentando seus respeitos ao monarca em vida", sugerindo, nesse

FIGURA 15. Assens *num altar de Gu. Abomé, 1984.*

caso, a presença de vodúnsis incorporadas com os espíritos dos reis.[162] Nos *sin-kon* de 1871, essas vodúnsis (chamadas *bassajeh* por Skertchly), ou os espíritos por elas manifestados, mantiveram longas conversas com o rei Glele, aconselhando-o sobre a decisão de atacar Abeokuta. O rei prostrou-se diante dos antepassados e os saudou segurando suas mãos na altura da cabeça. Enquanto medidoras da voz dos ancestrais, essas vodúnsis recebiam presentes de rum, panos e búzios, estes últimos tirados dos armazéns deixados nos palácios pelos monarcas defuntos.[163]

Conforme a prática que os antropólogos chamam "sucessão de posições", no Daomé, certos indivíduos assumem os nomes, títulos, identidades, lugar de residência e histórias de personagens-chave do reino que viveram em épocas passadas.[164] Assumir a identidade nominal do ancestral não comportava necessariamente sua manifestação mediúnica. Nesse sentido, é improvável que as médiuns observadas por Skertchly fossem as mesmas pessoas que carregavam o título das antigas *kpojitó*. Estas podiam dançar, mas não incorporavam os espíritos dos defuntos. Nos Costumes de 1846, Duncan registra as danças das *kpojitó* Agotimé e Senume, assim como Forbes, anos depois, registra a presença das *kpojitó* em cada um dos *sin-kon*.[165] Nesses casos, porém, é provável que se tratasse das representantes nominais e não necessariamente de médiuns incorporadas. Seja como for, note-se que as *kpojitó* (como os antigos reis) podiam se fazer presentes, tanto através da incorporação mediúnica como através dos representantes nominais.

Se recorrermos à etnografia contemporânea dos Nesuhue (ou dos cultos aos ancestrais das coletividades familiares), encontraremos dois segmentos rituais que são uma réplica dos antigos *sin-kon*: o *hode* (*xòɖ̀ɛ* ou *ɖɛxixo*, fazer as rezas) — também conhecido como *ganmɛ̀vɔ́* quando é realizado pelas linhagens *ahovi* — e o *kanlìntagbigbà*, ou quebra da cabeça do animal. O primeiro segmento consiste em rezas, oferendas de bebida e apresentação de comidas diante da casa dos *assen*, acompanhadas da imolação dos animais. O segundo segmento, realizado no dia seguinte, consiste em novas rezas, oferendas de novos alimentos, dessa vez incluindo a carne cozida, e na distribuição da comida entre os membros da família.[166] Assim, os rituais contemporâneos parecem reproduzir, talvez de forma simplificada, segmentos discretos dos antigos Costumes.

Neste capítulo tentei esboçar um histórico aproximado da instituição religiosa dos Costumes, que, junto com a tecnologia da guerra, constituía a espinha dorsal do sistema político do Daomé. Para além da análise de aspectos políticos, jurídicos, econômicos e militares, tentei destacar o substrato religioso e ideológico que fundamentava esses festivais e cerimônias. Como sugere o etnólogo francês Marcel Mauss, a centralização das trocas materiais está ligada à centralização política, e esta, por sua vez, está ligada a algum tipo de centralização espiritual.[167] No Daomé, o processo de centralização política se deu em paralelo com a centralização econômica (sobretudo com o relativo monopólio do tráfico de escravos), mas essa acumulação de poder era compensada pela função distributiva do rei, expressa de forma simbólica nos Costumes. Confirma-se também que a centralização política foi acompanhada de uma relativa centralização religiosa. Se bem que não tenha sido promovido nenhum tipo de monoteísmo (conforme ditaria a teoria de Robin Horton), os ancestrais reais foram erigidos como referentes espirituais da nação.[168] Contudo, de forma hierarquizada, persistiu uma significativa heterogeneidade e pluralismo religioso, tanto nos cultos públicos, sob a égide do ser supremo Mawu-Lissa, como nos templos Nesu das várias linhagens reais, expressivo de uma análoga diversidade política subjacente ao despotismo real.

Em qualquer caso, comprovou-se a centralidade dos *sin-kon* como segmento estruturante dos Costumes e foi destacada sua

historicidade, sugerindo um crescente processo de complexifica-
ção, com um número cada vez maior de rituais, e de exteriorização, com um deslocamento espacial das cerimônias para os palácios privados de cada um dos reis. Essas mudanças podem ser
interpretadas como a expressão ritual de processos de segmentação social, provocados pelas tensões internas às famílias *ahovi* dos
príncipes e pelos embates com os plebeus *anato*. Mas, para além
de uma expressão ritual, essas mudanças podem ser também pen-
sadas como forma simbólica de controlar e negociar essas tensões.

5. Os Nesuhue, os *tohosu* e a memória ritual

Depois da reconstituição histórica dos Costumes e do segmento do *sin-kon*, proponho examinar o contraponto contemporâneo: o culto Nesuhue.[1] Essa categoria designa uma pluralidade de entidades espirituais associadas às coletividades familiares dos reis de Abomé. Le Herissé diz que inicialmente os Nesuhue estavam divididos em dois tipos: 1. as crianças mortas no período de amamentação; e 2. todos os outros defuntos (crianças, adultos e velhos). Os primeiros são designados como aqueles "que não comem sal", e essa regra alimentar se mantém na preparação de suas oferendas rituais. Os segundos, os *kututo* (*kútítò*) ou *tovodun*, incluem os reis, príncipes e princesas das linhagens *ahovi*, assim como ministros e dignitários da corte daomeana que foram ritualmente deificados ou "vodunizados". Eles recebem oferendas nos *assen* e se manifestam através de transe mediúnico nos vodúnsis iniciados para tal.[2]

Os *tohosu* (literalmente rei, *axósú*, das águas, *tò*) constituem uma terceira categoria que inclui os espíritos de príncipes nascidos com alguma anormalidade física, ritualmente afogados e depois deificados e instalados em altares especiais. O principal *tohosu* em Abomé é Zomadonu (*Zomadónu*), "filho monstro" do rei Akaba, seguido de Kpelu (*Kpɛlu*), filho de Agajá, Adomu (*Adomù*), filho de Tegbesú, e assim por diante (ver tabela 6). A cada rei corresponde um ou vários *tohosu*, e os seus templos, os chamados *hoga* (*xɔ̀gà*, casa comprida), situam-se nas imediações dos palácios privados ou "externos", tratando-se das mesmas "casas Nesu" documentadas por Burton na segunda metade do século XIX. As cerimônias Nesuhue se desenvolvem, atualmente, em volta dos templos *tohosu*, iniciando-se no de Zomadonu e seguindo pela ordem dinástica nos outros *hoga*, em detrimento dos *djeho* dos reis e rainhas, localizados no interior dos palácios, como acontecia nos *sin-kon* do passado. Hoje, as cerimônias Nesuhue são iniciadas pelos rituais dos *tohosu* e presididas pelos sacerdotes dos mesmos, com o Mivede, chefe de Zomadonu, no topo da hierarquia. A agregação e progressiva centralidade do complexo cosmológico e ritual dos *tohosu* nos Nesuhue serão uns dos temas centrais deste capítulo.

TABELA 6:

LISTA DE *TOHOSU*, REIS CORRESPONDENTES E BAIRROS DOS *HOGA*.
ABOMÉ, 1911[3]

	Tohosu	Rei (pai)	Sacerdote	Bairro
1	Zomadonu	Akaba	Mivede	Ahuanga Lego
2	Kpelu	Agajá	Kpelusi	Ahuanga Lego[4]
3	Adomu	Tegbesú	Adomusi	Adandokpoji Daho[5]
4	Donuvo	Kpengla	Donuvosi	Adandokpoji Kpevi
5	Huemu	Agonglo	Huemusi	Gbekon Huegbo[6]
6	Zanhun (Zewa)	Guezo	Zanhunsi	Gbekon Hunli
7	Semasu	Glele	Semasusi	Djegbe

FONTE: Le Herissé, *L'Ancien*, p. 123. Ver também gráfico 2, no capítulo 4.

Os cultos Nesuhue devem ser entendidos como um "composto" desenvolvido ao longo do tempo. No seu conjunto, trabalham e controlam as interações com os antepassados, mas também se preocupam com questões relativas à mortalidade infantil e aos nascimentos anômalos, ou seja, a aspectos reprodutivos das linhagens. O ritual almeja "alimentar" os ancestrais para garantir a sustentabilidade da vida "neste mundo", e ao mesmo tempo propiciar a reprodução dos viventes, aplacando os espíritos infantis potencialmente nocivos. O culto aos *tohosu* pode ser considerado uma variante ou extensão do complexo cosmológico iorubá dos *abìkú*, associado aos natimortos ou a crianças que morrem logo após o nascimento. Também o culto *tohosu* mantém estreita relação com o culto aos *hoho* (*hŏxò*) ou gêmeos, outro caso de reprodução anômala.

Contudo, como afirma Herskovits, "Nesuhue é a religião dos príncipes".[7] Embora baseado em tradições não aristocráticas, o complexo litúrgico elaborado pelos *ahovi* estava desenhado, como diz Le Herissé, para legitimar "sua superioridade inclusive no além".[8] Ou seja, o culto Nesuhue constitui (ou constituía) uma instituição religiosa distintiva das famílias *ahovi*, em oposição às famílias plebeias ou *anato*, embora membros destas últimas fossem os responsáveis pelo ritual. Porém, desde a conquista colonial francesa, no final do século XIX, até nossos dias, as práticas que antes eram exclusivas da aristocracia daomeana têm sido apropriadas e replicadas pelo segmento *anato*. Apesar dessa "democratização" e de o culto ser praticado em cidades do litoral como Uidá, ou do interior, como Savalú, o ritual Nesuhue continua fortemente associado às famílias fons, originárias de Abomé.

Como vimos, a primeira referência aos Nesuhue, ou casas Nesu, aparece na obra de Burton quando menciona o "grande Nesu" como "o verdadeiro fetiche fon de Abomé".[9] Além do fato de o sufixo *hue* (*xwé*) significar "casa", não há consenso sobre a etimologia do termo. Uma primeira hipótese identificaria a raiz *ně* (ou *něsu*) com o órgão sexual masculino, o que levaria a traduzir Nesuhue como a "casa do falo".[10] Essa interpretação conota uma associação com o vodum Legba, caracterizado por uma verga ereta e pela força viril.

Numa segunda acepção do verbete, Segurola define *ně* como um nome que designa os *tohosu*. Além de crianças que nascem com alguma deformidade física, os *tohosu* são também associados àqueles espíritos engendrados cada vez que um homem e uma mulher realizam o ato sexual. Essas criaturas invisíveis são chamadas também *hungbandan*, "sangue constituído anormalmente", referindo-se aos fetos ou, mais geralmente, aos abortos. Os *hungbandan*, como os *tohosu*, com os sacrifícios apropriados, devem ser afogados e reintegrados ao mundo invisível para depois serem honrados nos altares como voduns.[11] Essa interpretação sugere um nexo direto entre o termo Nesuhue e o culto aos *tohosu*, e reforça a ideia de uma estreita associação do ritual com o controle das forças que regulam a procriação e os nascimentos anômalos.

Outra hipótese sustenta que a pronúncia correta de Nesuhue seria Lensuhue (*Lènsúxwé*). Nessa abordagem, a etimologia do termo sugere uma relação com o vodum do trovão Hevioso ou Sò. Segundo Segurola, *lènsú* significa:

1. "ovino (*lèngbó*) macho" = o carneiro.
2. *Agbò lènsú*: "o grande carneiro" – nome forte de Hevioso, o deus do trovão, as cornadas do cabrito tendo a subitaneidade do raio. O machado do trovão *sosyóví* imita os chifres do carneiro. O gênio do raio é representado às vezes sob a forma de um carneiro cuspindo fogo. O nome é empregado nas louvações de Agajá. Um dos nomes do rei Agajá é *Lènsú kpò vè sá*: é difícil castrar o carneiro-pantera.[12]

Ainda segundo Segurola, Lensuhue seria "a casa do carneiro", ou "a casa dos reis de Abomé, filhos da pantera". Nessa interpretação, há uma aproximação de Hevioso, enquanto divindade tutelar de Abomé, e Kpo, a pantera ancestral dos aladahonu. Também destaca o vínculo entre Lensu/Nesu, o vodum Hevioso/Sogbó e o próprio rei Agajá. De fato, o *tohosu* de Agajá, Kpelu, é às vezes identificado ou justaposto a Sogbó. Há registros, ao longo do século XX, de pinturas de Sò Bragada nos templos de Zomadonu, Kpelu e Adomu (figuras 19 e 20). Esse acúmulo de indícios permitiria postular que o culto a Hevioso/Sogbó foi importado no Daomé no tempo de Agajá, talvez após a conquista de Aladá e Uidá. Daí, pode-se especular a organização dos templos Nesu já nesse período inicial do reino.

A datação e a cronologia desse processo dependem, portanto, da nossa compreensão da natureza composta dos Nesuhue, envolvendo os ancestrais reais e os *tohosu*. A veneração dos ancestrais (*tovodun*) reais provavelmente recebia uma ritualização particular desde pelo menos o tempo de Agajá. Segundo Forbes, por exemplo, os Costumes *sin-kon* foram inaugurados durante esse reinado.[13] Já os rituais *tohosu*, se bem que podem ter sido importados e agregados aos rituais *tovodun* no século XVIII, só adquiriram certa visibilidade tardiamente. Como vimos, no século XVIII e até a década de 1830, as cerimônias *sin-kon* se realizavam no interior dos palácios Danhome e Agligome, com homenagens aos reis e às rainhas-mães. Na documentação não achamos nenhuma menção a cerimônias em honra dos "filhos monstros" dos reis, e só em 1888 encontramos uma primeira referência ao culto aos "abortos".[14] A ausência de evidência historiográfica não permite afirmar a inexistência do culto *tohosu* antes do seu registro escrito. Contudo, o silêncio documental prévio à segunda metade do século XIX e a crescente visibilidade do culto a partir de então sugerem um processo de mudança ritual iniciado nesse período.

Somente em 1849 achamos uma primeira evidência indireta do culto *tohosu* na menção ao cargo de Mivede, máximo responsável de Zomadonu.[15] O título aparece na lista de ministros e oficiais do reino que receberam um presente do rei Guezo nos Costumes desse ano, mas ele não foi objeto de nenhuma distinção e recebeu uma quantia discreta, similar à de muitos outros dignitários. Isso indicaria que Mivede não desfrutava ainda da autoridade suprema que viria a adquirir. Até a década de 1870, como vimos, a autoridade máxima nos Costumes era o Agassunon.[16] O poder adquirido por Mivede e os outros sacerdotes dos *tohosu*, como dirigentes do culto Nesuhue, pode ter sido, portanto, uma mudança do fim do século XIX, talvez reforçada e cristalizada com a reestruturação do poder político resultante da colonização francesa.

Insisto que isso não significa dizer que os *tohosu* não existissem anteriormente. No reinado de Glele, como vimos, Nesu era cultuado em "grandes barracões chamados Nesu-hwe, adjacentes a vários palácios",[17] e essa localização que perdura até hoje é um forte indício da existência do culto aos *tohosu* nesse período.[18] Minha hipótese é de que as práticas rituais dos *tohosu* foram assimiladas em algum momento do século XVIII, mas que permaneceram durante décadas numa posição relativamente marginal. Essas divindades só começaram a ter certa visibilidade com a ampliação ritual dos Costumes e, em particular, com a "exteriorização" do *sin-kon*, ou seja, no momento em que o culto aos ancestrais reais passou a ser realizado extramuros de Abomé, nos palácios privados das diversas coletividades *ahovi*, no fim do reinado de Guezo.

Como foi dito, a exteriorização do cerimonial parece responder a uma dinâmica segmentária. Quando a demografia e as tensões internas não permitiram mais concentrar todas as coletividades familiares *ahovi* intramuros, em torno do palácio Danhome e Agligome, e sobretudo a partir da ascensão de Guezo — talvez membro de uma linhagem diferente da de Adandozan e Agonglo — as cisões dos *ahovi* podem ter aumentado. A separação dessa multiplicidade de grupos de descendência em torno dos palácios privados de cada rei parece ter sido uma solução de compromisso eficaz para administrar e conter o problema. Conforme acontece até hoje, a instalação de altares *tohosu* constituía uma forma simbólica de reconhecer a singularidade e a identidade das linhagens secundárias (ou concorrentes) e ao mesmo tempo reforçar sua dependência das linhagens reais dominantes.[19]

Apesar de a evidência disponível ser do século XIX, as tradições orais são unânimes em datar a introdução dos *tohosu* no século XVIII. Normalmente essa inovação é atribuída ao rei Tegbesú, mas há indícios que sugerem um período anterior. Burton diz que o culto Nesu (isto é, *tohosu*) foi "estabelecido por Agajá, o conquistador".[20] Outro depoimento mais recente sugere que a instalação de Zomadonu como Agbohosu (*Agbŏxɔ́sú*, isto é, rei de Abomé, um título normalmente reservado a Hevioso) aconteceu no reino de Agajá, adaptando práticas rituais mahis, associadas aos espíritos dos rios, ao culto aos ancestrais reais.[21] Segundo outras versões, os *tohosu* eram conhecidos em Abomé desde os tempos de Akaba, mas foi Tegbesú quem institucionalizou o culto.[22]

Nesse sentido, algumas fontes apontam a Na Huanjile, mãe de Tegbesú, como a primeira sacerdotisa do culto.[23] No entanto, a memória oral tende a indicar Homèvo Abada, provavelmente um descendente dos guedevís, como o primeiro sacerdote dos *tohosu* em Abomé.[24] O falecido Abadasi (sacerdote do vodum Abada) contava que, durante o reino de Tegbesú, apareceram umas misteriosas criaturas de pequena estatura, com longas cabeleiras, barbas e muitos dentes, que causaram grande desordem e pânico entre os habitantes de Abomé, até obrigá-los a fugir da cidade. Essas aterradoras entidades são identificadas, segundo distintos informantes, com os *tohosu* ou os *hungbandan* já referidos.[25] Homèvo

Abada informou ao rei que as criaturas queriam voltar ao mundo invisível, mas que antes disso propunham dividir o controle do Daomé com ele. Em troca de sacrifícios, azeite de dendê, tecidos e chapéus de feltro,[26] eles iriam revelar o segredo do seu poder. Tegbesú, convencido pela mãe, teria finalmente aceitado, e realizara as oferendas prescritas. Antes de partir, as criaturas foram "retiradas da água" e "encerradas nos potes" (*é sú zèn nú yě*), sinalizando seu assentamento nos altares. Homèvo Abada foi instruído no saber relativo ao uso de folhas e do *asogüe* (*asɔgwe*, chocalho feito com cabaça e recoberto com malha de contas ou sementes) para se comunicar com essas criaturas.[27]

Vários testemunhos orais coincidem na afirmação de que o culto *tohosu* foi instalado no bairro Ahuanga Lego, no local do atual templo de Zomadonu. Inicialmente os três primeiros e mais importantes *tohosu*, Zomadonu, Kpelu e Adomu, filhos dos reis Akaba, Agajá e Tegbesú, respectivamente, eram venerados no mesmo *hoga*. Segundo a lenda, um dia uma forte trovoada levantou o telhado do templo, espargindo a palha em várias direções. Os templos de Kpelu e Adomu foram transferidos para os lugares onde caiu a palha, em frente aos palácios privados dos seus pais.[28] O mito evoca, portanto, um culto coletivo inicial (análogo àquele que recebiam os reis nos *djeho* no século XVIII) e um processo subsequente de separação, talvez paralelo à segmentação das famílias *uhovi* refletida na construção dos palácios extramuros e na externalização do culto nos respectivos templos.

Herskovits narra outra história segundo a qual Zomadonu teria ajudado Glele a vencer uma guerra contra os nagôs, e que após essa vitória o rei "ampliou o templo de Zomadonu para mostrar sua gratidão".[29] Esse mito sugere outro possível cenário em que uma divindade meio obscura e esquecida começou a ganhar visibilidade a partir de seu destaque numa campanha militar. O interesse dessa lenda é que coincide com o reinado de Glele, momento sugerido pela hipótese inicial. Há uma cantiga de Zomadonu que parece expressar sua recusa em compartilhar o templo com seus "parentes", como demonstração de superioridade.[30]

Se a datação da aparição dos *tohosu* é complicada, a localização geográfica da sua procedência não é menos problemática. A maioria de informantes identifica sua origem no país Mahi, mas ali duas áreas concorrem como possíveis pontos de difusão do culto: Savalú, no norte, e o lago Azili (Azilì), na região Agonli (Agɔnlìn). Aliás, haveria uma terceira opção que identifica o culto como autóctone, originário da região em volta de Huaué e Cana. Essas versões não são necessariamente contraditórias e podem refletir a natureza composta dos Nesuhue, integrando elementos de distinta procedência. O culto aos espíritos dos rios já era apontado no Daomé pelos viajantes no século XVIII.[31] Esse complexo religioso, incluindo divindades como os *tohosu*, Azili, Azaká e Hlàn, apesar das variantes locais, pode ser associado, de forma genérica, ao país Mahi.

O velho Semasusi dizia que os *tohosu* vinham de Savalú, e outros sacerdotes, da mesma forma, mencionavam rios dessa região.[32] O vodum Azaká é um *tohosu* que todos reconhecem como originário de Savalú, e ele figura de maneira proeminente nos cultos Nesuhue. Uma lenda sustenta que Homèvo Abada, o introdutor dos *tohosu* em Abomé, era amigo de Azaká, reforçando a ideia de Savalú como centro difusor desse culto.[33] Por outro lado, nos cantos Nesuhue há diferentes alusões a outro vodum, Azili ou Tobo Azili, associado ao lago do mesmo nome, na margem oriental do rio Uemê, no país Agonli. O lago Azili é considerado a residência ou a fonte original do poder dos *tohosu*.[34] Já em Abomé, a principal fonte associada aos *tohosu* é Dido.

Outro curso de água ligado aos *tohosu* é o rio Hlàn, afluente do Uemê, com nascente ao norte de Cana (ver mapa 2). Segundo Le Herissé, Hlàn era o primeiro vodum do panteão das fontes e dos rios sacralizados, estendendo seu domínio às árvores sumaú-mas (*Ceiba pentandra*) que nascem nas suas orilhas. Hlàn seria um vodum local, anterior à chegada dos aladahonu, mas esqueci-do por estes.[35] Em protesto, Hlàn teria provocado uma invasão de pequenas criaturas engendradas no fundo do rio que aterroriza-ram os daomeanos no tempo de Tegbesú, forçando a instalação do sacerdote Hlànon.[36] Embora essa narrativa não fale em *tohosu*, outra conta como Tegbesú, de forma conciliadora, teria dito a Hlàn: "Ninguém além de mim pode ser o rei da terra (*ai-hosu*); mas vocês serão os reis das águas (*to-hosu*)".[37]

A lenda de Hlàn aponta para mais um caso de pacto político--religioso (ou sistema de autoridade dual) entre os "donos da ter-ra" (*ayinon*) e os aladahonu, com o reconhecimento e a apropria-ção dos espíritos fluviais (*tohosu*/Hlàn) como estratégia para administrar as tensões geradas pelo processo de dominação. Po-rém, como no caso de Agassu, o discurso oficial acabou por trans-formar aquilo que inicialmente era local num elemento externo associado aos invasores. Assim, algumas tradições orais identifi-cam Hlàn (ou Tosu-Hlàn) com um irmão dos primeiros reis ala-dahonu, Ganyehessu (Gannyéxésú) e Dakodonu, que após sua morte se transformou em rio.[38]

A permanente reconstrução do ritual, através da justaposição e superposição de elementos autóctones e importados, não se li-mitava à liturgia dos *tohosu*, mas se estendia aos Nesuhue como um todo. A influência da região mahi (Savalú) e agonli (Azili), por exemplo, é perceptível no complexo processo de iniciação que ca-racteriza os cultos Nesuhue. Este se divide em dois estágios princi-pais. No primeiro, num ritual relativamente simples chamado *asì sò ḍò tè*, a noviça é consagrada a determinado vodum, mas essa iniciação não comporta a "morte ritual" simbolizada pela sua queda no chão.[39] Após o ritual a vodúnsi é chamada *hundote* (*hùn ḍò tè*, literalmente "vodum em pé") e recebe um novo nome, como

Akabasi, Dakosi, Nasi, Daasi e outros. Essa iniciação permite à vodúnsi participar e dançar durante as cerimônias públicas. Essa forma de recrutamento costuma ocorrer todo ano, e cada templo Nesuhue prepara as suas vodúnsis.

Num segundo momento, geralmente ao cabo de vários anos, a vodúnsi pode ser submetida a novo processo de iniciação. Através de uma série de rituais chamados Yivodo (ir, *yì*, a Vodò), a vodúnsi pode atingir o grau máximo na hierarquia dos Nesuhue. O Yivodo é um complexo de cerimônias organizadas pelo rei e pelos *vodunons* com intervalos de vários anos. Todos os templos de Nesuhue enviam várias vodúnsis para participar dessa cerimônia coletiva. O último Yivodo foi celebrado em Uidá, aproximadamente em 1945, e o anterior em Abomé (1935).[40]

No Yivodo, a vodúnsi experimenta uma "morte ritual", da qual se fala *vodún hù asì* (o vodum matou a sua mulher), e ela permanece vários dias prostrada no chão. Nesse momento, a vodúnsi é chamada *hùn cyó* (o cadáver do vodum). Esse estado é seguido de uma "ressurreição ritual", conhecida como *hùn fínfón* (acordar do vodum), que inaugura a nova vida espiritual da vodúnsi. A partir desse momento, a noviça será conhecida como *vodúnsi hunjayi* (*hùn jà ayĭ*, a vodúnsi que o vodum jogou por terra). Esse estágio é seguido por um período de treinamento e aprendizado no qual a vodúnsi adquire nova personalidade sagrada. Na última parte da iniciação, numa outra série de cerimônias, algumas mulheres *hunjayi* são "preparadas" para atuar como *tobosi* (*tɔbosí*) ou *bobo*, um estado infantil com um comportamento associado à mendicância ritual. É só quando uma vodúnsi é "preparada" para o estado de *tobosi* que ela atinge o mais alto status no culto Nesuhue, e é então conhecida como *mahisi* ou *mahinu* (*maxísì, maxínù*). Portanto, no culto Nesuhue, diz-se que depois de ser *tobosi* a vodúnsi vira *mahisi*.[41]

Durante o Yivodo, as vodúnsis recebem um nome pessoal

como *tobosi* e outro como *mahisi* e também aprendem a falar línguas rituais (ou repertórios lexicais) particulares: os *mahisi* falam uma e as *tobosi*, outra. No primeiro caso parece tratar-se de uma mistura dialetal das línguas fon e mahi; no segundo, o *bobogbè* (a língua das *bobo*) parece ter também influência do mahi.[42] Cabe notar que *tobosi* significa mulher ou devota de Tobo. O termo pode ser interpretado como um composto de *bŏ* (objeto de poder) e *tɔ̀* (água), ou seja, sortilégio das águas. Paralelamente, outras pessoas relacionam Tobo com o vodum Azili Tobo, sendo *tobo* uma contração de *tɔ̀gbŏ*: o grande (*gbŏ*) curso d'água (*tɔ̀*). Nas duas interpretações o vínculo com a água é reconhecido, havendo no segundo caso referência explícita à região agonli.

Esta breve descrição dos processos iniciáticos — incluindo o complexo ritual Yivodo, o preparo dos mahisi e das *tobosi* e o uso da língua mahi —, junto com a relação cosmológica entre os *tohosu* e voduns como Azili e Azaká, permite postular uma forte influência das práticas rituais mahi, especialmente agonli, na instituição dos Nesuhue.[43] Como explicava Semasusi, qualquer cerimônia Nesuhue de alguma importância deve ser iniciada com certos rituais secretos no lago Azili. Aliás, no Yivodo, os rituais para o preparo das *tobosi* são dirigidos por sacerdotes Nesuhue, juntamente com um *vodunon* chamado Gbagàn, originário do país de Azili.[44]

CONTRAPONTO ATLÂNTICO: NA AGOTIMÉ E A CASA DAS MINAS

As informações acima derivam da etnografia contemporânea e indicam processos de apropriação de práticas externas na configuração dos cultos Nesuhue. Não permitem, porém, como no caso dos *tohosu*, estabelecer nenhuma cronologia minimamente confiável. Nessa conjuntura, a comparação com práticas religiosas desenvolvidas no outro lado do Atlântico se apresenta como um caminho para a interpretação histórica. A etnografia do tambor de mina — nome dado à religião de matriz africana no estado brasileiro do Maranhão — e, em particular, a da Casa das Minas, localizada na cidade de São Luís, constitui um contraponto único e excepcional para nossa compreensão das práticas africanas.[45]

Fundada em algum momento da primeira metade do século XIX, a Casa das Minas preservava — pois na atualidade se encontra quase extinta — como nenhum outro templo no Brasil, e provavelmente nas Américas, fortes "sobrevivências" do culto aos ancestrais reais de Abomé. Apesar das inevitáveis e evidentes transformações acontecidas em ambos os lados do Atlântico, o paralelismo pode ser identificado em vários aspectos do panteão e da atividade ritual.

Em 1943, Costa Eduardo foi o primeiro pesquisador a mencionar que os voduns venerados na Casa das Minas incluíam vários reis do Daomé. Ele acrescentou que os membros da Casa das Minas não tinham conhecimento desse fato.[46] Em agosto de 1948, o fotógrafo francês Pierre Verger obteve de mãe Andresa, a máxima responsável pelo culto naquele momento, uma lista dos voduns venerados no templo. Em dezembro do mesmo ano, em entrevista com Mivede, em Abomé, Verger confirmou que a maioria dos voduns das famílias Davice e Savaluno, em São Luís, eram nomes de ancestrais divinizados da família real de Abomé. Comparando os nomes dos reis, Verger concluiu que Agonglo era, cronologicamente, o último da dinastia conhecido no Brasil, demonstrando que as pessoas que fundaram a Casa das Minas teriam chegado ao Brasil após 1797, ano da morte de Agonglo. Além dos reis, o panteão brasileiro inclui pelo menos duas *kpojitó*, Naiadono (Adonon) e Naité (provavelmente Naité Sedume, mãe do rei Agonglo).[47]

Embora o termo *tohosu*, na sua acepção de "príncipe das águas" ou de "criança monstro", não seja conhecido na Casa das Minas, o templo também é designado como Querebentã de Zomadonu, ou casa de Zomadonu. A presença do *tohosu* como "dono espiritual" da casa (responsabilidade compartilhada com Naité) e como vodum principal da sacerdotisa fundadora e sua sucessora permite inferir que essa entidade não foi uma agregação tardia, mas que esteve presente desde os primórdios do templo. Zomadonu seria o único *tohosu* preservado no Brasil, embora outros importantes voduns associados aos *tohosu*, como Azili e Azaká, façam parte do panteão da casa.[48]

Em relação à atividade ritual, a estrutura da iniciação característica do culto Nesuhue, examinada acima, encontra surpreendente correspondência com aquela praticada na Casa das Minas. A iniciação das vodúnsis, no passado, era também dividida em dois estágios. O primeiro consistia numa iniciação "simples" na qual a vodúnsi adquiria o grau de *vodúnsi-he*.[49] Porém, era no segundo estágio da iniciação, celebrado com intervalos de vários anos, que a vodúnsi virava *vodúnsi gonjaí* (a *vodúnsi hunjayi* dos Nesuhue), o status mais alto só alcançado pelas devotas com mais experiência e idade. Só as *vodúnsi gonjaí* podiam receber, além do seu vodum, uma segunda entidade espiritual, a chamada *tobosi* ou *tobosa*, e só a *vodúnsi gonjaí* podia assumir a função de *noché* ou chefe da casa. Costa Eduardo proporciona uma breve descrição dessa cerimônia e nota que a "consagração" da *tobosi* ocorria, como no Benim, na última parte da iniciação.[50] A última iniciação para "graduar" *vodúnsi gonjaí* na Casa das Minas (correspondente ao Yivodo no Benim) foi celebrada em 1914 com dezoito vodúnsis, mas, com a morte dessas mulheres, as *tobosi* deixaram de manifestar-se a partir dos anos 1960. Essa interrupção da tradição é responsável, em grande parte, pela decadência atual da Casa, pois impede a legitimação ritual da cadeia sucessória na chefia.

FIGURA 16. *Vodúnsis com suas* tobosi, *após a última feitoria de gonjaís, em 1914. Casa das Minas, São Luís, Maranhão.*

Esta breve comparação etnográfica permite afirmar que aspectos fundamentais da estrutura litúrgica dos Nesuhue, como o complexo iniciático do Yivodo, envolvendo a graduação das *vodúnsi hunjayi* e das *tobosi*, assim como elementos centrais do panteão — incluindo, além dos reis e das rainhas, os *tohosu* —, já estavam instalados em Abomé no tempo em que as fundadoras da Casa das Minas chegaram ao Brasil.

Embora a fundação do Querebentã de Zomadonu não possa ser datada com precisão, as estimativas mais confiáveis sugerem que ele começou a funcionar por volta de 1847.[51] Em 1942, mãe Andresa disse a Nunes Pereira que as fundadoras eram "contrabando", sugerindo que teriam sido embarcadas para o Brasil depois de 1815, quando o tratado anglo-português proibiu o comércio de escravos na África Ocidental.[52] Se levarmos em conta que a abertura da Casa pode ter demorado vários anos — o tempo necessário para as fundadoras comprarem sua liberdade e organizarem a comunidade religiosa —, é razoável presumir que a transferência atlântica do conhecimento relativo aos Nesuhue e aos *tohosu* possa ter ocorrido entre 1797 e 1830.

Pressupondo que o culto Nesuhue só poderia ser transferido ao Brasil por um grupo de pessoas próximo à corte daomeana, e constatando que isso só aconteceu após a morte de Agonglo, Verger levantou a hipótese de ser Na Agotimé a fundadora da Casa das Minas.[53] Essa rainha, viúva do rei Agonglo e "mãe" de Guezo, teria sido escravizada e vendida pelo rei Adandozan. As tradições orais têm representado Adandozan e Guezo como meios-irmãos, Guezo aparecendo como o herdeiro escolhido pelo pai, e Adandozan atuando como regente, mas depois se recusando a entregar o poder.[54] A escravização de Na Agotimé se enquadraria, assim, na tentativa de Adandozan de suprimir os aliados de Guezo.

A memória da venda da rainha aos negreiros aparece registrada pela primeira vez no Daomé, na década de 1910, e a lenda de Guezo, uma vez rei, ter enviado várias embaixadas (constituídas pelo interprete Dossuyovo e o Migan Atindebako) às Américas em busca da mãe, era popular nos anos 1920. Na versão do etnólogo beninense Paul Hazoumé, as viagens ao Brasil, a Cuba e às Antilhas à procura de Agotimé foram infrutíferas.[55] Em 1931, Herskovits registrou em Abomé uma narrativa bastante detalhada que afirma que Na Agotimé foi escravizada e embarcada para o Brasil junto com 63 dos seus seguidores. Já idosa, teria sido vendida várias vezes, passando 24 anos nas Américas, onde "*fundou o culto ao seu deus daomeano*". Em relação ao regresso de Na Agotimé, essa versão sustenta que Francisco Felix de Souza a encontrou e a trouxe de volta com outros seis daomeanos por volta de 1840, e foi assim que a história dela se preservou.[56]

Verger apresentou essa tradição oral para sustentar sua hipótese — citando Hazoumé, mas não a versão de Herskovits —, e aportou algumas informações relativas às supostas embaixadas de Guezo, com base no relato do major Cortez da Silva Curado, que em 1886 entrevistou em Uidá o já idoso embaixador Dossuyovo. É provável, porém, que a viagem de Dossuyovo correspondesse à embaixada enviada por Adandozan em 1810, e não àquela enviada por Guezo em 1818.[57] Esta última foi, efetivamente, organizada por Francisco Felix de Souza, e era integrada por um embaixador chamado Amussú, "tio legítimo" de Guezo, um acompanhante e quatro vassalos portugueses retidos na corte de Abomé por muitos anos. Na única carta de Guezo que se conserva dessa embaixada, contudo, além de solicitar diversas prerrogativas comerciais, não há nenhuma alusão a Na Agotimé.[58]

No Daomé do século XVIII, o sacerdócio no culto aos voduns reais era geralmente delegado a membros das famílias *anato*, entre os quais se encontravam as mulheres do rei.[59] Na Agotimé, natural de Tendji, apesar de pertencer à família real por casamento, pode ter assumido responsabilidades religiosas, como o fizeram as *kpojitó* Na Huanjile e Adonon.[60] Contudo, existem dúvidas quanto ao momento da sua possível escravização. Herskovits sugere que tenha acontecido imediatamente após a morte de Agonglo, em 1797, já Dunglas sugere um período posterior.

O envenenamento do rei Agonglo, tramado pelo seu irmão mais velho, almejava um golpe de Estado, que foi sufocado pelos ministros Mewu e Migan.[61] Depois do enterro, o primogênito, Anibabel, que inicialmente tinha renunciado ao trono em favor do irmão Adandozan, tentou contestar a sucessão.[62] A tentativa lhe custou a vida, e o Mewu, para evitar mais ameaças, ainda teria assassinado mais dois irmãos menores de Adandozan. Este, por sua vez, teria eliminado seu tio e aqueles envolvidos na morte do pai. Essas guerras intestinas produziram novecentos prisioneiros: trezentos foram repartidos entre os chefes locais e seiscentos enviados a Uidá para serem vendidos. Numa primeira hipótese, Na Agotimé estaria nesse comboio de escravizados que o padre Pires presenciou a caminho do litoral.[63]

O padre baiano fala de dois irmãos menores de Adandozan, mas não faz menção a outros filhos de Agonglo, o que sugere a possibilidade de Guezo ter pertencido a uma linhagem distinta da de Adandozan.[64] Nesse caso, a escravização de Na Agotimé poderia ter acontecido, não após a morte de Agonglo, mas anos depois, quando Guezo começou a representar uma ameaça ao trono de Adandozan. Dunglas situa a venda da mãe de Guezo no momento em que o governo de Adandozan teria se desgastado pelo insucesso econômico e militar.[65] Segundo a narrativa coletada por Herskovits em Abomé, Na Agotimé teria sido escravizada por volta de 1816, data que coincide com o período de "contrabando" apontado por mãe Andresa.[66]

Em relação ao possível regresso de Na Agotimé a terras africanas, em 14 de março de 1843, o pastor metodista Freeman menciona uma visita à "mãe do rei" em Abomé.[67] Em junho de 1845, Duncan descreve a "mãe do rei" como uma robusta mulher de oitenta anos, se prostrando diante de Guezo e dançando junto à "avó" deste, uma mulher centenária. Não se sabe se elas eram as genitoras biológicas ou apenas suas representantes nominais.[68] Por outro lado, sabemos que, em outubro de 1848, Guezo tinha levantado duas "tumbas" ou *djeho*, em Abomé e em Cana, para sua mãe "Na Agotonné Ahosi Evo Djia Artisne", indicando que Na Agotimé já era tida como morta. O fato de a tumba de Cana, à diferença das dos outros reis, estar vigiada por uma guarda de vinte amazonas sugere uma morte recente. Também as "pinturas religiosas" que decoravam o exterior do mausoléu podem ser indicativas de iconografia católica, talvez herança do passado "sincrético" e brasileiro da rainha.[69] Um ano depois, em outubro de 1849, o rei Guezo iria "realizar uns Costumes em memória da sua mãe", em Tendji, sua aldeia natal.[70] Podemos concluir então que a hipótese de Na Agotimé ter sido a fundadora da Casa das Minas dataria a transferência atlântica do saber religioso dos Nesuhue e dos *tohosu* entre 1797 e 1816, durante o reinado de Adandozan. A hipótese também pressupõe que a fundação da Casa das Minas teria acontecido antes de 1848, ano da suposta morte da rainha.

Se as práticas rituais dos *tohosu* foram apropriadas pelo Daomé do país Mahi, em especial do povo agonli, em algum momento do século XVIII podemos supor que diversas formas de cultos aos espíritos dos rios, como Azili ou Azaká, foram trazidas ao Brasil (e a Haiti e Cuba) por escravizados dessa região. No entanto, a veneração *conjunta* dos antepassados reais daomeanos e do *tohosu* Zomadonu, como acontece na Casa das Minas, era necessariamente muito mais limitada. O culto a Zomadonu seria originário do bairro Ahuanga Lego, em Abomé, e somente durante o reinado de Guezo, a partir de 1818, parece que as práticas Nesuhue foram exportadas para Uidá, acompanhando as famílias fons de Abomé.[71] Em outras regiões, como Savalú, onde coexistem os *tohosu* e os Nesuhue, os últimos não incluem os reis daomeanos.[72] Essa evidência reforça o argumento de que os sacerdotes que fundaram a Casa das Minas vieram de Abomé ou áreas próximas.

Levando em conta que a escravização de sacerdotes do culto real era bastante incomum (e só se daria em circunstâncias excepcionais, como disputas sucessórias ou castigos exemplares), e que após 1850 o tráfico atlântico de escravos no Maranhão foi praticamente inexistente, a possibilidade de chegadas sucessivas de especialistas religiosos dos Nesuhue a São Luís se torna bastante improvável. Nessa circunstância, meu argumento é que a identificação de semelhanças etnográficas entre a Casa das Minas e os Nesuhue de Abomé pode ajudar a datar aspectos discretos desse culto nas primeiras décadas do século XIX (durante o reinado de Adandozan). Isso é significativo se levarmos em conta que, no

Daomé, referências aos *tohosu* só podem ser identificadas, de forma indireta, a partir de meados do século em diante, e que outros elementos estruturais, como a iniciação em dois estágios, o cerimonial do Yivodo e as *tobosi*, só estão documentados no século XX. Obviamente, a configuração dos Nesuhue foi resultado de um processo cumulativo que se desenvolveu ao longo do tempo, com elementos que provavelmente remontam ao século XVIII. Assim, a tentativa de datação da transferência atlântica desse saber entre 1797 e 1816 contribui para uma historicização mais pormenorizada das práticas rituais dos Costumes e dos Nesuhue.

O RITUAL NESUHUE CONTEMPORÂNEO E A MEMÓRIA POLÍTICA DO REINO

Esta segunda parte do capítulo se afasta da clássica abordagem historiográfica e examina a relação entre memória política e prática ritual, no contexto dos Nesuhue contemporâneos. Como vimos, a organização do culto aos ancestrais reais em volta dos templos dos *tohosu* encontra suas raízes na segunda metade do século XIX. Os Nesuhue, porém, parecem ter se consolidado durante a ocupação colonial francesa, a partir da conquista militar em 1894, quando os Costumes anuais foram reduzidos em grandeza e a monarquia foi despida de autoridade política e meios econômicos. No período colonial, os Nesuhue, na sua preservação da memória dos reis, passaram a encobrir um discurso de resistência sob os olhos desconfiados da administração francesa. O ritual oferecia um espaço de expressão codificada dos valores e significados das populações subjugadas, inclusive dos príncipes *ahovi*, que nesse momento passaram a ocupar também a posição dos "fracos" diante do administrador colonial.

Nesse processo houve uma "democratização" dos *tohosu*, e as famílias *anato* começaram a instalar seus altares *tohosu*, porém para isso deviam recorrer à aprovação e à tutela de uma coletividade familiar que já tivesse assentado um *tohosu*, e essa dependência remetia, em última instância, a um dos grandes templos *tohosu* dos reis. Analisando esse fenômeno, alguns autores interpretaram a instituição dos *tohosu* contemporânea como um sistema político que se expressa através da linguagem religiosa, um dispositivo simbólico que estrutura a organização social de Abomé e que legitima, em bases transcendentes, a supremacia do poder real, mantendo a centralização e a unidade nacional hierarquizada.[73]

Ora, a proliferação e a apropriação do ritual *tohosu* pelas famílias *anato* podem também ser interpretadas, não como simples signo de subordinação popular à aristocracia, mas, ao contrário, como signo de independência e competição política. Essa dinâmica de apropriação desenvolvida a partir do período colonial seria expressiva do surgimento de espaços de poder alternativos. Através da imitação do modelo real, coletividades ou chefaturas menores podiam aspirar a status e prestígio da aristocracia. No entanto, a introjeção dos valores da "classe" dominante e a reprodução do idioma ritual da realeza para projetar o prestígio da linhagem socialmente ascendente resultam, de fato, num reforço do sistema "tradicional".

No Daomé pós-independência, a partir da década de 1960, o ritual Nesuhue e a instituição dos *tohosu*, já bastante expandida, inclusive fora de Abomé (em cidades como Uidá), contribuíram para perpetuar a memória do antigo reino e para reforçar a expressão de uma identidade fon como força política, no contexto do novo Estado-nação multiétnico. Essa tendência se acentuou com as políticas da diferença promovidas a partir da década de 1990, acompanhando o processo de democratização política e de valorização dos "usos e costumes tradicionais". Nessa conversão da religião em cultura, hoje os templos *tohosu* são enclaves de rotas turísticas para a promoção da região de Abomé e, junto aos palácios restaurados com capital internacional, constituem um dos emblemas mais visíveis das chefias tradicionais e da glória passada dos antigos reis daomeanos.

Apesar dessas dramáticas transformações, o ritual Nesuhue--tohosu continua a fornecer uma janela privilegiada para interpretar o passado. O seu estudo, mesmo sob o risco de incorrer no anátema historiográfico do anacronismo, permite vislumbrar os modos pelos quais a genealogia real estrutura o ritual e, portanto, os modos pelos quais o ritual ativa e preserva a memória da monarquia. Ao mesmo tempo, a análise das entidades espirituais que gravitam na órbita dos Nesuhue-tohosu revela a persistência do pluralismo religioso, mas também oferece indícios de possíveis tensões sociais entre os reis e grupos concorrentes, fossem eles os autóctones guedevís, os vizinhos mahis, as linhagens *anato* ou inclusive linhagens *ahovi* que, por um motivo ou outro, foram afastadas do poder.

É sabido que a "memória social" está sendo constantemente reelaborada na prática social, e que aquilo que é lembrado do passado responde, necessariamente, aos interesses e preocupações do presente.[74] Georges Balandier lembra que "os graus da *consciência histórica* se acham em correlação com as formas e o grau de centralização do poder político", e sublinha que nas sociedades estatais ou de poder centralizado, como o Daomé, é onde "se apreende, com nitidez, a utilização da *história ideológica* para finalidades de estratégia política". Já vimos, por exemplo, no capítulo 3, a provável manipulação da origem da dinastia real em Tado como forma de legitimação política. Balandier ainda distingue a *história pública* ou "oficial" — fixa nos seus traços gerais e relativa a toda uma unidade social (reino, etnia ou nação) — da *história privada*, ou pessoal, "definida no pormenor, sujeita a deformações, que se refere a grupos particulares e a seus interesses".[75]

A memória privada preservada no seio das coletividades *ahovi* e *anato* pode ser correlacionada ao conceito de "roteiros ocultos" (*hidden transcripsts*) utilizado por James Scott para se referir às narrativas que, sem serem explicitadas publicamente, contestam o discurso dominante e constituem uma forma velada de resistência às estruturas do poder.[76] As histórias contadas na intimidade da família, lembranças misturadas com lenda, histórias fragmentadas ou inconclusas, intercaladas de silêncios e segredos, inclusive as fofocas e os rumores, são formas desse modo de lembrar difuso, não linear, indireto e alegórico. No âmbito cerimonial dos Nesuhue, convergem essas várias dimensões da memória, a pública e a privada, a oficial e a subalterna, todas com sua carga ideológica, mas umas com mais visibilidade que outras.

Rosalind Shaw distingue ainda "memória discursiva" — veiculada em narrativas intencionais e relatos explícitos sobre o passado — e "memória prática" — codificada em hábitos ou disposições corporais, práticas sociais, processos rituais e experiências incorporadas.[77] Os Nesuhue, como os Costumes no passado, constituem um lócus privilegiado para a produção, preservação e ativação tanto da "memória discursiva" como da "memória prática", uma retroalimentando a outra e às vezes se emaranhando e confundindo.

A primazia da história no Daomé já foi destacada no século XIX. O francês Blanchely afirmava que "a forma de calcular o tempo não se efetua como na Europa. Para fixar uma data, se diz, por exemplo: eu era jovem no início do reinado deste monarca; o meu filho nasceu quando o rei invadiu tal país".[78] Segundo Paul Mercier, os daomeanos têm propensão a referir as coisas à história da monarquia, e destaca a predominância de um "tempo dos reis" (*royal time*), em oposição a um "tempo mítico", indicando uma incipiente forma de secularização e modernidade.[79] Herskovits coletou o testemunho de um daomeano que dizia: "a vida no Daomé está baseada na história e é a história que governa o país". Outros autores têm caracterizado o Daomé como uma sociedade que afirma a própria existência na transmissão da própria história.[80]

As evidências analisadas até aqui mostram como a genealogia real, ou a ordem cronológica dos reis — o que poderíamos chamar de "tempo dinástico" —, constituía o fator estruturante dos *sin-kon*. Celebrava-se em primeiro lugar o rei mais antigo, Dakodonu; em segundo lugar o seu sucessor, Huegbaja; depois o sucessor deste, Akaba, e assim por diante, com Agajá, Tegbesú, Kpengla e outros. Desse modo, a ordem das cerimônias emulava e revivia a história da monarquia.

Com alguma diferença, essa mesma estratégia continua a se reproduzir no culto Nesuhue. O discurso normativo sustenta que as celebrações anuais devem iniciar-se no templo de Zomadonu, associado ao rei Akaba, e seguir nos templos dos outros reis pela ordem dinástica. Só após a conclusão do ciclo real é possível iniciar as festas para as divindades "públicas". A dinastia determina também a hierarquia dos *tohosu* e, por sua vez, a do seu corpo sacerdotal. Zomadonu, o primeiro *tohosu*, é considerado o chefe dos *tohosu*, enquanto Mivede, seu sacerdote, ocupa a chefia dos sacerdotes Nesuhue. De forma análoga Kepelu, o segundo *tohosu*, coloca o seu sacerdote, Kpelusi, no segundo degrau da hierarquia sacerdotal e assim por diante.

O trabalho de Houseman e seus colaboradores mostrou como a expansão de Abomé resultou da agregação sucessiva dos novos bairros e palácios externos fundados por cada um dos reis para si ou para os príncipes herdeiros. A partir do núcleo original amuralhado (Abomé), a estrutura evolutiva do crescimento urbano desenha uma forma *mais ou menos* espiral e centrífuga, girando no sentido anti-horário.[81] Com a ampliação dos Costumes e a construção dos diversos templos Nesu nas imediações dos palácios externos, o itinerário percorrido pelas diversas cerimônias

Nesuhue acompanha, de forma complementar à cronologia dinástica, o crescimento topográfico da cidade (ver capítulo 4, gráfico 2). Assim, a memória dos reis se inscreve no espaço urbano, delineando percursos e limites geográficos, que por sua vez demarcavam hierarquias, comportamentos e relações de poder.[82] Essa organização da ordem ritual e espacial através da genealogia real pode ser pensada como uma forma de memória prática, que se perpetua no hábito e nas ações das pessoas, sem ser necessariamente consciente. Contudo, a lembrança dos reis também pode adquirir formas discursivas, mais explícitas e intencionais no ritual.

O repertório dos cantos Nesuhue constitui a espinha dorsal que ordena a sequência de vários segmentos rituais, em particular das festas públicas com as danças dos voduns. Embora esse repertório seja extremamente rico, incluindo séries dedicadas a voduns como a serpente Dan ou os gêmeos Hoho, o conjunto mais importante de cantos, o chamado *hoga*, está dedicado aos *tohosu* e aos reis. A sua ordem, mais uma vez, está determinada pela genealogia real, iniciando com toadas em louvor a Zomadonu (*tohosu* de Akaba), Kepelu (*tohosu* de Agajá), Adomu (*tohosu* de Tegbesú) e outros (ver tabela 6). Enquanto recurso mnemotécnico, a sequência dinástica pode ser considerada "memória prática", mas os cantos, enquanto locuções verbais musicadas que narram e celebram as façanhas dos reis, assim como a recitação dos seus nomes fortes, frases alegóricas de alto teor simbólico, constituem a forma mais explícita de "memória discursiva".

Os cantos Nesuhue condensam o éthos bélico do Daomé e a ideologia de expansão militar que caracterizou sua história. Nos cantos *hoga* constam diversas alusões a guerras contra povos vizinhos, como os agonlis, os mahis, os uemenus, ou os reinos iorubás de Oyó e de Save. Também há referências às guerras contra os franceses, no início da dominação colonial, e às disputas intestinas, como entre Guezo e Adandozan, ou, já sob controle francês, entre Behanzin (Gbɛhanzìn) e Agoli-Agbo (Agoliágbò). Trata-se, portanto, de memória discursiva sobre mais de dois séculos de história sintetizada numa série de metáforas, às vezes de significado obscuro, só interpretável pelos detentores do "conhecimento profundo" da tradição. Outras vezes, a memória da totalidade é evocada através do fragmento, com a alusão a uma anedota que remete ao fato histórico maior.[83] Já no século XVIII, os trovadores (*hanjitɔ*) responsáveis pela recitação e entonação desses hinos e louvores eram comparados aos historiadores da Europa.[84]

A presentificação dos antepassados se produz também através de processos de incorporação mediúnica. Como vimos no capítulo anterior, durante os *sin-kon*, os reis e as rainhas se manifestavam nas vodúnsis consagradas para esse fim (as *bassaje* de Skertchly ou *dadasi* em termos atuais). Essa visibilidade pública de personagens históricos corporificados nas suas médiuns talvez seja o meio mais espetacular pelo qual o passado é revivido e trazido para o presente. Enquanto experiência corporal, sensível e internalizada, não necessariamente consciente ou intencional, é provável que a manifestação mediúnica seja a forma por excelência de "memória prática". As médiuns carregam também atributos simbólicos, inscritos no vestuário, que marcam a identidade dos ancestrais, por exemplo. Assim, o ritual Nesuhue corporifica e personifica uma narrativa histórica que, além de reforçar a instituição monárquica, regenera e atualiza a memória dos seus soberanos.

A primazia da história e da memória incorporada se expressa também pela já mencionada "sucessão de posições", em que certos indivíduos assumem os nomes, identidades e histórias dos defuntos reis, rainhas e personagens-chave do reino. Dalzel, por exemplo, menciona "a grande mãe do rei que nunca morre, embora às vezes possa falecer", e explica que, além da mãe biológica, há sempre outra nominal que detém o título como uma marca de honra e status entre as mulheres.[85] As pessoas que assumem essas identidades são normalmente parentes da personagem histórica e preservam versões dos eventos históricos que muitas vezes não correspondem à versão oficial.

Essas formas de memória incorporada encontram um complemento nos processos de nomeação. Associada à crença na transmigração das almas, por exemplo, a presença do ancestral pode se processar através do *djoto*. Na cosmologia daomeana, o *djoto* é o espírito de um ancestral da linhagem que acompanha o indivíduo como uma espécie de "anjo da guarda". Ele não apenas acompanha, mas é um elemento espiritual constitutivo da pessoa. Assim, o *djoto* comporta a presença do defunto no presente do vivente. O príncipe Hahansu (o futuro rei Behanzin), por exemplo, tinha por *djoto* o seu avô Agonglo e, de fato, o nome de Agonglo, enquanto príncipe, era também Hahansu.[86]

Essas formas de memorização do ancestral, através da apropriação do seu nome, da sua incorporação mediúnica ou da absorção da sua agência espiritual enquanto *djoto*, mostram alguns dos mecanismos que articulam a ideologia da descendência. A partir desses pressupostos culturais de transferência espiritual, a linhagem constitui uma "cadeia de transmissão" de mão dupla, que traz elementos do passado para o presente e orienta e projeta a existência dos viventes para o passado. Como vimos no capítulo 1, o nexo que une os anéis dessa cadeia é a relação filial. Nas danças Nesuhue, por exemplo, a devoção filial se expressa de forma vívida na coreografia em que os voduns mais jovens seguram a bengala dos mais velhos, lhes oferecendo o ombro para eles se apoiarem na sua retirada. Um gesto carregado de significado.

Mas, para além dessas formas de expressão corporal, a memória se codifica também na cultura material. A heráldica confeccionada com têxtil nas bandeiras e guarda-sóis expressa, através de um complexo simbolismo iconográfico, figuras e eventos históricos. Como vimos no capítulo anterior, a presença dos reis se

FIGURA 17. *Trono do rei Guezo. Museu Abomé, c. 1950.*

perpetua nos *djeho*, nos palácios e nos templos Nesu, onde são oficiadas as cerimônias. Nessa arquitetura, as pinturas e os baixos--relevos redundam nessa ânsia memorialística. Todavia, os monarcas são presentificados por determinados objetos sacralizados, como os tronos, os *assen* e, mais recentemente, até os retratos fotográficos. Esses objetos são como pegadas ainda quentes da presença do antepassado que concentram e fixam a atenção da comunidade, ao mesmo tempo que rememoram e perpetuam sua memória coletiva. Ora, ao lado da memorização explícita dos reis, há no ritual Nesuhue esquecimentos deliberados, omissões significativas, assim como vestígios, às vezes bem dissimulados, da memória alternativa dos grupos subalternos que foram excluídos das narrativas oficiais.

PLURALISMO RELIGIOSO E DISCURSOS DE PROTESTO RITUAL

As intrigas palacianas travadas entre as diversas coletividades *ahovi* marcaram a história do reino. Nesse contexto, a discrepância entre a história pública e as histórias privadas é notável. Já foi analisada a construção do mito de origem em Tado da dinastia aladahonu e a provável apropriação — no século XVIII — de voduns autóctones (Agassu, Hlàn) como ancestrais do grupo invasor, para legitimar a usurpação do trono aos guedevís e outros grupos. Também é conhecida a supressão de Adandozan da dinastia oficial, silenciando quase vinte anos de história (1797-1818), promovida pelo seu meio-irmão Guezo. Isso não podia deixar de se refletir na face cerimonial da monarquia, de modo que Adandozan é o único rei sem palácio privado ou templo *tohosu* e, nos cantos, ele é apenas aludido de forma derrogatória.[87] Esse exemplo sugere como a história pública — reforçada pelo ritual — está sujeita a múltiplas manipulações e adaptações em função dos interesses políticos do dominante.

Como o leitor advertido terá notado, houve nos Nesuhue contemporâneos uma alteração significativa na dinastia real enquanto pauta da sequência ritual. A precedência de Zomadonu, e portanto do rei Akaba, nos rituais dos Nesuhue contrasta com a precedência dos reis Dakodonu e Huegbaja/Aho nos *sin-kon* dos Costumes. Essa discrepância não é fácil de explicar e exige o exame das distintas versões relativas à identidade dos primeiros reis do Daomé. Na década de 1720, o rei Agajá se identificava como o quarto rei após seu irmão, pai e avô.[88] Corroborando essa dinastia, em 1773, Norris forneceu a primeira lista de nomes conhecida: 1. Tacoodonou [Dakodou]; 2. Adaunzou I; 3. Vibagee; 4. Guadja Trudo [Agajá]; 5. Bossa Ahadee [Tegbesú] e 6. Adaunzou II [Kpengla].[89]

Autores posteriores identificam de forma sistemática o segundo rei, Adaunzou I, como Aho, e o terceiro, como Akaba. O inglês Dalzel, porém, transcreveu o nome do terceiro rei, Vibagee, como Weebaigah, o que levou Burton a identificar Akaba como Huegbaja.[90] Embora a semelhança entre Huegbaja e Vibagee seja significativa, Huegbaja é geralmente identificado com o segundo rei, Aho. Robin Law, porém, recorre a essa ambiguidade historiográfica para questionar a identidade de Huegbaja e relativizar seu papel como herói civilizatório e primeiro rei do Daomé, sugerindo ter sido essa imagem apenas uma "construção" tardia.[91] Para reforçar essa hipótese, ele aponta que os autores dos séculos XVIII e XIX identificaram Dakodonu como o fundador do palácio Danhome, suposto epicentro do reino, enquanto só autores do fim do século XIX, e do século XX, identificaram Huegbaja nesse papel.[92]

Agbidinoukun, irmão do rei Behanzin e principal informante de Le Herissé, afirmava serem os monarcas reinantes que construíam os palácios privados para os príncipes herdeiros (*vidaho/vìḍáxó*). Assim, Dakodonu teria derrotado o rei local, Aglì, para construir o palácio Agligome (conhecido hoje como palácio de Huegbaja), enquanto posteriormente Huegbaja/Aho teria derrotado o rei Dan para levantar o palácio Danhome (conhecido hoje como palácio de Akaba).[93] A evidência dos *sin-kon*, porém, sugere que a fundação do palácio Danhome, com os *djeho* dos três primeiros reis (Dakodonu, Aho, e Akaba), tenha precedido a fundação do palácio Agligome, que abriga os *djeho* do quarto rei Agajá e seus sucessores (ver capítulo 4).[94] Seja como for, no tempo de Agajá, por volta de 1725, os "dois palácios" já estavam construídos.[95]

O fato de os *sin-kon* prestigiarem Dakodonu e Aho *não* permite especular a possibilidade de serem essas figuras apenas "invenções tardias". Assim, a precedência de Zomadonu/Akaba na hierarquia e na ordem das cerimônias Nesuhue sugere algum tipo de transformação associada à emergência do culto *tohosu* na segunda metade do século XIX. Teria contribuído para essa prioridade o fato de o templo de Zomadonu estar localizado junto ao primeiro palácio do reino, o palácio Danhome de Akaba? O que se constata na atualidade é que Dakodonu não possui *tohosu*, e que o *tohosu* de Huegbaja, Aligodoe, foi instalado, ao que parece, num período recente, ficando sob a tutela do *vodunon* Abadasi. Na ordem das festas e dos cantos, ele ocupa uma posição final, junto a um grupo de voduns secundários, como Abada, Ahangbè e Awisu, e de *tohosu* não reais e estrangeiros, como Kossu de Aladá e Azaká de Savalú. Aliás, Aligodoe também não recebe um boi como os *tohosu* dos reis. Um possível caminho interpretativo para resolver esse enigma seria buscar os motivos dessa subversão da ordem dinástica na micropolítica dos especialistas religiosos que atuavam em torno do rei. Talvez possamos enxergar na nova visibilidade adquirida por Zomadonu a promoção do seu sacerdote, o Mivede, no tempo de Glele, embora saibamos, como mostra o caso da Casa das Minas, que esse *tohosu* era prestigiado com anterioridade. Serão necessárias futuras pesquisas para desvendar o mistério.

Outro caso interessante é o da filha do rei Huegbaja, Ahangbè, que segundo a lenda foi regente durante três anos (ou três meses), após a morte do seu irmão gêmeo, o rei Akaba, no início do século XVIII. Apesar do prestígio das *kpojitó* no Daomé, sua condição feminina e um suposto conflito sucessório com seu irmão Agajá parecem ter contribuído para o não reconhecimento dinástico e o silenciamento da sua memória, apenas preservada na privacidade das tradições dos seus descendentes. Não aparece registro de seu nome até o final do século XIX, e Le Herissé foi o primeiro a difundir sua história, sujeita a múltiplas variantes.[96] Embora algumas pessoas associem Ahangbè ao *tohosu* Bossuhon, ela não tem templo *tohosu* e é apenas venerada como ancestral ou vodum, ocupando, como Huegbaja, uma posição final na ordem das festas e no repertório de cantos.[97]

Um dos principais rituais Nesuhue é o chamado *nyì jǐ*, "montar sobre o boi".[98] Ora, no templo de Ahangbè, o vodum responsável pelo sacrifício do boi dança em volta do animal, mas não monta nele, como acontece nos outros templos *tohosu*. Sutil diferença que sinaliza a posição diferenciada e subordinada de Ahangbè. Contudo, conta a lenda que Ahangbè, por ser mulher, recebia como oferenda apenas um bode, mas, alegando os mesmos direitos que seu irmão Akaba, reclamou um boi. Uma cantiga diz que foi Guezo quem lhe concedeu esse privilégio: "Foi Guezo, o marido de Gundeme, que ordenou a Ahangbè se colocar no mesmo nível".[99] Além disso, um dos nomes fortes de Ahangbè seria "a mulher recusou o cabrito e comeu o boi" (*nyǒnù gbέ gbɔ̌ ɖù nyì*).[100] Constata-se, portanto, como o ritual codifica reivindicações e protesto velado, de caráter feminista nesse caso, de uma das coletividades *ahovi* marginalizadas.

O ritual oferece ainda outras brechas para a disseminação de discursos críticos embutidos na projeção da história oficial. No papel de *tobosi* ou mendicantes, no final das cerimônias, por exemplo, as vodúnsis apresentam um comportamento lúdico e jovial, e têm relativa liberdade para transgredir as convenções e boas maneiras. Nesse momento, as *tobosi* podem narrar breves histórias que ridicularizam ou censuram os reis do Daomé.[101] Esse desrespeito, só tolerável como licença ritual, pode ser interpretado como vestígio da tradicional animosidade entre os povos mahis e os conquistadores daomeanos. Lembro que o papel de *tobosi* só pode ser desempenhado pelas vodúnsis *mahisi*. Ou seja, mesmo que transformado pelos aladahonus, o ritual de matriz mahi perpetua espaços de expressão reservados àqueles que foram dominados.

Outros exemplos dizem respeito a Homèvo e Awisu. Como vimos no capítulo 3, tradições do início do século xx descrevem Awisu como um chefe guedeví, herdeiro do *ayinon* Akpahè, residente em Dokon, vencido e submetido por Huegbaja.[102] Tradições posteriores passaram a identificar Awisu como o primogênito de Huegbaja, perpetuando, porém, na relação de filiação, sua posição subalterna. As mesmas fontes afirmam que Awisu era, por sua vez, o pai de Homèvo Abada, o introdutor do culto *tohosu* em Abomé.[103] A liturgia Nesuhue preserva, veladamente, o reconhecimento da antiga autoridade dos guedevís. Embora Awisu não seja considerado um *tohosu*, a sequência de cerimônias nos templos dos reis finaliza no de Awisu (no bairro Lego), quando se desmonta o guarda-sol plantado ali no início do ciclo ritual.[104] Constata-se, assim, mais um indício de ligação entre os guedevís e o culto aos *tohosu* e a tentativa de integração dos referentes autóctones na genealogia dos invasores.

Outro vodum não incluído na lista oficial dos *tohosu*, mas que recebe reconhecimento ritual, é Gla ou Jagla. Nas cerimônias de instalação dos altares dos *tohosu*, por exemplo, quando se preparam os potes de cerâmica que irão constituir seu assento, há uma parte chamada *Jagla nɔ zĕ hwè*. Nela são depositadas oferendas para Jagla, para ele permitir que o espírito do *tohosu* seja achado na fonte e assentado nos potes.[105] Considera-se que Jagla precede e abre os caminhos aos *tohosu* — ele é chamado "porteiro dos *tohosu*", e às vezes é confundido como seu "irmão". Outras vezes ele é tido por representante dos "voduns anônimos que se recusaram a entrar na comunidade dos *tohosu*", muito ativos e perigosos. Por isso é preciso lembrá-lo nos rituais.[106]

Glă significa "corajoso, forte, audacioso, ousado, temerário", e quando ele se manifesta está sempre furioso, precisando de outros voduns Nesuhue para conter seu furor. Uma cantiga dele repete o verso: "curso de água Azili, Gla destruiu a montanha, ho!".[107]

Outra cantiga indica sua ligação com o *tohosu* Azaká de Savalú: "Azaká foi-se para a água, abandonou a colina e caiu Jagla".[108] Assim, Gla, Azili e Azaká, voduns de origem mahi associados aos rios, constituem um importante campo espiritual na liturgia dos *tohosu*. O indisciplinado Gla representa aqueles que não se submeteram à hierarquia ou, alternativamente, aqueles *tohosu* que foram esquecidos, ou seja, os anônimos subalternos.[109]

Outra divindade que cumpre essa função é Dambada-Hwedo (Danbaḍahwɛḍó), representante dos *mɛxóxó*, os parentes mais antigos, antepassados que viveram há tanto tempo que nem mesmo seus nomes são lembrados. Dambada é invocado na deificação dos ancestrais (*tchiodohun*) e nas cerimônias Nesuhue *tovodun*, e inclui todos os nomes que não são conhecidos, ou que por qualquer motivo foram esquecidos. Assim, esses defuntos anônimos são lembrados enquanto grupos, sendo o dos ancestrais mais antigos o mais respeitado. Porém, Dambada também designa e envolve aqueles que faleceram longe da casa natal e dos quais se perdeu a memória, como os escravizados.[110]

Na década de 1930, em Abomé, ainda eram lembrados os nomes dos lugares para onde os escravos foram enviados: a terra dos nagôs, por causa dos tributos pagos anualmente a Oyó; *Yovotome*, a terra dos brancos (Inglaterra e França); *Am'ica* (América); *Agudotome*, terra dos portugueses; *Blezi* (Brasil); *Kpanyo* (Espanha) e *Kankanu*, terra dos holandeses. Nas cerimônias dos ancestrais, quando se imola um boi, reserva-se um bode para os "mortos desconhecidos", incluindo os descendentes dos escravizados. A carne desse animal não deve ser consumida. Na hora do sacrifício, a reza diz:

> Ó ancestrais, façam tudo o que esteja no seu poder para que os príncipes e nobres que hoje governam nunca sejam enviados como escravos para Am'ica, Togbómè, Gbulú, Kánkànu, Gbulúvià, Yarírà.

Rezamos para que façam tudo o que esteja no seu poder para castigar os que compraram nossos parentes que nunca mais veremos. Enviem os barcos deles ao porto de Uidá e, quando chegarem, afoguem suas tripulações e façam retornar toda a riqueza dos seus barcos ao Daomé.[111]

Trata-se de uma interessante forma de relembrar a escravidão por parte daqueles que um dia foram os escravocratas. Vale ressaltar que, como indica seu nome, Dambada se insere na categoria dos voduns Dan associados à serpente. Ao instalar uma casa Nesuhue, outra deve ser feita para Dambada, com a preparação dos *dazɛ̆n*, ou cerâmica de Dan. Esses potes, nas suas variantes machos e fêmeas, constituem um elemento central na liturgia dos *tohosu* também. A cor das vestes rituais de Dambada é o branco, como a de Dan. De fato, Dambada-Hwedo mantém estreita relação com Aido-Hwedo (*ayìɖóhwɛɖó*, o arco-íris em fon), associado aos espíritos dos rios e à serpente Dan.[112] Embora o culto às serpentes esteja documentado, sobretudo entre os huedas e os hulas do litoral, a etnografia do século XX coincide quando atribui a Dan e Aido-Hwedo uma origem mahi.[113] Lembro que os iniciados do vodum Dan, como acontece com os adeptos dos Nesuhue e de Azili, são chamados *mahinu* (gente do país Mahi) e falam uma língua ritual próxima do *mahigbè* da região de Savalú.[114] Assim, a presença de Dan no ritual dos Nesuhue e dos *tohosu*, inclusive com uma sequência de cantos própria, é mais um elemento que confirma a influência cultural mahi nessa instituição.

Acompanhando Dan e os *tohosu*, os *hoho* (*hŏxò*), ou espíritos dos gêmeos, também desempenham um papel importante. O termo *hoho*, como o termo *ìbejì*, em iorubá, se refere tanto a um vodum quanto aos gêmeos. Eles são considerados encarnações de força oculta que trazem sorte e riqueza, mas também são tratados com deferência e temor pelo seu potencial desestabilizador. Por estarem associados a fenômenos de reprodução extraordinária, o culto *hoho* se vincula diretamente ao dos *tohosu*, bem como a muitos outros voduns. Os templos *tohosu* albergam sempre seus santuários, reconhecíveis por cerâmicas características, e durante os rituais há sempre músicas dirigidas a esses voduns. Após o nascimento de gêmeos, acredita-se que o segundo abriu um buraco (*dò*) no útero da mãe e ela deve dar à luz necessariamente um terceiro filho, sempre chamado Dossú (aquele que fechou o buraco) ou Dossí, se for mulher.[115] Como vimos, o rei Agajá, filho de Adonu, nascido depois dos gêmeos Akaba e Ahangbè, era também chamado Dossú. Talvez a presença de gêmeos na linhagem real tenha conferido ao culto *hoho* certa proeminência nos Nesuhue.

Para encerrar a análise dos voduns satélites que gravitam na órbita dos *tohosu*, cabe reiterar a importância do vodum do trovão Sò (Hevioso ou Sogbó) já aludido quando a etimologia do termo Lensuhue foi abordada. A presença de Sò nos Costumes está registrada em meados do século XIX, em relação aos juramentos que as amazonas faziam para esse vodum. Forbes também descreve a procissão de um "fetiche" precedida por uma pessoa coberta por grande vestimenta de palha da costa, sob uma máscara representando a cabeça de um boi ou novilho, com cornos, que a audiência invocava como "So".[116] Burton identifica essa mascarada como Sò Bragada, detalhando que os cornos estavam pintados de branco e vermelho, cores do vodum do trovão.[117] Representações de Sò Bragada foram registradas, algumas décadas depois, nos templos dos *tohosu* Kpelu, Zomadonu e Adomu (figuras 19 e 20), permitindo supor uma ligação de Sò Bragada com os rituais *tohosu*.[118] Nesse caso, a referência de Forbes a Sò Bragada em meados do século XIX, permitiria especular sobre a presença do culto *tohosu* nesse período.

FIGURA 18. *Sò Bragada. Abomé, c. 1908-9.*

FIGURA 19. *Sò Bragada no templo de Zomadonu. Abomé, 1931.*

FIGURA 20. *Sò Bragada no templo de Zomadonu (acima) e no templo de Adomu (abaixo). Abomé, c. 1950.*

Nas ilustrações do templo de Zomadonu, aprecia-se figuras de serpentes Dan. Os exemplos descritos, como Dan, Hoho, Sò, Awisu e outros, não são exaustivos, e outros voduns importantes associados ao ritual Nesuhue/*tohosu* poderiam ser incluídos, como é o caso de Aizan (ver capítulo 2), Kosu, Azaká, Avimanje e outros.[119] Os exemplos apresentados, contudo, são indicativos da possibilidade, e até da necessidade, de o ritual agregar elementos plurais. Essa política integrativa, baseada no "princípio de agregação", talvez seja um dos aspectos mais destacáveis do ritual Nesuhue/*tohosu*, que, em definitivo, só pode ser entendido como um "culto composto".

Num influente trabalho dos anos 1970 sobre os cultos de possessão mediúnica, Ian Lewis tinha proposto uma distinção analítica baseada na oposição entre os cultos de possessão centrais, tendentes ao reforço da estrutura e coesão social, e os cultos de possessão periféricos, que surgem na marginalidade social, com narrativas contra-hegemônicas e dinâmicas transformativas.[120] O caso dos Nesuhue/*tohosu* sugere, como alternativa a esse modelo analítico, a possibilidade de um complexo ritual de caráter eminentemente centralizado, mas que integra no seu seio narrativas "periféricas" com velada contestação aos significados dominantes. A habilidade da política religiosa daomeana foi a capacidade de assimilar de forma gradativa e equilibrada essa pluralidade religiosa, numa mistura de tolerância e controle hierarquizado.

Para entender a dinâmica da memória, Rosalind Shaw propõe ir além da tese que sustenta que aquilo que é lembrado do passado "deve" responder, necessariamente, aos interesses e preocupações do presente.[121] Shaw apela à leitura do *oríkì* proposta por Karin Barber para propor um jogo mais nuançado e complexo. Esta última autora concebe o *oríkì* como um composto que contém uma multiplicidade de itens de diferentes momentos históricos, acumulados durante longos períodos. Essa variação histórica nos *oríkì* costuma permanecer invisível e não comentada. Os itens de diferentes momentos históricos não são arranjados, normalmente, em ordem cronológica, nem as unidades mais antigas são separadas das mais novas, elas podem ser ativadas praticamente em qualquer ordem e combinação.[122]

Esse tipo de descrição, talvez excetuando o último enunciado relativo à alteração da ordem, se aplica com exatidão ao que seria o ritual Nesuhue, um composto de vários elementos agregados em diversos períodos e combinados de forma plural. A natureza composta dos Nesuhue já estava anunciada nos Costumes e no *sin-kon*. Nessa amálgama, que não acompanha um processo linear, mas que está sujeita a dinâmicas oscilatórias em que elementos podem ganhar ou perder relevância segundo a conjuntura, veicula-se uma pluralidade de significados ou "saberes profundos" que podem reforçar, questionar ou até contradizer o discurso aparente.[123] Por sua vez, cada congregação *tohosu* tende a privilegiar o rei ao qual está associada, com um maior número de cantos e outras ações rituais. Em definitivo, o ritual constitui uma narrativa dinâmica e flexível, capaz de metamorfosear seus símbolos segundo a intencionalidade dos atores envolvidos, mas não necessariamente segundo um cálculo instrumental.

A necessidade de clareza expositiva me obrigou a esquematizar e simplificar uma realidade social e uma prática ritual extremamente complexas. O caráter fragmentário da informação histórica disponível também não permitiu dar mais visibilidade a atores sociais específicos que revelassem o papel das estratégias e dos interesses individuais nos processos transformativos. Tentei apenas apontar traços gerais da instituição Nesuhue/*tohosu*, mostrando como a genealogia ou "tempo dos reis" constitui um fator estruturante da liturgia, e como o ritual, por sua vez, reforça a memória da autoridade tradicional, trazendo o passado para o presente através de diversas formas de memória discursiva e prática, narrativas verbais e corporais. Sugeri a dinâmica de mudança interna da instituição ao longo do tempo, destacando a manipulação do discurso ritual para acomodar, além da história ideológica oficial, uma pluralidade de histórias privadas alternativas.

6. A economia do religioso e a escravidão

A ECONOMIA DO RELIGIOSO E O PROFISSIONALISMO DOS SACERDOTES

O foco principal deste capítulo é entender como a economia da escravidão operativa na Costa da Mina se relacionava com o que chamarei de economia do religioso, envolvendo a troca de bens materiais e imateriais entre clientes e sacerdotes, e entre homens e deuses. Enquanto na primeira parte examino como a atividade mercantil do tráfico de escravos afetava e se comparava às transações religiosas (às vezes envolvendo escravos na forma de sacrifícios humanos), na segunda parte analiso como a prática religiosa interferia nos processos de escravização e como a realidade da escravidão encontrava expressão no ritual.

Antes, porém, será conveniente uma reflexão sobre o sistema econômico nessas sociedades. Os reinos de Aladá e Uidá, no final do século XVII, e o Daomé depois, eram economias baseadas sobretudo na produção agrícola (e piscícola, no litoral), mas eram com certeza algo mais do que simples economias de subsistência. Contrariamente ao que sustenta o economista Karl Polanyi, esses reinos estavam inseridos num sistema de mercado integrado, sujeitos à flutuação da oferta e da demanda. Havia feiras locais onde se comercializava o excedente da produção doméstica (cereais, legumes, frutas, animais de criação, peixe, azeite de dendê, pimenta, cerveja de milho, sal) e mercadorias de fabricação local (tecidos, panos, cerâmica, cabaças, esteiras, cestos, utensílios de madeira, cachimbos).[1] Havia também um comércio regular de longa distância, transregional, com exportação de produtos locais, como sal e peixe, e importação de outros (tecidos, contas akori, ouro, cola) da região de Lagos (curamo ou lukumi), do reino de Benim, da Costa do Ouro e de centros situados a sessenta ou oitenta léguas no interior.[2] Tratava-se de uma economia monetarizada, com os búzios (*bosejes*) importados das ilhas Maldivas como moeda principal, complementada, no século XVII, por manilhas e barras de ferro. Embora em Uidá existisse um "capitão do mercado" que regulava os preços e cobrava tributos para o rei, havia inflação em resposta às leis do mercado. Robin Law tem demonstrado a oscilação do valor dos búzios em relação ao preço do ouro, por exemplo.[3] Para configurar um cenário tipicamente capitalista, faltaria um sistema de crédito, mas até esse aspecto estava latente na prática da penhora como forma de garantia no endividamento.[4] Embora os mercadores muçulmanos vindos do Mali e de outras partes do norte da África tivessem alguma participação, é provável que essas condições mercantilistas refletissem e fossem estimuladas, em grande medida, a partir da implantação do comércio europeu. Essa força econômica externa gerou novas formas de riqueza e estimulou a demanda de produtos locais, propiciando a especialização do trabalho.

Os reinos de Uidá, Aladá e Daomé conheciam a instituição da escravidão, mas não é fácil classificá-los como sociedades escravistas, se por sociedade escravista entendemos aquela cujo processo produtivo girava em torno de uma mercadoria principal para o qual o trabalho escravo era central.[5] Nesses reinos a mercadoria de exportação por excelência não era o açúcar, o tabaco ou o café, como acontecia nas colônias americanas, mas o próprio escravizado, o corpo humano capaz de gerar força de trabalho. A centralidade econômica da "produção" de cativos para a exportação em Uida e Daomé podia variar segundo os distintos períodos, mas nessa "produção" a participação do escravizado era, em geral, periférica, limitando-se aos casos em que o escravo era recrutado como soldado na captura de outros cativos. Nesse sentido, a categoria "sociedade escravista" seria inadequada, mas não devemos esquecer que a mão de obra escrava era utilizada na produção agrícola e artesanal de forma recorrente e aumentou, sobretudo no Daomé, com o declínio do tráfico atlântico. De qualquer modo, o cativo era sempre estrangeiro ou filho de estrangeira, pois em princípio, fora circunstâncias excepcionais, como condenação por crimes ou dívidas, não se escravizavam autóctones do país.

Enquanto Aladá e Uidá dependiam de fornecedores externos para obter cativos do interior (e só ocasionalmente predavam seus vizinhos), o Daomé desenvolveu um "modo de produção" próprio: a guerra anual ou a razia predatória em terras circunvizinhas. Escravos trazidos de longe pelos caravaneiros, muitos deles muçulmanos, chegavam a suas fronteiras e eram comprados pelos grandes cabeceiras do reino.[6] Contudo, a forma mais comum de aprovisionamento de cativos era a guerra. Parte dos escravizados era reservada para fins religiosos e o trabalho agrícola, mas a maioria era vendida aos europeus. A mercadoria humana era trocada por armas e pólvora (a tecnologia da guerra), por aguardente e tabaco (estimulantes da soldadesca) e por bens de prestígio europeus visando aumentar a distinção social daqueles que monopolizavam os "meios de produção", ou seja, a coroa e os funcionários da corte.[7] Assim, em sintonia com o ideal mercantilista europeu da época, essa elite local promovia o acúmulo de riqueza a partir da mediação e instrumentalização política da economia. A escravização de seres humanos e sua venda constituíam uma "produção" orientada principalmente ao comércio externo, e redundavam na participação ativa desses reinos no sistema capitalista atlântico. Para além dessa atividade mercadológica, uma segunda atividade era a produção, pelos artesãos e camponeses, de mercadorias simples dirigidas à permuta nos mercados locais.[8]

Polanyi utilizou o *suposto* monopólio comercial do rei no Daomé para teorizar seu modelo da "economia arcaica". Sustentava que no Daomé só existiam "formas administrativas de comércio governamental", e que não havia "mercadores privados, apenas diplomatas comerciais".[9] O monopólio comercial foi também ressaltado como elemento central de outras variantes interpretativas, como a do "modo de produção africano", de Coquery-Vidrovitch, ou a do "modo de produção de captura de escravos", de Elwert.[10] Essas foram tentativas de caracterizar o sistema econômico-político do Daomé elaboradas a partir da interpretação marxista do "modo de produção asiático", que por sua vez tinha sido pensado para descrever as sociedades pré-capitalistas africanas, dificilmente assimiláveis à teoria do marxismo ortodoxo (comunidade primitiva, escravidão, feudalismo etc.).[11] Contudo, todas essas teorias partiam do pressuposto de que, uma vez constituída alguma forma de poder centralizado, haveria uma separação radical entre as esferas da família e do Estado, ou, em termos marxistas, entre a aldeia e o palácio.

No Daomé, Polanyi defendeu que essas duas esferas sociais estavam sujeitas a dinâmicas de troca diferenciadas, a do Estado, baseada na redistribuição, e a da coletividade familiar (*household*), fundada na reciprocidade. Para ele existiria uma "segregação" entre essas esferas. Catherine Coquery-Vidrovitch, mais ponderada na sua análise, fala de uma relação de "desequilíbrio e conflito".[12] Sem pretensão de negar a segmentação social advinda da centralização política, o suposto monopólio comercial do rei que fundamenta essa separação precisa ser relativizado.[13] Aliás, como vimos no caso de Uidá, a interação entre as coletividades familiares e a corte podia ser bastante fluida e horizontal, ao mesmo tempo que processos de redistribuição também se davam no nível dos chefes familiares.

Desde uma outra perspectiva, Manning propõe caracterizar o Daomé como uma "economia camponesa", baseada num único sistema econômico que integrava vários modos de produção: o familiar, o da troca de mercadorias e o do trabalho escravo.[14] Embora questionável pela centralidade conferida à economia agrícola, em detrimento do tráfico, essa interpretação tem a vantagem de sinalizar as três principais esferas de produção dessa sociedade e sua interdependência.

Outro tema relacionado que dominou a antropolgia econômica e a historiografia das décadas de 1960 e 1970 foi o grau de empreendedorismo individual possível numa população sujeita aos imperativos da subsistência. Autores substantivistas como Polanyi questionavam a pertinência dos modelos de mercado para estudar as economias africanas, e sustentavam que as sociedades pré-capitalistas não podiam ser explicadas com as categorias da economia política clássica, como a noção de um mercado em crescimento perpétuo ou de um indivíduo calculador, sempre orientado a maximizar o benefício pessoal. Esta última abordagem de suposto caráter universalista era a posição defendida pelos autores formalistas e se opunha ao modelo mais relativista da economia moral (inspirado na tradição substantivista), que enfatizava a especificidade cultural dos sistemas econômicos pré-industriais (desde os camponeses europeus até as sociedades rurais africanas). A economia moral era uma abordagem antiutilitarista que pressupunha uma comunidade regida por normas de subsistência coletiva, que acreditava num universo de crescimento zero, onde qualquer ganho era concebido como resultado da perda provocada num terceiro.[15]

Ao considerar os casos de Uidá e Daomé deparamos com uma complexa superposição e coexistência desses dois modelos. Os viajantes europeus do século XVII distinguiam entre uma elite local, guiada pelo interesse pessoal e pelo cálculo da ganância, e uma classe subalterna, estancada na pobreza e incapaz de progresso. Esse discurso, como veremos, se aplicava especialmente à crítica do profissionalismo dos sacerdotes, isto é, da cobrança de dinheiro ou outros bens pelos serviços religiosos. Para explicar a suposta falta de empreendimentos orientados ao benefício das unidades domésticas, os estudos das economias de subsistência têm enfatizado a lógica de aversão ao risco e de procura por segurança. Essa lógica tenderia a favorecer processos de clientelismo ou de contestação à ordem dominante através da resistência de pequena escala, em geral oculta.[16] No entanto, a capacidade de acumular riqueza e de crescimento econômico das unidades domésticas de Uidá e Daomé não pode ser negligenciada. A habilidade comercial das mulheres para valorizar e tirar o maior ganho dos seus produtos no mercado, por exemplo, foi destacada pelos viajantes e é indicativa dessa capacidade.[17]

Já no âmbito das elites, em Uidá, os governadores e os grandes do país, inclusive o alto clero, investiam a força de trabalho da coletividade familiar (filhos, mulheres, agregados e escravos) na produção de bens específicos para os mercados internos e externos, com a finalidade de lucrar o máximo possível. Em relação ao Beti, o grande sacerdote da serpente, e outros *vodunons*, por exemplo, Labat comenta:

> O grande sacrificador e os marabus não recebem remuneração pelos seus empregos [...]. Eles traficam como os outros, são ricos

quando têm sorte e destreza no seu negócio, quando o número de mulheres, de filhos e de escravos lhes possibilita cultivar muitas terras, aumentar o número de gado, transportar muitas mercadorias nos mercados de dentro e de fora do reino, e adquirir muitos cativos sobre a venda dos quais eles têm um lucro considerável.[18]

Labat apresenta uma elite político-religiosa que investia na força de trabalho, que produzia para vender (e não apenas para subsistir), que estava engajada no comércio local e externo, participando do tráfico de escravos, sujeita às leis da oferta e da demanda de um mercado monetarizado. Assim, o espírito empreendedor e a predisposição pragmática para maximizar o lucro eram uma orientação compartilhada pelos mercadores europeus e africanos. A diferença entre uns e outros talvez estivesse no grau de "cálculo racional" dos custos e nas estratégias para aumentar a efetividade ou eficácia da produção e da troca. Conforme defende Austen, a

economia moral é uma pura abstração que tenta explicar as respostas ao capitalismo de várias comunidades que, como os africanos no período do tráfico de escravos e depois, insistem em que outras considerações, para além das do mercado, regem a produção e distribuição dos bens materiais.[19]

Nessa perspectiva culturalista e antiutilitarista, o pensamento religioso do vodum certamente ocupou lugar de destaque na mediação das relações mercantis, ao orientar as disposições e, em última instância, as decisões dos atores envolvidos. A ingerência dos valores religiosos na prática comercial resultava incompreensível e irritava os comerciantes norte-europeus, e foi um dos vetores que contribuíram para a formação do discurso do fetiche e da irracionalidade africana.[20]

Segundo o ideal mercantil da época, numa economia de mercado orientada para fins de progresso social, deveria haver um éthos racional de interesse, de eficácia e de rentabilidade. Nesse contexto, o extermínio de porcos em Uidá, pelo fato de um deles ter matado uma serpente Dangbé, a divindade protetora do reino, ou, na Costa do Ouro, o comerciante que se recusava a realizar um bom negócio porque ao sair de casa espirrara para o lado direito em vez do esquerdo, introduziam um elemento irracional, aleatório e contingente, profundamente desestabilizador, que fazia deslizar os valores para uma esfera não controlável pelo cálculo mercantilista.[21] O fetiche não pressupunha uma renúncia ao senso comum ou ao interesse capitalista; ele mesmo implicava, por natureza, a troca e a mediação, mas constituía uma força cultural transgressora que minava a lógica utilitarista e abria um fosso na comunicação entre africanos e forasteiros.

Um dos aspectos que resultava mais incompreensível e inaceitável para os norte-europeus era a atribuição de agência ou vontade própria a objetos fabricados, e mais ainda se eles intervinham nas transações mercantis. Na Costa do Ouro, por exemplo, as moedas ditas *kakeraa* e os pesos das balanças fabricados com ouro adulterado eram concebidos como fetiches e assim chamados, o que reforçava a ideia de falsidade a estes atribuída pelos europeus.[22] Certos produtos ou mercadorias, pelo seu caráter excepcional e pelo prestígio que conferiam, podiam ser também encarados como fetiches. O fato de esses objetos de transação comercial estarem sujeitos ao valor personificado de fetiche, e não serem encarados como simples mercadoria, frustrava as expectativas europeias.[23] Da mesma forma, os acordos comerciais eram sancionados por juramentos e pactos feitos pelo fetiche ou "bebendo o fetiche", nos quais os europeus se engajavam, embora os considerassem ineficientes e pouco confiáveis. Os mercados estavam sempre sob os auspícios de determinadas divindades, como Aizan ou Legba, que deviam ser agradadas para propiciar os negócios. Assim, os fetiches intervinham na mediação de toda sorte de relações sociais e comerciais, incluindo aquelas entre europeus e africanos.[24]

Nesse território de indistinção entre o religioso e o econômico, um dos aspectos que mais chamaram a atenção dos viajantes europeus foi o fato de os especialistas religiosos exigirem um retorno material pelos seus serviços. Esse profissionalismo dos *vodunons* e *bokós*, compartilhado pelos marabus do islã em outras regiões da Guiné, se opunha ao *suposto* altruísmo dos padres ou pastores cristãos. Para o europeu, religião e comércio eram esferas de valor progressivamente diferenciadas, enquanto na África a remuneração constituía um elemento central das práticas religiosas.[25] Como foi comentado na introdução, o discurso do fetichismo se organizou em torno da denúncia europeia de dois pressupostos complementares: 1. a superstição, ignorância e irracionalidade dos povos africanos; e 2. a exploração da cegueira dos devotos por parte dos sacerdotes. Os especialistas religiosos eram apresentados de forma recorrente como atores racionais, mas radicalmente imorais, motivados pelo interesse individual e pela cobiça, aproveitando-se da ignorância e do infortúnio de seus clientes. Sintetizando essa crítica ao profissionalismo religioso, baseada no estereótipo da fraude, do roubo e da exploração, Labat comenta que a maior renda dos "marabus"

> consiste na indústria, que eles têm de abusar da credulidade e da simplicidade do povo ao qual eles fazem acreditar em tudo o que eles querem e do qual extorquem, por uma infinidade de falácias, presentes, oferendas, sacrifícios para a grande serpente e para as outras divindades, as quais não podem fazer nenhum uso, o que redunda assim no lucro desses falaciosos. As coisas às vezes vão tão longe que as famílias algumas vezes são inteiramente arruinadas para satisfazer a avareza desses infelizes.[26]

Cobrar, ou exigir algum retorno material, pelas consultas oraculares, pelos processos de iniciação ou pela fabricação de *bŏs* era percebido pelo padre francês como engano e falsidade.[27] Mas o que se infere dessa citação — que dá continuidade à já transcrita sobre o Beti — é que, nas famílias da elite, a economia do religioso complementava e estava estreitamente interligada com a economia mercantil, incluído o tráfico de escravos. Ora, o discurso europeu contra a exploração religiosa se aplicava de forma indiscriminada a todo o corpo sacerdotal, quando na verdade havia uma diversidade de especialistas religiosos. Como vimos no capítulo 2, os *vodunons*, normalmente chefes de aldeia ou de linhagem, centralizavam as grandes oferendas da comunidade, e suas atividades religiosas, além de gerar bens materiais, estavam orientadas a aumentar seu prestígio social. Já os *bokós*, ou médicos-adivinhos, a duras penas conseguiam sobreviver com suas consultas e a produção de objetos de poder e proteção. Assim, a escala do ganho era variável. Contudo, inclusive no nível menos rentável — como a fabricação dos *bŏs* por parte dos *bokós*—, percebe-se a superposição entre o mercantil e o religioso, pois esses objetos de poder, ou suas partes constituintes, eram frequentemente comercializados nas feiras locais.

Cabe notar, no entanto, uma mudança associada à centralização política e religiosa ocorrida no Daomé. À medida que foi estabelecido um controle cada vez mais férreo sobre os cultos às divindades públicas e familiares, com a instalação do Adjaho ou ministro dos cultos (por exemplo) e com a promoção dos Costumes como ápice da estrutura econômico-religiosa, os *vodunons* passaram a depender diretamente do rei. Este devia sancionar a escolha de qualquer novo cargo (reservando-se o direito de interromper a sucessão hereditária), assim como ser informado e conceder a permissão para a celebração de qualquer cerimônia. Em contrapartida, o rei era obrigado a bancar parte importante dos custos dos rituais, providenciando animais, búzios, aguardente e outros elementos.[28] A crescente dependência econômica ficou atrelada à subordinação política e vice-versa, mas, em definitivo, o processo parece ter limitado, em parte, a iniciativa e autonomia dos *vodunons* e o dinamismo interno da economia religiosa.

Por outro lado, não fica evidente, como afirma Akinjogbin, e como parece sugerir o final da citação de Labat, que os custos envolvidos na prática religiosa constituíssem uma "descapitalização" e uma contínua drenagem da economia familiar.[29] Ao contrário, as oferendas rituais, assim como os custos dos processos de iniciação (como vimos em relação ao culto à serpente), podem ser interpretados como um mecanismo de circulação e redistribuição de bens, tanto de produtos locais como de mercadorias importadas. Nesse sentido, a prática religiosa contribuía para estabelecer uma ponte ou elo entre os mercados local e global. Parte das mercadorias europeias movimentadas pelo tráfico era reciclada e absorvida pela economia do religioso. As oferendas nos altares utilizavam produtos como folhas, água, sangue, vinho de palma, azeite de dendê, sal, pimenta e outros ingredientes da culinária local, mas também produtos externos, como aguardente, tabaco, ferro, coral, búzios, moedas ou panos. O vestuário dos deuses nas cerimônias públicas também foi incorporando elementos estrangeiros, como diversos tipos de tecidos, contas de vidro ou chapéus. Ou seja, a dinâmica religiosa estava impregnada do mercantilismo circundante e é provável que, à medida que se exacerbou o tráfico, também tenha aumentado a circulação de mercadorias importadas nas trocas religiosas. Obviamente, o uso desses produtos estrangeiros devia ter maior incidência nos cultos das elites, mas pode ter sido progressiva e proporcionalmente replicado pelas famílias menos abastadas.

Embora isso implicasse um alto custo para a economia doméstica, na lógica cultural do devoto ou cliente, o sacrifício, enquanto pedido ou agradecimento, constituía uma expectativa de segurança e de prevenção de danos. Tratava-se de um "investimento" numa economia simbólica que, embora de alto risco, era ao mesmo tempo concebida como um potencial de maior rentabilidade. Aliás, na dialética entre a busca interesseira do lucro dos sacerdotes e a busca pragmática de segurança das famílias, havia margem para a negociação. Em relação a Aladá, Dapper sinaliza, de forma irônica e preconceituosa, a barganha dos "feiticeiros" com os chefes de família, durante os oráculos nas assembleias familiares:

> Se a oferenda não for bastante abundante aos olhos do sacerdote, o Fetisi não diz nada, o que indica que está encolerizado, e para apaziguá-lo é preciso dobrar a oferta, e dar de novo frangos, cabritos e cerveja. Quando o Fetisi, ou logo o sacerdote, está satisfeito, escuta-se uma voz fina e solta que responde afirmativamente [...]. Após a qual, o dono da casa enche um tonel de cerveja e um saco de farinha e lhe dá de presente.[30]

Como vimos em relação ao culto à serpente, a tentativa dos *vodunons* de obter o máximo benefício não afetava apenas o âmbito doméstico, mas estendia-se à corte e a outras esferas de poder. Nesse contexto, poderíamos apelar à noção economicista da escolha racional e do "homem calculador" para explicar o profissionalismo sacerdotal. Mas a teoria do interesse, já postulada por Bosman, resulta excessivamente utilitarista e insuficiente para justificar a prática religiosa, pois tratava-se também de uma prática com dimensão emocional, simbólica e expressiva, que excedia a crua necessidade da razão instrumental. Como na economia moral, devemos levar em conta fatores locais de ordem cultural para entender a complexidade em jogo nas transações entre o mundo dos vivos e o mundo dos deuses. Na maioria dos casos, o *vodunon* ou *bokó* não era regido por um cálculo de custos e benefícios no longo prazo, mas por uma avaliação situacional, relativa à transação em curso, sempre sujeita à negociação e aos imperativos da lógica religiosa.

A barganha era um elemento fundamental e constitutivo da relação entre o devoto e o especialista religioso, uma dinâmica em que se expressavam, se articulavam e também se dirimiam tensões e alianças políticas. O sacerdote exigia, mas o cliente, como acontece até hoje, dava aquilo que achava justo, na medida de suas possibilidades. Lembro o incidente com o rei de Uidá e os sacerdotes da serpente descrito no capítulo 2. Esperava-se que o mais rico desse uma contribuição generosa, enquanto aquele sem recursos devia fazê-lo proporcionalmente. Na economia do religioso, havia flutuação de valores e os serviços não estavam sujeitos a uma tabela de preços preestabelecida. A tradição ou costume podia estabelecer percepções do que era o valor adequado para cada situação, mas em torno desse consenso relativo podia haver variações, para cima ou para baixo.

Precisamos, assim, melhor entender a natureza dessas trocas religiosas e as três categorias de atores que intervinham nelas: os clientes ou devotos, os sacerdotes e as divindades, todas, inclusive a última, dotadas de iniciativa própria. A manipulação de elementos materiais nos altares, as rezas, os oráculos e a preparação dos corpos, nos processos de iniciação, constituíam as principais formas de interação ritual com o mundo invisível. Em particular, os sacrifícios de animais e as oferendas realizadas nos altares ou em outros lugares significativos constituíam um sistema de transferência de bens dos humanos aos deuses ou ancestrais. Essa comunicação estava mediada pelos *vodunons* e *bokós*, que, detentores de um saber especializado e esotérico, garantiam a eficácia da operação. O poder dos sacerdotes baseava-se, assim, no seu "controle sobre processos transformativos", do mesmo modo que o poder (religioso) do ferreiro se radicava no seu saber e domínio da manipulação do minério.[31]

Efetivamente, o poder transformativo dos sacerdotes consistia na alquimia de transmutar o metal em ouro. Marcel Mauss e Henri Hubert já mostraram como o sacrifício-oferenda, como dádiva ou forma de troca entre humanos e divindades, está baseado no princípio da reciprocidade.[32] O dom implica o contradom e, embora possam ser estabelecidas diferenças entre a dádiva e a troca mercantil, se oferece sempre na expectativa de algum tipo de retorno. A lógica implícita, mas nunca declarada, no intercâmbio religioso é que a oferenda-sacrifício vai produzir (como a troca mercantil) um retorno cujo valor excederá o investimento inicial. Oferece-se uma galinha para obter uma cura, um inhame para ganhar num litígio judicial, uma quartinha d'água para evitar os perigos de uma viagem. São, de fato, esferas de valor incomensuráveis, o preço da galinha e a saúde, a água e a segurança pessoal, mas é precisamente a conversão através dessa incomensurabilidade que gera a ilusão do ganho. Subentende-se que o sacrifício, mesmo quando percebido como necessário ou como uma obrigação que envolve um esforço (caso contrário não seria um sacrifício), vai trazer, em última instância, um benefício ou vantagem, um valor que excederá o custo inicial (a mais-valia). Há uma noção explícita de reciprocidade ou equivalência, mas é uma reciprocidade paradoxalmente assimétrica. Do mesmo modo que o valor de uma mercadoria — sob a aparência de uma troca equitativa, como a força de trabalho pelo salário — esconde uma relação social desigual, o sacrifício encobre a criação de sobrevalor a expensas dos deuses. Os deuses que, como afirmava Mauss, "são os verdadeiros proprietários das coisas e dos bens do mundo".[33]

A transação sacrificial pode ser equacionada com o conceito de "conversão" proposto por Paul Bohannan para designar o intercâmbio de produtos correspondentes a "esferas de troca" diferenciadas. No seu estudo sobre os tives da Nigéria, Bohannan diferenciava entre uma esfera de trocas de produtos produzidos localmente (comida, ferramentas, matéria-prima), uma esfera de troca de "produtos de prestígio" (tecidos, escravos, gado, varas de cobre) e uma esfera de troca de "direitos sobre pessoas" (mulheres, no casamento). A maioria das trocas se realiza entre produtos correspondentes a uma mesma esfera (isto é, ferramentas por comida, tecido por gado ou mulheres por mulheres). Porém, Bohannan chamava "investimento" às raras ocasiões em que se realizavam trocas de produtos de uma esfera inferior por produtos de uma esfera superior (isto é, ferramentas por tecido ou gado por mulheres). O sistema de Bohannan tem sido criticado e revisto por vários autores, mas a noção da existência de assimetria de valores nos sistemas de conversão africanos, e do constante jogo de "ganhos marginais" nas economias dessas sociedades, tem sido amplamente reconhecido.[34] Minha proposta é considerar o sacrifício ou a economia do religioso como uma forma de "investimento", baseada na conversão entre esferas de valor diferenciadas, e orientada à produção de um "ganho marginal".

Nessa perspectiva, o sacrifício-oferenda responde à lógica da troca mercantil e, portanto, tem um lado utilitarista, mas, como tudo na economia do religioso, não se limita a essa dimensão instrumental. No sacrifício-oferenda, o doador também se projeta e se distribui no objeto oferecido, ele se dá ao deus através da oferenda. A oferenda pode ser um pedido ou um agradecimento, como se diz popularmente, um *pagamento* de promessa. Há uma noção contratual de engajamento ou satisfação de uma dívida, que envolve sempre duas partes. Como vários autores desde Mauss têm insistido, nas sociedades da dádiva, em que se valorizam mais as pessoas que os objetos, a troca destes se converte em expressão de relações sociais.[35] Assim, a oferenda religiosa se constitui em expressão de relações ora sociais, ora místicas. Nessa troca de bens materiais por bens não materiais, entre homens e deuses (mas também entre homens e homens, se pensarmos na mediação dos sacerdotes), podemos falar da coexistência de dois níveis: o da ação prática (troca mercantil) "dotada de rendimento" ou que produz um retorno, e o da ação ritual (troca da dádiva) "desprovida de eficiência" ou que não comporta retorno aparente.[36] Assim, em vez de uma oposição, a economia do religioso apresenta uma convergência das lógicas prática e simbólica.

Nesse contexto, o profissionalismo sacerdotal, tirando seu "ganho marginal" pela mediação entre os humanos e os deuses, não pode ser entendido como fraude ou embuste, mas como recurso normal e coerente com um sistema de valores em que o simbólico não exclui o pragmatismo. Até mesmo porque o acúmulo de bens materiais é percebido como expressão da aprovação dos deuses, reconhecendo a eficiência do especialista religioso. A mesma crença é replicada no islamismo e pode ser pensada como antecedente da teologia da prosperidade, tão propagada entre as igrejas neopentecostais contemporâneas.

Mas aprofundemos a economia do sacrifício. É sabido que todo sacrifício implica no consumo do bem sacrificado, na sua destruição, na sua morte, na perda de uns bens que, no entanto, no ato da oferenda são transmutados em ganho. Supõe-se que o consumo de bens materiais produzirá bens imateriais (saúde, fertilidade, fortuna), que, por sua vez, podem redundar em bens materiais maiores. Ou seja, o consumo produz riqueza (uma noção bem capitalista), e quanto maior o consumo, maior a riqueza ou retorno. Como foi dito, a alquimia, a "magia" do sacrifício, repousa na crença de que aquele que oferta vai sair ganhando, a crença numa troca que no mesmo ato de sua realização cria um excesso de valor.

Nas sociedades africanas envolvidas no tráfico, a troca mercantil de cativos por bens materiais apresentava um paralelo significativo com os sacrifícios humanos praticados com fins religiosos.

Em ambos, o produto da transação era o corpo humano, em ambos havia uma expectativa de retorno e ganho, e ambos eram privilégios exclusivos do rei ou dos grandes do país. O "consumo" de vida humana para "alimentar" e satisfazer os ancestrais visava, em última instância, como o tráfico, garantir a quem sacrificava poder e riqueza, fosse material ou espiritual. Além disso, os dois processos estavam interligados, pois a economia monetarizada da carne humana retroalimentava (e muitas vezes pagava) as cerimônias religiosas. Na verdade, as duas atividades estavam baseadas no mesmo princípio capitalista de consumir para produzir (diferente de produzir para consumir). Antes de abordar a relação entre a escravidão e o sacrifício humano, proponho refletir sobre o segundo fenômeno que, como vimos, foi especialmente relevante nos Costumes do Daomé.

OS SACRIFÍCIOS HUMANOS E A ECONOMIA OSTENSIVA DOS COSTUMES

A prática de sacrifícios humanos, amiúde ao lado da prática de canibalismo, foi um dos temas recorrentes para a construção de uma "ideia da África" baseada em estereótipos de selvageria e barbárie.[37] Essa imaginação negativa da alteridade africana se cristalizou no período colonial, mas, em grande parte, seus ingredientes foram disseminados durante o período do tráfico atlântico. Na época dos primeiros contatos europeus com a costa ocidental do continente (séculos XV e XVI), embora os sacrifícios humanos pudessem chocar, como acontecia também nas Américas, talvez eles não parecessem tão cruéis aos olhos dos viajantes, acostumados aos horrores das guerras e execuções públicas nos seus países de origem. A partir do século XVII, porém, com o crescente secularismo e o emergente humanitarismo, a denúncia dessa prática virou tema quase obsessivo nos relatos de viagem. A atitude do cristianismo, que em relação aos cultos aos ancestrais foi duvidosa e ambivalente, chegando a ponderar a possibilidade de adotá-los para sua missão de catequese, sempre foi intransigente diante dos sacrifícios humanos.[38] Eles eram condenados com base nos valores morais (o fato de os africanos serem selvagens) mais do que a partir de critérios religiosos (o fato de serem pagãos). Nos séculos XVIII e XIX, porém, os sacrifícios humanos foram denunciados e utilizados para justificar a necessidade da conversão cristã, para legitimar o tráfico de escravos e, mais tarde, a intervenção colonial.[39]

Nesse processo histórico, o reino do Daomé, com seus Costumes, foi um dos referentes mais emblemáticos. Apesar de toda sua complexidade política, jurídica, militar, econômica e cultural, esse reino foi recorrentemente associado e identificado, desde seus primórdios, além do tráfico de escravos, com os sacrifícios humanos. O exagero e a amplificação de rumores, sem nenhuma base verídica, foram constantes e propiciaram as mais escabrosas e fantásticas histórias. Contudo, houve uma minoria de autores que, herdeiros da tradição do bom selvagem e do mau civilizado, compararam favoravelmente os horrores africanos aos horrores europeus. Um deles foi Burton, que tentou quantificar o número de vítimas dos Costumes desfazendo exageros e apontando as execuções públicas em Liverpool como prática aceita pela Inglaterra vitoriana.[40] Na década de 1970, em pleno processo de descolonização europeia na África e de imperialismo americano na Ásia, houve quem alertasse para o fato de que as vítimas dos sacrifícios humanos na África Ocidental, ao longo de séculos, não excediam em número as vítimas de Hiroshima ou do Vietnã.[41]

Nesse contexto, autores como Basil Davidson e Elizabeth Isichei, seguindo em parte os postulados de Burton, sustentavam que "o sacrifício humano nas sociedades tradicionais da África Ocidental era uma instituição relativamente benigna, de escala limitada, que expressava de forma genuína piedade religiosa ou filial, envolvendo em geral vítimas que encaravam sua morte de forma voluntária".[42] Contudo, esses autores não podiam ignorar as formas mais escabrosas de sacrifícios humanos, como as do Daomé, que eles atribuíam ao impacto corrosivo do contato europeu, com destaque para o tráfico transatlântico de escravos. Davidson também aponta para a má interpretação da propaganda missionária do martírio e da crucificação de Jesus Cristo como uma possível influência ou estímulo indireto a essa prática. Nessas interpretações, o problema dos sacrifícios humanos foi ao mesmo tempo minimizado e externalizado, silenciando a responsabilidade moral dos envolvidos e transferindo-a, na medida do possível, às sociedades não africanas.[43] Ou seja, essa abordagem tende a atribuir as causas do comportamento a forças externas, e se alinha com a agenda da historiografia nacionalista pós-colonial — advogando uma política da representação que dignifique o passado africano e exalte suas conquistas civilizatórias — e com as teorias da dependência que conferem às sociedades africanas um papel meramente periférico e passivo.

A ideia central de que o tráfico atlântico teria estimulado a prática dos sacrifícios humanos, embora persuasiva, pelo menos em relação ao Daomé do século XVIII, não pode ser tomada como explicação monolítica, pois não há correlação direta entre ambos os fenômenos. Na primeira metade do século XIX, por exemplo, o rei Guezo teria reduzido os sacrifícios humanos, chegando a proibi-los nos funerais dos chefes locais (cabeceiras).[44] Contudo, ele não conseguiu reduzir o tráfico, que considerava essencial para a solvência do Estado, e isso apesar da intensificação da campanha abolicionista britânica, a partir da década de 1840.[45] Por outro lado, no tempo de Glele, quando o tráfico se encontrava em declínio, parece ter havido novo aumento de sacrifícios humanos.[46] Nesse sentido, confirmava-se a hipótese de Burton, para quem a interrupção do tráfico estava fadada a aumentar os sacrifícios.[47] Se não podemos estabelecer uma correlação direta, ou dizer que o tráfico "estimulou" os sacrifícios humanos, pode-se postular uma interdependência ou correlação indireta entre as duas práticas. Como foi dito, as vítimas do tráfico e as dos sacrifícios partilhavam o mesmo valor enquanto produto de troca, ora com os mercadores europeus, ora com os espíritos ancestrais.

Diante dessa evidência, parece questionável a tentativa de querer eximir as elites locais de participação e responsabilidade nessa dupla prática de consumo de corpos humanos. Nesse sentido, é salutar a recente aparição de alguns intelectuais africanos que advogam a superação do discurso vitimista que atribui todos os males do continente a causas externas e defendem uma historiografia que encare o passado em toda sua complexidade, reconhecendo, quando necessário, a responsabilidade das elites do país nos processos de exploração e dominação das suas populações.[48] A condenação dos sacrifícios humanos com base na violação do direito fundamental à vida resulta anacrônica, e talvez fosse

FIGURA 21. *Bandeira de guerra, representando cativos e vítimas dos sacrifícios humanos, após a batalha do Daomé contra Porto Novo, em Agonça (1805). Presente enviado pelo rei Adandozan a d. João de Portugal em 1810. Confeccionada em pano cru com apliques costurados, 2 × 1 metros.*

mais pertinente uma crítica com base nas possíveis dinâmicas de abuso de poder. Sem entrar no debate entre universalistas e relativistas, considero que uma interpretação mais nuançada da prática dos sacrifícios humanos passa por uma compreensão dos valores e significados impostos pela cultura religiosa local, alguns dos quais foram apontados no capítulo 4.

Em todo caso, convém lembrar a ambiguidade semântica da expressão "sacrifício humano", conceito que podia designar uma variedade de casos. Muitas das vítimas eram réus criminosos, sentenciados à morte previamente, mas preservados para serem executados nos grandes festivais religiosos. Por isso, em vez de sacrifícios humanos, autores como Ivor Wilks preferem utilizar a expressão "execução pública". Nos Costumes do Daomé, além dos condenados pela justiça, a maioria das vítimas eram simples cativos de guerra. Nesse sentido, Thomas Lewin os chama de "mortes ritualizadas sem julgamento". Os europeus, por ignorância ou malícia, muitas vezes identificaram como sacrifícios humanos o que eram, na verdade, execuções judiciais, condenações por feitiçaria ou terrorismo político.[49]

Archibald Dalzel, por exemplo, médico e governador do forte inglês em Uidá entre 1767 e 1770, denunciou de forma incisiva os sacrifícios humanos como prova da tirania e do despotismo que reinavam no Daomé, para justificar, assim, o tráfico de escravos atlântico como um mal menor ou um paliativo que redimiria os africanos da crueldade e do capricho dos seus governantes. Dalzel escreveu a *História* compilando textos de Snelgrave, Norris e Abson, e a publicou em 1793, com o objetivo de defender os interesses escravistas, num momento em que os movimentos abolicionistas começavam a ganhar força.[50] Sua descrição dos Costumes reitera com insistência as vítimas humanas contadas, com patente exagero, aos centos e aos milhares. Em relação aos Costumes de 1785, por exemplo, diz que foram executados 127 cativos apenas para concluir a ornamentação dos muros do palácio com seus crânios, enquanto no porto de Uidá o preço dos escravos aumentava, e seis navios aguardavam com os porões vazios.[51]

Esse subtexto precisa ser levado em conta para interpretar o discurso do rei Kpengla (transcrito por Dalzel para fechar a sua *História*) justificando a guerra como meio de produzir cativos, não para o mercado escravista, mas para os sacrifícios dos Costumes. Kpengla teria afirmado que nunca ele ou seus ancestrais foram à guerra para fazer cativos e com eles comprar as mercadorias dos europeus, mas para satisfazer a necessidade de vítimas para os Costumes. A exposição de cabeças decepadas nas portas do palácio ou nos mercados visava surpreender e chocar a quem por lá passasse, para dar maior grandeza aos Costumes. Aterrorizar o inimigo e aumentar a fama do rei entre os povos da floresta, esse era o objetivo. Estaríamos diante de um investimento consciente no teatro do horror como estratégia de poder?

Por outro lado, os sacrifícios são apresentados como um "dever indispensável" para com os ancestrais, pois se o rei "não enviasse ninguém para servi-los", não teria como governar ou mesmo viver. Essa obrigação justificava os Costumes como "celebração necessária" e tornava impossível sua extinção.[52] A prioridade do dever religioso diante do interesse comercial da venda de escravos seria uma curiosa forma de economia moral, mas no fundo parece uma estratégia de Dalzel para demonstrar a crueldade do rei e o benefício "humanitário" que supunha ser o tráfico. É sabido que a captura de escravos não respondia exclusivamente a fins religiosos, e que os reis tinham interesse na compra de, em especial, armas e munição para a guerra, e de bens de prestígio para sua glória. Contudo, a narrativa de Kpengla mostra claramente a possível equivalência entre a escravização para produzir mão de obra e a escravização para gerar força espiritual.

Seja como for, a lógica do sacrifício como dever sagrado, cuja extinção comprometia a governabilidade do reino, não era infunda-

FIGURA 22. *Modo de execução no Daomé, c. 1850.*

da. Reitero o argumento de que, ainda que não houvesse um cálculo econômico explícito, persistia o pressuposto segundo o qual o consumo de corpos humanos entregues aos espíritos devia redundar em retorno e benefício para o rei e o seu povo: quanto mais sangue derramado, mais poder transmutado, mais garantia de sustentabilidade e crescimento para o rei e o reino. Essa lógica poderia explicar, em parte, o processo de ampliação que o ciclo cerimonial dos Costumes experimentou no século XIX (ver capítulo 4).

Também convém lembrar que por trás da dinâmica monárquica da "piedade filial" atuava uma elite de ministros e sacerdotes com forte interesse em orquestrar uma produção extremamente complexa, que durava meses e que, na sua centralização e distribuição de bens materiais, podia render algum "ganho marginal".[53] Segundo as vozes críticas dos europeus, os impostos coletados nos Costumes eram sempre superiores aos presentes distribuídos.[54] Assim, sob a ilusão de liberalidade e magnanimidade, o rei (e provavelmente seus assessores mais próximos) estaria, de fato, acumulando riqueza, além de prestígio e fama intimidadora.

Outro aspecto notável é o caráter espetacular dos Costumes. Na década de 1990, os trabalhos do casal Comaroff inauguraram uma literatura que classificava como *economia oculta* a procura de fins materiais através de meios mágicos. A feitiçaria, no caso, na sua troca de vidas humanas (ou da sua força de trabalho) por poder e bens de consumo, apresentaria forte paralelismo com o capitalismo e a cultura neoliberal.[55] Os Costumes, no seu consumo de vidas humanas em troca de poder, governabilidade e bens materiais, poderiam ser concebidos como uma forma semelhante de economia, mas, nesse caso, em vez de oculta, deveríamos chamá-la *economia ostensiva*.[56] Embora a maioria dos sacrifícios humanos acontecesse à noite e às escondidas, os corpos ou cabeças eram expostos publicamente, sendo essa visibilidade, como indicava Kpengla, uma estratégia calculada. A exibição das mulheres do rei e de suas riquezas, incluindo os europeus, que eram igualmente expostos ao olhar do povo junto ao monarca, os desfiles militares e a cerimônia final do *ato* eram todos performances concebidas para a ostentação e o teatro da dominação, em que o horror do sacrifício se conjugava com o excesso da festa e o esplendor do luxo. A exposição pública dessa destruição e consumo, justaposta à distribuição de presentes, com a finalidade de acrescentar prestígio ao monarca dadivoso, permite uma comparação, mesmo que relativa, com os *potlachs* ou com as "prestações totais" de tipo agonístico (envolvendo festas, comidas, danças, mulheres, festins, ritos, serviços militares, assim como distribuição e destruição de riqueza) descritos por Mauss.[57] Nos Costumes, o competidor ou rival a ser submetido pela ostentação era o rei vizinho, que, mesmo ausente, deveria ficar intimidado pelo poderio e pelo terror amplificados pela fama do Daomé. Inclusive, os potenciais adversários internos e as nações europeias poderiam entrar na categoria de esse "outro" a ser simbolicamente dominado.

FIGURA 23. *As vítimas do* só-sin. *Abomé*, c. *1871.*

Se para o europeu a mediação do vodum na economia mercantilista parecia irracional, para o africano ameaçado pelo cativeiro a depredação pelo tráfico escravista podia ser percebida como uma forma de feitiçaria que, em termos locais, supunha a perigosa apropriação dos recursos (re)produtivos limitados da comunidade para fins individualistas e egoístas. Devido à falta de evidência historiográfica, é difícil avaliar as associações mentais que os africanos podiam estabelecer entre escravidão e feitiçaria. Diversos relatos, porém, documentam a crença de que os traficados eram levados para a terra dos brancos a fim de serem engordados e depois comidos, ideia que causava tamanha consternação que, às vezes, levava ao suicídio. Esse imaginário refletia, talvez, crenças locais, não sobre antropofagia carnal, mas sobre o canibalismo espiritual exercido pelos feiticeiros.[58] Essas representações mentais deviam ser plurais e variáveis, dependendo da maior ou menor proximidade do sujeito com a realidade do tráfico, mas, nesse encontro ou confronto euro-africano, a ideologia da feitiçaria pode ter se desenvolvido, sobretudo entre as vítimas, como forma de conceber e de lidar com as transformações e tensões geradas pela escravização, ou, de forma mais geral, pelo capitalismo e pela modernidade que acompanharam a inserção da região no mundo atlântico.[59]

Ora, se essa percepção funcionou para a economia escravista, pode-se afirmar que ela também funcionou para a economia ostensiva dos Costumes. Do ponto de vista dos povos vitimados, o consumo desmesurado de vida humana encenado nos sacrifícios dos Costumes podia ser percebido como manifestação das forças ocultas manipuladas pelos reis daomeanos e seus especialistas religiosos. Embora não haja como atestar a existência no imaginário dos africanos, nesse período, de uma relação explícita entre o poder da feitiçaria, o corpo sacrificado e o corpo escravizado, a sugestão de uma ressonância entre canibalismo, sacrifício e comércio predatório se torna persuasiva.[60] De todo modo, essas possíveis percepções não eram compartilhadas unanimemente. Na ótica dos súditos daomeanos que participavam dos Costumes, por exemplo, o rei era percebido não como o "grande feiticeiro", mas como o emblema de toda a comunidade e, portanto, seus excessos redundavam na saúde e prosperidade coletiva. As perspectivas sobre a "realidade" da feitiçaria variavam segundo a posição de cada um nas estruturas sociais e de poder.

A PRESENÇA DO VODUM NA ECONOMIA DA ESCRAVIDÃO

Para além da relação entre a escravidão e a religião nos sacrifícios humanos, convém notar que o apelo ao mundo invisível do vodum permeava boa parte do processo da escravização, da captura à venda, ao embarque e, inclusive, ao controle dos escravos. Ao mesmo tempo, e de forma complementar, as práticas religiosas desempenhavam um papel importante na prevenção e resistência contra a ameaça da escravização.

No caso do Daomé, como vimos, o modo de produção de escravos consistia na guerra ou em incursões punitivas na busca de prisioneiros. Na ação bélica, a intervenção dos *bŏs* — amuletos e objetos de poder personificados — era imprescindível, e uma das suas funções era a defesa espiritual contra as armas do inimigo. As campanhas militares eram, a propósito, rigorosamente precedidas de oráculos, sacrifícios e oferendas, que invocavam o apoio dos deuses para propiciar a vitória.[61] Após as guerras eram realizados rituais de agradecimento. Como vimos, os Costumes funcionavam para mobilizar e propiciar as campanhas militares ou para celebrar e comemorar sua consecução. Ou seja, a guerra estava sustentada por um complexo aparato espiritual, sem o qual nenhum rei ou capitão ousaria se aventurar.

O comércio de escravos estava também sancionado pelos oráculos e suporte dos voduns.[62] O mar, associado desde cedo à chegada dos navios europeus, era objeto de ritualística diferenciada, envolvendo procissões e oferendas, nos momentos em que se encontrava muito agitado (o que era frequente na barra), impedindo o embarque ou desembarque de mercadorias, ou quando não apareciam navios por um longo tempo.[63] O capitão Phillips relata como após dezoito dias de temporal em Uidá, em 1694, os traficantes locais se recusaram a abastecer com mais escravos ante a impossibilidade de o inglês desembarcar suas mercadorias. O rei Agbangla mandou ao seu "*fetishman*" solicitar ao mar que apaziguasse sua fúria, oferecendo-lhe "uma jarra de azeite de dendê, um saco de arroz e milho, uma jarra de *pitto* [cerveja], uma garrafa de aguardente, uma peça de tecido de algodão estampado e outras coisas". Para surpresa do inglês, e orgulho do velho rei, no dia seguinte o mar amanheceu mais calmo, permitindo reiniciar o comércio.[64] Em outras ocasiões, dependendo das consultas oraculares dos sacerdotes, sacrificavam-se bois e carneiros, vertendo-se o sangue na beira do mar, e Des Marchais comenta que se jogava depois um anel de ouro nas ondas.[65] Ocasionalmente, por ordem do rei, podiam ser sacrificadas vítimas humanas, mas essa prática era rara.[66]

A devoção marinha era compartilhada pelo rei de Aladá. Como acontecia com os reis interioranos do Benim, Oyó e Daomé, o de Aladá era proibido de ver ou entrar em contato com o mar, o que indica algum tipo de sacralização antiga que se difundiu do litoral para o interior.[67] Isso não impedia que, em caso de necessidade, o rei enviasse ricos presentes para serem ofertados ao mar, no intuito de atrair e favorecer os negócios. Bosman conta que o monarca precedente, ao que parece Tojonu, certa feita foi preso pela "fúria de Xerxes" quando lhe informaram que suas oferendas não tinham gerado o resultado esperado.[68]

O que se infere dos dados é uma estreita associação entre as oferendas ao mar e as atividades comerciais dos navios europeus e, portanto, o tráfico de escravos. Vale reiterar o uso de produtos introduzidos pelos europeus, como tecidos e aguardente, para realizar as oferendas. Em relação ao vizinho reino de Popo, Barbot informa que os mercadores europeus eram obrigados a dar presentes aos sacerdotes, a fim de que eles encorajassem os canoeiros que transportavam os escravos através da perigosa barra. Estes acreditavam que com essa remuneração os sacerdotes iriam "rezar aos fetiches para fazer o mar favorável e assim as canoas não virarem". Convém lembrar que a barra estava infestada de tubarões que faziam da virada um acidente fatal. Barbot acrescenta que "outro costume daqui é dos sacerdotes jogarem areia sobre a cabeça dos escravos que embarcam, para que o fetiche evite que as canoas virem na rebentação da barra".[69] Essa seria uma das múltiplas facetas nas quais a prática religiosa interagia com o tráfico de escravos, e era por este afetada.

Como vimos, além de receber remuneração pelos seus serviços, os sacerdotes, em alguns casos, investiam e participavam diretamente do comércio escravista.[70] Também foi comentado que nos acordos comerciais os europeus podiam ser obrigados a jurar ou beber pelo fetiche para poder fechar um negócio. Mas às vezes essas técnicas locais de engajamento espiritual podiam ser utilizadas pelos próprios traficantes como estratégia de controle dos escravizados. Na Costa do Ouro, o capitão Phillips menciona o caso do seu colega, o capitão *Shurley*, que

> costumava fazer os negros que embarcavam tomarem o fetiche, obrigando-os a jurar que não iriam nadar até terra firme e fugir, e então os deixava sem grilhões. Sua poção era um copo de cerveja inglesa, com um pouco de aloé para amargá-la, mas, graças à fé deles, funcionava como se tivesse sido preparada pelos melhores fetichistas da Guiné. Da minha parte, confio mais nos meus grilhões do que em qualquer fetiche que pudesse lhes dar.[71]

Efetivamente, essas estratégias nem sempre funcionavam, e os casos de revoltas escravas nos navios eram frequentes. Ocorria também de os cativos, em função do imaginário da feitiçaria e do medo do suposto canibalismo dos europeus, preferirem o suicídio a serem levados para a terra de brancos. Barbot, por exemplo, diz que

> todos os escravos destas partes [Uidá], sobretudo aqueles que transportamos para as ilhas da América, incluindo aqueles de Oyó e Benim — inimigos irreconciliáveis dos de Ardra — acreditam firmemente, quando são embarcados, que os compramos para engordá-los no nosso país, de modo a poder mais facilmente vendê-

-los para serem comidos. Isso causa neles (ou em bastantes deles) tanta tristeza que obstinadamente recusam o sustento que pode mantê-los com vida e, assim, se deixam morrer, apesar de qualquer tentativa de convencê-los do contrário.[72]

Como já foi discutido na seção anterior, esse seria um claro exemplo da associação entre escravidão, canibalismo e feitiçaria e de como o imaginário cultural desencadeava comportamentos altamente prejudiciais aos interesses escravistas.

A resistência podia ser menos radical e limitar-se ao uso de *bŏs* ou objetos de poder específicos, concebidos para mediar as relações sociais entre escravizados e escravocratas. Ou seja, as práticas locais podiam ser utilizadas pelos subalternos como forma de proteção, mas também como arma ou forma de controle sobre os dominadores. Na Costa do Ouro, Bosman relata como os escravos e criados escondiam "nas camas ou nos dormitórios de nossos chefes, certos objetos consagrados e encantados pelos sacerdotes, deixados ali com o propósito de proteger seus senhores da morte".[73] Isso no caso de acharem que o europeu era "um bom senhor", mas técnicas semelhantes podiam ser usadas para fins de defesa, como amansar a fúria do senhor, ou para fins agressivos, como acabar com sua vida.

Podemos igualmente imaginar que o recurso à prática religiosa fosse ativado para se defender contra a captura. As contínuas guerras e a instabilidade social que afetaram as regiões em volta de Aladá, Uidá e, em especial, o Daomé, durante os séculos XVII, XVIII e XIX, estão bem documentadas.[74] As populações do litoral ou do interior, nas montanhas Mahi do norte, por exemplo, viviam sob constante ameaça de incursões bélicas lançadas pelos daomeanos, oyós ou outros grupos vizinhos, à procura de cativos. Essas difíceis condições sociais certamente incrementaram a necessidade de desenvolver estratégias de defesa espiritual e de ataque místico.

No seu estudo sobre os *bŏs*, Susan Blier sugere que a produção desses objetos de poder aumentou ou adquiriu força e significado especiais naqueles tempos de violência e perigo. Os valores que caracterizam esses artefatos "são fúria, resistência e força, portanto eles operam como forças agressivas e defensivas contra o infortúnio, muitas vezes interpretado como causado pela feitiçaria".[75] Nesse sentido, o uso de *bŏs* contra as ameaças da escravização abriu um novo campo de significações e funcionalidades. Como as "bolsas de mandinga" brasileiras, os *bŏs* "providenciavam uma forma de, ao mesmo tempo, aceitar e recusar o negativo, ajudando seus usuários a objetivar o conflito e a 'pensar-através-do-terror' como diria Taussig".[76] Ainda segundo Blier, "amiúde amarrados fortemente com cordas, esses trabalhos evocam a imagem do prisioneiro. Sugerem o que os fons chamam de *kannumon* [*kannumɔ̀*], 'coisa em cordas', ou seja, a pessoa escravizada".[77] Os *bŏs*, portanto, inscreveram na sua representação elementos evocativos da escravização. A hipótese de Blier de um *aumento* na sua produção, em correlação direta com o aumento do tráfico, é de difícil demonstração documental. No entanto, a aquisição de novos sentidos associados à nova realidade parece certa. Nessa perspectiva, os *bŏs* podem ser interpretados como "signos oblíquos" do tráfico de escravos.

Assim como os *bŏs*, pode-se supor que outras práticas religiosas envolvendo cerimônias dedicadas aos voduns, sobretudo entre populações sob risco de ataques, foram acionadas como proteção contra as ameaças da escravização. Havia voduns como Averekete (*Avlekétè*), por exemplo, prezados por avisarem da chegada do inimigo, que permitiam aos hulas do litoral escapar dos ataques daomeanos.[78] Mas, para além dessa ativação do vodum para a prevenção do infortúnio, segmentos parciais das cerimô-

FIGURA 24. Botchios. *Benim, séculos XIX e XX. Madeira, corda, argila e pátina sacrificial. Coletados na República de Benim, c. 1960.*

nias foram interiorizando referências à escravização, que, como veremos na próxima seção, perduram até a atualidade.

Num lento processo de difícil datação, o ritual foi identificando, selecionando e inscrevendo representações oblíquas de conflitos sociais estressantes (guerras e escravização, por exemplo) e relações de poder cruciais (escravo-senhor, por exemplo). Essa apropriação através do ritual pode ter servido para objetivar e neutralizar tensões sociais, embora sem necessariamente transformá-las. Não estou sugerindo que o ritual deva ser lido apenas como simples resposta a situações de ansiedade ou medo, ou que ele fosse necessariamente instrumental para a sua redução. Porém, como propõem os antropólogos Max Gluckman e Victor Turner, o ritual pode ser compreendido como um espaço em que as contradições sociais são trabalhadas e sistematicamente assimiladas como reafirmação da unidade do grupo. No caso em pauta, a função de resolução de conflitos atribuída ao ritual poderia ser questionada, mas caberia argumentar que a "modelagem" formal e ritualizada das relações sociais mais críticas era condizente com a sua legitimação e internalização.[79] Todavia, talvez existissem outras causas menos oblíquas para explicar o surgimento de referências à escravidão nas cerimônias aos voduns. Uma delas seria a participação de escravizados no seio da instituição religiosa.

A ESCRAVIDÃO E O IDIOMA DA ESCRAVIDÃO NOS CULTOS AOS VODUNS

Há evidências de que os cultos aos orixás e aos voduns recrutavam devotos entre as comunidades escravizadas locais, frequentemente entre os cativos de guerra. Esses escravos eram iniciados e consagrados a divindades particulares, mas também agregavam força de trabalho aos templos, labutando nas roças e em tarefas domésticas, desempenhando, assim, um papel econômico fundamental. Como vimos, nos casos mais extremos, alguns deles — prisioneiros de guerra ou criminosos — eram sacrificados para atuar como mensageiros junto aos ancestrais. Inversamente, as circunstâncias podiam levar alguns a atingir as mais altas posições no sacerdócio.

No reino de Uidá, no final do século XVII, Bosman comenta que "as mulheres que são promovidas ao grau de sacerdotisas, embora *algumas delas talvez fossem escravas antes*, são tão respeitadas quanto os sacerdotes, ou ainda mais; de tal modo que se orgulham do prestigioso nome de filhas de deus". O comentário, provavelmente relativo às devotas da serpente Dangbé, sugere que o status religioso de "filha de deus" (*vodúnví* ou *dangbési*) se opunha à condição da escravidão, que por sua vez estava associada à posição subalterna da mulher no espaço doméstico. Continua Bosman:

> Enquanto todas as outras mulheres são submetidas ao trabalho escravo para os homens, estas [as sacerdotisas], ao contrário, exercem um absoluto domínio sobre eles e seus bens, vivendo como eles, absolutamente de acordo com sua arbitrária vontade e prazer. Além disso, seus maridos são obrigados a mostrar-lhes tanto respeito como eles recebiam de suas esposas antes de elas se tornarem sacerdotisas, ficando obrigados a falar-lhes e servi-las de joelhos.[80]

A condição de iniciada, portanto, invertia os termos na guerra dos sexos, e o marido passava a ocupar a posição de "escravo". Em particular, o momento da possessão pela divindade era aproveitado pela mulher para reivindicar e reverter sua inferioridade hierárquica no matrimônio, constituindo a religião, assim, a arma dos fracos. Mas esse "teatro" nem sempre surtia os efeitos esperados. Bosman narra o caso de um homem, em Uidá, que não querendo se submeter à tirania da mulher, alegando acompanhá-la ao templo, levou-a à feitoria dos brandemburgueses onde ameaçou vendê-la como escrava, momento em que ela recobrou seu estado normal e desistiu de suas demandas.[81] Nesse caso, a ameaça da escravização serviu como arma no jogo de poder entre marido e mulher, entrelaçando a escravidão simbólica e a escravidão real.

Como vimos no capítulo 3, os reis daomeanos costumavam instalar na sua capital, Abomé, os cultos dos povos conquistados, com o intuito de mitigar qualquer possível vingança espiritual dos seus inimigos, e também como estratégia para se apropriar do poder místico desses deuses. Em alguns casos, especialistas religiosos escravizados eram utilizados para tomar conta desses cultos importados, enquanto outros (também para evitar sua possível vingança espiritual) eram vendidos nas rotas do tráfico atlântico. Um caso, analisado no capítulo 5, é o da rainha Na Agotimé, provável sacerdotisa do culto Nesuhue. Migrações internas e transatlânticas de escravizados foram, assim, responsáveis pela disseminação dos cultos.

Na área iorubá, na região de Ìjèbú, o historiador John Peel registra um adágio do século XIX que diz: "Deixa o homem de Ifá cultuar Ifá, deixa o homem de orixá cultuar o orixá; e deixa o escravo seguir o seu sacerdócio de Xangô para ganhar o seu pão". A referência a um escravo devoto de Xangô se explica pelo fato de esse culto ser alheio a Ìjèbú e ter sido ali introduzido pelos escravos originários de Ọyọ.[82] Mitos de Oyó também lembram o caso de Adímú em Ilé Ifẹ. Filho de uma mulher escrava escolhida para ser sacrificada, mas temporariamente poupada por estar grávida, foi ao nascer consagrado ao serviço dos deuses, especialmente Obatalá, para quem a mãe foi finalmente sacrificada. Quando o rei Ọrányàn deixou Ifẹ para vingar a morte do pai, encomendou a Adímú a guarda do culto ao orixá mais importante do reino e dos tesouros reais.[83]

Portanto, no seio das sociedades escravocratas das áreas gbe e iorubá, os cultos aos voduns e aos orixás podiam operar como meio de mobilidade social de alguns escravos. Porém, mais importante ainda, a participação de escravos desempenhava um papel econômico crucial na instituição religiosa. Burton, no século XIX, escreve:

> Aproximadamente um quarto da população feminina do Daomé são sacerdotisas (*fetisheeresses*), e as meninas são consagradas ao fetiche antes do seu nascimento. Estas *vodun-vi* [filhas do vodum] são treinadas como homens e, *embora apenas escravas*, são muito respeitadas pelo povo.[84]

Essa alta presença de cativas nos conventos explicaria, em parte, a inscrição codificada do idioma da escravidão no ritual, como forma de legitimar as relações de poder internas à instituição religiosa. Também, como já dito, a ritualização da escravização teria sido reforçada pelo reflexo de práticas e valores externos, especialmente a guerra e a captura de escravos, ao mesmo tempo que teria servido para internalizar e neutralizar o conflito e a instabilidade social circundantes.

Outra possibilidade para pensar a introdução do idioma da escravidão e da guerra nos conventos seria considerar a presença neles, não apenas de escravas, mas também daqueles responsáveis pela sua captura. Para além dos sacerdotes escravocratas aos quais já me referi, no caso do Daomé havia as amazonas, mulheres guerreiras e "esposas" do rei (*ahosi*), que formavam vários regimentos do exército daomeano. Como informa Forbes, algumas eram vodúnsis — "*fetish*" ou "*fetish-women*" — e os seus regimentos iam sempre acompanhados de seus "fetiches" protetores.[85] Podemos supor que a dupla participação no campo de batalha e nos conventos de algumas amazonas explicaria, parcialmente, o éthos militar do culto Nesuhue, o uso de apetrechos como adagas no vestuário das *nesuhuesi* e a execução de danças e ritmos (como o *adănhŭn*, ou ritmo da cólera) com conotações marciais. As amazonas eram bem conhecidas pela fúria e pelo valor, e os reis Guezo e Glele, em geral durante os Costumes, gostavam de exibi-las aos europeus realizando simulacros de ataque a uma aldeia, com o objetivo de aprisionar seus habitantes, representados por escravos do rei. Esse exercício era na verdade uma forma de treinamento militar, mas também de ritualização da captura de escravos.[86] O envolvimento das amazonas no culto Nesuhue é um tema que precisa ser mais bem compreendido, mas sugere um possível caminho por onde o idioma da guerra e da captura de escravos pode ter alimentado os rituais religiosos.

Nesta última seção do capítulo, cabe então examinar uma série de segmentos rituais correspondentes à fase final da iniciação de um devoto, conforme ocorrem nos cultos aos voduns contemporâneos do Benim. Esses segmentos rituais contêm referências, mais ou menos explícitas, à guerra, à captura e à venda de escravos, que, de forma clara, evocam experiências de escravização e, por extensão, encontros com o tráfico transatlântico de escravos. Retomamos, assim, a abordagem iniciada no capítulo anterior, que pretende investigar a memória do passado codificada na prática ritual. Meu argumento principal é que, nas cerimônias de iniciação aos voduns, as referências à guerra e à captura de escravos eram relevantes para o ritual porque essas foram práticas muito comuns naquele contexto.

Convém, primeiro, uma breve exposição das diversas fases que marcam a iniciação religiosa e como elas são nomeadas. No princípio do processo, o indivíduo sofre uma morte ritual, seguida de um renascimento em uma nova vida espiritual, sob os auspícios da divindade.[87] Essa relação é indicada, frequentemente, através da metáfora conjugal, em que a devota é considerada a esposa (*asì*) do vodum, daí o termo vodúnsi. O idioma marital expressa uma relação de poder e dependência, em que o domínio da entidade espiritual sobre a devota é comparado ao exercido pelo marido sobre sua mulher. Essa relação, como vimos, pode evocar também à relação entre senhor e escravo. O período de reclusão durante a iniciação, que pode durar vários meses, é geralmente referido como uma viagem ao "país do vodum" (*vodún tomɛ̀*), em que a vodúnsi desfrutaria de todos os privilégios e regalias e todas as necessidades materiais seriam amplamente satisfeitas.

O fim da iniciação é marcado por três apresentações públicas das noviças, realizadas sucessivamente em semanas diferentes, sendo a última e mais importante chamada *hùn sù ɖìɖè* (o levantamento das proibições). Um ritual de purificação é realizado no rio sagrado (*tɔ̀yíyí*), seguido do *vodún sɔ́ gbɔ̌* (o vodum pega o bode), quando a vodúnsi finalmente atinge uma possessão total. Essa importante cerimônia é seguida por uma semana de danças públicas. Nessa semana a noviça vai ao mercado (*axìyíyí*), onde atua como mendicante, um papel ritual que nos cultos ao vodum do trovão Hevioso é chamado *ahwansì*.[88] *Ahwàn* significa "guerra", "exército", "tropa de soldados", ou simplesmente "grupo" ou "multidão". *Ahwansì* é normalmente traduzido como "esposa da multidão", mas é impossível não notar essa primeira alusão ao vocabulário bélico.

Nos cultos a Hevioso, Sakpatá e outros voduns, há um ritual, celebrado no fim dessa semana de danças públicas, chamado *ahwanɖiɖa*, literalmente "a ação de preparar a guerra". Nele, as vodúnsis, numa demonstração de poder, pegam com a mão nua uma pasta de milho vermelho, ou pedaços de carne do animal sacrificial, de um caldeirão fervente. Nesse momento, cantigas com referências explícitas à guerra podem ser entoadas.[89] Na sequência, um fogo é aceso na marmita e as vodúnsis, carregadas por dois assistentes, são expostas por três vezes sobre o fogo. Esse segmento chama-se *ahwanlà*, "o início da guerra".[90] Depois dessas provas de fogo, o *vodunon*, ou sumo sacerdote, proclama o novo nome ritual das noviças.

A referência simbólica ao desencadeamento da guerra leva ao próximo segmento, chamado *ahwàn wă wlĭ yě* ("a guerra vai capturá-los"), ou *ahwanwlí* ("captura de guerra"). Essa cerimônia marca o fim da estada das vodúnsis no templo e o início da sua gradual reintegração ao mundo dos humanos, um processo a que elas resistem fortemente. Ao amanhecer, escuta-se um disparo de canhão, simbolizando a guerra ou razia na qual se supõe que o *vodunon* rapta as noviças do "país do vodum". Portanto, as vodúnsis se tornam cativas de guerra ou escravas (*kannumɔ̀*) do *vodunon*. Com um lado do rosto pintado de branco e o outro de preto, elas perseguem, durante horas, as pessoas não iniciadas, jogando pedras e tentando atingi-las com paus. Os vizinhos, adultos e crianças, misturando dinâmicas de evitação e de gracejo, escapam aos ataques ao mesmo tempo que zombam e provocam as noviças, lembrando-lhes que não vão mais voltar ao "país do vodum". O seu comportamento colérico expressa a raiva por terem sido sequestradas da companhia do seu vodum e a sua recusa em retornar ao mundo profano dos humanos.[91]

Nos dias seguintes, as noviças ficam no templo na condição de escravas ou *kannumɔ̀*. Como se supõe que esqueceram tudo de sua vida pretérita, as "cativas de guerra" passam por uma série de rituais orientados ao reaprendizado das práticas seculares, em particular as atividades comerciais e conjugais. Elas vão ao mercado vender *akasá* por um preço simbólico. Também realizam uma pantomima do ato sexual (*é ná dà asú*, "ela vai se casar"), deitando numa esteira com uma criança do sexo oposto como parceira.[92] Supõe-se que depois desses rituais, quando as vodúnsis irão ao mercado ou corresponderão às suas obrigações maritais, elas não ofenderão o seu vodum. Como veremos no próximo capítulo, esses rituais têm persistido no Brasil sob o nome de panã.

Enfim, o *vodunon* vende suas "escravas" aos parentes delas num ritual chamado "a compra dos escravos" (*kannumɔ̀ xì xɔ̀*).[93] Na residência de suas famílias, as vodúnsis se sentam, após muita resistência, em pequenas esteiras chamadas *jòkòde*. Depois das rezas do *vodunon*, um frango e um galo são imolados e o sangue é ungido nos pés e nas frontes das noviças. O chefe da coletividade familiar, o comprador, oferece uma soma simbólica de dinheiro e aguardente ao *vodunon*, o vendedor e representante da congregação religiosa. Após a cerimônia, as vodúnsis permanecem nas suas casas, usando seus novos nomes rituais e falando ainda apenas a língua ritual do vodum. No dia seguinte, celebra-se uma cerimônia chamada *é nɔ̀ xà sù* (nomear as proibições), na qual é enumerada aos parentes uma série de coisas que não podem ser feitas às noviças. As vodúnsis oferecem um búzio aos seus pais, e estes lhes retribuem entregando uma pequena quantidade de dinheiro, por exemplo, uma moeda de cem CFAS.[94] Essa troca de dádivas sela a aliança final entre a família e seus novos membros: *é ná jɛ̀ akɔ̀ xɛ́* (eles vão ser anexados ao clã, ou *ako*.)

Como se supõe que as vodúnsis devam rejeitar sua nova condição, elas tentam amiúde escapar de suas casas para retornar ao templo, que consideram "o país do vodum". Quando isso acontece, realiza-se uma cerimônia para acalmar seu estado de rebeldia. Nesse contexto, é inevitável lembrar os escravos fugitivos. Outros rituais são celebrados após três meses, seis meses, um ano e três anos, marcando a progressiva reintegração da vodúnsi à vida secular. Aos seis meses, por exemplo, acontece o *jŏ gbè* (restituição da voz ou palavra), a partir do qual a vodúnsi pode falar de novo a língua fon. Em cada um desses rituais a vodúnsi adquire novo conhecimento esotérico, de modo que a experiência do aprendizado resulta num processo gradual e cumulativo.

Em resumo, o processo da iniciação é idealizado como um período de reclusão no "país do vodum", seguido de uma traumática reintegração ao mundo profano, esta última expressa através do idioma da guerra e da captura de escravos. A noviça se torna escrava do sacerdote para ser logo resgatada por seus parentes e, como um indivíduo renascido, ser reagregada à coletividade familiar. Como a metáfora marital da relação entre noviça e vodum, o idioma da escravidão molda e estrutura a relação de autoridade do sacerdote (isto é, o grupo religioso) sobre a iniciada, e, através da sua incorporação, a noviça também internaliza um senso de subordinação hierárquica.

Não está claro se o simbolismo subjacente a esses rituais é reconhecido e compartilhado por todos os praticantes. A relação de contiguidade entre os referentes conceituais e o comportamento ritual, como entre a terminologia da guerra e a prova do fogo, é intrigante. Todavia, apesar da possível ambiguidade interpretativa, a evidência etnográfica indica de forma clara a existência de referências históricas a encontros com o tráfico de escravos e experiências de escravização. Até onde posso inferir, o vocabulário da guerra e da escravidão e sua ativação no ritual parecem ter sido introjeções de uma realidade social externa, e ao mesmo tempo expressão de uma realidade interna da instituição religiosa. Ou seja, ao mesmo tempo que a metáfora da escravidão foi uma forma eficiente de expressar as tensões do entorno social daquele momento, os sacerdotes recrutavam efetivamente escravos como devotos para o serviço dos seus voduns.

Um aspecto notável é a dinâmica de troca envolvida no segmento "a compra dos escravos" (*kannumɔ̀ xì xɔ̀*). Nele, a troca de presentes, envolvendo reciprocidade e pagamento *simbólico*, oculta e convive com uma verdadeira troca econômica que "parece melhor conformar-se à noção marxista de relações sociais mediadas pela transação de mercadorias".[95] O grupo religioso troca a noviça-escrava por algum dinheiro e aguardente, mas esses elementos de pouco valor simbolizam os produtos e/ou a quantidade de dinheiro muito maior entregues pela família da noviça para compensar os custos da iniciação. Efetivamente, desde o século XVII até o século XX, vários autores registraram o alto preço pago à congregação religiosa pelos parentes da noviça, antes, durante ou no fim da iniciação (para Uidá, ver capítulo 3).[96]

No entanto, referências explícitas à noção de "compra" da noviça para marcar sua reintegração à vida familiar só aparecem no século XIX. Baudin descreve uma iniciação genérica em Porto Novo e menciona que, ao final do processo, "os pais depositam búzios no pé do ídolo-fetiche, dizendo 'compro de volta meu filho'".[97] Le Herissé também se refere ao pagamento realizado pelos parentes para resgatar o filho como forma de apaziguar a possível raiva do vodum por ter sido privado de um de seus devotos. Com essa quantia, supõe-se que o sacerdote comprará um novo escravo.[98] Parrinder identifica o ritual de compra também nos cultos iorubás e reporta que os noviços são chamados "prisioneiros".[99] Encontramos, assim, no processo de iniciação, a mesma coexistência do simbólico com o pragmático, da reciprocidade da dádiva com o ganho do investimento, que já tínhamos observado na economia das oferendas nos altares. Porém, na iniciação, o bem transferido não é um animal, um pano ou aguardente, mas um corpo humano, e nesse sentido a analogia com a escravidão, a identificação da noviça como *kannumɔ̀* que deve ser resgatada, pode ter se imposto desde cedo.

Esse processo de ritualização provavelmente foi reforçado — e com ela interagia — pela cultura política daomeana, que concebia as relações sociais e políticas, e a própria soberania do rei, com base no idioma da compra e da escravidão. Como afirma Law, resulta persuasivo correlacionar a ênfase na linguagem da escravidão dessa cultura política com o crescimento do tráfico atlântico iniciado no século XVII.[100] Eu acrescentaria que uma correlação análoga pode ser aplicada ao campo religioso.

Como sustenta Orlando Patterson, escravidão e liberdade constituem um binômio indissolúvel, em que cada polo se define em função do outro.[101] O que cabe salientar é que os significados dessa relação variavam de acordo com os distintos contextos sócio-históricos, e que o idioma ritual na Costa da Mina parece pôr ênfase diferenciada na escravidão, mais que na liberdade. Embora a ritualização realçasse o processo de escravização, isso não significa que a resistência a essa ameaça e a busca pela liberdade não fossem também parte crucial da dinâmica social africana durante o período do tráfico.[102] Contudo, como veremos no próximo capítulo, podemos estabelecer um contraste relativo com a dinâmica desenvolvida no contexto da diáspora, em que o processo de ritualização parece realçar a emancipação e a procura da liberdade.

7. Desdobramentos atlânticos, diálogos e reconfigurações

DA COSTA DA MINA AO BRASIL E VICE-VERSA: HISTÓRIAS CONECTADAS

Do mesmo modo que as forças externas do cristianismo e do tráfico atlântico de escravos afetaram profundamente a vida religiosa da Costa da Mina, as crenças e práticas religiosas dessa região se difundiram pelo Atlântico afora, acompanhando a migração forçada de centenas de milhares de escravizados. A devoção aos voduns se espalhou pelo Brasil, Haiti, Cuba, Estados Unidos, Jamaica e outros lugares do Caribe. As estimativas mais recentes calculam em mais de 1 milhão os africanos embarcados na Costa da Mina para o Brasil entre os séculos XVII e XIX.[1] Como se sabe, a maioria deles se concentrou no litoral, sobretudo na Bahia, mas também em Pernambuco, Maranhão, Rio de Janeiro, deslocando-se depois para Minas Gerais e outras regiões interioranas. Em oposição aos africanos de nação angola, falantes das línguas banto e vindos da África central, os cativos da Costa da Mina eram geralmente identificados como africanos de nação mina. Além dessa categoria genérica, os povos vindos de regiões controladas pelo Daomé, falantes de línguas da família gbe e devotos dos voduns, incluindo os mahis, os adjas, os uemenus, os hulas, os huedas, os fons, os guns e outros, foram conhecidos, na Bahia, como jejes, ou africanos de nação jeje. Estimativas relativas à população escrava de Salvador e do Recôncavo baiano mostram que, desde a década de 1740, os jejes foram o grupo africano demograficamente dominante, e só a partir da década de 1820 foram superados em número pelos grupos nagôs de fala iorubá.[2]

Ao longo desse período, as práticas religiosas associadas aos voduns se disseminaram por toda a colônia portuguesa. Na capitania de Minas Gerais, por exemplo, em 1741, o português António da Costa Peixoto publicou a *Obra nova da língua geral de Mina*, um vocabulário da língua franca falada pelos escravos naquela época, visando a que os senhores entendessem as conversas de seus cativos para assim melhor controlá-los. Nesse vocabulário, predominantemente de base linguística gbe, aparece registrado pela primeira vez no Brasil o termo "vódum" e também o nome do vodum Legba ("Leba"), já naquele momento identificado com o Diabo cristão.[3] Também nas Minas Gerais, na cidade de Paracatu, em 1747, temos notícias da dança do Tundá, ou Acotundá, dedicada à veneração de um "ídolo" ou "santo" da terra dos couras ou couranas. Pesquisas recentes sugerem que os couras podem ser os mesmos hulas (ou talvez huedas) do reino de Uidá. Tratar-se-ia, assim, de um culto vodum (talvez Tundá encubra uma referência à serpente Dan) originário da regiao gbe, embora nele já fosse significativa também a presença de elementos católicos.[4]

A prática religiosa por trás da dança do Tundá pode ser considerada um antecedente de formas de organização religiosa que, no século XIX, teriam resultado no candomblé da Bahia ou no tambor de mina do Maranhão.[5] Em trabalho precedente, tentei salientar o papel fundamental que a tradição dos cultos aos voduns desempenhou enquanto *modelo organizacional* para a formação do candomblé baiano. Sustentei que os cultos aos voduns teriam sido uma referência para a organização do grupo religioso numa estrutura eclesiástica ou conventual, que ia além das atividades de cura e adivinhação típicas dos calundus coloniais. A prática ritual dos devotos dos voduns teria oferecido também um referencial para a reunião de cultos a múltiplas divindades num mesmo terreiro.[6]

O destaque para a influência jeje não pretende minimizar a importância das contribuições de outros povos, como os congos, angolas e benguelas de fala banto, ou dos nagôs de fala iorubá, que, embora chegados mais tardiamente, já compartilhavam com os jejes muitas de suas práticas e crenças. As religiões afro-brasileiras, ou de matriz africana, como sabemos, são o resultado de um complexo processo histórico de síntese e criatividade cultural em que se emaranharam as contribuições mais diversas, tanto dos vários povos africanos, de sua descendência crioula como do cristianismo ibérico e das populações ameríndias. Contudo, isso não impedia que certas tradições culturais africanas fossem mais atuantes do que outras no processo de institucionalização dessas religiões. Minha tese é de que, a partir do século XVIII, especialmente na primeira metade do século XIX, os saberes dos sacerdotes dos voduns — relativos à instalação de altares em espaços estáveis, aos processos de iniciação, à hierarquização do corpo sacerdotal e à devoção conjunta a múltiplos deuses — estabeleceram um padrão de grande eficácia para integrar o pluralismo religioso dos escravizados em comunidades de tipo eclesial. Esse *modelo organizacional* foi aos poucos sendo apropriado e adaptado por outros grupos africanos e seus descendentes crioulos, segundo suas respectivas especificidades, tradições culturais e interesses estratégicos.

A superioridade demográfica pode ter contribuído em alguns casos para a difusão desse modelo, porém o fator que mais teria favorecido sua réplica, nos diversos contextos regionais, seria de ordem intrínseca ou estrutural. Na situação de diáspora e marginalidade social em que se achavam os africanos, o modelo teve sucesso na medida em que permitiu organizar comunidades, sociedades ou associações relativamente coesas, oferecendo aos seus membros recursos e apoio emocional para enfrentar a adversidade. Em São Luís do Maranhão, por exemplo, onde a população africana provinha majoritariamente da África central e da Senegâmbia (dos portos de Cacheu e Bissau), a religião de matriz africana conhecida como tambor de mina esteve pautada, como o próprio nome indica, por um modelo trazido pelos grupos minoritários da Costa da Mina, em particular por duas casas principais, a Casa das Minas, de nação jeje, e a Casa de Nagô, fundadas em meados do século XIX.[7] O caso da Casa das Minas (já referido em capítulo precedente) alerta também para o papel de pessoas significativas que, por seu carisma ou capacidade de liderança, conseguiam inspirar outras a trilhar caminhos parecidos. Assim, a iniciativa ou agência individual, a despeito da questão demográfica e da adaptabilidade estrutural dos modelos organizacionais, é outro fator que deve ser considerado para pensar os processos de reprodução e criação cultural.

A tendência clássica nos estudos afro-brasileiros tem sido imaginar a formação do candomblé, tambor de mina e outras variantes como resultado de um movimento unidirecional, intrinsecamente ligado ao tráfico de escravos, indo da África para o Brasil. Nessa visão, a África estaria associada ao passado e a um ali distante, enquanto o Brasil representaria o presente e o aqui. Na esteira da pesquisa pioneira de Pierre Verger, estudos mais recentes têm questionado esse modelo unidirecional, propondo como alternativa uma dinâmica de circularidade atlântica, em que práticas e discursos geograficamente distantes teriam se constituído mutuamente através do fluxo e refluxo de pessoas, ideias e mercadorias.

Essa é a tese de Lorand Matory em relação, por exemplo, ao discurso de superioridade nagô ocorrido no candomblé baiano no final do século XIX. Segundo ele, a ideologia da pureza ritual nagô foi promovida na Bahia por uma elite de sacerdotes e comerciantes afro-atlânticos que, através de suas viagens, teriam se apropriado do discurso de superioridade cultural e racial iorubá, que naquele final do século estava emergindo no protetorado inglês de Lagos, no que foi chamado de Renascença de Lagos.[8]

Essa interação ou "diálogo" entre ambas as margens do Atlântico, rompendo com o modelo de um movimento unidirecional, resulta atrativa na medida em que aponta para conexões transoceânicas que mudaram as religiões afro-brasileiras após o fim do tráfico de escravos. É também interessante no sentido de que ressalta o protagonismo dos africanos libertos que saíram da Bahia, especialmente após a Revolta dos Malês em 1835, e que fixaram residência nas cidades litorâneas de Uidá, Porto Novo, Agoué, Lagos e outras, passando a constituir uma comunidade diaspórica de retornados, conhecidos como "brasileiros" ou agudás.[9] Alguns deles continuaram a manter frequentes relações comerciais com a Bahia, às vezes indo e vindo entre as duas costas, e constituindo redes de parentesco em ambos os lados do Atlântico. Num primeiro momento, um dos principais negócios que possibilitaram a prosperidade desse grupo foi o tráfico ilegal de escravizados para o Brasil e Cuba, atividade que se alastrou até a década de 1860.

Porém, além de uma comunidade comercial, os agudás também constituíam congregações de fé, e sua adesão ao catolicismo e/ou ao islã era um signo de identidade que os diferenciava das populações locais. O liberto Joaquim d'Almeida, por exemplo, levantou em Agoué, na década de 1840, uma capela sob a invocação do Senhor Bom Jesus das Necessidades e Redenção, em lembrança da irmandade homônima da qual foi membro quando vivera em

Salvador. Isso acontecia décadas antes da chegada dos padres da Société des Missions Africaines de Lyon, em 1861, ano considerado pela Igreja Católica como a data oficial do início da evangelização na região. Também na década de 1830, um retornado, Adriano da Glória, assumia como ímã da comunidade muçulmana de Agoué. Os retornados podiam inclusive trazer de volta os altares de seus orixás e voduns, reconfigurando aspectos parciais das práticas autóctones. Não cabe aqui examinar a dinâmica advinda desses "encontros", e também confrontos, entre o cristianismo, o islã e as tradições locais dos voduns, assunto que pretendo tratar com mais vagar em trabalho futuro. Contudo, cabe ressaltar o importante papel assumido pelos retornados nesse processo histórico de mudança religiosa que se deu a partir da década de 1830, sobretudo nas cidade litorâneas.[10]

Por outro lado, membros de alguns dos terreiros nagôs mais proeminentes da Bahia, como o Ilê Iyá Nassô (Casa Branca), ou pessoas a ele associadas, como Eliseu do Bonfim (pai do famoso babalaô Martiniano Eliseu do Bonfim), Bamboxê Obiticó (avô do também babalaô Felisberto Sowzer) ou Eduardo Américo de Souza, realizaram repetidas viagens a Lagos na década de 1870, levando amiúde crianças crioulas para lá serem educadas.[11] Essas viagens antecederam em quase duas décadas a Renascença Lagosiana apontada por Matory, e sinalizam, já naquele momento, a existência de um projeto consciente, por parte de um setor da elite nagô da Bahia, de educar sua descendência crioula nos padroes da cultura iorubá. Seja como for, as conexões com a Costa da Mina, estabelecidas por sacerdotes e comerciantes afro-baianos desde a década de 1830, tiveram certamente repercussão no candomblé e no discurso de superioridade cultural nagô, mas também afetaram a dinâmica religiosa no litoral africano, propiciando discursos de distinção agudá, através do catolicismo e do islã.

As explicações que ressaltam o protagonismo dos viajantes como agentes das conexões atlânticas têm relevância, sobretudo, para o século XIX. Outras abordagens teóricas, porém, apelam a fatores de ordem estrutural para explicar as afinidades entre práticas religiosas africanas e afro-brasileiras. Essas interpretações notam que cidades como Salvador, Havana ou Uidá compartilhavam condições socioculturais parecidas que podiam ativar respostas paralelas, porém independentes, a situações semelhantes. A heterogeneidade demográfica e o cosmopolitismo urbano gerados pela escravidão traziam uma diversidade de tradições religiosas para o seio de uma mesma sociedade, e eram condizentes, em si mesmos, com a organização de cultos a múltiplas divindades, como acontece no candomblé, na santería ou nos cultos vodum de Uidá.[12] Uma abordagem correlata postularia a existência de uma "única conjuntura histórica", ubíqua em toda a geografia atlântica, que possibilitaria a reprodução, aqui e ali, de fenômenos culturais análogos, sem ter que explicar as semelhanças em termos de continuidades lineares.[13]

A ideia principal que emerge dessas novas abordagens é que a historicidade das religiões afro-brasileiras pode ser pensada não apenas em termos de continuidades e sobrevivências africanas, de origens e diáspora, mas como um processo de diálogo e interação constante com as práticas e os discursos religiosos africanos. Essa nova perspectiva ressalta, entre outros aspectos, o cosmopolitismo e as viagens dos libertos afro-brasileiros como mediadores dessa história conectada, mas nem por isso podemos esquecer as viagens *sem retorno* de centenas de milhares de escravizados que, mediante suas anônimas e sofridas experiências, contribuíram para o laborioso e silencioso processo cultural que resultou na formação das religiões afro-brasileiras.

A RECONFIGURAÇÃO DA COLETIVIDADE FAMILIAR EM COMUNIDADE RELIGIOSA

Não é aventurado supor que, logo após a escravização, aqueles que foram arrancados e desenraizados de suas redes familiares estabeleceram laços de aproximação entre si. Contrariamente à ideia do escravizado como ser isolado, alienado e dessocializado, cabe arguir que já nos longos trajetos que às vezes antecediam o embarque no litoral os primeiros laços de solidariedade podiam se constituir.[14] Com certeza, a experiência da travessia atlântica, a chamada *Middle Passage*, contribuía em muitos casos para aprofundar esses laços que se apresentavam como um paliativo ou substituto dos vínculos de parentesco rompidos.

No Brasil, os companheiros que viajavam no mesmo navio eram chamados de malungos (do banto *malungu*, significando canoa ou embarcação), uso que parece ter sido introduzido no inglês, espanhol e francês crioulizados do Caribe como *sippi* (de *ship* ou navio), *carabela* e *bâtiment*, respectivamente. Uma vez desembarcados, os malungos passavam a se considerar parentes, inclusive com a proibição de casamento entre si, como um tabu do incesto. Esse relacionamento sinaliza tentativas de superar a individualização imposta pela escravização através da formação de novos laços comunitários. Bob Slenes identifica na palavra *malungu* (canoa) uma referência mítica aos nove grupos matrilineares de que supostamente descende o povo bakongo. Para ele, estaríamos diante de um caso de "vontade manifesta de transformar uma radical experiência de 'morte social' em 'renascimento'", afirmando o parentesco e a continuidade com um mundo de origem ancestral, representado pela "canoa-mãe".[15]

A memória dessa experiência da *Middle Passage* teria encontrado expressão também na prática religiosa, na concepção do grupo iniciático que, de forma significativa, é denominado de *barco*.[16] A experiência do grupo de noviços submetido coletivamente a rituais de passagem, envolvendo estágios de liminaridade, em que os indivíduos são despidos de suas antigas personalidades e investidos de uma nova vida, apresenta correspondências com a *Middle Passage*. Se a isso acrescentamos as duras condições da reclusão na camarinha e a submissão absoluta à autoridade da liderança religiosa, a experiência de subalternidade do iniciado pode evocar ainda mais a experiência do *barco* ou do navio negreiro.[17] Esse seria mais um exemplo de como a ritualização codifica e trabalha memórias da escravidão.

No capítulo anterior vimos como nos cultos aos voduns contemporâneos no Benim, durante alguns dos rituais finais da iniciação, se utilizam imagens de guerra e de captura de escravos, evocando o contexto histórico do período do tráfico atlântico. O elo místico criado pela iniciação entre o vodum e a vodúnsi é referido através da metáfora marital; a vodúnsi é considerada a esposa do vodum, mas o elo social entre o *vodunon* e a vodúnsi era referido como uma relação entre senhor e escravo. Ao comparar essa realidade com o candomblé baiano, observam-se algumas diferenças significativas. Nos rituais finais da iniciação na Bahia, por exemplo, as imagens da guerra e da captura de escravos são menos evidentes.[18] Essas referências foram aos poucos esquecidas, e o que o idioma ritual enfatizou foi a luta pela emancipação — em parte porque se tratava de experiência altamente valorizada e compartilhada por muitos dos praticantes do candomblé no século XIX.

Assim, segmentos rituais que marcam a reintegração social da iniciada ao mundo secular, como "a venda das iaôs" ou o panã, evoluíram para uma pantomima ou paródia dos leilões de escravos coloniais. O sacerdote oferta a vodúnsi ao público, proclamando suas virtudes e habilidades, tentando obter dos interessados o preço mais alto. Isso não aconteceu na contraparte africana, onde "a compra dos escravos" (*kannumɔ̀ xì xɔ̀*), em que a noviça é resti-

tuída à família biológica, envolve um pagamento simbólico prees-
tabelecido. Aliás, no caso brasileiro, o "resgate", correspondente
aos custos da iniciação, era pago por algum aliado da noviça, ao
qual esta ficava sujeita até saldar sua dívida. Para isso, ela devia la-
butar muitas vezes como quitandeira, vendendo alimentos nas
ruas. De fato, nas casas jejes e angolas há outro ritual, realizado
também no final da iniciação, chamado a "quitanda das iaôs", em
que estas imitam as atividades das quitandeiras, vendendo frutas e
quitutes. No seu conjunto, esses rituais evocam a memória dos
escravos de ganho que, como as noviças, eram responsáveis e
agentes da própria emancipação. Em outras palavras, enquanto na
África a linguagem ritual realçava a guerra e a captura de escravos,
no Brasil ela acabou por destacar a busca pela liberdade.[19]

É importante matizar que esse argumento não pressupõe a
existência de uma sequência diacrônica que levou da escravização
africana à liberdade americana. Como foi dito no capítulo 6, havia
também no contexto africano um constante esforço para libertar-
-se do cativeiro. A abordagem comparativa da prática ritual contemporânea apenas revela modos e significados diferenciados
atribuídos a segmentos semelhantes, sugerindo que a ritualização
se adaptou a valores e práticas sociais distintos em cada caso. Outra questão é saber até que ponto o contraste atlântico constatado
no âmbito religioso reflete experiências ou vivências da escravidão
diferenciadas em cada contexto.

Mas, além da metáfora da escravidão, a iniciação religiosa
comporta a metáfora da filiação e, embora já estivesse latente no
contexto africano, esse idioma da descendência parece ter recebido uma ênfase especial no contexto americano. Como já foi dito,
tanto nos cultos aos voduns como nos cultos aos orixás, para se
referir à relação do iniciado com o seu deus, se utiliza a metáfora
marital, conforme atestam os termos vodúnsi (mulher do vodum)
e iaô (esposa mais nova).[20] Porém, para expressar a relação do

iniciado com o iniciador se privilegiou, no Brasil, a terminologia da descendência.

Podemos pensar as distintas gerações de iniciados de uma mesma casa como uma linhagem? Podemos pensar o *barco* como um grupo de parentesco? Como oportunamente destacou o antropólogo Vivaldo da Costa Lima, o grupo iniciático, além de utilizar a terminologia da filiação, respeita o princípio de senioridade e impõe tabus contra o incesto entre os irmãos de esteira, como acontecia entre os malungos.[21] Nesse sentido, pode-se afirmar que a "família de santo" constitui uma reconfiguração da coletividade familiar na diáspora.

A iniciação ou "a feitura do santo" — aspecto fundamental para a perpetuação do grupo religioso e a organização da vida conventual — comporta a transferência simbólica do axé do deus para a cabeça do noviço, através da mão do iniciador. Como acontece com a reprodução biológica, existe na iniciação a noção da transmissão de alguma "substância" — no primeiro caso o sangue; no segundo o axé (embora o axé também possa se passar através do sangue) — que estabelece uma conectividade, não apenas entre o deus e o iniciado, mas também entre iniciador e iniciado. O noviço renasce como *filho* do deus e do iniciador, estabelecendo uma relação para toda a vida. Diz-se que o pai ou mãe de santo "fez" ou "pariu" seus filhos, que por sua vez iniciaram ou "pariram" novos filhos, ou netos de santo, instituindo assim linhagens ou genealogias espirituais. O idioma da reprodução biológica e da filiação para se referir ao processo iniciático indica, no nível conceitual, uma correspondência explícita entre a coletividade familiar e a comunidade religiosa.[22]

Mas há também um paralelismo no nível da experiência social. Em ambos os casos geram-se lealdades, alianças (assim como tensões e conflitos) e um senso de pertencimento grupal comparáveis. No contexto americano, esse éthos coletivo teria favorecido a recriação de "comunidades de cura", com funções terapêuticas e de reparação social, imbuídas de poder sociopolítico.[23] Vale lembrar, porém, que esse coletivismo terapêutico já existia no contexto africano, como demonstram os inúmeros "cultos de aflição" documentados na África centro-ocidental, a exemplo das instituições chamadas *kimpasi*.[24] Essa homologia ou correspondência parcial entre a coletividade familiar e o grupo religioso (seja ele africano ou brasileiro) pode ser ainda aprofundada.

Vários autores têm destacado a unidade do terreiro de candomblé como uma transposição e recriação do compound ou da "casa" (*ilé*) africana.[25] Outros têm sugerido a substituição da linhagem (*ìdílé*) pelo grupo de culto (ilê, em português).[26] Diante dessas interpretações que destacam as referências africanas, Lima reconhece a família patriarcal brasileira como outro modelo possível da "família de santo", na valorização do sentido de hierarquia e de respeito ao chefe e aos mais velhos.[27] Seja como for, nas grandes casas de candomblé (aquelas que extrapolaram o âmbito da unidade doméstica e as práticas individualizadas de cura e adivinhação) comprova-se, como nas coletividades familiares da África ocidental, a mesma preocupação com a perpetuação de uma dinastia — a dos chefes religiosos — e de um espaço físico —, no caso, o terreiro, demarcado simbolicamente pela prática ritual. Como vimos ao examinar o conceito de "casa" no contexto africano (capítulo 1), a ideologia da descendência e a vinculação a determinado espaço físico eram referências que se superpunham e muitas vezes se confundiam. A mesma coisa acontece no terreiro.

Obviamente, as "nações" africanas no Brasil, enquanto identidades diaspóricas, careciam de uma organização político-territorial comparável à dos reinos africanos. Porém, a sociedade colonial abriu frestas para a reconstituição parcial dessas identidades territoriais em torno dos terreiros, que, como o nome indica, comportavam a ocupação e sacralização de uma geografia específica. Em outro trabalho, afirmei que a formação do candomblé no século XIX foi possível graças à emergência de uma elite africana capaz de investir em terras (ou de assegurar o controle relativamente estável de espaços para a prática religiosa) e de garantir a perpetuação do seu patrimônio cultural e material através da colaboração com a sua descendência crioula.[28] Essas duas dimensões são, na verdade, reproduções ou recriações num novo contexto dos eixos estruturais fundamentais da organização social das coletividades familiares africanas: o território e a genealogia.

A reprodução social ou continuidade temporal de uma congregação religiosa pode se dar por dois caminhos. Um implica a perpetuação da sua liderança (e de seu território) através de processos sucessórios *dentro da própria casa*. O outro envolve a continuidade do axé através da fundação de casas filiais, lideradas por sacerdotes iniciados na casa matriz. Examinemos o primeiro caso. A substituição de uma liderança religiosa, na maioria das vezes após seu falecimento, é geralmente um processo difícil, conflituoso e nem sempre bem-sucedido. De fato, são minoria as casas que sobrevivem aos seus fundadores, mas aquelas que conseguem se perpetuar através do tempo são as que desfrutam de maior prestígio, porque são as que podem legitimar um axé de mais antiguidade.

A cadeia de sucessivas lideranças religiosas, o que poderíamos chamar de genealogia do axé, funciona como um mecanismo mnemotécnico, pois divide e pauta o tempo social do terreiro. Diz-se que as coisas aconteceram no tempo de tal mãe de santo, antes ou depois de tal pai de santo. Poderíamos falar, assim, de uma cronologia de gerações, ou de um "tempo dinástico" dos terreiros, similar ao das cadeias de antepassados que pautam a memória das linhagens, ou, na sua versão ampliada, a sequência dos reis que organiza a história de reinos como o do Daomé.

Além desse novo paralelismo entre a genealogia familiar, a

dinastia do reino e a dinastia espiritual do terreiro, as mais antigas "casas" de candomblé compartilham com suas homólogas "casas" africanas a dinâmica segmentária das linhagens.[29] Ou seja, em ambos os casos a comunidade da casa matriz sofre processos de segmentação que levam à fundação de terreiros subsidiários. Esse processo de fissão reflete movimentos de competitividade — mas também de aliança, complementaridade e continuidade — semelhantes aos que movem a vida social das "casas" africanas. Nesse segundo caminho de reprodução social do grupo religioso, a distribuição do axé extrapola os limites do território ou terreiro original, e se dá através daqueles filhos e filhas da casa que receberam o decá, isto é, o título de senioridade que lhes confere o direito de abrir suas próprias casas e de iniciar outras pessoas. Assim, a segmentação não pressupõe tanto um rompimento quanto outro modo de relacionamento ou continuidade espiritual.

Ora, essas genealogias do axé, determinadas pelo ritual iniciático, e constantemente ativadas pela memória como forma de legitimar a autoridade religiosa, não estão isentas de rupturas. O modo como o culto aos ancestrais era praticado na área gbe ou na área iorubá, consubstancial à identidade familiar, dificilmente podia ser replicado no Brasil, pela fratura social das coletividades domésticas e pelo afastamento geográfico das sepulturas onde repousavam os restos dos antepassados. Apenas em alguns poucos casos, como no culto aos eguns da ilha de Itaparica, na Bahia, ou no culto aos reis daomeanos na Casa das Minas, no Maranhão, pode-se falar de um culto aos ancestrais nos moldes africanos (embora, no último caso, no século XX, não houvesse consciência dos voduns da família Davice serem espíritos de reis defuntos).

Fora isso, o que persistiu foi uma ideologia da ancestralidade, uma orientação para o passado e para as origens expressas, de forma genérica, através dos deuses e do continente africano. Essa desfiguração das referências ancestrais provocada pela escravidão e pelo tráfico atlântico, contudo, não impediu a progressiva reconstituição de novas genealogias em terras brasileiras, tanto biológicas quanto espirituais. No candomblé, os antepassados são chamados no ritual do padê e no de Aizan, na nação nagô-ketu e na jeje, respectivamente. Os nomes invocados nessas cerimônias correspondem aos ancestrais *da casa*, com destaque para os fundadores. No caso das casas mais antigas fundadas no século XIX, trata-se de africanos que faleceram no Brasil ou de libertos que retornaram à África, mas que viveram no Brasil. Assim, as novas genealogias espirituais criadas na diáspora tomaram como ponto de partida não o território africano, mas o terreiro brasileiro, não uma ancestralidade remota e distante, mas uma ancestralidade relativamente recente, localizada no Brasil. Até onde sei, nos terreiros não são invocados ancestrais de gerações anteriores às dos fundadores, a não ser na forma genérica e coletiva das Iyami, entre os nagôs, de Aizan, entre os jejes, ou de outros voduns e orixás aos quais se atribui uma encarnação humana (por exemplo, Xangô, enquanto rei de Oyó).

Ou seja, embora possa ser postulada uma reconfiguração da coletividade familiar no terreiro, ou a reinvenção do compound no ilê, os processos da escravidão e da diáspora abriram fissuras e descontinuidades que não podem ser obviadas. A comunidade religiosa, através da reconstituição dos laços com os deuses, da comunhão criada pela comensalidade e da marcação de territórios de inclusão social, refez formas de relacionamento e sentimentos de pertença coletiva análogos aos fornecidos pelos sistemas de parentesco. Porém, se a congregação religiosa teve um efeito reparador num contexto de adversidade, ela não pode ser reduzida a uma mera réplica da solidariedade familiar.

EMBLEMAS DE AUTORIDADE OSCILANDO ENTRE O CÍVICO E O RELIGIOSO

Os paralelismos e as diferenças entre a coletividade familiar africana e o grupo religioso afro-brasileiro se expressam também nas estruturas de poder e hierarquias de ambos os grupos. Como vimos no capítulo 1, o *hennugan*, ou chefe da coletividade familiar (*hennu*), é considerado o representante dos ancestrais "neste mundo", e como tal preside os rituais a eles dedicados e pode assumir as funções de sacerdote do *tohuiyo*, o ancestral primeiro. Não é difícil perceber a homologia entre a autoridade e o caráter sagrado do *hennugan*, e do chefe religioso de um terreiro, detentor e responsável pelo axé comunitário. Em ambos os casos, estamos lidando com o "pai social" ou, nos terreiros, a "mãe", investidos de uma sacralidade que se diferenciaria do respeito conferido ao chefe na família patriarcal brasileira.

Em meados do século XIX, as expressões mais comuns no português para se referir ao dirigente masculino de um candomblé eram "papae", "pai do terreiro", além de outras como "presidente", "grande-mestre", ou "grande-sacerdote". Já para a liderança feminina utilizavam-se termos como "mamãe", "mãe do terreiro", "rainha", "grã-mestra" ou "sacerdotisa". Embora nesse período já apareça registrada a expressão "pai de santo", esta, como sua correlata "mãe de santo", foi de uso relativamente mais recente. Nina Rodrigues toma o termo *vodunon* como o antecedente da expressão "mãe de santo" ao traduzir o sufixo "non" por "mãe" e *vodu* por santo. Ora, em fon, o sufixo "non" (*nɔ̀*), além de significar "mãe de", expressa a ideia de "possuidor de, proprietário de, detentor de", sem nenhum marcador de gênero feminino ou masculino. De fato, no Benim, *vodunon* designa, sobretudo, o chefe religioso masculino. Desse modo, a tradução do termo por dono, proprietário ou zelador do vodum seria mais correta. Como sugeriu Edison Carneiro, é mais provável que as expressões pai e mãe de santo tenham derivado das expressões iorubás *babalórìṣà* e *ìyálòrìṣà*. Babalorixá ou *babaloixa* era utilizado na Bahia já em meados do século XIX, ao passo que o termo *vodunon* foi raramente usado.[30]

O que se percebe, mais uma vez, é a metáfora da paternidade, ou maternidade, e da filiação para expressar relações de poder e hierarquia. Contudo, a divindade também pode assumir o lugar do pai social. Na Casa das Minas no Maranhão, por exemplo, os voduns são chamados de *toi* ou *noche*, correspondendo às expressões gbe *tɔ́ cè* (meu pai) e *nɔ̀ cè* (minha mãe).[31] Já no candomblé, é comum os adeptos se referirem aos seus orixás e voduns como "meu pai" ou "minha mãe". Ou seja, o uso idiomático da filiação envolve de modo igual entidades espirituais e membros do grupo religioso.

Além do parentesco, a prática religiosa também se apropria do modelo político da monarquia para formular suas relações de poder. Em alguns terreiros baianos, por exemplo, a organização em volta da ialorixá evoca aquela de uma corte. No terreiro Ilê Axé Opô Afonjá de Salvador, essa aproximação foi concretizada de forma explícita com a instituição dos obás de Xangô, composta de seis dignitários da direita e seis da esquerda, encarregados de assistir à ialorixá no governo do terreiro. Esse arranjo estaria inspirado no conselho de anciões ou ministros que secundava o rei ou *aláàfin* de Oyó, e que, por sua vez, serviu de modelo, na própria África, para a organização do corpo sacerdotal de Xangô, o orixá real. A réplica desse modelo político-religioso no terreiro baiano, resultado da comunicação transatlântica mediada pelo babalaô Martiniano Eliseu do Bonfim na virada do século XX, expressa bem o uso estratégico que os praticantes de candomblé podiam fazer dessa convergência entre a liderança religiosa e a chefia política africana.[32]

Nesses exemplos, comprovamos o deslizamento e a reconfiguração de elementos originários do contexto cívico-político para o âmbito do religioso na diáspora. A seguir apresentarei outro caso do mesmo movimento, em relação ao título ou posto do ogã e a um objeto de cultura material a ele associado: a cadeira de ogã. Tentarei mostrar como, apesar do seu redimensionamento religioso envolvendo novas funcionalidades, esses elementos continuaram a recriar seu significado original como emblemas de autoridade e marcadores de relações de poder.

Na tradução da doutrina cristã para a língua de Aladá, realizada no século XVII pelos capuchinhos espanhóis, o sufixo *gan* já aparecia com o significado de senhor ou chefe. Há no Benim, efetivamente, várias palavras com o sufixo *găn*, como *togán*, chefe do país ou da aldeia; *hennugan*, chefe da coletividade familiar; ou *agbajígán*, chefe do *agbají*, a varanda ou pátio interior da casa, onde se tomam as decisões familiares.[33] Todos esses postos têm uma dimensão ao mesmo tempo profana e religiosa. Já outros, como *hungán*, o chefe do vodum, ou *hùngán*, o chefe dos tambores, têm uma conotação mais religiosa.[34] Porém, embora todos esses títulos conotem uma noção de chefia, nos cultos aos voduns beninenses, o termo *găn* não aparece como um cargo religioso diferenciado.

Autores como Nina Rodrigues sustentam que a palavra brasileira ogã derivaria do termo jeje *găn*. Contudo, nas línguas gbe há pouquíssimas palavras iniciadas pela vogal "o", e a evolução fonética brasileira poderia derivar do termo iorubá *ògá*.[35] Seja como for, no candomblé contemporâneo, ogã designa o posto masculino do iniciado não rodante, ou seja, aquele que não entra em transe. Pode designar sacerdotes com importantes funções religiosas, como o axogum responsável pelos sacrifícios votivos, ou aqueles com funções mais sociais e que detêm o cargo a título apenas honorífico.

No século XIX, o termo parece ter oscilado entre vários significados. Na década de 1830, havia pessoas ligadas aos terreiros, em alguns casos até brancos, que diante das ações de repressão policial intercediam em sua defesa. Foi talvez nesse período que começou a institucionalizar-se o cargo de ogã, com a função de protetor ou representante da congregação religiosa perante a sociedade civil, como perdura até nossos dias.[36] Contudo, na década de 1860, conforme mostra o jornal *O Alabama*, o título de *ogan* era também utilizado como sinônimo de "papai de terreiro", ou seja, reproduzia o significado africano original de chefe, porém agora circunscrito ao âmbito religioso.[37]

Essa ambivalência semântica do termo, ora designando o patrono protetor, ora o chefe religioso, sugere um momento de transição que coincide, precisamente, com a progressiva institucionalização do candomblé em meados do século XIX. De fato, ambos os sentidos estavam latentes no termo *găn* original, mas ao serem replicados no âmbito religioso, avançaram em direções diferentes. Se por um lado foi preservada a ideia de chefia e acrescentado o caráter religioso, por outro foi preservado o caráter cívico-social em detrimento da noção de chefia. A ideia de ogã como advogado ou protetor da casa, porém hierarquicamente inferior no âmbito religioso, foi eclipsando a ideia original de chefia. De todo modo, cabe lembrar que o cargo de ogã era próprio do candomblé baiano e raramente se encontrava em outras variantes regionais de religiões afro-brasileiras.[38] Essa singularidade indica que a figura do ogã foi uma inovação baiana, embora traduzisse um emblema de autoridade africano mais antigo.

A mesma ambivalência, oscilando entre ideias de liderança e de auxiliar executivo, aplica-se ao termo *doté*. Nos terreiros jejes da Bahia, *doté* é hoje utilizado às vezes como sinônimo de ogã, mas também de *humbono* (*hungbónɔ̀*) ou pai de santo. Já no contexto africano, a ambiguidade desse termo radica na superposição do campo religioso e político. Em Porto Novo, *douté* podia ser utilizado como sinônimo de *vodunon*, ou dirigente do templo, mas, na cidade vizinha de Pequeno Popo, *dootay* correspondia ao cabeceira, "um dirigente, magistrado ou chefe hereditário".[39] Os títulos de *doté* e ogã aparecem, assim, associados a uma ideia de poder e autoridade, mas seus sentidos variados sugerem a instabilidade semântica a que estavam sujeitos, expressiva das fronteiras extremamente fluidas entre o político e o religioso.

Vejamos outro exemplo para reforçar esse ponto: as cadeiras de ogã.[40] No candomblé baiano, quando um ogã é finalmente iniciado, ou "confirmado", encarrega-se um carapina da construção de uma cadeira que será colocada no barracão para o seu uso pessoal. Não sei ao certo quando essa prática foi instaurada.[41] Todavia, a cadeira de ogã pode ser interpretada como uma reminiscência ou reinvenção, no contexto religioso, dos tronos ou tamboretes africanos, distintivos da chefatura política. A importância do "assento" como emblema de autoridade e como representação do chefe ausente é bem conhecida nas sociedades africanas.[42] Conforme vimos no capítulo 4, as obrigações dedicadas aos reis mortos em Abomé podiam ser realizadas nos seus tronos. Forbes menciona umas oferendas de milho e frutas diante do trono de Kpengla, por ocasião do seu aniversário.[43] Burton diz que comidas eram apresentadas em volta do trono ou "outra relíquia parecida do defunto", enquanto "emblema de sua presença".[44] A tradição africana do trono talvez tenha inspirado a inovação da cadeira do ogã baiano, evocando a dimensão de chefia que o cargo pode ter tido no passado. Por outro lado, ainda hoje, nos terreiros, as cadeiras de ogã são emblemas da presença ausente daqueles dignitários que já foram.

Para finalizar esta seção, apresento um último exemplo de emblema de autoridade, dessa vez relativo ao tambor de mina, que, já na própria África, deslizou do contexto profano para o religioso. De fato, trata-se não apenas de um objeto, mas de um gesto ritual, que consiste no uso simultâneo de uma bengala e um lençol por parte dos voduns Nesuhue e dos *tohosu*, tanto nos cultos reais de Abomé como na Casa das Minas de São Luís do Maranhão.[45]

No contexto africano, o bastão, como o trono acima referido, constitui uma insígnia de autoridade política e religiosa. O uso de bengalas pelos voduns se explica por serem os Nesuhue manifestações de espíritos dos príncipes e altos dignitários da corte, e por serem as bengalas um bem de prestígio e distinção da aristocracia daomeana. Em 1726, Lamb já falava das mulheres do rei "segurando nas mãos bengalas de prata dourada, como bastões dourados".[46] Em 1789, Gourg comentou que os *djeho* ou mausoléus dos reis continham "as riquezas do país, como coral vermelho e azul, bengalas com castão de ouro e prata etc.". Esse francês disse ainda que o rei daomeano lhe pediu bengalas "como as que as mulheres usam nos mercados que são bastões de tambor-mor com castão de prata".[47] Em 1797, Pires mencionou uma bengala com grande castão de prata, trazida por um dos ministros da corte.[48]

No século XIX, vários viajantes descreveram o uso de bengalas por parte dos ministros e altos dignitários. Em 1847, Duncan observou ao lado do rei Guezo uma série de bastões de aproximadamente um metro de comprimento, adornados com caveiras humanas na parte superior.[49] Em 1852, Forbes publicou uma ilustração desses bastões, um deles inclusive com um lençol atado à parte superior (ver figura 1, cap. 1).

Forbes também descreve as mulheres trovadoras, cada uma com uma vara de mando, um cajado azul em forma de muleta, ornamentado com uma entalhadura e um lençol amarelo na extremidade superior.[50] Essa seria a primeira referência explícita à associação entre o bastão e o lençol. Nos Costumes de 1864, Burton observou o rei Glele usando o *kpo-ge* (*kpogè*), o bastão dos cantores:

PROCESSION OF MINISTERS

FIGURA 25. *Procissão dos ministros. Abomé, c. 1871.*

uma vara de ferro com extremidade de prata de dois pés de comprimento. Na parte superior tinha amarrado um lençol de seda qua-
drado, listrado em vermelho e púrpura, dobrado num triângulo. O
vértice passava por uma série de orifícios de prata, como aqueles
que ornamentavam, entre nós, a borla das bengalas dos *beau*.[51]

O cumprimento desses bastões, de aproximadamente quarenta centímetros (dois pés), sugere tratar-se de um objeto semelhante à *récade*, arma utilizada como cetro ou bastão de mando
pelos reis daomeanos.[52] Essa *récade* deve ser diferenciada das
bengalas com castão de ouro e prata, ao que parece de origem europeia, utilizadas pelas mulheres do rei e pelos ministros, ou das
longas bengalas de madeira utilizadas pelos *tohosu*. Contudo, a
associação do bastão e do lençol aparece mais uma vez.

341

FIGURA 26. Récades *ou cetros do rei Glele, do rei Behanzin e não identificada.*

Já no século xx, Le Herissé documentou os usos, por parte dos *vodunons*, de bastões com castão de ouro e prata, juntamente com um lençol branco na mão e um pano no ombro, "contribuindo para criar essa postura majestosa que convém à importância do fetiche que representam". Também as vodúnsis responsáveis pela incorporação dos espíritos dos reis utilizavam "a bengala com castão de ouro".[53]

Fotografias de Pierre Verger dos anos 1950 (figura 27), desenhos dos *tohosu* nos templos Nesuhue e a etnografia ritual contemporânea confirmam a persistência desse gesto ritual no Benim. No Brasil, fotografias publicadas por Nunes Pereira mostram o uso da bengala, do lençol e do pano sobre o ombro na Casa das Minas na década de 1940, uso que persistia na década de 1970 (figura 28).[54] Em ambos os contextos, além do paralelismo dos elementos físicos (a bengala e o lençol), observa-se a mesma postura, com o bastão às vezes sobre o ombro, o que descarta a possibilidade de uma convergência fortuita. Na atualidade, o uso do lençol constitui um traço distintivo das vodúnsis no tambor de mina do Maranhão, um traço que não se reproduz em outras variantes regionais, como o candomblé baiano.

Na Casa das Minas, o uso da bengala parece ter estado inicialmente restrito a voduns da linhagem real, como Zomadonu, Dossu, Agongone e Ajauto de Alada, mas aos poucos foi sendo replicado por voduns não reais, como Azaká, Poli Boji e Lepon, enquanto símbolo de senioridade e status.[55] Fora da Casa das Minas, o gesto também foi replicado em terreiros nagôs, por voduns e orixás africanos e, às vezes, inclusive, como signo distintivo de alguns dos caboclos brasileiros.

A continuidade atlântica desses gestos formais contribuiu para moldar atitudes corporais, posturas, "o jeito de estar" (*à manière d'être*). A dignidade, a calma e a sobriedade atribuídas ao vodum foram preservadas, apesar da mudança do contexto ritual.

FIGURA 27. *Voduns Nesuhue utilizando bengala e lençol. Abomé, c. 1950.*

A expressão do vodum é reelaborada cada vez que ele é incorpora-
do e se manifesta na vodúnsi. Contudo, o gesto ritual da bengala,
assim como outros comportamentos — como as diversas danças e
coreografias —, contribuem para a manutenção não apenas de
uma conduta, mas de um registro emocional. A linguagem corporal e a atitude correspondente constituem uma forma de memória
alternativa, capaz de preservar certo éthos do vodum, que escapa a
qualquer forma de racionalização ou apreensão consciente pelo
discurso verbal. O gesto da bengala, contagiando, por assim dizer,

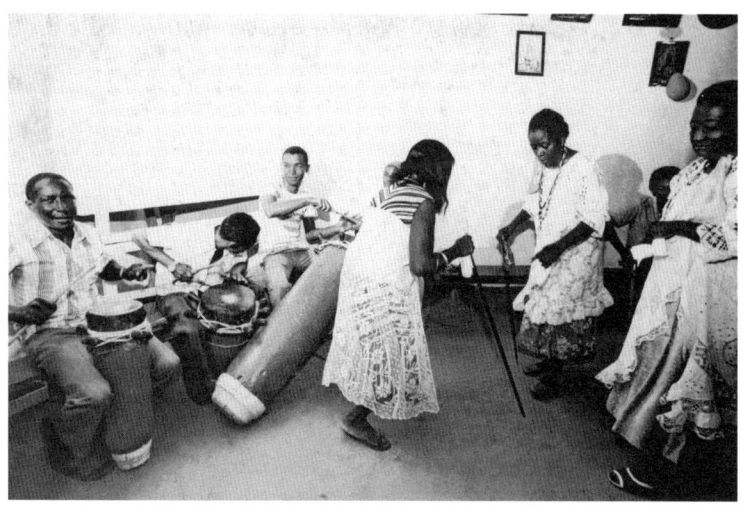

FIGURA 28. *Os voduns Lepon e Arronoviçavá da Casa das Minas com bengala e lençol. São Luís, c. 1970.*

de uma entidade a outra, de uma geração a outra, continuou a comunicar a dignidade, status e autoridade dos reis, príncipes e ministros daomeanos. Aproveitando os interstícios do espaço religioso, os tronos, as bengalas, os títulos e outros emblemas de poder dos africanos se perpetuaram e se reinventaram numa sociedade escravocrata que lhes negava sua expressão política.

Poderiam ser listados outros gestos e práticas que migraram do contexto cívico para o religioso. A forma de as mulheres vestirem os panos no Daomé — as jovens os amarrando na cintura e as mais velhas colocando-os sobre o peito —, por exemplo, foi mantida na Casa das Minas, onde os voduns novos, na hora da incorporação mediúnica, amarravam a toalha na cintura e os mais velhos, sobre o peito. Também no âmbito da culinária, grande parte dos pratos que se preparam para os voduns e orixás são comidas de uso secular no contexto africano. No Daomé existia o costume de perguntar três vezes para que na última o interlocutor respondesse,[56] o que parece persistir no hábito de perguntar igual número de vezes o nome do vodum ao recém-iniciado, na festa chamada "dar o nome".

Outro gesto ritual que aproxima a Casa das Minas dos Nesuhue daomeanos e que os distingue de outros cultos voduns diz respeito à forma como se produz a incorporação mediúnica. Em ambos os casos pode acontecer que, no início das cerimônias públicas, apareçam alguns voduns manifestados. Porém, algumas vodúnsis podem permanecer em seu estado normal, sentadas, em esteiras, no caso africano, ou num banco, no caso maranhense. Num determinado momento, coincidindo com algum toque ou canto particular, elas se levantam subitamente, indicando a ocorrência da incorporação, e a partir daí vestem grandes panos, no caso daomeano, ou uma toalha bordada, no caso brasileiro, para depois iniciarem a dança. Ou seja, as vodúnsis não dançam para incitar a possessão, e é o gesto de ficar em pé que sinaliza esse momento.[57]

Não é minha intenção apresentar um repertório de "africanismos" ou sobrevivências culturais, mas apontar para o âmbito dos hábitos corporais e da gestualidade como um espaço de historicidade e de transmissão, não apenas de significados, mas de atitudes e predisposições emotivas. Os estudos afro-brasileiros têm destacado e insistido na correspondência entre os panteões africanos e os afro-brasileiros, mas o caso da Casa das Minas mostra também a importância crítica das transferências no âmbito da prática ritual, permitindo identificar correlações relativas a complexos segmentos rituais (como a feitura das *vodúnsi gojai*) ou papéis rituais (como o das *tobosi*), além dos gestos, posturas e atitudes a estes associados.[58]

A MULTIPLICIDADE ESPIRITUAL E A DINÂMICA DE
FRAGMENTAÇÃO E AGREGAÇÃO

Como sinalizei acima, a recriação das religiões africanas nas Américas passou pela sua capacidade de institucionalização, ou seja, pela consecução de um relativo consenso relativo a crenças, panteões, calendários, normas e protocolos rituais estandardizados a serem executados de forma recorrente diante de situações semelhantes.[59] O modo como esse processo de institucionalização se desenvolveu tem ocupado grande parte dos esforços de historiadores e antropólogos, na maioria dos casos, ainda presos ao velho antagonismo entre os que defendem as continuidades e a perseverança das tradições africanas e os que enfatizam as descontinuidades e a síntese cultural resultante do encontro com as tradições europeias e ameríndias. No meu entender, os cultos aos voduns originários da Costa da Mina foram uma das forças dominantes nesse processo atlântico. As comunidades de tipo eclesial que eles prescreviam se mostraram eficazes para atender as necessidades morais, emocionais, sociais e políticas dos seus adeptos, criando redes de solidariedade para enfrentar os momentos de experiência difícil.

No período colonial, os africanos organizaram distintas formas de prática religiosa que tiveram duração variável, mas o grau de institucionalização suficiente para garantir sua perpetuação não foi atingido antes do século XIX. As possibilidades para a cristalização desse processo foram determinadas por dois fatores principais. O primeiro, de ordem sociológica e estrutural, era a própria sociedade escravocrata, que relegava os africanos a uma condição de subalteridade. O segundo era a diferença cultural existente entre o catolicismo dominante e as formas de organização religiosa africanas, que respondiam às visões de mundo, ontologias e cosmologias divergentes.

Como vimos nos capítulos anteriores, na área gbe, o cerimonial religioso, além de constituir a espinha dorsal da organização familiar, era o "teatro do poder", o espaço onde a monarquia ou a chefatura política encenavam sua autoridade. O culto à serpente em Uidá, ou os Costumes em Abomé, eram instituições "centrais", ou de "autoridade". Já os cultos das populações subalternas — como os hulas do litoral ou os mahis das regiões interioranas, sempre ameaçados pelos daomeanos — podiam funcionar como espaços de conspiração e contestação, ou seja, como cultos "periféricos" ou de "poder".[60] Contudo, na Costa da Mina, cultos "periféricos" e "centrais" compartilhavam as características organizativas e pressupostos culturais, envolvendo processos semelhantes de iniciação, adivinhação, sacrifício, experiências de possessão, dança e outros.

No Brasil, esse não foi o caso. As práticas religiosas de origem africana, além de serem relegadas a um espaço social de descriminação e invisibilidade, divergiam em aspectos substantivos do catolicismo dominante, com as experiências de possessão, de sacrifício e adivinhação. Isso não significa que não compartilhassem alguns aspectos, como a crença nos processos de revelação, no exorcismo, ou na existência de uma pluralidade de agentes mediadores entre o mundo humano e o mundo invisível, a exemplo dos santos. Era essa convergência que tornava possível o "diálogo", a "conversão" e, sobretudo, o sincretismo.[61] Porém, o fato de o "encaixe" das religiões afro-brasileiras na sociedade colonial se produzir num contexto adverso de assimetria de poder e de antagonismo cultural permite supor que ele respondia a forças profundas e reativas, ligadas, provavelmente, a necessidades psicológicas, sociais e identitárias dos africanos. Caso contrário, esse "encaixe" não teria se dado.

No longo processo de reinstitucionalização das práticas religiosas africanas no solo americano, houve rupturas, perdas, caminhos truncados, possibilidades mutiladas. O culto basilar aos ancestrais, por exemplo, perdeu visibilidade pela desestruturação da coletividade familiar. Os orixás, os voduns, os inquices, porém, tiveram melhor sorte e asseguraram algum tipo de continuidade e projeção. Um fator crucial para sua persistência, sobretudo no momento em que ainda não havia formas de organização religiosa consolidadas que pudessem acomodá-los, foi a sua existência enquanto deuses *particulares* de indivíduos singulares. Como vimos no capítulo 2, na Costa da Mina, todo homem ou mulher, mas sobretudo os médiuns iniciados, "carrega" um "vodum particular", considerado a expressão privativa e individualizada de um vodum "genérico" e parte constitutiva e indissociável da pessoa. Essa ontologia (ou concepção do ser) que — contrariamente à dualidade cristã do corpo e da alma e ao individualismo moral da modernidade ocidental — concebe a pessoa como a reunião ou participação de uma pluralidade de agências espirituais é de fundamental importância para minha argumentação.[62]

Nessa perspectiva, percebe-se que, consagrados nas cabeças de uma multidão de corpos escravizados, uma miríade de formas personalizadas ou singulares de deuses "genéricos" desembarcaram no Brasil. Com suas rezas, súplicas, cantos, oferendas e manifestações mediúnicas, os devotos conseguiram ativar e perpetuar a presença desses deuses particulares nas senzalas, na casa-grande, nos quilombos, nas roças e nos porões dos sobrados. Pode-se até perguntar se, no contexto da escravidão e da violenta coisificação dos corpos, essa noção multifacetada de pessoa, envolvendo uma pluralidade de agências espirituais, imunes aos grilhões e às construções materiais, não teria sido potencializada como forma oblíqua de enfrentar o terror e a opressão do cativeiro.

Como quer que seja, além dos saberes rituais importados pelos sacerdotes mais experientes, foi essa cosmologia ou ontologia da Costa da Mina que, com sua peculiar concepção do "vodum particular", instituído através dos processos iniciáticos ou recebido por herança familiar, possibilitou a transferência atlântica dos deuses africanos e, com o tempo, propiciou o restabelecimento de grupos religiosos de tipo conventual que garantissem sua continuidade.

Nesse sentido, a reconfiguração da religiosidade africana na diáspora pode ser imaginada como a progressiva reagregação de uma série de divindades que haviam sido desintegradas — ou, ainda melhor, pulverizadas — numa infinidade de partículas, correspondentes aos corpos singulares dos seus devotos, dispersados pela experiência da escravização. Em outras palavras, a institucionalização das religiões afro-atlânticas pode ser pensada como resultado de um duplo movimento, não necessariamente sequencial, mas dialético, de desintegração e reintegração, ou de fragmentação e agregação.

A individualização da experiência religiosa ocorrida na diáspora não pode ser reduzida apenas a uma consequência da dessocialização imposta pela escravidão e pelo *Middle Passage*, pois seria ignorar o princípio de fragmentação inerente aos cultos aos voduns e aos orixás da Costa da Mina. Como nota Karin Barber, a manifestação individualizada ou singular das divindades genéricas em seus devotos seria em si mesma condizente com uma dinâmica de fragmentação e multiplicação do universo espiritual, o que por sua vez constitui característica de um sistema religioso flexível e dinâmico.[63]

Contudo, podemos afirmar que o tráfico atlântico de escravos potencializou a tendência à multiplicidade, ao mesmo tempo que, paradoxalmente, a diversificação foi a chave para a reprodução dessa cultura religiosa, pelo menos na fase inicial. Graças à capacidade dos deuses de se atrelar à individualidade dos corpos e de, apesar das idiossincrasias pessoais, reproduzir parcialmente aspectos de suas identidades enquanto deuses genéricos, as experiências personalizadas dos devotos possibilitaram a progressiva recomposição de novos campos espirituais e redes sociais. Podemos supor que, acompanhando uma dinâmica errática de encontros e desencontros, os africanos e africanas foram aos poucos tecendo solidariedades e alianças em função do reconhecimento mútuo de devoções e saberes relativos às suas divindades particulares. Assim, teriam ocorrido, inicialmente, reuniões esporádicas, conforme as necessidades do momento. Com a formação das famílias biológicas, incorporando a descendência crioula, surgiram devoções domésticas, na sua maioria de tipo monoteísta, e em alguns casos congregações extradomésticas mais complexas que propiciaram o reencontro de uma multiplicidade de deuses.

No contexto do Recôncavo baiano, não é infrequente encontrar famílias negras que celebram, "por herança", um orixá ou vodum, às vezes sob a invocação de um santo católico, que é considerado o protetor do grupo, evocando o ancestral primeiro das coletividades africanas. As festas de santos do catolicismo popular podem ter contribuído para essas práticas domésticas, mas não deixa de ser significativo que o "santo de devoção" familiar corresponda, amiúde, ao orixá ou "vodum particular" do fundador da casa.[64] Assim, os "deuses individualizados" dos africanos, escravizados e libertos, foram sendo socializados e compartilhados com os membros dos seus grupos de descendência.

De forma complementar, e às vezes superposta, misturando parentesco biológico e parentesco espiritual, adeptos dos voduns, orixás e inquices levaram seus "deuses particulares" aos terreiros, onde foram assentados de forma coletiva. Nas árvores, nas fontes e nos pejis, reuniram-se as vasilhas, otás (pedras) e outros elementos sagrados depositários da força ou axé dos deuses. A organização de um terreiro aponta, assim, para a dinâmica inversa à fragmentação e à individualização, constituindo um movimento de agregação e coletivização. Todavia, como vimos, o terreiro não está isento dos riscos de segmentação e fissão resultantes das tensões intragrupais.

Cabe lembrar que, como acontecia com o princípio de fragmentação, o princípio de agregação pode também ser identificado na Costa da Mina, e não seria exclusivo ou uma novidade da diáspora, como às vezes se supõe.[65] Em outro trabalho analisei a historicidade dos panteões voduns, mostrando como, já na própria África, deuses que pertenciam a esferas diferenciadas, como os voduns do mar e do trovão, foram aos poucos integrados em "famílias" unitárias e cultuados nos mesmos templos. Nos terreiros jejes do Brasil, por sua vez, essas "famílias" (não deixa de ser sintomática a reprodução do idioma do parentesco no âmbito espiritual) adquiriram um caráter cada vez mais abrangente e inclusivo. Aliás, "famílias" espirituais de procedência étnica distinta, como os voduns hulas e os mahis, e até os voduns jejes e os orixás nagôs, foram agregados aos poucos, passando a ser cultuados coletivamente.[66]

Foi precisamente a conjunção ou a interação entre esse princípio de agregação, e o seu complementar princípio de fragmentação — criador de novos deuses através da individuação — que os campos espirituais ou panteões das religiões afro-brasileiras foram se multiplicando e desdobrando. O fenômeno se manifesta de forma exemplar no tambor de mina maranhense, em que, ao lado dos poderosos voduns e orixás africanos trazidos pelos africanos escravizados, foram se agregando os espíritos dos gentis — turcos e membros da nobreza europeia, vindos de além-mar —, dos índios autóctones — bravos e aldeados —, dos caboclos nacionais — expoentes das camadas populares, como boiadeiros e marujos —, das princesas, dos ciganos, sem esquecer o submundo da malandragem urbana dos exus e as pombajiras. Em certo sentido, o imaginário espiritual foi aos poucos condensando a história e a identidade nacional brasileira, com representações de toda sua ecologia social.[67] Africanos, ameríndios, europeus e caboclos, o panteão mineiro emergiu da própria historicidade das práticas religiosas, em aproximadamente dois séculos, a partir da dialética entre a agência dos devotos e a agência dos espíritos, nas inúmeras instâncias de manifestação mediúnica que propiciaram o progressivo aparecimento de novos encantados e sua subsequente nomeação.

Aliás, cabe perguntar se existiria uma correlação entre a crescente diversificação do campo espiritual das religiões afro--brasileiras e o aumento paralelo da multiplicidade mediúnica, esta última entendida como o número de entidades espirituais que uma médium pode receber ou veicular. No caso do tambor de mina, o aumento desse número parece responder, nem tanto à ontologia da multiplicidade característica das religiões afro-atlânticas quanto à influência ou contágio de religiões concomitantes.[68] A pajelança ameríndia, o espiritismo kardecista ou até práticas terapêuticas de matriz banto são conhecidos por propiciar essa multiplicidade mediúnica, e médiuns de tambor de mina que circulam por essas várias instituições religiosas podem ter sofrido o efeito. De fato, na Casa das Minas e na Casa de Nagô, baluartes das tradições da África ocidental no tambor de mina, as iniciadas recebem um número reduzido de entidades. Na Casa das Minas, como vimos, apenas um vodum e a *tobosi*. Já nas casas de tambor de mina onde predominam os caboclos, as médiuns tendem a receber um leque mais amplo de entidades.[69] Assim, o fato de uma dançante incorporar múltiplos encantados não seria tanto resultado de processos iniciáticos de matriz africana, como expressão da maior abertura à idiossincrasia pessoal que se constata em práticas mediúnicas "vizinhas". Nestas, o aprendizado ritual e a aquisição de saber são amiúde atribuídos à "inspiração" ou ao "dom" conferido pelas próprias entidades.

Em última instância, os espíritos ou deuses constituem parte da identidade e da história pessoal de cada médium, mas também fazem parte da herança de cada terreiro. Nessa perspectiva, a prática da possessão coletiva, como presentificação encarnada do passado, funciona, como os Costumes daomeanos, como expressão e ativação da história do grupo. Os corpos atuados dos médiuns trazem momentaneamente para a visibilidade do presente a invisibilidade do passado. Por sua vez, os espíritos, na sua capacidade de atuar (*enact*) papéis sociais, constituem matéria privilegiada para a produção de história e de significado cultural. Junto às marcas inscritas nas danças, nos gestos e nas atitudes, outros códigos rituais, como os cantos, o vestuário ou a música, contribuem para a expressão, transmissão e transformação da memória coletiva. Os rituais de possessão seriam, assim, não apenas "teatro vivido", mas história vivida, história atualizada e reescrita continuamente na performance. Mas não só na performance ritual, as médiuns também elaboram e retrabalham a memória individual e coletiva no fazer do seu discurso, segundo os interesses do momento, a audiência ou os novos significados que possam surgir na hora do narrar. Memória e agência se entrecruzam no devir.

A MODO DE CONCLUSÃO: A IDENTIDADE DE NAÇÃO COMO A IDENTIDADE DA CASA

Neste capítulo tentei examinar alguns desdobramentos das práticas religiosas do vodum no candomblé e no tambor de mina. Meu interesse foi destacar a recriação atlântica não apenas de deuses específicos, mas de dinâmicas internas, como o princípio de fragmentação — que resulta da experiência personalizada da relação com os deuses — e o complementar princípio de agregação — que permite a contínua reconfiguração dos panteões em famílias cada vez mais inclusivas e diversificadas. Também insisti na reprodução americana da organização conventual dos templos voduns, baseada em complexos processos de iniciação e hierarquias sacerdotais. Essa forma institucional, apesar de todas as transgressões e transformações, teria funcionado como modelo organizacional que conferiu ao candomblé e ao tambor de mina seu caráter comunitário, possibilitando ao grupo religioso atender demandas de solidariedade e apoio moral semelhantes às do grupo de parentesco.

Destaquei, nesse âmbito, a estrutura hierárquica do grupo eclesial como recriação parcial de relações de poder da coletividade familiar ou da corte monárquica. Esse processo foi exemplificado com a análise de emblemas de autoridade, como o posto de ogã e a cadeira de ogã na Bahia, e o uso da bengala pelos voduns no Maranhão. O deslizamento desses emblemas da esfera sociopolítica africana para a esfera religiosa na diáspora apareceu como traço marcante da transformação atlântica. Porém, o fato de esses desdobramentos se produzirem de forma diferenciada na Bahia e no Maranhão — não existindo a figura do ogã no Maranhão, nem o uso da bengala na Bahia — alerta para o papel dos contextos regionais de recepção na viabilização da reprodução cultural. Igualmente, foi enfatizada a reiteração atlântica de atitudes e predisposições corporais codificadas em gestos e comportamentos rituais específicos.

Em definitivo, as formas de religiosidade da Costa da Mina desenvolvidas no período do tráfico de escravos e analisadas neste livro constituíram um dos principais motores para a recriação das religiosidades afro-atlânticas. No entanto, além de um simples movimento unidirecional da África para o Brasil, foi proposta uma abordagem que destaca a simultaneidade e a conectividade dos processos africanos e americanos. As forças da economia do tráfico afetaram de forma dramática as práticas rituais em ambos os lados do Atlântico, como ilustram os Costumes daomeanos ou as próprias práticas afro-brasileiras. O sistema escravagista, marcado por assimetrias de poder extremas, violência, racialização, instabilidade social e migrações generalizadas — não apenas atlânticas, mas também na própria Costa da Mina ou no interior do Brasil —, intensificou uma economia do religioso baseada na troca sacrifical, na hierarquização, na possessão e no imaginário da feitiçaria. A religião serviu tanto para dominar, reforçando, por exemplo, a noção de "possessão" enquanto controle dos corpos por parte de deuses e sacerdotes, como para resistir e enfrentar a condição de subalternidade. Assim, é provável que existisse um incremento na produção de *bŏs* no Daomé, e de bolsas de mandinga no Brasil, para fins de defesa espiritual, e que fosse reforçada uma ontologia que concebia a pessoa como conjunção de múltiplas agências espirituais, entre elas o "vodum particular", condizente com a individualização e personalização da experiência religiosa. O contexto da escravidão também propiciou processos de agregação de novas famílias de voduns e encantados que redesenharam o universo espiritual. A ideia central, porém, é que os processos transformativos do candomblé e do tambor de mina, ocorridos no nível da diáspora atlântica, eram correlatos com aqueles que se deram, em escala menor, no contexto das microdiásporas da Costa da Mina. Quando falo em microdiásporas, refiro-me àquelas dos povos hulas e mahis, por exemplo, continuamente deslocados pelas guerras e pela perseguição daomeana ao longo dos séculos XVIII e XIX.

Cabe finalizar com algum breve comentário sobre como todo esse movimento sociocultural e religioso promovia, em ambos os lados do Atlântico, uma pluralidade de formas de identificação coletiva que integravam simultaneamente aspectos "étnicos" — fundamentados em noções de origem e traços culturais, como língua ou panteões — e aspectos "políticos", baseados no controle de determinado território. Na diáspora é notório o deslizamento das identidades coletivas de tipo político, baseadas no território, para outras de tipo religioso, que remetem a origens territoriais distantes e enfatizam a descendência, no caso articulada através dos processos de iniciação. Contudo, mais uma vez poderíamos invocar réplicas análogas da transferência do político-territorial para o religioso-étnico entre certos grupos subalternos da Costa da Mina, como os hulas acima referidos.[70] Da mesma forma, no caso brasileiro não podemos desconsiderar a territorialidade reconstituída em volta dos quilombos e, sobretudo, dos terreiros.

As "casas" de candomblé e tambor de mina se autoidentificam como pertencentes a uma ou outra nação africana. Os nomes de nação — angola, mina, nagô, jeje, e suas possíveis combinações e subdivisões — remetem ao passado escravocrata e às categorias de classificação dos escravizados, mas foram preservadas no âmbito religioso para designar, geralmente, a etnicidade dos fundadores das casas matrizes e, depois, as distintas modalidades rituais utilizadas para cultuar entidades espirituais de uma ou outra procedência.[71] Assim, a nação jeje na Bahia e a nação mina-jeje no Maranhão ficaram atreladas a um modo ritual específico associado à devoção dos voduns.

Essa memória ritual, mediada pelas entidades espirituais, contribuiu para interessantes desdobramentos identitários no contexto atlântico. Apesar do crescente universalismo das religiões de possessão afro-atlânticas, persiste uma dinâmica paralela de "etnicização" e de diferenciação interna. Em face da cada vez mais popular religião dos orixás/*òrìṣà*/orichas, associada aos iorubás, o translocalismo dos voduns se afiançou como insígnia da nação jeje no candomblé baiano, da nação mina-jeje no tambor de mina maranhense, da "*regla de arará*" na santería cubana e da "*nachon rada*" no *voudou* haitiano. Assim, podemos falar de "comunidades imaginadas" transnacionais, resultado da reiteração de práticas rituais associadas a deuses de uma ou outra origem étnica.[72] Porém, essas comunidades transnacionais adquiriram feições diferenciadas em cada um dos Estados-nações e nas suas regiões. Assim, os deuses não apenas configuram identidades pessoais, mas também identidades transnacionais e, inclusive, nacionais. Como vimos, o panteão do tambor de mina seria a presentificação corporificada do imaginário nacional brasileiro.

Mas voltando à nação de candomblé, mais do que uma comunidade imaginada, ela é o resultado de processos identitários associados a congregações tangíveis. A nação nagô-queto, por exemplo, embora hoje possa remeter a um coletivo abstrato de devotos dos orixás ou a uma memória vaga dos tempos da escravidão, foi, em primeira instância, articulada em volta de terreiros históricos que remontam ao século XIX, como o Ilê Iyá Nassô, o Gantois, o Alaketu e outros. Do mesmo modo, a nação mina-jeje no Maranhão está atrelada à Casa das Minas, e a nação jeje-mahi, na Bahia, é indissociável de casas como o Bogum, em Salvador, ou a Roça do Ventura, em Cachoeira. Ou seja, a unidade básica da identidade de nação é a "casa", com sua dinastia de lideranças, que lhe dá profundidade temporal, e seu território, que a ancora no presente. Nada novo, além de reiterar a correspondência entre as dimensões sociopolíticas do parentesco e do religioso.

Em todo caso, o que parece fora de dúvida é que em contexto de diáspora o campo religioso tende a se converter em espaço privilegiado para reivindicar identidade, para criar formas de pertencimento e até para a mobilização e a ação política. A centralidade das práticas religiosas para enfrentar, no nível individual, os momentos de experiência difícil e para negociar, no nível coletivo, as situações de subalternidade política faz delas um tema sempre relevante, qualquer que seja a sociedade ou o momento histórico. O seu estudo na Costa da Mina e no Brasil, num período extremamente conturbado e violento como foi o do tráfico de escravos, constitui um desafio bastante ambicioso.

O resultado foi este livro, certamente incompleto e passível de aperfeiçoamento e revisão, a partir de pesquisas que possam vir a ser realizadas no futuro. Contudo, meu objetivo terá sido alcançado se suas páginas trouxerem subsídios para uma compreensão mais pormenorizada, e uma reflexão crítica mais nuançada, não sobre as "origens africanas" das práticas religiosas afro-brasileiras, mas sobre a complexa interação de forças histórico-sociais e culturais, tanto internas como externas à área gbe, que contribuíram para a formação dessa cultura religiosa afro-atlântica, no período do tráfico de escravos. Pelo limitado das fontes, não foi possível aprofundar o nível individualizado dos agentes humanos que foram protagonistas dessa história, mas, na medida do possível, quis apontar os principais grupos sociais que intervieram no processo. Em definitivo, meu intuito foi salientar como as práticas religiosas do vodum, e por extensão da Costa da Mina como um todo, estavam, como ainda estão, inexoravelmente ligadas à prática política e econômica dessas sociedades. Em última instância, a religiosidade da área gbe sobressai (apesar da evidência contrária também contida nos capítulos anteriores) como uma tradição de pluralismo e tolerância religiosa que precisa ser valorizada, sobretudo no conturbado momento atual de crescente intransigência e fundamentalismo. Se esse olhar retrospectivo conseguir iluminar aspectos parciais desse passado que nos ajudem a enfrentar os desafios do presente, o esforço terá valido a pena.

Notas

INTRODUÇÃO [pp. 25-42]

1. Para a distinção entre autores-escritores (*auteurs-écrivains*) e autores--viajantes (*auteurs-voyageurs*), ver Delaunay, *Voyages*.

2. Chouin, "Vu, Dit ou Déduit?".

3. Ibid.

4. Hilton, "European Sources", p. 310.

5. Heintze e Jones, *European Sources*, pp. 4, 15.

6. Horta, "O Islão nos textos portugueses", p. 170.

7. Para a utilização do termo *marabu*, ver, por exemplo, Barbot (1688), Delbée ou Labat. Para o termo *mouro* (*mores*), Barbot, Villault etc.

8. Nájera (org.), *Doctrina*; Dapper, p. 313; Bosman, pp. 148, 153.

9. Barbot, 1688, f. 101. Ver também Mr. N***, p. 65; Bosman, pp. 154-5.

10. Sansi, "Sorcery and Fetishism", p. 30.

11. Pietz propõe uma teoria geral do fetiche baseada na sua "irredutível materialidade" e a partir de quatro categorias: a. *territorialização* (fixação de um espaço/objeto, síntese singular); b. *historicização* (inserção na temporalidade do indivíduo através de relações de poder sobre desejos, ações, saúde e identidade); c. *reificação* (institucionalização, repetição do evento original); e d. *personificação* (atribuição de caráter ou personalidade ao objeto): Pietz, "The Problem", i, p. 7; "The Problem", ii, pp. 38, 45.

12. Bosman, pp. 147-8.

13. Ibid., pp. 155, 359.

14. Ibid., p. 148.

15. Pietz, "The Problem", I, p. 7.

16. Ibid., I, p. 14.

17. Bosman, p. 152.

18. Pietz, "The Problem", II, pp. 40, 42.

19. Ibid., II, p. 23.

20. Ibid., II, p. 43. Para uma discussão sobre a "historicidade" do fetiche, ver Sansi, "Fazer o santo", pp. 150-3; idem, "Sorcery and Fetichism", p. 31; Goldman, "Histórias", pp. 123-4, 128-9; Pietz, "The Problem", I, p. 10.

21. As citações são de Sansi, "Fazer o santo ", p. 152.

22. MacGaffey, "African Objects", pp. 126-8.

23. De Marees, p. 28.

24. Brosses, pp. 10, 182 ss. Para a noção do fetiche como "mal-entendido", Pietz, "The Problem", II, p. 7.

25. Ver, por exemplo, Mudimbe, *The Invention of Africa*.

26. Heintze e Jones, *European Sources*, p. 7.

27. Law, "History and Legitimacy", p. 432.

28. Dapper, p. 307.

29. Delbée, pp. 441-2. Para a Costa do Ouro, ver comentários semelhantes em Villault, p. 257; Barbot, 1688, f. 99.

30. Brenner, "Religious Discourses", p. 93; apud Yai, "From Vodun", p. 245.

31. Mercier, "The Fon", p. 212.

32. Blier, *African Vodun*, p. 62.

33. Bay, *Wives*, p. 22.

34. Parés, "Transformations".

35. Herskovits, *An Outline*, pp. 10, 14.

36. Norman, "Powerful Pots", p. 212.

37. Para um resumo das abordagens propostas pela corrente nacionalista africana e os defensores da teoria da dependência sobre a escravidão, ver Thioub, "L'Esclavage et ses traites". Como exemplo da historiografia mais recente que privilegia as forças econômicas e políticas em relação à ação das estruturas, ver Barry, *La Sénégambie*, pp. 178-9.

38. Shaw, *Memories*, pp. 7-8.

39. Turner, *The Ritual Process*; Geertz, *A interpretação*, pp. 101-42; Bell, *Ritual Theory*, pp. 30-46, 171-7.

40. Utilizo o conceito de "ritualização" como *processo* criativo que resulta da própria repetição do ritual.

41. Bell, *Ritual Theory*, p. 81.

42. Palmié, *Wizards*, p. 199.

43. Shaw, *Memories*, p. 264; Palmié, *Wizards*, p. 12.

44. Turner, *The Ritual Process*; Scott, *Domination*.

1. O PAI, O REI E A MORTE [pp. 43-91]

1. A família linguística gbe inclui mais de cinquenta línguas faladas na região que se estende entre o rio Volta a leste de Gana e o rio Yewa na Nigéria, área aproximada da antiga Costa dos Escravos. Em 1980, Hounkpati B. C. Capo propôs utilizar o termo *gbè*, que nessas línguas significa "voz, som, palavra, língua, idioma", para designar de forma genérica esse grupo linguístico e a expressão "área dos falantes gbe" (*Gbe-speaking area*) para designar a região ocupada por esses povos linguisticamente relacionados: Capo, *Comparative*. Nesse trabalho, a "área gbe" designa um território um pouco mais restrito, compreendido entre os rios Mono e Uemê.

2. Bosman, p. 346; Des Marchais, ff. 41, 50.

3. Bosman, p. 347.

4. AOM C6/25, doc. n. 16, "Carta de De Colombier, Uidá, 10/08/1714"; AOM, ms 104, Anônimo, "Relation", *c.* 1708-14, f. 44.

5. Labat, II, p. 188.

6. *Hué* (*xwé*) = casa, domicílio, compound familiar. Tem um sentido mais amplo que *ho* (*xò*) = casa, quarto, dependência. Um *xwé* inclui vários *xò*. Essas unidades residenciais (*household*) são muradas e podem ser chamados *hɔ̀ngbómɛ̀*, pois cada uma tem uma porta principal (*hɔ̀n* = porta).

7. *Huedo* (*xwédó*) = compound familiar, *tata*, grande família. Um *huedo* pode incluir várias casas.

8. *Daá* = pai, chefe de família, dono, senhor.

9. *Daá hɛ̀nnùgán* = pai (*daá*), chefe (*gǎn*) do *hennu*, responsável titular da coletividade, tem função social e religiosa, representa o ancestral epônimo ou primeiro. Categoria que não é conferida por mérito, mas por idade. Adoukonou, *Jalons*, II, p. 35. Às vezes chamado também *daá hɛ̀nnùnɔ̀* = proprietário, dono (*nɔ̀*) do *hennu*; ou *daá hɛ̌nnù ɖaxó* = pai decano do *hennu*; ou ainda *xɔmɛ̀-mɛgán* (*xɔmɛ̀* = casa interior).

10. Tidjani, *Notes*, p. 36, considera as *tánnyì* como tias maternais. Herskovits se refere a elas apenas como "as mulheres mais velhas da família daquele que fala": Herskovits, *Dahomey*, I, p. 145.

11. Houseman et al., "Notes", pp. 530-41. Para uma revisão da discussão sobre os conceitos de *hennu* e *ako*, ver Adoukonou, *Jalons*, II, pp. 35-43; Tidjani,

Notes, pp. 24-5. Para uma análise do parentesco no Daomé, Herskovits, *Dahomey*, I, pp. 137-55; Argyle, *The Fon*, pp. 127-41.

12. Entre os adjatados, por exemplo, as unidades familiares ou *xomu* (compostas de várias casas ou *axwe*) constituíam os *komé* (bairro), unidades ao mesmo tempo de parentela e residenciais, reconhecendo um único chefe (*mègan*). Por sua vez, os *komé* constituíam o *eju* (coletividade, aldeia, nação) regido pelo *efio*: Morel, "Femmes", pp. 31-2.

13. Herskovits, *Dahomey*, I, p. 147.

14. Le Herissé, *L'Ancien*, pp. 372-3. Le Herissé grafa o nome como *Agasouvi Alada-Sadonu*.

15. Eades, *The Yoruba Today*. Para um resumo desse debate, ver Apter, "Yoruba Ethnogenesis"; cf. Lloyd, "Agnatic and Cognatic"; Bender, "Agnatic or Cognatic?". Sobre o conceito de "casa" nos estudos de parentesco, ver também Lévi-Strauss, *Minhas palavras*.

16. Barber, *I Could Speak*, p. 158; Apter, "Yoruba Ethnogenesis".

17. Fuglestad, "Quelques Réflexions", pp. 498-501. Nos anos 1960 e 1970, autores como John Fage e Roland Oliver sustentavam que a formação dos Estados no Sahel subsaariano foi resultado da conquista de grupos pastoris saarianos (com o uso do cavalo e da tecnologia do ferro) sobre agricultores autóctones: Fage, *A History*, pp. 39-43, 61-9; Oliver, *A experiência*.

18. Para as teorias econômicas ver, por exemplo, Coquery-Vidrovitch, "Recherches"; Suret-Canale, "Les Sociétés traditionnelles"; Moseley, "The Political Economy".

19. Bosman, p. 347.

20. AOM C6/25, doc. n. 16, "Carta de De Colombier, Uidá, 10/08/1714"; AOM, ms 104, Anônimo, "Relation", *c.* 1708-14, f. 44. Para outra evidência das guerras particulares dos capitães locais, ver Mr. N***, pp. 44-7. Sobre o faccionalismo em Uidá: Law, "The Common People", pp. 221-2.

21. Para uma revisão crítica do suposto monopólio real do tráfico de escravos no Daomé, e, portanto, das teorias que estabelecem uma separação radical entre o Estado e as coletividades familiares, ver Law, "Royal Monopoly".

22. Le Herissé, *L'Ancien*, p. 199; apud Law, "Ideologies", p. 332.

23. Moseley, "The Political Economy", p. 81.

24. Akinjogbin, *Dahomey*, pp. 14-7, 24-7; Law, "Ideologies", p. 325. Akinjogbin (p. 177) sustenta sua "teoria social do *ebi*" na figura do *ooni*, rei de Ifé, considerado o "pai" a quem os outros reis deviam subordinação.

25. Le Herissé, *L'Ancien*, pp. 84-5, 243-4; Law, "My Head", p. 407.

26. Béraud, p. 376; Le Herissé, *L'Ancien*, p. 243, n. 1.

27. Adoukonou, *Jalons*, II, pp. 39-40, 74.

28. Para os defensores da continuidade institucional entre o reino de Aladá e Daomé, ver Martí, *Le Roi-Dieu*; Argyle, *The Fon*, pp. 12, 55-6; Ronen, *Traditional Dahomey*. O último autor questiona até que ponto o Daomé podia ser considerado um "Estado", defendendo que a base da sua organização era a descendência comum e não a aliança territorial, apud Law, *The Kingdom*, pp. 63-4.

29. Law, "Ideologies", p. 328; cf. Le Herissé, *L'Ancien*, pp. 10-1, 112. Os reis daomeanos Kpengla (1774-89) e Agonglo (1789-97) passaram por rituais de entronização em Aladá.

30. Moseley, "The Political Economy", p. 71.

31. Norris, pp. 8, 88, 91; Pires, pp. 85-6.

32. AOM, ms 111, Chenevert e Bulet, "Réflexions sur Juda", 1776, ff. 6-7, 51--2. Para mais comentários sobre o tema: Law, "Ideologies", p. 331.

33. Law, "Ideologies", pp. 332-3; cf. Le Herissé, *L'Ancien*, pp. 56, 245.

34. Hertfordshire County Record Office, Hertford, D/ER, Z10, manuscrito inédito: Ringard, "Relation de la Guerre de Juda par le Sr Ringard du Navire le Mars de Nantes", 1727 ; apud Law, "Ideologies", p. 341.

35. AOM, C. 6/25, doc. n. 151, "Carta de Dubellay, Uidá, 17/01/1734", f. 1v.

36. Pires, p. 77.

37. Law, "Ideologies", pp. 331, 333. Nos estudos sobre escravidão, a dinâmica entre proteção e propriedade tem sido pensada, geralmente, através da noção de paternalismo.

38. Bosman, p. 362a; e acrescenta: "mas quando os emprega ele se vê forçado a pagar um preço alto".

39. Tidjani, *Notes*, p. 29.

40. Ibid., p. 36. Porém, seria falso identificar mulheres e agregados com escravos. Como nos lembra Bosman (p. 364), só em caso de grande necessidade se vendiam mulheres ou filhos como escravos. Os escravos vendidos eram majoritariamente prisioneiros de guerra

41. Law, "Ideologies", p. 338.

42. O nome forte de um dos sacerdotes Nesuhue de Abomé (Semaouoi) expressa bem essa relação: *vĭ e hué ayì só e wɛ no hɛn dɛ̃ tɔn xwé* = é o filho que toma o *ayì* (rins, coração, senso de inteligência) que vai cuidar da casa de seu pai (*dɛ̃, daá*).

43. *Mejitó* (*mɛjitɔ́*) = "aquele que engendra a pessoa", pai, mãe, parente. *Togbe*, variação de *tɔ́gbó*; literalmente "pai grande", avô, ancestral.

44. Ver, por exemplo, em relação a Uidá no século XVII: Bosman, p. 341. Nájera, *Espejo*, pp. 238-9, relata o caso do capitão Carta, em Aladá, que não queria se aproximar de uma prostituta forasteira e moribunda para não desobedecer

ao pai dele e pelo temor de que, como castigo, o vendesse como escravo. Para uma visão contrária, ver Norris, p. 89.

45. Adoukonou, *Jalons*, ii, p. 34.

46. Herskovits, "Some Aspects", p. 275; idem, *Dahomey*, i, p. 159; Tidjani, *Notes*, p. 25.

47. Adoukonou, *Jalons*, ii, p. 34, faz questão de identificar o *hennu* como sinônimo de filho (*vĭ*) em relação ao pai, os ancestrais. Nessa perspectiva, o *hennu* só se referiria aos vivos.

48. Ibid., p. 34.

49. Adoukonou, idem, ii, pp. 33-5; Herskovits, *Dahomey*, i, pp. 156-7; Akindélé e Aguessy, *Données traditionnelles*, p. 552.

50. *Tɔ́xwyɔ́* = literalmente, pai (*tɔ́*) + fazer oferendas (*xwyɔ́*).

51. Le Herissé, *L'Ancien*, p. 372. Herskovits e Herskovits, *An Outline*, p. 23, também falam em totemismo.

52. Para Abomé, ver Herskovits, *Dahomey*, i, pp. 164-93. Os dados de Herskovits mostram a complexidade do assunto, a diversidade de narrativas e interpretações sobre os *tohuiyo*, e inclusive a ausência deles para alguns *hennus*. Os dados alertam para a necessidade de certa cautela ao pensar a categoria do ancestral epônimo. Herskovits e Herskovits, *An Outline*, p. 25, sugerem que o *tohuiyo* não é o animal ou ser sobrenatural, mas os filhos humanos engendrados por ele. Contudo, essa informação não se confirma em outras fontes.

53. Herskovits e Herskovits, *An Outline*, pp. 27-8.

54. Gayibor, *Histoire des togolais*, p. 155. Para mais informações sobre as migrações de Togbé-Anyi e a fundação de Tado, ver Pazzi, "Aperçu".

55. Kossi, "Organisation ", pp. 3-23. Já no século xvii, Bosman, p. 370, comentava em relação à maior Dangbe: "Ele é uma espécie de avô para todos os outros".

56. A cultura iorubá replica esse idioma da paternidade, e os chefes podem ser chamados de *bàbá* (pai), assim como os ancestrais de *bàbá eégún*. Todavia, outras relações sociais como aquelas entre o cidadão e o seu *ọbá* ou homem forte (*big man*) são as que atuam como metáforas mais poderosas ou modelos para expressar e configurar as relações entre os homens e os deuses. Ver Barber, "Como o homem cria Deus".

57. Ver, por exemplo, Burton, *A Mission*, p. 145.

58. Herskovits, "Some Aspects", p. 276.

59. Balandier, *Antropologia do poder*, pp. 95-100.

60. Fuglestad, "Quelques Réflexions", pp. 506-7. A expressão "poder contrapontual" (*contrapuntal paramountcy*) é de Goody, *Succession*, p. 5.

61. Lombard, "Contribution", p. 57 ; Dunglas, "Contribution", n. 19, p. 83. *Daviénu* = habitantes de Davice.

62. AOM, C6/25, doc. n. 41, "Carta de Bouchel, Uidá, 30/04/1722". Para a dependência real dos capitães e fidalgos: Carlos de los Hinojosos e Atanásio de Salamanca, "Relação do reino de Arda" (17-7-1662); Brásio, v. XII, n. 154, p. 383. Mas também ver Dapper, pp. 306-7, para uma visão de poder mais centralizado. Os cargos de fidalgo não seriam hereditários.

63. Fuglestad, "Quelques Réflexions", pp. 507-8. Para a relativa independência dos governadores em Uidá, ver o capítulo 3.

64. Fuglestad, idem, p. 509.

65. Isert, pp. 114-6, n. 19.

66. Robertson, p. 238.

67. Albéca, *La France au Dahomey*, p. 222.

68. Sobre formas de teocracia no sul de Togo: Gayibor, *Histoire des togolais*, III, p. 235; Surgy, "Le Roi-Prêtre"; Dossè, "Histoire"; Etou, "Une Théocratie"; Frazer, *O ramo dourado*. Para exemplos de "reis magos", na Senegâmbia e na Costa do Marfim, no século XVII, ver Dapper, pp. 245-6, 277.

69. Law, *The Slave Coast*, p. 234; cf. Lombard, "Contribution", p. 52. No país Egba, o *alake* (rei) é o chefe supremo de todos os cultos aos orixás: Abraham, *Dictionary*, p. 483.

70. Savary, *La Pensée*, p. 31.

71. Carlos de los Hinojosos e Atanásio de Salamanca, "Relação do reino de Arda" (17/07/1662): Brásio, v. XII, n. 154, p. 384.

72. Delbée, p. 427 (para o ato de se prostrar); p. 447 (para o tabu de comer em público); p. 420 (para a reclusão do rei). Sobre o último ponto, ver também "King of Dahomey, 01/1726", em Law, "Further Light on Bulfinch Lambe", p. 218.

73. Para Uidá: AOM, ms 111, Chenevert e Bulet, "Réflexions sur Juda", 1776, f. 52 (para a reclusão do rei). Para o Daomé: Norris, p 105; Dalzel, pp. VII, IX X (para o ato de se prostrar); XV (para o tabu de comer em público).

74. Bosman, pp. 363, 365a.

75. Labat, II, p. 53. Descrições do rei como um deus eram correntes também no Benim. Sandoval (p. 53) menciona "*su Rey: al qual tienen por inmortal; y es grave delito entre ellos dezir que muere: porque le tienen por una Deidad soberana*". Ver também Colombin de Nantes, p. 10.

76. Pommegorge, p. 162. Para outros casos de identificação divina, ver Labarthe, pp. 133-5; Foá, p. 265; Béraud, p. 376. Argyle menciona Ellis, que relata a suposta vodunização de Adandozan em vida, e de Adjahuto em Aladá, e Foà, que afirma que Agajá e Guezo também foram deificados: Argyle, *The Fon*, pp. 116-9.

77. Bosman, pp. 351-2; Norris, p. 105 (o rei nem come nem dorme em público).

78. Bertho, "Les Indigènes du Dahomey" apud Adoukonou, *Jalons*, II, p. 77. Os paralelos entre a organização sociopolítica e a organização do universo religioso também foram notados por Herskovits, *Dahomey*, II, pp. 294 ss.

79. Barber, "Como o homem cria Deus".

80. Law, "Religion", p. 70. Ver, para ideias semelhantes, Mercier, "The Fon of Dahomey", p. 233.

81. Law, *The Kingdom*, p. 68. Para uma crítica do rei daomeano como deus: Glèlè, *Le Danxome*, p. 70.

82. Ver, por exemplo, TCRL, CA2/016, "From the Journal of Mr Dawson, 1862", f. 2.

83. Coulanges, *La Cité antique*. Posteriormente, Edward Tylor (*Primitive Culture*, 1871) sustentou que a noção da sobrevivência da alma após a morte, expressa nos sonhos, deu origem ao culto aos mortos e especialmente à veneração dos antepassados (expressão esta última típica do animismo).

84. Pritchard, *Las teorías*.

85. Parrinder, *African Traditional Religion*, pp. 63-6.

86. Adoukonou, *Jalons*, II, pp. xxii, xxv-xxvi.

87. Herskovits e Herskovits, *An Outline*, p. 30, fala em três rios, protegidos pelos *tohosu*.

88. Adoukonou, *Jalons*, II, pp. xxv-xxvi. O termo *hŭn* é polissêmico e, além de atabaque, significa coração (pois também bate como ele) e qualquer tipo de veículo (embarcação, canoa ou outros). Não confundir com *hùn*, em tom baixo, que significa sangue e é sinônimo de vodum.

89. Adoukonou, *Jalons*, II, p. 46. Para a descrição etnográfica do *tchiodohun*, pp. 1-12.

90. Villault, p. 294. Ver ainda pp. 260-6, 292, 294.

91. Dapper, para Benim, pp. 309-10; para os quojas em Cabo Monte, pp. 261-3, 267.

92. Thornton, "Religious", pp. 71-90, oferece um exemplo em relação à África centro-ocidental. Cabe notar que a metempsicose ou transmigração das almas é uma teoria diferente da reencarnação, que propõe que a alma ou espírito é capaz de subsistir à morte do corpo, ligando-se sucessivamente a diversos corpos. Quénum, *Au Pays des fons*, p. 85, nega a crença na transmigração das almas entre os fons por estar em contradição com o culto aos mortos. Ele excetua apenas a possibilidade de reencarnação de certos espíritos de crianças mortas (*abìkús*), o que considera uma influência nagô ou iorubá.

93. Dapper, p. 494. Agradeço a Mattijs van de Port pela tradução do original holandês (p. 307).

94. O comentário de Dapper sobre a descrença na ressurreição talvez seja um eco de De Marees, que em relação à Costa do Ouro dizia que eles não sabiam "de nenhuma ressurreição no último dia, como nós": De Marees, p. 28.

95. AOM, ms 104, Anônimo, "Relation", *c.* 1708-14, f. 69. A ideia do zumbi ou do morto vivente não é alheia à religião do vodum.

96. Para a noção de pessoa e a pluralidade de almas entre os fons, ver Maupoil, *La Géomancie,* pp. 378-405; Herskovits, *Dahomey,* II, pp. 231-9.

97. Dapper, p. 305.

98. Villault, p. 291.

99. Barbot, 1688, f. 137.

100. Sandoval, p. 51. O padre jesuíta espanhol Alonso de Sandoval escreveu a partir de textos escritos por missionários na África e de informações coletadas em Cartagena das Índias (Colômbia), em 1627.

101. Para a Costa dos Escravos, ver Labat, II, pp. 90-6. Práticas semelhantes reproduziam-se na Costa do Ouro: De Marees, pp. 27, 74-6; Sandoval, p. 47; Dapper, pp. 299-300; Villault, pp. 287-92; Colombin de Nantes, pp. 10-1.

102. Barbot, 1688, f. 137.

103. Para fora da área gbe, ver Dapper, pp. 261-3, 267.

104. Para a Costa do Ouro: Villault, pp. 286-7, 291-2. Ver também Dapper, pp. 261-3 (quojas).

105. Para a Costa do Ouro: De Marees, pp. 74-6. Ver também ilustração n. 17, Villault, p. 294.

106. Em Popo (Tado), o cadáver ficava exposto "alguns dias" sem enterrar: Nájera, *Espejo,* p. 203.

107. AOM, ms 104, Anônimo, "Relation", *c.* 1708-14, ff. 68-9. Uma possibilidade é que esse anônimo francês, com um conhecimento detalhado da vida em Uidá, fosse o diretor do forte francês, Mr. Derigouin, que assumiu o cargo após Mr. Gommets, em algum momento a partir de 1704, até 1710, quando o deixou para Mr. Chamois, até a chegada de De Colombier em agosto de 1712: AOM C6/25, doc. n. 16, "Carta de De Colombier, Uidá, 10/08/1714", ff. 9-11; Doublet, p. 253. Contudo, no relato da eleição de Huffon, em 1708, o autor menciona o "Diretor dos franceses" indo à assembleia com seus homens. Só se ele quisesse preservar o anonimato teria usado a terceira pessoa.

108. AOM, ms 104, Anônimo, "Relation", *c.* 1708-14, ff. 68-9.

109. Segundo a tradição oral, o fundador da dinastia hueda, Kpasse, foi sucedido pelo seu filho Bangala, ou Agbangla, que reinou entre 1680 e 1703. Sucedeu-lhe seu filho Amar (Aysan, Ayohuan), que faleceu pouco depois, em 8 de

outubro de 1708. Amar foi sucedido por Huffon, que reinou entre 1708 e 1727, até a conquista daomeana, falecendo em 1733: AOM C6/25, doc. n. 16, "Carta de De Colombier, Uidá, 10/08/1714", ff. 9-11; AOM, ms 104, Anônimo, "Relation", c. 1708-14, ff. 33-6; Des Marchais, ff. 29-30. Ver também Law, *Ouidah*, pp. 25, 31.

110. O uso de um pano branco amarrado na cintura até os pés se assemelha ao costume análogo preservado nos rituais do *boita* no candomblé jeje da Bahia, embora haja quem sugira que o último é inspirado na maçonaria.

111. AOM, ms 104, Anônimo, "Relation", c. 1708-14, ff. 33-4.

112. Bosman, p. 366a. Bosman ficou por volta de oito meses em três vezes que esteve em Uidá entre 1697-9.

113. Des Marchais, ff. 42v, 46v-47. Segundo esse autor, com o anúncio da morte do rei, era destruído o seu palácio e construído um novo para o sucessor. Já Labat, II, pp. 90-2, diz que, com a destruição do palácio (do qual restavam apenas as muralhas), se queimava tudo o que era combustível.

114. Des Marchais, f. 47; Labat, II, p. 90. A lei de sucessão real em Uidá podia seguir a regra do filho primogênito. Em qualquer caso, o herdeiro herdava as mulheres do seu antecessor (excetuando a própria mãe e a do rei defunto). Em Aladá, Dapper (p. 307) informa que "só o primogênito sucede ao trono, e herda todos os bens de seu pai, e não dá nenhuma parte aos irmãos mais novos, para prevenir assim qualquer tipo de rebelião, e a fim de que ninguém tenha condição de contradizê-lo". Em Uidá, entre os plebeus, o herdeiro tomava conta "do lugar do defunto, das casas e de suas mulheres"; os bens iam "apenas para o primogênito ou para aquele que o defunto nomeou como herdeiro. Os outros filhos recebem apenas aquilo que o pai lhes deu em vida": AOM, ms 104, Anônimo, "Relation", c. 1708-14, ff. 68-9. Em última instância, a sucessão real dependia da decisão do rei, que nomeava seu sucessor em vida, segundo seus interesses e as capacidades dos candidatos: Herskovits, *Dahomey*, II, p. 31. Argyle, *The Fon*, p. 57, sugere que a sucessão normal da chefia dos grupos de decendência seguia a regra da senioridade, favorecendo primeiro o irmão mais velho do defunto em detrimento de seus filhos.

115. AOM, ms 104, Anônimo, "Relation", c. 1708-14, f. 34.

116. Idem, ff. 34-35; Labat, II, pp. 92-3.

117. Idem, f. 35.

118. Labat, II, pp. 90-6. Labat (II, p. 211) comenta que "embora todos eles utilizem fuzis e pistolas, não se encontram estas nas sepulturas, talvez por se considerar essas armas como estrangeiras e novas na nação, enquanto as outras, sendo muito antigas no país, lhes honram mais e distinguem mais a bravura dos defuntos".

119. Para a colocação de fetiches ou figuras em volta da tumba, ver De Marees, p. 27.

120. Dapper, p. 307.

121. Sandoval, p. 53v. As primeiras referências a sacrifícios humanos na África ocidental datam de 1500, entre os mandingas da Gâmbia e na Guiné Bissau, e, em 1539, no reino de Benim: Law, "Human Sacrifice", p. 61. Já no século XVII, Dapper menciona sacrifícios humanos em Serra Leoa (pp. 244-5); entre os quojas (pp. 261-3, 267); na Costa do Ouro (pp. 299-300, 309-10); e no Benim (pp. 312-3). Ver também De Marees, pp. 76-7; Colombin de Nantes, pp. 10-1. É provável que esse costume tenha sido suprimido no norte da região devido à expansão do islã, mas no litoral persistiu até o fim do século XIX: Law, "Human Sacrifice", p. 63; Isichei, "The Quest", p. 469.

122. Barbot, 1688, f. 137. Ver também Labat, II, pp. 93-4.

123. Labat, II, p. 94.

124. AOM, ms 104, Anônimo, "Relation", c. 1708-14, f. 40; Des Marchais, f. 43.

125. Labat, II, p. 210.

126. Villault, pp. 344-6.

127. AOM, C6/26, doc. n. 16, "Carta de Mr. de Guestard a Mr. de Villeneuve", 7/06/1774. Norris, p. 128, registra o falecimento em 14 de maio de 1774.

128. Norris, pp. 129-30. Norris cita Bosman, que descreve um período de confusão semelhante em Uidá.

129. AOM, ms 112, Anônimo, "Mémoire sur Juda", 1778, ff. 21-3; Dunglas, "Contribution", n. 20, p. 26. Em 1797, Pires relata, segundo "lhe contaram", que o rei Agonglo foi enterrado num subterrâneo no palácio de Abomé, num "caixão" feito do barro amassado com o sangue de cem escravos, acompanhado de oitenta *abaiás*, suas assistentes pessoais, cinquenta homens da sua guarda, e uma "imensidade" de outras vítimas voluntárias: Pires, pp. 73-5.

130. AOM, ms 112, Anônimo, "Mémoire sur Juda", 1778, ff. 23-4. Outra fonte menciona que Tegbesú solicitou ao filho "enviar-lhe poucas pessoas para servi-lo no outro mundo, só pediu os seus músicos e algumas outras pessoas": AOM, ms 111, Chenevert e Bulet, "Réflexions sur Juda", 1776, f. 9.

131. Labat, II, p. 94. No século XIX, Burton, *A Mission*, p. 232, diz que o "diabo" do rei (*king's devil*) devia acompanhar o monarca no outro mundo.

132. AOM, ms 112, Anônimo, "Mémoire sur Juda", 1778, ff. 21-3.

133. AOM, ms 104, Anônimo, "Relation", c. 1708-14, ff. 37-8.

134. Idem, f. 38. Adoukonou, *Jalons*, II, p. 2, se refere no *tchiodohun* ao enterro de figuras de madeira simbolizando aqueles defuntos que não foram ritualmente "vestidos".

135. Kiti, "Honeurs", pp. 13-7. Nos Costumes de Abomé, as vítimas dos sa-

crifícios humanos eram colocadas numa espécie de canoa evocativa dessa passagem aquática para ascender ao mundo dos mortos: ilustração de Forbes, II, p. 44.

136. AOM, ms 104, Anônimo, "Relation", c. 1708-14, f. 42.

137. Des Marchais, ff. 43v-44.

138. Ver, por exemplo, TNA C.113/276, "Carta de William Baillie, Uidá, 18/01/1718".

139. AOM, ms 111, Chenevert e Bulet, "Réflexions sur Juda", 1776, f. 75.

140. Dalzel, pp. 226-7, 229-30. A cerimônia foi adiada por indisposição do ministro Migan, e o rei só foi coroado durante os Grandes Costumes em honra do seu pai Kpengla, nos três primeiros meses de 1791. Akinjogbin sugere que esse adiamento respondia à instabilidade e à falta de apoio político do novo monarca: Akinjogbin, *Dahomey*, p. 179.

141. Des Marchais, ff. 45, 46v.

142. AOM, ms 104, Anônimo, "Relation", c. 1708-14, ff. 67-8.

143. Pesquisas arqueológicas indicam a presença de caveiras enterradas embaixo das residências de Savi: Norman, "Powerful Pots", p. 213.

144. Para o culto aos crânios em Uidá: Herskovits, *Dahomey*, I, p. 183. Na Costa do Ouro, no início do século XVII, De Marees, p. 41, observava, em relação à execução dos criminosos, que o carrasco "logo pega a sua foice e lhe corta a cabeça, e com isso ele está morto, pois não consideram um homem realmente morto até que ele seja decapitado [...] o pote com o crânio penduram perto dos seus *Fetissos*".

145. Poirier, "Extrait", p. 65. Ver também Baudin, "Lettre", pp. 69-70; Palau Marti, *Le Roi-Dieu*, pp. 107-10.

146. Law, "My Head", p. 412.

147. Lander, *Records*, II, pp. 252-3.

148. Nos anos 1940, Bertho ("Adja-Tado", p. 22) dizia: "tomei em Tado uma foto de uma enorme jarra que contém, dizem, os crânios dos antigos reis. Como esta jarra estava recoberta de uma marmita de terra e ainda suportava um enxame de abelhas em plena atividade, não tive curiosidade de olhar". Ver também Cornevin, *Histoire*, p. 48; Palau Marti, *Le Roi-Dieu*, p. 97.

149. Kiti, "Honeurs", pp. 13-7; Akindélé e Aguessy, *Contribution*, pp. 99, 108-10.

150. Talvez não por acaso a representação do *loa* ou vodum haitiano Guede, reminiscência americana do deus dos guedevís, está associada a caveiras e aos cemitérios.

151. Randsborg e Merkyte, "Benin Archaeology", pp. 110-4, 118. Porém, numa tumba vizinha não havia evidência de decapitação: ibid., p. 115.

152. Le Herissé, *L'Ancien*, p. 161.

153. AOM, C6/26, doc. n. 110, Gourg, "Journal de mon voyage a Beaumé pour assister aux coutumes que fait le Roy Dahomet et luy porter les presents d'usage" (doravante "Journal"), 22/01/1789, f. 13.

154. Le Herissé, *L'Ancien*, p. 161.

155. Law, "My Head", p. 413.

156. Ibid.

157. AOM, C.6/25, doc. n. 139, "Carta de Delisle, Daomé, 13/09/1728", f. 1v. Agajá, "Letter to King George I", p. 86.

158. Norris, pp. 134-5.

159. Agajá, "Letter to King George I", p. 86. Além das "casas fetiches", as cabeças dos soldados vencidos adornavam "os muros do palácio dos nossos ancestrais". Ver também, Lamb, "Carta escrita em Abomé, 27/11/1724", em Smith, p. 173.

160. Le Herissé, *L'Ancien*, pp. 161-2.

161. Herskovits, *Dahomean Narrative*, pp. 359-90.

162. Law, "My Head", pp. 410-1; idem, *The Kingdom*, p. 82; cf. Dapper, p. 305 (nota 101).

163. TNA, T70/54, "RAC to Tinker, Cape Coast, 24 November 1737". Agradeço a Vincent Brown por ter chamado a minha atenção para esse documento.

164. Pires, pp. 73-7. Para outra alusão, indireta, ao culto aos crânios daqueles que faleceram na guerra em Abomé: Mendes, p. 265.

165. Akinjogbin, *Dahomey*, p. 177; AOM, ms 104, Anônimo, "Relation", *c.* 1708-14, f. 45

166. Pires, pp. 62, 70. O comentário sobre os informantes está na p. 86. Sobre o governador do forte português na década de 1790, Francisco António da Fonseca e Aragão, ver BNRJ II-34, 2, 20, "Carta do rei Agonglo a Fernando Joze de Portugal, Abomé, 20/03/1795".

2. PRÁTICAS RELIGIOSAS NOS REINOS DE ALADÁ E UIDÁ (1650-1730) [pp. 92-135]

1. Villault, pp. 265-6.

2. Bosman, pp. 150, 153.

3. AOM, ms 104, Anônimo, "Relation", *c.* 1708-14, ff. 55-6. A partir de sua estada em Uidá, em meados do século XVIII, Pommegorge, p. 201, nota que "cada negro tem em casa seu fetiche particular".

4. Labat, II, p. 190.

5. Le Herissé, *L'Ancien*, p. 104. Aqui *tòvodún*, vodum do país (*tò*) deve ser distinguido de *tɔvodún*, vodum das águas (*tɔ̀*), associado aos ancestrais Nesuhue.

6. Seguindo P. Goetz, e utilizando conceitos mais clássicos, Falcon identifica a religião vodum como a fusão do naturismo e do culto aos manes: Falcon, *Religion*, pp. 139 ss.

7. Herskovits, *Dahomey*, ii, pp. 296-7. Anteriormente, em *An Outline*, pp. 10-1, ele tinha proposto a categoria de "espíritos semidivinos" (incluindo, por exemplo, os *tohuiyo*) e colocando a magia entre os "deuses e forças pessoais".

8. Deixo de fora a discussão sobre a possível crença num deus supremo prévia à chegada dos europeus. Vários autores mencionam a crença numa divindade suprema, geralmente moradora no céu, responsável pela criação do mundo, mas indiferente aos problemas humanos e que, portanto, não receberia um culto institucionalizado. A partir do século xix, provavelmente sob influência do islamismo e do cristianismo, começa-se a falar de Mawu ou *Sé* como o deus supremo. Alguns autores especulam com teorias pré-animistas, postulando uma crença primordial em alguma forma de mana ou força vital difusa (axé, ou *àṣẹ́* em iorubá) que teria promovido a imaginação de um deus supremo. Verger sugere que o nome de *Sé* seria uma evolução fonética de *àṣẹ́*: Verger, "The Yoruba". Para uma crítica: Yai, "From Vodun to Mahu". Entre os viajantes, ver, por exemplo: Bosman, pp. 146, 368; Labat, ii, pp. 269-70.

9. Sandoval, p. 51.

10. Herskovits, *Dahomey*, ii, pp. 256-88.

11. Blier, *African*, pp. 30-1, 101.

12. Segurola e Rassinoux, *Dictionnaire*, p. 104.

13. aom, ms 104, Anônimo, "Relation", *c.* 1708-14, f. 60.

14. aom, ms 111, Chenevert e Bulet, "Réflexions sur Juda", 1776, f. 74.

15. A ventriloquia é a arte ou habilidade do ventríloquo, aquele que consegue falar sem abrir a boca, mudando de tal modo a voz que esta parece sair de outra fonte que não ele.

16. Dapper, p. 307.

17. Delbée, pp. 441, 444; cf. Dapper, p. 307, diz que "os habitantes de Arder não têm nem templo nem assembleia pública de religião".

18. Delbée, pp. 444-5. Trecho plagiado por Labat, ii, pp. 325-6.

19. aom, ms 104, Anônimo, "Relation", *c.* 1708-14, ff. 54-5.

20. Dapper, p. 307.

21. Nájera, p. 278

22. Ibid.

23. Em 1658, o rei espanhol Filipe iv decidiu enviar ao reino de Aladá uma expedição de doze capuchinhos com o objetivo de batizar o rei Tojonu e abrir o

comércio na região. Para a catequese, os missionários, sob a direção do padre Nájera, produziram uma edição bilíngue, em espanhol e língua arda (aladá), de um catecismo básico intitulado *Doctrina christiana*. Da tradução participaram Bans (depois batizado Filipe Zapata), o embaixador do rei Tojonu, chegado a Madri naquele ano, e provavelmente seu intérprete. A missão realizada em 1660 foi um fracasso, mas a *Doctrina christiana* e os relatos dos sobreviventes da viagem constituem um dos mais importantes corpos documentais sobre Aladá no século XVII. BN, Madri, ms 18178, Matheo de Anguiano, *Segunda parte de la Chronica de los Menores Capuchinos de Nuestro Seráfico Padre San Francisco desta Provincia de la Encarnación de las Castillas*, f. 211v. Ver também Carrocera, "Misión Capuchina al Reino de Arda"; Labouret e Rivet (Orgs.), *Le Royaume d'Arda*.

24. Nájera, p. 277 (itálicos meus).

25. Ibid., pp. 35-6.

26. Ibid., p. 203.

27. Sandoval, p. 51.

28. Carlos de los Hinojosos e Atanásio de Salamanca, "Relação do reino de Arda" (17/07/1662): Brásio, v. XII, n. 154, p. 383.

29. *Tezy*, em Barbot (1688, f. 144) e *Tozifon*, em Labat (ii, p. 249). Alguns autores identificam Tezyfon com o antecessor de Tojonu, embora detalhes bibliográficos mostrem serem duas pessoas distintas: cf. Law, *The Kingdom*, p. 49.

30. Barbot (1688, f. 145) também utiliza o termo *marabout* para referir-se aos sacerdotes locais. Esse uso levou a erros, como pensar que havia uma comunidade islâmica em Aladá, por volta de 1700: Burton, *Mission*, p. 106, n. 42.

31. Delbée, p. 434.

32. Ibid., pp. 419, 434.

33. Ibid., pp. 430-1.

34. Ibid., pp. 410-1.

35. Law, *The Kingdom*, p. 75.

36. Snelgrave (p. 27) já se referia a um "Great Captain" na corte do rei Agajá. Como Delbée, alguns autores também identificaram o Migan daomeano (Tamegah) como "primeiro-ministro": Norris, p. 85; Dalzel, p. 120; Le Herissé, *L'Ancien*, p. 38.

37. Law (*The Kingdom*, pp. 76-7) elabora sobre esse tema comparando o Camigan com outros títulos dos reinos de Uidá e Porto Novo, sugerindo uma identificação com o Gogan (ou Gomegan) de Porto Novo; cf. Akindélé e Aguessy, *Contribution*, pp. 45, 69. Em Porto Novo, o Gogan atuava como representante da aristocracia e exercia o papel de padrinho e conselheiro secreto do rei, sendo responsável pela guarda do assento ou altar de Adjahuto.

38. AOM, ms 104, Anônimo, "Relation", c. 1708-14, ff. 58-9.

39. Surgy, "Evolution", pp. 39, 41.

40. Maupoil, *La Géomancie*, pp. 113, 115.

41. Segurola e Rassinoux, *Dictionnaire*, p. 105. Maupoil (*La Géomancie*, p. 115) apresenta outras hipóteses etimológicas segundo as quais *bokonon* designaria aquele que repele os *bŏ*, aquele que está por cima do *bŏ* e de toda "magia negra". Ver ainda Herskovits, *Dahomey*, II, p. 208.

42. Na virada do século XIX, o termo "bocó" continuava a ser utilizado correspondendo "de um modo imperfeito, aos nossos médicos": Mendes, p. 278. No Brasil, no vocabulário de Peixoto de 1741, já aparece a palavra "bucô", traduzida como cirurgião: Peixoto, *Obra nova*, p. 20.

43. AOM, ms 104, Anônimo, "Relation", *c.* 1708-14, ff. 25, 60; Doublet, p. 257; Des Marchais, f. 43. Segundo Labat, II, p. 179, ele era o chefe supremo de todos os marabus do reino. O autor da "Relation" utiliza a expressão "grande preboste"; Des Marchais e Labat "grande sacrificador", e Doublet fala em "grande marabu". Para a localização da residência do Beti, ver mapa em: Labat, II, pp. 10-1, 14.

44. Labat, II, pp. 55, 72. Ele também se encarregava de transmitir os recados do bufão que estava impedido de aproximar-se do rei: Des Marchais, f. 47v.

45. Labat, II, pp. 179, 188.

46. Ibid., II, pp. 179-80. Para os rituais exclusivos das mulheres: Des Marchais, f. 54.

47. AOM, ms 104, Anônimo, "Relation", *c.* 1708-14, f. 60. Os homens iniciados, na sua condição de "esposas do vodum", assumiam um papel feminino, o que explicaria por que recebiam o mesmo nome que as mulheres. Marty, *Études*, p. 12, diz que os povos minas vindos da Costa do Ouro se autoidentificam como *agaïn* [guen].

48. O anônimo francês menciona a disputa entre as províncias de Poon e de Gomet. Colombier, se referindo à mesma disputa, fala dos governadores Xavier Goga e Aplogan, o que permite identificar Aplogan como o governador de Gomet: AOM, ms 104, Anônimo, "Relation", *c.* 1708-14, ff. 3, 27, 46; C6/25, doc. n. 25, Du Colombier, "Mémoire de la suite des affaires du pays de Juda", 14/09/1715, f. 17v-18. A primeira referência a Appurga é de 30/03-2/04/1705, Van Dantzig, *Dutch Documents*, p. 75.

49. Akindélé e Aguessy, *Contribution*, pp. 45-6.

50. TNA, T70/1158, Accounts and Daybooks, Uidá, 1755-6; Burton, *A Mission*, p. 287; Karl, *Traditions*, p. 391; Lombard, "Contribution", p. 45; Argyle, *The Fon*, p. 74; Ross, "The Dahomean", p. 363; Segurola e Rassinoux, *Dictionnaire*, p. 47.

51. As três citações em Dapper, p. 307.

52. Maupoil, *La Géomancie*, pp. 44, 384. Herskovits menciona os *bokanto* como "adivinhos dos povos indígenas do planalto": Herskovits, *An Outline*, pp. 35-6.

53. Herskovits, *Dahomey*, II, pp. 202, 208-9; Herskovits, *Dahomean Narrative*, pp. 179-80.

54. Verger, *Notes*, pp. 41, 551. Contudo, os *adjalalazen* encontram-se atualmente espalhados por numerosos altares de Gana até o delta do Níger, associados a ancestrais ou outros atores cosmológicos: Norman, "Powerful Pots", p. 194. Na área gbe, os *adjalalazen* podem encontrar-se nos altares de Sakpatá: Le Herissé, *L'Ancien*, p. 365. No Togo, podem estar dedicados aos voduns Dan: Surgy, "Evolution de la religion", p. 39. Na área iorubá, no ritual do *ajere*, o orixá Xangô carrega na cabeça um pote perfurado cheio de brasas: Testemunha ocular, Porto Novo, 02/1993. Ver também Akinade, "Pottery Production", pp. 118-9. Em Abomé, no século XIX, Burton observou num altar um "pote perfurado" ao lado de uma "Bŏ-boneca". Nos Costumes, observou dois *ajalela* ou "potes fetiche" perfurados, utilizados como objetos de poder nas campanhas militares: Burton, *A Mission*, pp. 178, 239-40. Com a ascensão do rei Guezo, o *adjalalazen* virou emblema da unidade nacional do Daomé: Glèlè, *Le Danxome*, pp. 116-8; Akinjogbin, *Dahomey*, p. 25; Bay, *Wives*, pp. 173, 339. Ver também Skertchly, p. 254.

55. Barbot, 1688, f. 136. Práticas de ventriloquia são também comuns nos cultos aos ancestrais dos iorubás ou *bàbá eégún*.

56. Bruxelles, "Documenta", p. 329; Tradução do latim em Bonfils, *La Mission*, p. 15.

57. AOM, ms 104, Anônimo, "Relation", *c.* 1708-14, f. 54.

58. Nájera, p. 203.

59. Delbée, pp. 434-5.

60. Barbot, 1688, f. 135. Também Doublet, p. 257, em 1704, notava o culto a "estatuetas grotescas de terra".

61. Alternativamente, essas estatuetas podem evocar o que a etnografia contemporânea identifica como *botchio*.

62. Barbot, 1688, f. 135.

63. AOM, ms 112, Anônimo, "Mémoire sur Juda", 1778, ff. 23-4. Sobre esse "diabo" ou *legbasi*, o marujo informa (f. 24): "Quando foi nomeado, foi obrigado a tomar uma beberagem que, no início, o fazia ficar furioso e [foi] diminuindo depois pouco a pouco, mas sempre muito [ilegível]. Toda vez que o rei passa diante da morada dele, manda lhe entregar cinco cabeças de búzios, ou seja 5 mil búzios, um pote de cerveja e uma grande cuia de água diluída com farinha e azeite de palma. Quando foi instalado nessa casa, lhe deu também seis homens cativos e três mulheres para tomar conta dele. Se o rei vier a falecer, é costume indispensável [ilegível] enviar pessoas para matar o seu diabo, e quando há um novo rei se restabelece um novo diabo, que é escolhido entre os filhos do falecido, se estiverem com idade, pois é um cargo hereditário".

64. Labat, II, pp. 94-5. No século XIX, Burton, *A Mission*, p. 232, fala do *king's devil* que devia morrer após o falecimento do rei.

65. Phillips, pp. 223-4.

66. Peixoto, *Obra*, p. 32. Em 1804, o rei daomeano Adandozan escreve sobre "o meu grande Deos Leba": Verger, *Os libertos*, p. 106; *Fluxo*, pp. 273, 288. Em 1845, Avezac (p. 84) menciona *Elegwa* em relação à região de Ijebu. Em 1852, Bowen (p. xvii) fornece a primeira referência a *Eṣu*, em Abeokuta.

67. Pommegorge, p. 201.

68. Sobre a relação entre Legba e Fá, ver Herskovits, *Dahomey*, II, pp. 203-8; Maupoil, *La Géomancie*, pp. 75-82, 177-9.

69. Des Marchais, ff. 53-53v; Labat, II, pp. 161-2.

70. Em 1806, Mendes faz alusão ao culto da lua no Daomé, talvez uma referência a Mawu: Mendes, p. 260.

71. Labat, II, p. 162. Em meados do século XVIII, Pommegorge, p. 201, nota que "cada negro tem em casa seu fetiche particular, que consulta com pequenos candelabros de ferro com várias ramificações [*assen?*], pequenas bolas redondas [nozes de palma?] colocados em vários recipientes, que reconta várias vezes".

72. Maupoil, *La Géomancie*, pp. 178-9; Blier, *African*, pp. 8-9. O *assen* (*aséén*) é um objeto composto de uma haste de ferro que se fixa no chão e que sustenta na parte superior uma figura metálica na forma de um cone invertido, ornada com diversas figuras simbólicas (ver figura 15). Embora haja diversos tipos de *assen*, eles servem, em geral, como altar portátil para o culto aos defuntos. Para um estudo pormenorizado sobre o assunto: Bay, *Asen*.

73. Christoph Weickmann, *Exoticophylacium Weickmannianum Oder Verzeichnus Underschiedlicher* [...] *Ulm, 1659*, p. 52 [p. 40, na edição de 1741]; apud Bassani, "The Ulm *Opon Ifa*", p. 80. A identificação do *faté* ou *ọpọ́n Ifá* como bandeja sobre a qual eram realizados sacrifícios parece um erro do viajante que trouxe o objeto a Weickmann. Alternativamente, a referência aos sacrifícios pode aludir às gotas de sangue que se vertem sobre o *faté* após a imolação que precede as sessões de adivinhação. Maupoil (*La Géomancie*, p. 195, n. 3) menciona uma bandeja "especialmente concebida para sacrifícios de sangue".

74. Maupoil, *La Géomancie*, p. 186.

75. Para uma análise iconográfica detalhada ver Bassani, "The Ulm *Opon Ifa*".

76. AOM, ms 104, Anônimo, "Relation", c. 1708-14, ff. 56-7.

77. Na Costa do Ouro, Bosman (p. 152) identificava uma forma de consultar "com uma espécie de nozes selvagens" com as quais realizam suas predições. O Fá pode utilizar dezesseis nozes de palmeira (*ikin*) ou uma corrente (*ọ̀pẹ̀lẹ̀*) de oito meias conchas. Para o estudo mais exaustivo sobre a adivinhação na Costa dos Escravos, ver Maupoil, *La Géomancie*. Ver também Bascom, *Ifa Divination*.

78. AOM, ms 104, Anônimo, "Relation", *c.* 1708-14, ff. 56-7. Barbot se refere a um "jogo de prestidigitação (*jeu de gibecière*) em que, pela disposição de certas coisas, pretendem provar a inocência ou o crime", talvez alusão a uma técnica de adivinhação semelhante: Barbot, 1688, f. 137; idem, 1732, p. 314. Em relação à Costa do Ouro, o mesmo autor diz: "Esse negro tinha também uma cabaça contendo várias pedras pequenas, ossos, objetos de madeira, sementes etc., que serviam para revelar-lhe os desejos do fetiche, de acordo com a disposição na qual apareciam após entornarem a cabaça": Barbot, 1688, f. 103. Em 1732, p. 312, entre os objetos acrescenta "sementes de pequenas nozes".

79. AOM, ms 104, Anônimo, "Relation", *c.* 1708-14, ff. 56-7.

80. Maupoil, *La Géomancie*, p. 116.

81. Idem, p. 176; Bay, *Asen*, pp. 30-3.

82. AOM, ms 104, Anônimo, "Relation", *c.* 1708-14, ff. 58-9.

83. Brenner, "Muslim Divination". A adivinhação islâmica é conhecida como "escrita na areia" (*Yanrin Titẹ*) em iorubá, ou *ar-Raml* em árabe. Deste último nome, como sugere John Peel (comunicação pessoal, Michigan, 2/04/2011), talvez derive o nome do orixá Ọ̀rúnmìlà associado a Ifá.

84. Des Marchais (ff. 128v-129) reporta a chegada, em 1704, de dois "mallays" a Uidá, com cópias do Alcorão, que foram assassinados sob suspeita de serem espiões.

85. Dapper, p. 307.

86. A infuência dos edos em Aladá está atestada no inventário de Weickmann em 1659 e na correspondência holandesa de 1670: Van Dantzing, *Dutch Documents*, p. 1. Em 1698, Aladá foi invadida pelos oyós, em consequência do massacre dos mensageiros do rei de Oyó enviados para Aladá: Bosman, p. 397; Dalzel, p. 13. Ver também: Verger, *Fluxo*, p. 128; Dunglas, "Contribution", n. 19, pp. 143--4; Law, *The Slave Coast*, pp. 235-8.

87. Maupoil, *La Géomancie*, pp. 35, 45.

88. Alguns *bokonons* se consideram mensageiros do deus supremo Mawu, de modo que concluem que Fá é Mawu e Mawu é Fá: Herskovits, *Dahomey*, II, p. 203. Isso pode ter sido um desenvolvimento posterior, talvez do século XIX.

89. Maupoil, *La Géomancie*, p. 384; Herskovits, *Dahomey*, II, pp. 208-9. Um informante de Herskovits dizia que, nos tempos antigos, Bo e Fá eram "rivais". Outro comentou que os *bokanto* ainda existiam, mas que eram consultados em segredo (para o segredo ver Herskovits, *Dahomean Narrative*, pp. 179-80).

90. Durkheim, *Les Formes*, pp. 280-1; Horton, "African Conversion".

91. Sobre a identificação de Popo com o reino de Tado ou o seu rei: Gayibor, *Les Peuples*, p. 31; Law, *The Kingdom*, pp. 24, 32.

92. Nájera, *Espejo*, pp. 203-7.

93. Sandoval, p. 51. O uso do mesmo estereótipo ou tropo narrativo não exclui a possibilidade de que as histórias se refiram a episódios históricos distintos. Para mais discussão sobre o tema ver Law, *The Kingdom*, pp. 30-3; Pazzi, *Introduction*, pp. 174-6, 183; Gayibor, *Les Peuples*, p. 30.

94. Nájera, *Espejo*, p. 204.

95. Sobre o possível culto aos crânios em Aladá, ver capítulo 1 e Law, "My Head", p. 412.

96. Carlos de los Hinojosos e Atanásio de Salamanca, "Relação do reino de Arda" (17/07/1662): Brásio, v. XII, n. 154, p. 384.

97. Delbée, pp. 442-3. Itálicos meus.

98. Sandoval, p. 51. Há, nesse trecho, uma ambiguidade, no sentido de não ficar claro se o comentário se refere ao príncipe Fulão (e, portanto, ao povo hula) ou ao reino de Aladá. Décadas depois, em 1694, o viajante inglês Phillips (p. 223) identificava o culto ao crocodilo com Aladá: "o deus-fetiche do vizinho rei de grande Ardra é um aligátor", o que leva a identificar o culto à cobra citado por Sandoval a Aladá e não aos hulas.

99. Doublet, p. 257.

100. Law, *The Kingdom*, p. 81; cf. Quénum, *Au Pays des fons*, p. 89; Falcon, "Religion", p. 73. Para a proibição de matar esses pássaros (*puants*) em Abomé: Pommegorge, p. 186.

101. AOM, ms 104, Anônimo, "Relation", *c.* 1708-14, ff. 14-5.

102. Em Uidá, tinha-se "muito respeito" pelos crocodilos: Phillips, p. 223; Doublet, p. 257 (caimãos); Burton, *A Mission*, p. 298. Para Porto Novo, ver Adams, p. 76. Skertchly, p. 473, e Herskovits, *Dahomey*, II, p. 152, identificam Takpwonun com o hipopótamo. Merlo, "Hierarquie", pp. 26-7, nota que, sob a denominação Tokpodoun, em Uidá se reverencia a Yalodé, o caimão branco.

103. Na Costa do Ouro, De Marees (pp. 28-9), Villault (p. 261) e Barbot (1688, f. 105) documentam a associação entre o trovão e uma divindade celeste referida como Jean Goeman ou Jankomé [provavelmente de *Onyankome* ou *Nyankom* que, na língua fante, significa chuva e deus]. Bosman, p. 113, alude à relação entre o trovão e "coisas sobrenaturais". Ver também Parés, "Transformations".

104. BN, ms 18178, Anguiano, segunda parte, f. 212. O rei confirma ainda que queria ser batizado "para que em seu reino não houvesse trovões, relâmpagos, raios, nem guerras: que contra tudo isto lhe haviam dito tinham virtude os sacerdotes dos brancos": Anônimo, *Relación de lo que sucedió a los Padres misioneros del reino de Arda*; apud. Carrocera, "Misión Capuchina", p. 535.

105. Barbot, 1688, ff. 197, 200.

106. AOM, ms 104, Anônimo, "Relation", *c.* 1708-14, f. 53.

107. Labouret e Rivet, *Le Royaume d'Arda*, em especial pp. 31-5. Esses autores transcrevem *Pranvi Elisa* como *kplā vi ne Lisa*, que traduzem como "ensino pequeno a Lissa", ou, mais livremente, "Pequena Doutrina de Lissa". Para uma reflexão crítica sobre os problemas de tradução da *Doctrina christiana* e a escolha de Lissa como tradução de Jesus Cristo, para além da cor branca, ver Yai, "From Vodun", pp. 248-63.

108. Doublet, p. 257; AOM, ms 104, Anônimo, "Relation", *c.* 1708-14, f. 14; Des Marchais, ff. 53-53v, Labat, II, pp. 161-62. Na língua fon, o camaleão é conhecido como *aganmà*.

109. Para a Costa do Ouro, ver Bosman, p. 153.

110. Mr. N***, p. 64; AOM, ms 104, Anônimo, "Relation", *c.* 1708-14, f. 54. Para consultas oraculares com árvores na Costa do Ouro, ver De Marees, p. 27.

111. Em Abomé, por exemplo, um "feiticeiro" iorubá do deus do ferro Gu foi enterrado ao pé de uma grande árvore, onde posteriormente se realizavam oferendas para propiciar a guerra: Pires, pp. 87-90. O rei Glele também sacralizou uma sumaúma diante do palácio em Abomé, embaixo da qual se sentava seu pai, Guezo, e que ficou conhecida como *Bwekon-hun*, a sumaúma dos vivos sempre felizes (talvez *Gbèkò-hŭn*): Skertchly, p. 163.

112. Para uma referência a "árvores sagradas", de "madeira vermelha", perto do forte francês, no século XVIII: AOM, ms 118, Gourg, "Mémoire", 1791, f. 3. Esse tipo de árvore seria da espécie sumaúma (*hŭn* ou *hùntín*): Law, *Ouidah*, p. 93. Para outra referência a uma árvore sagrada de madeira vermelha em Abomé: AOM, ms 112, Anônimo, "Mémoire sur Juda", 1778, f. 19. Para uma análise do universo vegetal na Costa dos Escravos: Juhé-Beaulaton, "Les Paysages".

113. Des Marchais, f. 41.

114. Dralsé de Grand-Pierre, pp. 165-6. Para sacrifícios ao pé das árvores, ver também AOM, ms 111, Chenevert e Bulet, "Réflexions sur Juda", 1776, f. 8; retomado por Labarthe, p. 129. Sobre a adoração das árvores de madeira vermelha, ver nota 112.

115. AOM, ms 104, Anônimo, "Relation", *c.* 1708-14, ff. 55-6.

116. De Marees, pp. 26-7.

117. AOM, ms 104, Anônimo, "Relation", *c.* 1708-14, ff. 54-5. Para as folhas de palma em volta do pescoço como signo de submissão política: HCPP, *Slave Trade*, 1850-1, Class A, incl. 2 in n. 220, "Journal of F. E. Forbes", entrada do 1/07/1850, p. 345.

118. Entrevista Avimanjenon, Uidá, 1995.

119. Bosman, pp. 382-3 ; Des Marchais, f. 53.

120. Labat, II, pp. 164-5.

121. AOM, ms 104, Anônimo, "Relation", *c.* 1708-14, ff. 59-60. Sobre esse secretismo ver também Mendes, pp. 278-9.

122. Pires, p. 90.

123. Entre os objetos votivos do *bokonon* consta o *assen-acrelele*, o "bastão de Fá", emblema do seu conhecimento das virtudes das plantas, associado ao orixá das folhas e da medicina, Oçãim: Maupoil, *La Géomancie*, pp. 174-7.

124. Maupoil, *La géomancie*, pp. 6-7.

125. Pires, pp. 90-1, provavelmente invertendo os termos, chama "Bocó" uma árvore sagrada e "Locó" aos especialistas religiosos: "padre de feitiços, e também são médicos e adivinhos", com conhecimentos de farmacopeia e curativos de ervas.

126. Phillips, p. 226.

127. AOM, ms 104, Anônimo, "Relation", *c.* 1708-14, f. 59.

128. Mr. N***, p. 71. Bosman (p. 383) menciona também um caso de cura do rei Agbangla, na década de 1690, envolvendo o sacrifício de um homem e o consumo de sua carne.

129. Labat, II, pp. 269-70.

130. Law, *The Slave Coast*, p. 111; Le Herissé, *L'Ancien*, p. 128; Snelgrave, p. 75; Soumonni, "Doenças".

131. Sweet, *Domingos*, pp. 7, 22-4.

132. Entrevista Avimanjenon, Uidá, 1995.

133. Sweet, *Domingos*, p. 23.

134. Pires, p. 92. Pires (p. 90) parece identificar *Bocó* com o terceiro Feitiço na hierarquia, associado a uma grande árvore.

135. TNA, T70/1163, "Day Books for William's Fort, Whydah, 1810, 1811, 1812". Em outubro de 1810, Adandozan escrevia: "na estacão presente tem havido uma grande peste de moléstias de muitas qualidades na minha terra, assim como bexigas, mortes repentinas com dores de cabeça, e dores de [cadeiras]": IHGB, Padab, DVD 3-616, "Adandozan ao príncipe de Portugal João Carlos Bragança, 9/10/1810", f. 6.

136. Adams, p. 203. Verger, *Notes*, p. 240, interpreta a proibição de jurar como indício da repressão ao culto a Sakpatá e supõe tratar-se do rei Adandozan, mas Adams (p. 52) menciona que esteve em Uidá quando o governador inglês Abson levava lá quinze anos, o que corresponderia a 1785.

137. Peel, "A Comparative", pp. 275-6.

138. Phillips, p. 227, comenta a presença de King Tom, irmão do rei de Ardra, refugiado em Uidá no ano de 1694. Inversamente, o irmão do rei Amar, pretendente derrotado ao trono, se refugiou em Aladá.

139. Verger sugere que os cultos de Nanã Buluku e Omolu, embora num

período remoto, tivessem migrado da área iorubá para a área acã; num momento subsequente teriam migrado, com novos nomes e características, da área acã para a área gbe e iorubá: Verger, *Notes*, pp. 248, 272-3. Esse refluxo talvez tenha acontecido nesse final do século XVII e início do século XVIII.

140. AOM, ms 104, Anônimo, "Relation", *c.* 1708-14, f. 4; Des Marchais, f. 128v.

3. ENTRE O REI E A NAÇÃO: A SERPENTE EM UIDÁ E O LEOPARDO NO DAOMÉ [pp. 136-80]

1. Em 1652, Mateo Arará, processado pela Inquisição em Cartagena de Índias, descreve sua iniciação como curador (provavelmente no reino de Aladá) nestes termos: "*los que así curan en su tierra van a un río que llaman de la Madalena, que no corre y allí hacen juramento que si no curaren para hacer bien queden muertos en aquel río y si curaren bien salgan libres; y* [...] *se ahogan algunos y va un buso y los saca y* [...] *allá no conocen a Dios y así aquel juramento lo hacen al diablo*" (Cartagena, Livro 1021, f. 341v; apud Mcknight, "En su tierra", p. 75).

2. Nájera, *Espejo*, pp. 280-1.

3. Barbot, 1688, f. 137, reitera os rumores de antropofagia, mas comenta que os culpados morriam ofegados.

4. Para a Costa do Ouro, ver, por exemplo, De Marees, pp. 27, 38-9; Villault, pp. 278-81; Dapper, p. 295. Para Uidá, Barbot, 1688, f. 137, nomeia essa prova como "*boire Dios*" (beber Deus). Para comentários mais recentes, ver: Quénum, *Au Pays des Fon*, pp. 84-5; Hazoumé, *Le Pacte*. Para um panorama dos rituais jurídicos na Costa da Mina: Gesteira, *Rituais*.

5. Nájera, *Espejo*, pp. 278-9.

6. Barbot, 1688, f. 137.

7. Bosman, p. 359.

8. Embora Nájera, no *Espejo místico* de 1672 (pp. 278-9), mencione o reino de Iurá [Juda, Uidá], em 1662, os relatórios dos capuchinhos indicam que três deles se retiraram do reino de Aladá ao *vizinho* reino de Popo, sugerindo que, naquele momento, Uidá ainda estava sujeito a Aladá. O fato de encontrar-se o rio a "duas léguas" de Offra significa que talvez estivesse no território do que mais tarde seria Uidá.

9. AOM, ms 104, Anônimo, "Relation", *c.* 1708-14, ff. 3-4. Não se conhece, na atualidade, uma abertura da lagoa para o mar na região de Offra que pudesse justificar a ideia de existir um rio, mas no passado talvez existisse. Para uma discussão pormenorizada sobre o tema, ver Law, "Problems of Plagiarism", pp. 352-3.

10. Barbot, 1688, f. 137. Em 1732, Barbot (pp. 337-8) repete as informações com acréscimos extraídos de Bosman.

11. Bosman, p. 359.

12. AOM, ms 104, Anônimo, "Relation", c. 1708-14, f. 65.

13. Des Marchais, f. 46v. Labat, II, pp. 199-200. Segundo Labat, ofereciam--se arroz, milho, milhete.

14. As divindades marinhas são até hoje consideradas "propriedade" dos hulas, um povo que embora tenha sido crucial na fundação de Glehué, parece ter ficado subordinado à linhagem real hueda de Savi, de origem lucumí. Contudo, como veremos no capítulo 6, o mar era objeto de uma ritualística diferenciada da do rio.

15. Bosman, p. 368.

16. A primeira identificação da serpente pelo nome de Dangbé (*Daboüé*) ocorre em AOM, ms 104, Anônimo, "Relation", c. 1708-14, f. 64. Também Ringard, em 1727, p. 1, menciona *Dabouay*. Já em 1788, Labarthe, p. 160, usa o termo *Daboué*, e Pires, em 1800, p. 132, *Dáboi*.

17. Segundo Labat, II, pp. 166-7, 178, a serpente regia os domínios da guerra, das colheitas de arroz e milho miúdo, do casamento, da chuva e do clima, da pesca, do comércio, das doenças, da esterilidade das mulheres. Ver também AOM, ms 104, Anônimo, "Relation", c. 1708-14, ff. 53-4.

18. "*Misere viventes sub captivitate et tyrannide Daemonis qui illos malè tractat imo saepius verberat; illis loquitor per serpentes et se in illis adorari facit* [...]":Bruxelles, I, p. 329 ; Bonfils, *La Mission*, p. 15.

19. Barbot, 1688, f. 136. Barbot fala de cobras "vermelhas", o que faz duvidar se ele efetivamente as viu, pois os pítons são verdes e amarelos. Bosman, como Snelgrave, os descreveu, de forma mais fiel, como "rajadas em branco, amarelo e marrom" (Bosman, p. 380). Barbot (1688, f. 200), no seu vocabulário da língua de Ardra e Uidá, traduz serpente ou cobra por *bodon* (ou) *bodonbò*, talvez uma variante de vodun.

20. Em 1694, Phillips, p. 223, também não relaciona o culto à serpente com o rei.

21. Labat, II, p. 75.

22. Tradições do século XX sustentam que Dangbé foi consagrada ao reino de Uidá desde sua fundação pelo rei Kpase, trazida da região do Mono: Agbo, *Histoire*, pp. 15-6. Essa origem do oeste sinalizaria uma possível contribuição hula, povo conhecido pela sua devoção à "boa" Adogloféssou, Adogblofensou, Dogblofosou ou Dogblosu: Albéca, *Les Établissements*, p. 91; Merlo, "Hiérarchie", p. 12; Merlo e Vidaud, "Dangbé", p. 270; Parés, "The Hula", pp. 294, 299; Laranjeira, *Representações*. Tradições de Porto Novo sustentam que o ancestral da dinas-

tia real de Aladá (Dassa, isto é, Adjahuto) teria vencido a Popo (o rei de Tado), roubando-lhe a serpente Dangbé: Akindélé e Aguessy, *Contribution*, p. 24.

23. Bosman, p. 370.

24. AOM, ms 104, Anônimo, "Relation", *c*. 1708-14, ff. 53-4. Itálicos meus.

25. Dralsé de Grand-Pierre, p. 165.

26. Des Marchais, ff. 48, 52v. Labat, II, pp. 165-7, elabora sobre Des Marchais. A hierarquia que Des Marchais estabelece com a serpente seguida das árvores, o mar e Agoye, sugere que ele conhecia a obra de Bosman.

27. Zamora, p. 47; apud Law, *The Kingdom*, p. 22.

28. Para um histórico detalhado das relações entre Uidá e Aladá, ver Law, *The Kingdom*, pp. 24-7; idem, *Ouidah*, pp. 46-9. AOM, ms 104, Anônimo, "Relation", *c*. 1708-14, f. 21, também menciona uma guerra pela qual os de Uidá deixaram de pagar tributos ao rei de Aladá.

29. Contudo, o anônimo relatório de 1662 (p. 441), ao relatar a saída de três dos capuchinhos sobreviventes de Aladá, menciona que foram ao reino de Popo, "que confina com o de Arda", sem nenhuma referência a Uidá, o que sugeriria que no ano de 1660 a independência de Uidá não era ainda total. Cabe notar que tanto Zamora como Nájera escrevem após 1662.

30. Des Marchais, f. 48.

31. Labat, II, pp. 166-7.

32. Bosman, pp. 371-2.

33. AOM, ms 104, Anônimo, "Relation", *c*. 1708-14, f. 63; Labat, II, p. 188.

34. AOM, ms 104, Anônimo, "Relation", *c*. 1708-14, ff. 61-2; Labat, II, pp. 180-1. Bosman, pp. 371-2, afirma que o recrutamento se produzia a partir da plantação do milho até o momento em que este adquiria a altura de um homem.

35. Labat, II, p. 176.

36. AOM, ms 104, Anônimo, "Relation", *c*. 1708-14, ff. 61-2. Bosman, p. 373, explica como as candidatas eram persuadidas a representar o papel da possessão e as ameaças de queimar quem revelasse os segredos do culto.

37. AOM, ms 104, Anônimo, "Relation", *c*. 1708-14, ff. 61-3.

38. AOM, ms 104, Anônimo, "Relation", *c*. 1708-14, ff. 60, 63. Exceto o Beti, ou "grande sacrificador", todos os iniciados da serpente eram reconhecíveis pelas escarificações rituais que cobriam grande parte do corpo: Des Marchais, f. 54; Labat, II, pp. 185-6, 188. As fotografias tiradas por François-Edmond Fortier em Uidá (1908) registram as escarificações realizadas em meninas iniciadas de Dangbé.

39. AOM, ms 104, Anônimo, "Relation", *c*. 1708-14, f. 63.

40. AOM, ms 104, Anônimo, "Relation", *c*. 1708-14, ff. 62-3; Bosman, p. 272.

41. Labat, II, pp. 185-6.

42. Bosman, p. 377; Labat, II, pp. 182, 187-5.

43. Para essa discussão ver, por exemplo, Turner, *The Ritual*; Lewis, *Êxtase*; Boddy, *Wombs*.

44. Des Marchais, f. 54.

45. AOM, ms 104, Anônimo, "Relation", *c.* 1708-14, f. 60; Labat, II, p. 99. No Daomé, esse sistema de grupos de trabalho cooperativo é conhecido como *dɔnkpè*: Herskovits, *Dahomey*, I, pp. 63-75.

46. AOM, ms 104, Anônimo, "Relation", *c.* 1708-14, ff. 60-1.

47. Bosman, pp. 370-1.

48. Ibid., p. 369.

49. Ibid., pp. 371-2. "O rei está longe do prejuízo com isso [o pagamento das famílias pela iniciação], pois obtém quantidades consideráveis com esse costume" (p. 372). Igualmente o anônimo autor da *Relation*, f. 64, informa que "o que o rei recebe pela pensão [?] dessas mulheres quando são recolhidas é considerável, o que contribui bastante para aumentar seus dividendos, e também é motivo para ele insistir em manter essa idolatria".

50. Bosman, pp. 374-5; AOM, ms 104, Anônimo, "Relation", *c.* 1708-14, f. 63.

51. Bosman, p. 369.

52. Ibid.

53. Bosman, p. 371, indica que a última peregrinação tinha acontecido em presença do "capitão francês chamado Mr. Ducas", que sabemos esteve em Uidá entre 1687-8: Ducasse.

54. Law, "Religion", p. 72.

55. Bosman, pp. 366-366a.

56. Bruxelles, I, p. 358; Bonfils, *La Mission*, pp. 17-8.

57. Barbot, 1688, f. 135.

58. AOM, ms 104, Anônimo, "Relation", *c.* 1708-14, ff. 69-70.

59. Des Marchais, f. 128v; Labat, II, pp. 270-2. Des Marchais se confunde ao dizer que os capuchinhos foram levados a Uidá pelo sr. Ducasse, no navio *A Tempestade*. Ducasse levou dois jacobinos em 1688. Labat ainda complica mais ao datar essa viagem em 1667. Houve, de fato, uma primeira expedição de outros dois capuchinhos a Aladá em 1671, mas estes faleceram em Uidá, sob suspeita de envenenamento: Law, "Religion", pp. 50-1.

60. Bosman, pp. 385-6. Para a missão dos dominicanos: Bonfils, *La Mission*, pp. 19-22.

61. Bosman, pp. 359, 385. Phillips, p. 228, se refere a ele como o "grande confidente" do rei.

62. Law, "The Common", p. 212.

63. Phillips, p. 219, diz que o capitão Tom atuou como "boy" de um dos feitores ingleses, aprendendo a língua e se transformando depois em um dos

homens mais poderosos do reino. Mais adiante (p. 228) ele se refere ao capitão Carter como o ex-servente do feitor Carter da African Company de quem tomou o nome. A partir dessa informação, Law, "The Common", p. 212, identifica os dois como a mesma pessoa. O mesmo Phillips, porém, distingue o capitão Carter do capitão Tom, "o intérprete".

64. Bosman, p. 375.

65. Damon, p. 106. Bosman, p. 347, identifica o intérprete dos holandeses como *Agoei*. O mesmo autor parece referir-se a Assou quando fala de um de seus amigos "que passou sua juventude entre os franceses e cuja língua entende perfeitamente", mas no período da sua primeira visita a Uidá, em 1697, ele não era ainda referido como capitão, apenas como "um negro": pp. 367-8.

66. Doublet, p. 257, registra essa ligação de parentesco em 1704, embora seja provável que o Beti assumisse o posto antes. Des Marchais, em 1704, também sinaliza "assou e o seu irmão *agou* grandes do país do partido dos franceses": TNA, ADD 19560, SCH 52675; Des Marchais, "Journal du voyage en Guinée", 1704, f. 43v.

67. Des Marchais, ff. 52v-53. Labat, II, pp. 178-9, lista como oferendas à serpente: "mercadorias preciosas, barris de búzios, de pólvora, de aguardente", além de sacrifícios animais e, ocasionalmente, humanos.

68. AOM, ms 104, Anônimo, "Relation", *c.* 1708-14, f. 26.

69. AOM, ms 104, Anônimo, "Relation", *c.* 1708-14, ff. 34, 67; Des Marchais, f. 47 ; Labat, II, pp. 94-5.

70. AOM, ms 104, Anônimo, "Relation", *c.* 1708-14, f. 40; Des Marchais, f. 43.

71. Labat, II, pp. 196-200. O "grande sacrificador" estava igualmente envolvido nos sacrifícios ao mar: Labat, II, p. 163.

72. Labat, II, p. 161.

73. AOM, C6/25, doc. n. 16, "Carta de De Colombier, Uidá, 10/08/1714". Para a versão dos ingleses: TNA, T.70/13, "John Carter, Uidá, 26/08/1703"; "Peter Duffield, Uidá, 25/8 e 7/10/1703". Sobre a tentativa de usurpação do trono pelo irmão de Amar: Mr. N***, pp. 42-3. Ver também Law, "The Common", p. 217.

74. Mr. N***, p. 48.

75. Doublet, pp. 255-6. Um tratado de neutralidade foi imposto aos europeus por Agbangla, assinado em 25 de abril de 1703: AOM, ms 105, "Mémoire", 7/03/1715; Van Dantzig, *Dutch Documents*, p. 74. Amar ratificou o tratado em 31 de outubro de 1704: cf. TNA, ADD 19560, SCH 52675; Des Marchais, "Journal du voyage en Guinée", 1704, ff. 43v-44. Labat, II, pp. 109-13, data o tratado de 6 de setembro. Ver também Nardin, "Que Savons Nous", p. 338. Em 1704, assina pelos franceses o diretor Gomet: Van Dantzig, *Dutch Documents*, p. 74.

76. Van Dantzig, *Dutch Documents*, pp. 71, 73.

77. Em 1725 seria impossível haver coroação com a presença de um repre-

sentante de Aladá, pois esse reino foi conquistado e o seu rei morto pelo Daomé, em 1724: Akinjogbin, *Dahomey*, p. 37. As datas que aparecem nas ilustrações de Des Marchais — "mês de abril de 1725" para a coroação, e "16 de abril de 1725" para a procissão ao templo da serpente — seriam fictícias, introduzidas apenas para ser coerentes com o título da obra publicada por Labat, "Viagem do cavaleiro Des Marchais... feita em 1725". Law ("The Common", p. 225) sugere que a coroação seria a do rei Huffon — sucessor de seu pai Amar em 1708 — e que teria acontecido entre 1717-8, quando houve uma breve reconciliação entre Aladá e Uidá. Des Marchais (f. 42v) informa que a "coroação" acontecia cinco, seis ou sete anos (*mas nunca mais*) após a introdução no palácio do novo monarca. Isso situaria a coroação de Huffon entre 1713 e 1715, período em que os caminhos entre Uidá e Aladá estavam fechados, o que torna inverossímil a presença de um representante de Aladá na coroação. A hipótese (também mantida por Akinjogbin, *Dahomey*, p. 37) de tratar-se da coroação de Amar, em 1704, se apoia no fato de Des Marchais ter realizado uma viagem entre 30 de agosto e 17 de dezembro de 1704: TNA, ADD 19560, SCH 52675; Des Marchais, "Journal du voyage en Guinée," 1704, ff. 42v-47v; Nardin, "Que Savons Nous", pp. 332-7. Provavelmente nessa mesma viagem, ele foi testemunha "do enterro do avô do rei atual" (f. 42v), ou seja, de Agbangla, avô de Huffon. Assim, a coroação de Amar teria acontecido alguns *meses* (e não "anos") após sua entrada no palácio. A presença proeminente do capitão Assou na coroação descrita por Des Marchais (f. 44v), sendo o único que permanecia em pé frente ao rei, reforça a hipótese. Labat, II, p. 61, nomeia de forma explícita Amar como o coroado, embora ele erre ao afirmar que era o monarca reinante em 1725. Ainda na ilustração da coroação realizada por Des Marchais, Mr. Derigouin aparece nomeado como diretor do forte francês, cargo que ocupou em algum momento a partir do fim de 1704 até 1712. (Até outubro de 1704, o diretor francês em Uidá era Mr. Gomet: Van Dantzig, *Dutch Documents*, p. 74. Por outro lado, Mr. Derigouin também esteve em Uidá em 1725.)

78. TNA, T.70/13, "Peter Duffield, Uidá, 25/08/1703". Law sustenta que essa tentativa de pacificação foi muito breve ou fracassou, e contesta a datação da coroação em 1704 com base em carta do feitor inglês Baillie, em que este afirma que o rei de Aladá tinha recusado "fazer os costumes" (funerários) de Amar, assim como os de "seu antecessor" [Agbangla], o que só aconteceu em janeiro de 1718: TNA, C.113/276, "William Baillie, Uidá, 18/01/1718"; Law, "The Common", pp. 217-8. Cabe notar que a carta de Baillie foi escrita quinze anos depois dos eventos, e passível de imprecisões. A colaboração de Aladá no ritual funerário de Agbangla (em 1704) pode ter sido inviabilizada por qualquer motivo que depois foi lembrado como resultado da inimizade. Por outro lado, não há evidência de

que a realização dos costumes funerários por alguém de Aladá fosse um pré-requisito para a realização da coroação.

79. Mr. N***, p. 113.

80. Para referência à relativa calmaria: Van Dantzig, *Dutch Documents*, p. 69 (W. de Palma a Ass de X, Elmina, 12/02/1705). Para a escalada de tensão a partir de julho de 1705: Van Dantzig, *Dutch Documents*, p. 81 (10/11/1705); TNA, T.70/5, "Richard Willis, Uidá, 14/07/1705"; Law, "The Common", pp. 217-8.

81. Des Marchais, ff. 43v-44, 48.

82. Ibid., ff. 43, 44, 45, 46v.

83. AOM, ms 104, Anônimo, "Relation", *c.* 1708-14, f. 61.

84. AOM, ms 104, Anônimo, "Relation", *c.* 1708-14, f. 75. No tempo de Agbangla, Bosman, p. 384, se refere a outra conspiração liderada por um irmão do rei e um "sacerdote". Ambos foram executados, mesmo que os sacerdotes, regra geral, fossem eximidos da pena capital.

85. AOM, C6/25, doc. n. 16, "Carta de De Colombier, Uidá, 10/08/1714"; doc. n. 25, "De Colombier, Mémoire de la suite des affaires du pays de Judá, 14/02/1715"; AOM, ms 104, Anônimo, "Relation", *c.* 1708-14, ff. 35-6. A "Relation" menciona como outro concorrente ao trono o irmão de Amar, desterrado em 1703.

86. AOM, ms 104, Anônimo, "Relation", *c.* 1708-14, ff. 39, 67-8. Em 1709, a idade de Huffon é avaliada em catorze anos: TNA, T.70/5, "Mr. William Hickes, Uidá, 31/01/1709".

87. AOM, ms 104, Anônimo, "Relation", *c.* 1708-14, f. 61.

88. Dralsé de Grand-Pierre, p. 167; AOM, C6/25, doc. n. 16, "Carta de De Colombier, Uidá, 10/08/1714"; doc. n. 25, "De Colombier, Mémoire de la suite des affaires du pays de Judá, 14/02/1715". Para o apoio de Carte aos ingleses, ver a memória de 1714.

89. AOM, C6/25, doc. n. 25, "De Colombier, Mémoire de la suite des affaires du pays de Judá, 14/02/1715"; TNA, C.113/276, "Joseph Blaney a Rand Logan, Uidá, 1715", ff. 12, 123-37.

90. Verger, *Fluxo*, p. 143.

91. AOM, C6/25, doc. n. 16, "Carta de De Colombier, Uidá, 10/08/1714".

92. AOM, ms 104, Anônimo, "Relation", *c.* 1708-14, f. 46; AOM, C6/25, doc. n. 16, "Carta de De Colombier, Uidá, 10/08/1714"; doc. n. 25, "De Colombier, Mémoire de la suite des affaires du pays de Judá, 14/02/1715".

93. AOM, C6/25, doc. n. 25, "De Colombier, Mémoire de la suite des affaires du pays de Judá, 14/02/1715". Labat comenta como, a partir de 1704, os huedas também juravam pela serpente para estabelecer aliança com os estrangeiros malês: Labat, II, p. 275. Sobre o juramento pelo fetiche como forma de aliança: Gesteira, *Rituais*.

94. Para a "guerra privada" de Assou na província fronteiriça: N***, pp. 44-7.

95. TNA, C.113/276, "William Baillei, Savi, 21/07/1718", ff. 4-5.

96. Para uma análise detalhada do faccionalismo em Uida: Law, "The Common", pp. 221-5.

97. Snelgrave, pp. 11-2. A conquista daomeana é também relatada por Ringard, mas sem alusão à invocação ofídica dos huedas. A colocação da serpente como estratégia defensiva é retomada por Norris, p. 69; Dalzel, pp. 110-1.

98. Para a matança dos porcos em 1697: Bosman, pp. 381-2; AOM, ms 104, Anônimo, "Relation", c. 1708-14, f. 57; Labat, II, pp. 175, 177. Para episódios de vingança contra aqueles que atentavam contra Dangbé: Phillips, p. 223; Bosman, pp. 376-7; Mr. N***, pp. 60-1; Labat, II, pp. 170-7. Para o aborrecimento que causava a Assou a ideia de comer o próprio deus (eucaristia cristã): ver Mr. N***, p. 53.

99. Além de Sandoval (p. 51) em 1627, no início do século XVIII alguns autores continuavam a falar do culto à serpente em Aladá: Mr. N***, p. 113.

100. Des Marchais, f. 61v.

101. AOM, ms 104, Anônimo, "Relation", c. 1708-14, f. 64.

102. Ringard; apud Law, "A Neglected Account", p. 326.

103. AOM, ms 104, Anônimo, "Relation", c. 1708-14, ff. 53, 60.

104. Hazoume identifica Dangbé como "totem" ou *tohuiyo* dos huedas: "L'Âme du dahoméen", p. 67. Herskovits diz que é o *tohuiyo* do *hennu* dos reis huedas, e de outro *hennu*: Herskovits, *Dahomey*, I, pp. 182-3.

105. Norris, pp. 2, 105. Para uma discussão desse item, ver também Law, "Royal Ideologies", p. 229.

106. AOM, ms 111, Chenevert e Bulet, "Réflexions sur Juda", 1776, f. 10.

107. Le Herissé, *L'Ancien*, pp. 102-3, 110, 243.

108. Parés, "Transformations", p. 78.

109. AOM, ms 118, Gourg, "Mémoire", 1791, f. 5.

110. AOM, ms 111, Chenevert e Bulet, "Réflexions sur Juda", 1776, f. 10.

111. Maupoil, *La Géomancie*, p. 64; Glèlè, *Le Daxome*, p. 75.

112. Lepine, "As metamorfoses", p. 134; Sweet, *Domingos*, pp. 22-5.

113. Le Herissé, *L'Ancien*, pp. 128-9; Herskovits, *Dahomey*, I, p. 20; Verger, *Notes*, p. 240; Bay, *Wives*, pp. 156-8; Lepine, "As metamorfoses", pp. 134-6.

114. AOM, ms 112, Anônimo, "Mémoire sur Juda", 1778, ff. 17-9; Labarthe, pp. 133-5. Labarthe esteve no Daomé em 1788, mas parafraseia o relato do anônimo marinheiro francês. Berbain diz que Labarthe também utilizou o manuscrito "Station d'Afrique, année 1788, compte rendu à Mgr. le compte de la Luzerne, ministre et secrétaire détat… de la marine, para Denys de Bonnaventure…

commandant la frégate du Roy la Flore et la Station d'Afrique" (Ministère des Colonies, Sénégal Ancien); Berbain "Le Comptoir français", p. 9.

115. Adoukonou, *Jalons*, II, pp. 78-85.

116. Des Marchais, f. 34v, 128v; Lamb, "Carta escrita de Abomé, 27 nov. 1724", em Smith, p. 184.

117. Agajá, "Letter to King George I", p. 89.

118. Para o período pré-daomeano, ver Law, "Religion".

119. Akinjogbin, pp. 185-7.

120. Lamb, "Carta escrita de Abomé, 27/11/1724", em Smith, p. 182.

121. Pires, pp. 93-4; Bay, *Wives*, pp. 167-8.

122. APEB, Colonial, maço 193, Correspondência recebida pelo governo da Bahia. Diretoria da Fortaleza de Ajuda, "Antonio da Fonseca e Aragão ao governador da Bahia, Uidá, 16/08/1790", f. 2.

123. Parés, "Cartas", pp. 353-4, 386; cf. AHU, São Tomé (1804), cx. 37, doc. 29, fls. 5-10, "Rei Adandozan ao príncipe regente de Portugal, d. João, Abomé, 20/11/1804"; IHGB, Padab (Projeto Acervo Digital Angola-Brasil) — DVD 3 — pasta 616 (imagens 472-488), "Rei Adandozan ao príncipe regente de Portugal, d. João, Abomé, 9/10/1810".

124. Borghero, *Journal*, pp. 289-90.

125. Ver, por exemplo, o mito da criação (provavelmente contado por um *vodunon* de Hevioso/Xangô ao padre Bouche em Porto Novo) e sua homologia com a narrativa de Adão e Eva: "Traditions religieuses du Dahomé", *Les Missions Catholiques*, n. 17, 16/10/1868, pp. 129-30.

126. Foi apenas com a chegada dos retornados do Brasil, na década de 1830, e dos padres da Societé des Missions Africaines, a partir de 1861, que a presença do catolicismo adquiriu maior vigor na região. As missões protestantes também só começaram a atuar a partir da década de 1840.

127. Le Herissé, *L'Ancien*, pp. 126-7; Herskovits, *Dahomey*, II, pp. 103-5, Yai, "From Vodun", pp. 254, 256; e Bay, *Wives*, pp. 92-6.

128. Kpò é comumente traduzido por pantera, mas na África se trata do leopardo. A pantera encontra-se na Ásia e sua forma americana é o jaguar. A correspondência americana do leopardo seria a onça-pintada.

129. Os quojas da Costa do Marfim no século XVII, por exemplo, chamavam o leopardo de "rei da floresta". O rei quoja não comia da sua carne, porque "nenhum animal come ao seu semelhante": Dapper, p. 257. Para outros exemplos na África ocidental: Palau-Marti, *Le Roi-Dieu*, pp. 38 [Oyó], 97 [Tado], 171. Em 1868, em Badagry, o missionário Samuel Pearse mencionava o leopardo na lista de "deuses nacionais": Mackenzie, *Hail Orisha*, p. 49. Para África central, por exem-

plo, no Congo oriental, o chefe era instruído a não comer ou matar o leopardo: "você é um chefe, ele é um chefe": MacGaffey, "Fetishism Revisited", p. 174.

130. AOM, ms 111, Chenevert e Bulet, "Réflexions sur Juda", 1776, f. 8. Esses autores acrescentam que "era bem digno do despotismo [real] ter sacralizado os tigres" (*Il est bien digne de despotisme d'avoir consacré les tigres*).

131. AOM, ms 112, Anônimo, "Mémoire sur Juda", 1778, f. 19.

132. AOM, C6/26, doc. n. 110, Gourg, "Journal", 22/01/1789, f. 19; ms 118, Gourg, "Mémoire", 1791, f. 5.

133. Labarthe, p. 135.

134. Dalzel, pp. vi, 200.

135. Pires, p. 91. Ver também Mendes, pp. 260-1.

136. Forbes, I, p. 159-61, 171. Em caso de captura de um leão, a carne era distribuída entre os amigos do caçador, a pele, vendida em Uidá, e os dentes viravam ornamentos de grande valor, para homens e mulheres. O crânio e os ossos eram ofertados ao "fetiche" dessa "besta real".

137. Brue, p. 62.

138. Burton, *A Mission*, p. 297.

139. Skertchly, pp. 79, 473, 502.

140. Herskovits, *Dahomey*, I, p. 165. Newbury diz que Burton estava errado ao especular que Agassu fosse uma divindade nacional, embora Burton nunca chegasse a sugerir essa possibilidade: Burton, *A Mission*, p. 34.

141. Le Herissé, *L'Ancien*, p. 107.

142. Le Herissé, *L'Ancien*, pp. 105-6, 276-9; Akindélé e Aguessy, *Contribution*, pp. 20-8. Para outras variantes ver também Herskovits, *Dahomey*, I, pp. 166-9. Algumas versões consideram Agassu como o leopardo genitor e outras como o filho da princesa Aligbonon e um estrangeiro desconhecido.

143. Akinjogbin, *Dahomey*, p. 22. Os adjas/aizos ali estabelecidos foram chamados guns ou *gunnù* (gente gum).

144. Le Herissé, *L'Ancien*, p. 107. Na década de 1930, em Abomé, os *hennus* Ohuegbo Geyonu e Huai Tolonu também reconheciam Agassu por *tohuiyo* e, no segundo caso, inclusive Adjahuto: Herskovits, *Dahomey*, I, p. 169. Em Porto Novo, reconhecem Aholuho como o primeiro ancestral adja-Tado: Akindélé e Aguessy, *Contribution*, p. 21. Contudo, o ministro Agbasagan era responsável pelo trono real e por uma pele de leopardo sobre a qual o rei costumava comer: Palau-Marti, *Le Roi-Dieu*, p. 192. Ver também Baudin, "Lettre", p. 74. Em Aladá, além de Adjahuto, cultua-se Tedo (Dosu-Té ou Teido), dirigente do reino de Davié, que acolheu Adjahuto após sua migração de Tado: Lombard, "Contribution", p. 45; Karl, *Traditions orales*, pp. 392-3.

145. Le Herissé, *L'Ancien*, pp. 10, 107; Maupoil, *La Géomancie*, p. 65, n. 2, critica a identificação do leopardo como "totem".

146. Law, *The Kingdom*, pp. 29-32, 37-40; Blier, "The Path", pp. 400-2.

147. Balandier, *Antropologia política*, pp. 66-7.

148. Le Herissé, *L'Ancien*, pp. 276-90; Sossouhounto, "Les Anciens Rois", pp. 28-9; Coissy "L'Arrivée des Alladahonou", pp. 33-4. Para a distinção entre Dakodonu como chefe e Aho/Adaonzou (Huegbaja) como rei: Burton, *A Mission*, p. 309; Le Herissé, *L'Ancien*, p. 289. Porém, em p. 121 Burton chama Dako "o primeiro rei daomeano". Em relação a quem destituiu o rei Dàn, Norris (p. xiv), Forbes (ii, p. 87) e Burton (*A Mission*, p. 107) sustentam que foi Dakodonu. Versões mais tardias, como as de Foa (pp. 3-6) e Le Herissé (*L'Ancien*, p. 288) sustentam que foi Huegbaja. Sobre quem destituiu o chefe Aglì (Aho/Huegbaja ou Agajá) para fundar o palácio Agligome: Burton, *A Mission*, p. 174.

149. Blier, "The Path", pp. 13, 17, 26; Bay, "The Queen Mother", pp. 11-2. Para outra versão: Glèlè, *Le Danxome*, pp. 85-7.

150. Para o sistema dual ou *contrapunctual paramountcy*, ver Fuglestad, "Quelques Réflexions".

151. Burton, *A Mission*, pp. 169, 206, 299; Skertchly, p. 150. Para outro caso de deferência do rei diante dos sacerdotes, nesse caso talvez de Sakpatá, ver Forbes, i, p. 24.

152. Burton, *A Mission*, pp. 171, 173, 299; Fraser, entradas dos dias 16 e 22 de agosto e 7 de setembro de 1851, e 23 de fevereiro de 1852: Law, *Dahomey*, pp. 61, 80, 109, 158. Sobre o tema, ver ainda Brue, p. 60; Ridgway, p. 309; Duncan, ii, p. 288; Repin, p. 79; Pires, p. 117.

153. Burton, *A Mission*, p. 169; Skertchly, p. 150. No baixo Daomé, as casas circulares, com teto cônico, estão em geral reservadas ao culto a divindades ou ancestrais: Bertho, "Habitations", p. 74.

154. Maupoil, *La Géomancie*, p. 65, refere-se ao "Agassunon de Huaué". Burton, *A Mission*, p. 169, distingue claramente Bweme de Huaué.

155. Le Herisée, *L'Ancien*, p. 279; Burton, *A Mission*, p. 169; Norris, pp. xiv, 84 (Dawhee).

156. Provavelmente o *ahwatín* (árvore da mostarda) *Parkia clappertoniana* Keay.

157. Le Herissé, *L'Ancien*, p. 108.

158. Burton, *A Mission*, p. 297.

159. Skertchly, pp. 150, 472.

160. Bay, "The Queen Mother", pp. 11-2; Blier, "The Path", pp. 13, 17, 26.

161. Maupoil, *La Géomancie*, pp. 530-1 n. 2. Também citado por Blier, "The Path", pp. 400-1.

162. Le Herissé, *L'Ancien*, p. 375. Vários outros *hennu*s da região têm Bosikpon por *tohuiyo* principal ou secundário: Herskovits, *Dahomey*, I, pp. 164, 177-80.

163. Le Herissé, *L'Ancien*, p. 289. Sobre a relação entre Awisu (Awesu, Aouisou, Ahuisi) e Huegbaja ver Verger, *Notes*, p. 554; Blier, "The Path", pp. 408-9. Sobre Bosikpon, uma versão diz que o rei daomeano Akaba o teria importado da região do rio Uemê e assentado em Huaué Dokon. Outra versão diz que foi trazido para a região por Awesu (Awisu) Ahodome antes da chegada de Dakodonu: Verger, *Notes*, p. 560; Herskovits, *Dahomey*, I, pp. 177. Em 1845, Duncan, II, p. 259, encontrou com "Awassou, o cabeceira de Doko". Ver também Forbes, II, pp. 72-3. Burton, *A Mission*, p. 107, identifica erroneamente Awisu como o rei de Huahue.

164. Blier, "The Path", pp. 408-9, diz que a língua ritual dos adeptos de Bosikpon, em Dokon, e da família de Awisu é chamada *hogbonu* (gum, ou língua de Porto Novo). Sobre o título *hogbonuto* (*xɔgbonutɔ*) que recebem as iniciadas de Agassu, ver Herskovits, *Dahomey*, II, pp. 127, 187-8; Verger, *Notes*, p. 97; Adoukonou, *Jalons*, II, p. 192.

165. Le Herissé, *L'Ancien*, p. 107.

166. Law, *The Kingdom*, pp. 29-32, 37-40; Blier, "The Path", pp. 401-2; Bay, "The Queen Mother", p. 12; cf. Glèlè, *Le Danxome*, p. 100.

167. Karl, *Traditions orales*, pp. 340, 343; Le Herissé, *L'Ancien*, p. 112.

168. Herskovits, *Dahomey*, I, p. 165; Palau Marti, *Le Roi-Dieu*, p. 137. AOM, ms 118, Gourg, "Mémoire", 1791, f. 21, comenta que o rei não podia "ver" peles semelhantes às do "tigre".

169. *Kpojitó* era a mãe do rei ou dos herdeiros presuntivos, rainha-mãe. Também se dá esse título às princesas que têm por espírito guardião (*djoto*) alguma das defuntas rainhas-mãe. *Kposi* se aplica àquelas favoritas que podiam ser mães dos príncipes, em oposição a centenas de outras esposas (*ahosi/axɔsì*) que não eram concubinas. Diante das *kopsi* se mantinha uma relação de evitação. As primeiras referências às *kpo-si* aparecem em Forbes, II, p. 238; Burton, *A Mission*, p. 211; Skertchly, pp. 165, 203, 455.

170. Também em Oyó o *aláàfin* podia ser referido pelo título de "rei leopardo", e não podia ser olhado diretamente, do mesmo modo que o caçador da pantera devia ocultar o rosto do animal para não assustar as pessoas: Palau-Marti, *Le Roi-Dieu*, p. 38.

171. Le Herissé, *L'Ancien*, pp. 10-1, 107, 112; Lombard, "Contribution", pp. 45, 52; Karl, *Traditions orales*, pp. 189-96, 391-6; Law, *The Slave Coast*, p. 234 ; Glèlè, *Le Danxome*, p. 68. Togudo (atrás do rio) seria o lugar onde faleceu Adjahuto.

172. Verger, *Notes*, pp. 345, 348-51, 356, 358-61, 365-6, 374, 379, 385, 395. A

relação entre o trovão e o leopardo talvez explique por que, na Costa do Ouro, a pele de leopardo era considerada proteção contra as tormentas: Phillips, p. 226.

173. Le Herissé, *L'Ancien*, pp. 109, 369. Verger, *Notes*, p. 544, menciona entre os voduns hulas a Gbengbo como vodum do rei [hula], transformado em Kpo. Blier, "The Path", pp. 407-8, sugere que o rei Huegbaja seria originário do lago Aheme, na reǵião de Grande Popo.

4. OS COSTUMES NO REINO DO DAOMÉ [pp. 181-235]

1. AOM, C6/25, doc. n. 34, "Carta de Bouchel, Uidá, 22/11/1717", f. 8; TNA, T70/1545, "William Baillie, Uidá, s.d. [entre 20/02 e 31/05 de 1719]"; apud Law, *The Kingdom*, p. 83.

2. Burton, *A Mission*, p. 201. Burton traduziu *khwe-ta-nun* como "*the yearly head thing*", supondo, incorretamente, que o termo "cabeça" se referisse aos sacrifícios humanos por decapitação. Anteriormente, Forbes (I, 17; II, 6 passim) utilizou os termos *Hwae-nooeewha* e *Hwae-mae-noo* (II, p. 171), que são mais genéricos, com o significado de "cerimônia anual" (*xwè- nŭ-wà*, "ano-coisa--fazer"; *xweme-nú*, "coisa anual"). O primeiro registro conhecido do *Anun Bomey* aparece no diário do pastor metodista Joseph Dawson: TCRL, CA2/016, "From the Journal of Mr. Dawson, 1862", f. 7.

3. Para o calendário daomeano: Le Herissé, *L'Ancien*, p. 357.

4. Burton, *A Mission*, p. 201. Ver também Forbes, II, p. 88; Le Herissé, *L'Ancien*, p. 51.

5. Akinjogbin, *Dahomey*, p. 64; cf. AOM, C6/25, doc. n. 34, "Carta de Bouchel, Uidá, 22/11/1717", f. 8. Law, *The Kingdom*, p. 83, rebate essa hipótese.

6. Argyle, *The Fon*, p. 12; cf. Bouche, p. 332, que afirma que o rei do Daomé (Huegbaja) estabeleceu "os abomináveis costumes dos sacrifícios humanos", e Quénum, *Au Pays des Fon*, p. 15, que diz que "as cerimônias anuais, antes de terem início em Abomé [...] começavam primeiro em Aladá". Porém, Quénum não está afirmando, como supõe Argyle, que os Costumes foram importados de Aladá, apenas que se iniciavam lá: Law, *The Kingdom*, p. 83.

7. Agajá, "Letter to King George I", p. 88. Sobre a confiabilidade dessa carta, ver Johnson, "Bulfinch Lambe"; Law, "Further Light" e "An Alternative Text".

8. Agajá, "Letter to King George I", p. 87. Ver também Law, *The Kingdom*, p. 83.

9. Coquery-Vidrovitch, "La Fête", p. 697. A alusão ao conceito de "fato social total" de Mauss é clara.

10. Yoder, "Fly and Elephant Parties", p. 418.

11. Argyle, *The Fon*, p. 116.

12. Ronen, "On the African Role", p. 9.

13. Bay, *Wives*, p. 13.

14. Adoukonou, *Jalons*, II, pp. 84-90.

15. Norris, p. 87, 103; Skertchly, p. 180.

16. Sobre a resistência dos europeus a participar dos Costumes, ver, por exemplo, AOM, C6/25, doc. n. 146, "Carta de Levet, Uidá, 26/08/1733", f. 1; Pommegorge, p. 179. Às vezes, as negociações aconteciam nos períodos anteriores e posteriores às cerimônias. Contudo, para transações comerciais durante os Costumes, ver, por exemplo, Norris, p. 94.

17. Dalzel, p. 159.

18. Norris, pp. 89-90; Dalzel, 159. Brue, p. 65, diz que durante os Costumes os assuntos comerciais e judiciários ficavam suspensos e que se devia esperar o fim das cerimônias para os negócios, mas (p. 66) o rei dedicava uma noite dos Costumes para executar os condenados por delitos políticos.

19. Dalzel, pp. 201-2, 220-1 e, de modo geral, a parte 3; Burton, *A Mission*, p. 201. Para a memória ritual dessa dinâmica, Le Herissé, *L'Ancien*, p. 189.

20. Lamb, "Carta escrita de Abomé, 27/11/1724", em Smith, p. 173. Um visitante francês também reportava em 1728 que o rei distribuía aguardente, búzios e panos entre suas mulheres e cortesãos, a cada dia: AOM, C6/25, doc. n. 142 "Carta de Delisle, Daomé, 27/09/1728", f. 2. Para a importância da magnanimidade na ideologia da monarquia daomeana, ver Law, "Ideologies", pp. 333-6.

21. Lamb, "Carta escrita de Abomé, 27/11/1724", em Smith, pp. 183-4. Os panos amarrados no peito aparecem no original como "*waist-cloaths*", traduzido ao francês como "*corset*".

22. Há descrições, para o século XIX, em Cana, de procissões à fonte em busca da água utilizada pelo rei, mas, nesse caso, a pompa do vestuário sugere tratar-se de liturgia religiosa. Os tabus de não olhar ou interferir nas procissões das esposas do rei quando iam trabalhar nos campos já estavam documentados em Uidá: Bosman, p. 345.

23. Norman, "Powerful Pots", pp. 205, 211, 213.

24. Contudo, a primeira referência explícita ao Adjaho (*ajawho*) só ocorre em 1783: TNA, T70/1545, "Lionel Abson to Richard Miles, Uidá, 03/1783".

25. A obra de Joseph Pruneau de Pommegorge foi publicada em 1789, mas há um manuscrito de 1752 que já prenuncia o relato do livro, e nele há evidência da participação de Pruneau nos Costumes nos anos anteriores: AOM, C6/27bis, doc. n. 81, Anônimo, "Mémoire sur le commerce de la concession du Senegal", c. 1752, cap. 11, ff. 181-218. Segundo o relato publicado (pp. 179, 184-5), os Costumes tiveram início por volta do Natal, duraram entre dezoito e vinte dias e, um dia, "à meia-noite", se produziu "um eclipse total da lua". Entre 1748 e 1765, no

período em questão (25/12 a 15/01), só aconteceu um único eclipse total da lua visível na África ocidental, em 13 de janeiro de 1759 (data astronômica), correspondente a 1760 no calendário gregoriano. Houve também dois penumbrais em 3 de janeiro de 1749 e 2 de janeiro de 1760 (datas astronômicas), mas estes são eclipses sutis e difíceis de observar. Disponível em: <http://eclipse.gsfc.nasa.gov/5MCLE/5MCLE-Figs-10.pdf>. Podemos concluir que Pruneau baseou o relato publicado a partir de informações de suas várias viagens.

26. Norris, pp. 86-126; Dalzel, pp. 106-49.

27. AOM, ms 112, Anônimo, "Mémoire sur Juda", 1778, ff. 21-9. A citação é do f. 1.

28. Ver capítulo 5 para uma discussão sobre os respectivos fundadores.

29. *Agbŏmè* (*agbŏ*, fosso; *mè*, dentro): Norris, p. 93, 110.

30. Dalzel, pp. xix-xxiv, diz que iniciavam "logo depois do Natal" e que duravam "perto de um mês".

31. Norris, pp. 100-1.

32. Para a localização dos palácios Danhome e Agligome: Le Herisée, *L'Ancien*, pp. 29, 284. Com o tempo, o grande palácio que aqui chamo de Abomé será conhecido como Agligome: Monroe, *The Precolonial*, p. 152.

33. Norris, p. 96.

34. AOM, ms 112, Anônimo, "Mémoire sur Juda", 1778, f. 22, 24. Pires, p. 47, em 1797, calculava em 800 mil-réis a despesa dos governadores europeus, em troca de um par de escravas, que ele avalia em 40 mil-réis. Entre os "costumes" pagos ao rei, Pires menciona "fazendas, tabaco de rolo, aguardente e mantimentos". No século XVIII: quarenta libras francesas = três libras esterlinas = 10 685 réis.

35. AOM, ms 112, Anônimo, "Mémoire sur Juda", 1778, f. 23.

36. TNA, T70/1161, "Day Books for William's Fort, Uidá, 1777".

37. AOM, ms 112, Anônimo, "Mémoire sur Juda", 1778, ff. 24-5. Para outras referências ao pagamento dos músicos, Norris, p. 106; AOM, C6/26, doc. n. 110, Gourg, "Journal", 22/01/1789, f. 1. Esse autor se refere a esse segmento como a "cerimônia dos cantos", e detalha os presentes (garrafas de bebida, panos, lençóis, búzios, açúcar) e o cerimonial de entrega, oficiado pelo Migan. Para o século XIX, ver Forbes, II, p. 29.

38. Norris, p. 88. AOM, C6/26, doc. n. 110, Gourg, "Journal", 22/01/1789, f. 2, faz referência ao rei entregando uma mulher a um dos músicos. Para o século XIX, Forbes, II, p. 13.

39. No século XIX, Skertchly (p. 395) menciona as *ko-si* (*akosĭ*?), meretrizes oficiais do Estado, controladas pelo Mewu, e as mulheres do rei, como responsáveis pelos cantos históricos no *sin-kon*. No século XVIII, Norris (pp. 98-9) mencio-

na a presença de um grupo de 250 "mulheres de prazer" desfilando em frente ao rei para pagar seus impostos.

40. Dalzel, p. 219; TCRL, CA2/016, "From the Journal of Mr. Dawson, 1862", f. 7. Dalzel considera Huegbaja o "terceiro rei" da dinastia (Akaba), mas Adandozan, que também se refere aos Costumes de Huegbaja, se refere a ele como "o fundador e primeiro rei desta terra". Ver também Parés, "Cartas", p. 388; cf. IHGB, lata 137, pasta 62, "Rei Adandozan a príncipe de Portugal d. João Carlos de Bragança, 9/10/1810".

41. Sobre as amazonas, ver, por exemplo, Alpern, "On the Origins".

42. Para o desfile das mulheres: Pommegorge, pp. 181-2; Norris, pp. 106-9; AOM, ms 112, Anônimo, "Mémoire sur Juda", 1778, ff. 26-7. Sobre a dança da cauda de leopardo, no século XIX: Duncan, p. 252; Skertchly, p. 364.

43. Para o desfile das riquezas: Pommegorge, p. 189; Norris, p. 112; AOM, ms 112, Anônimo, "Mémoire sur Juda", 1778, f. 26; AOM, C6/26, doc. n. 110, Gourg, "Journal", 22/01/1789, ff. 5, 10-1. Para outros relatos do século XIX: Forbes, II, pp. 33-43, e apêndice D, pp. 229-42. Esse autor chama a cerimônia *Ek-bah-tong-ek--beh* [*e gba ton e gbe*] ou "exibição das riquezas do rei"; Burton, *A Mission*, pp. 236-53.

44. Norris, p. 100; Agajá, "Letter", p. 88. O anônimo marinheiro francês informa sobre decapitações de cavalos no *ato*: AOM, ms 112, Anônimo, "Mémoire sur Juda", 1778, f. 23. Pires conta, por ouvir dizer, que em 17 de junho de 1797 cem pessoas (criminosos e outros) e cem cavalos foram amarrados "em uma grande senzala". No dia 19, receberam a visita do rei, que indultou alguns. No dia 24, homens e cavalos foram executados na cerimônia do *ato*. Segundo Pires, os cavalos eram "para servir aos criados", ou seja, às vítimas humanas que faziam de mensageiros. O Sogan (*Sógán*, capitão dos cavalos) repartia a carne dos animais sacrificados como presente do rei entre os cabeceiras: Pires, pp. 47-8, 51, 100. Em 1864, no segundo dia *só-sin*, alguns oficiais conseguiram pagar o regate pelos seus cavalos, enquanto o quarto dia era chamado "hoje os cavalos vão quebrar a corda": Burton, *A Mission*, pp. 217, 226. Dawson faz referência aos *So Anun Bomey*: TCRL, CA2/016, "From the Journal of Mr. Dawson, 1862", f. 7.

45. TCRL, CA2/016, "From the Journal of Mr. Dawson, 1862", f. 8; Burton, *A Mission*, pp. 231-6. *Zan Nyanyana* em vernáculo: Burton, "The Present", p. 404, de *zăn nyanya*, noite má ou perigosa.

46. Em fon, *atò* = plataforma, *atòxwè* = palafita. Para uma descrição do *ato*: AOM, C6/26, doc. n. 110, Gourg, "Journal", 22/01/1789, ff. 2-3.

47. Norris, p. 110. *Axì* é mercado, Adjahi é o mercado dos adjas. No fim do século XVIII, além do mercado Adjahi, utilizava-se o mercado anexo aos muros do

palácio [Hundjlò]: AOM, C6/26, doc. n. 110, Gourg, "Journal", 22/01/1789, f. 2. Pires, p. 46, também localiza o átrio (*ato*) "fora da porta do palácio".

48. AOM, ms 112, Anônimo, "Mémoire sur Juda", 1778, ff. 27-9.

49. Pommegorge, pp. 190-1. Law ("Ideologies", p. 335) estima que os búzios repartidos equivalessem a quatro ou cinco libras esterlinas. *Calico* é o nome dado a um tecido grosseiro de algodão, fabricado na Índia. *Chollet* é outro tipo de tecido indiano.

50. Norris, p. 124.

51. Dlazel, p. xxiii. Para uma descrição indireta desse cerimonial na virada do século XIX, ver Mendes, p. 266.

52. Law, "Ideologies", p. 335.

53. Ver, por exemplo, Barbot, 1688, f. 135; Bosman, pp. 362a, 363; Des Marchais, f. 45; AOM, ms 104, Anônimo, "Relation", *c.* 1708-14, f. 67.

54. Law, "Ideologies", pp. 335-6.

55. Geertz, *Negara*.

56. AOM, C6/26, doc. n. 110, Gourg, "Journal", 22/01/1789, f. 7, fala em "dois pássaros *luvie*, a saber, um falcão e uma pomba".

57. Sobre rumores de antropofagia: Norris, p. 126; AOM, ms 111, Chenevert e Bulet, "Réflexions sur Juda", 1776, f. 8; Dalzel, p. 178. Sobre o número vítimas do *ato*, oscilando entre uma (Norris, p. 126) e 24 (Dubarry, p. 244), ver ainda: AOM, C6/26, doc. n. 110, Gourg, "Journal", 22/01/1789, ff. 6-7; Dalzel, p. 177; Pires, pp. 49-50; Forbes, II, pp. 44-54.

58. AOM, ms 112, Anônimo, "Mémoire sur Juda", 1778, f. 29; AOM, C6/26, doc. n. 110, Gourg, "Journal", 22/01/1789, f. 11.

59. Dalzel, pp. 201-2.

60. AOM, C6/26, doc. n. 110, Gourg, "Journal", 22/01/1789.

61. AOM, C6/27, doc. n. 89, "Carta de Denyau de la Garenne, Uidá, 2/03/1791"; doc. n. 99 "Carta de Denyau de la Garenne, Uidá, 4/03/1792". Dalzel, p. 229-30.

62. Pires, p. 46.

63. Pires, pp. 55, 116. Contudo, no início de julho, Pires testemunhou em Abomé os restos dos sacrifícios do que teriam sido os Costumes, incluindo alguns "dos criminosos do primeiro levante": pp. 119-20. Ver também APEB, Colonial, maço 193, "Diretor da Fortaleza de Ajudá, 22/06/1797".

64. M'Leod, p. 59. Esse autor (p. 53) sugere que o grande festival anual se celebrava em abril ou maio.

65. Esses relatórios indicam, geralmente, a data em que o diretor recebia, através dos mensageiros do rei, o convite para assistir aos Costumes, o dia em que

o Yoevogan partia e retornava dos Costumes, assim como os custos da viagem e os presentes dados ao rei e outros dignitários (Temega, Mewu).

66. TNA, T70/1158, 1757.

67. AOM, ms 112, Anônimo, "Mémoire sur Juda", 1778, ff. 21 ss. Para os Costumes preliminares, ver TNA, T70/1158, 1774.

68. TNA, T70/1162, 1784.

69. Em 1794 o diretor português regressava das "funções que anualmente faz o Rey" no final de fevereiro: APEB, Seção Colonial e Provincial, maço 193, "Antonio da Fonseca e Aragão ao governador da Bahia, Uidá, 3/03/1794".

70. Agradeço a Robin Law por ter me fornecido as primeiras informações relativas ao período 1804-11.

71. Em 1803, por exemplo, registrou os Costumes em janeiro e fevereiro, sem informar sobre os de junho, aos quais já assistiu doente, vindo a falecer no seu retorno em 27 de junho: TNA, T70/1580, "J. E. James a J. Mould, Uidá, 28/06/1803". Citado também por Akinjogbin, *Dahomey*, p. 196.

72. "Rei Adandozan ao príncipe regente de Portugal, d. João Carlos de Bragança, Abomé, 20/11/1804"; apud Parés, "Cartas", pp. 353-9. Ver também Verger, *Os libertos*, p. 108; idem, *Fluxo*, pp. 273, 287-9. Para *Vodò* (país Mahi) e as alternativas *Kpòsì* (esposa do leopardo) ou *kpɔlí* (ancestrais), ver Segurola e Rassinoux, *Dictionnaire*.

73. TNA, T70/1163, 1805-8.

74. Parés, "Cartas", pp. 299-300.

75. Ibid., p. 388; cf. IHGB, lata 137, pasta 62, "Rei Adandozan a príncipe de Portugal d. João Carlos de Bragança, 9/10/1810".

76. Sobre a deposição de Adandozan: Forbes, II, pp. 24-5; Foa, pp. 18-21; Herskovits, *Dahomey*, I, pp. 12-4, Dunglas, "Contribution", n. 20, pp. 35-47; Akinjogbin, *Dahomey*, p. 199. Para a versão de a deposição ter acontecido durante os Costumes: Dunglas, "Contribution", n. 20, pp. 46-7.

77. Coquery-Vidrovitch, "La Fête", pp. 704-5; Bay, *Wives*, pp. 213-22.

78. Forbes, I, p. 32, é o primeiro autor a mencionar os Costumes de Cana. Estes envolviam sacrifícios aos voduns, em contraste aos sacrifícios do *sin-kon* dedicados aos ancestrais. No tempo de Guezo, eram os últimos Costumes do ciclo anual, mas Glele os transformou nos primeiros do ano: TCRL, CA2/016, "From the Journal of Mr. Dawson, 1862", ff. 26-7. Burton se refere aos "Costumes Oyó" realizados em maio em Cana, inaugurando o ciclo anual, em memória da liberação dos impostos cobrados por esse reino. Os "Costumes de Guezo" foram descritos por Mr. Bernasko, em maio de 1863, como onze plataformas elevadas, mostrando vítimas humanas vestidas à moda iorubá: Burton, *A Mission*, pp. 126, 201. Ver, também, Freeman, "Life and Travel", dezembro 1887, p. 8.

79. Coquery-Vitrovitch, "La Fête", p. 702.

80. Yoder, "Fly and Elephant Parties", p. 425.

81. Forbes, I, pp. 17-9; HCPP, *Slave Trade*, 1850-1, Class A, incl. 2 in n. 220, "Journal of F. E. Forbes", 2/07/1850, p. 345; TNA, FO 84/816, "Journal of Consul Beecroft, 2/07/1850". No livro, Forbes omite um sétimo segmento que aparece no seu jornal como "dança e cantos na porta *Dangelahcordeh* [Adanjlokode]". Agradeço a Robin Law por me alertar sobre a existência desses documentos e por compartilhar um texto seu com uma análise do calendário dos Costumes: Law, *Dahomey*.

82. Os *Huetanu* de 1850, porém, programados para março, só deram início em 15 de maio e concluíram em 22 de junho: HCPP, *Slave Trade*, 1849-50, Class B, incl. 10 in n. 9, "F. E. Forbes to Commodore Fanshawe", 5/11/1849, pp. 22-4; HCPP, *Slave Trade*, 1850-1, Class A, incl. 1 in n. 198, "Forbes to Fanshawe", 2/04/1850; entrada no jornal de 16/03/1850, p. 283; HCPP, *Slave Trade*, 1850-1, Class B, n. 3, "Beecroft to Palmerston", 8/04/1850, p. 2; Forbes, II, p. 171.

83. Ver também, Burton, *A Mission*, pp. 333-40; Skertchly, pp. 421-31. Esse Costume teria sido introduzido pelo Chachá, Francisco Felix de Souza: Forbes, II, p. 8.

84. Sobre Gbekon: Forbes, I, p. 71. Em 28 de agosto e 2 de setembro de 1851, o cônsul Fraser fala do "Hadj-jo-do" em memória do pai do rei, e, em carta ao cônsul Beecroft de 22 de novembro de 1852, do "costume do rei, Ajubo" (provavelmente o mesmo): Law, *Dahomey*, pp. 86, 91, 200, 269. Dawson se refere à celebração, depois dos Costumes, de "umas danças peculiares dos príncipes chamadas Ajobo": TCRL, CA2/016, "From the Journal of Mr. Dawson, 1862", f. 10. Ver ainda: Burton, *A Mission*, p. 210; "Commodore Wilmont to Rear-Almiral sir B. Walker, Lagos, 29/01/1863", Wilmont, "Extratos", pp. 335-52, esp. p. 341.

85. Forbes, I, p. 84, foi informado que, em outubro de 1849, o rei ia "realizar um Costume em memória da sua mãe", Agotimé, na aldeia natal desta, em Tend ji, a nordeste de Abomé. Forbes também registra uma "festa" em honra do seu avô (Kpengla), em 1852: HCPP, *Slave Trade*, 1852-3, Class A, incl. 5 in n. 72, "Journal of F. E. Forbes", entrada 9/01/1852, p. 72.

86. Contudo, em 1863, as cerimônias foram adiadas para dezembro, e Burton acompanhou sua celebração em janeiro de 1864: Burton, *A Mission*, p. 201. Em 1871, Skertchly assistiu aos Costumes no mês de novembro.

87. TCRL, CA2/016, "From the Journal of Mr. Dawson, 1862", f. 7; Burton, *A Mission*, pp. 201-3.

88. Norris, pp. 100, 110, 124-6; AOM, ms 112, Anônimo, "Mémoire sur Juda", 1778; Pires, pp. 47-8.

89. Forbes, II, p. 8; I, p. 18. Além do comércio atlântico, o barco poderia ter algum significado funerário em alusão à embarcação que leva ao "outro mundo".

90. Bay, *Wives*, pp. 214-6; cf. MMS, Freeman, "Typescript of Untitled Book", s.d., biog. West Africa, 5, stack QI, p. 306; TCRL, CA2/016, "From the Journal of Mr. Dawson, 1862", f. 9; Burton, *A Mission*, p. 268, Skertchly, p. 271.

91. Skertchly, pp. 178-82.

92. Bay, *Wives*, pp. 215-6; Burton, "The Present", p. 405.

93. Mercier, "The Fon", p. 232; Bay, *Wives*, p. 216. Mercier aponta que a "monarquia dual" estava moldada pela memória dos gêmeos Akaba e Ahangbè. Contudo, como afirma Bay, embora Guezo fosse o responsável por restituir o prestígio da casa de Ahangbè, após o esquecimento gerado pela ascensão de Agajá, qual seria a lógica de estabelecer o Adokpon, quando o rei já tinha outras formas de duplo como as *kpojitó*?

94. Bay, *Wives*, p. 222; cf. Freeman; HCPP, *Slave Trade*, 1850-1, Class A, incl. 2 in n. 220, "Journal of F. E. Forbes", 4/07/1850, pp. 346-7.

95. Rufer, "A diáspora exorcizada", p. 88.

96. Na virada do século XIX, Mendes (p. 271) descreve os sacrifícios realizados nos funerais reais como "embaixadas", em que as vítimas carregavam inclusive o "bastão" que identificava os mensageiros do rei.

97. Snelgrave, p. 37.

98. Ibid., pp. 43-4.

99. Ibid., pp. 46-7.

100. Em Uidá, o anônimo francês informa que os scrifícios humanos eram raros e realizados só para as "grandes divindades", um por ano para a serpente e, ocasionalmente, para o mar, com a intenção de favorecer o comércio: AOM, ms 104, Anônimo, "Relation", *c.* 1708-14, ff. 57-8. Em Abomé, Mr. Bernasko descreve como, antes de iniciar os Costumes [jul.-ago. 1860], eram enviados mensageiros às portas do mar [Hu]: Burton, II, p. 223.

101. AOM, ms 104, Anônimo, "Relation", *c.* 1708-14, ff. 42, 53; Bosman, p. 383. Bosman menciona rumores de antropofagia associados a esses rituais de cura. Para o Daomé, Burton, *A Mission*, p. 235.

102. Ver, por exemplo, os funerais de Felix de Souza em 1949, envolvendo o sacrifício de vários chefes inimigos: HCPP, *Slave Trade*, 1849-50, Class B, incl. 14 in n. 9, "Vice-Consul Duncan to Commander Harvey, Uidá, 18/09/1849", pp. 25-6; Freeman, "Life and Travel", 14-28/04/1887, p. 8.

103. Law, "Human Sacrifice", p. 59

104. AOM, C6/26, doc. n. 110, Gourg, "Journal", 22/01/1789, f. 4. O autor diz ter sido informado de que no interior do palácio havia uma réplica feminina com sacrifícios de mulheres, mas que não pode afirmar por não ter sido testemunha.

105. Encontramos essa expressão em Dalzel quando comenta que Agonglo, na primeira visita à tumba do seu pai Kpengla, sacrificou 48 homens, a intervalos regulares, dizendo que ia "caminhar no sangue, todo o caminho de Calamina a Abomé, para ver meu pai" (Dalzel, pp. 204-5). Freeman comenta que as cabeças ensanguentadas eram colocadas em fileiras em ambos os lados das portas principais, com o rosto virado para o chão, e que essas oferendas eram para "consagrar o caminho dos hóspedes que no dia seguinte sairão do dormitório principal do palácio para desfilar nas ruas com a máxima magnificência, no ápice do festival" (Freeman, "Life and Travel", 16-31/12/1887). Forbes observou a necessidade de pisar sobre o sangue para entrar numa das portas do palácio, onde havia seis cabeças decepadas (Forbes, II, p. 34). Já no que poderia ser um vestígio dessa antiga prática nos cultos voduns contemporâneos, comprovamos que na cerimônia do *vodún sɔ gbŏ*, correspondente ao início da parte pública do ciclo de cerimônias, se diz "vamos colocar o pé no sangue" (entrevista Danon Akpakla Tohosi, Abomé, 17/02/2007). Também num dos segmentos rituais da iniciação de Sakpatá, as noviças são ungidas com sangue nos pés antes de atravessar o umbral do templo (evidência etnográfica, templo de Avimanje, Uidá, 1995); Isert, p. 159, diz que o rei molhava o dedo menor no sangue da vítima e tocava a língua nele.

106. Burton (*A Mission*, p. 237) comenta que os sacrifícios eram realizados nas mesmas portas e que as cabeças eram depois rodeadas por um círculo de cinza branca.

107. Para o século XVIII, ver, por exemplo, AOM, ms 111, Chenevert e Bulet, "Réflexions sur Juda", 1776, f. 76; AOM, C6/26, doc. n. 110, Gourg, "Journal", 22/01/1789, f. 4: "Indo para essa cerimônia [*ato*], percebi na porta principal do rei, e também no mercado, dois negros empalados e suspensos a mais de 25 pés de altura, no extremo de uma estaca. Disseram-me que se tratava de ladrões que o rei mandou colocar assim após ter-lhes aberto e recheado o corpo com sal". Para o século XIX, ver Burton, *A Mission*, p. 237; Dubarry, p. 243; ilustrações em Skertchly (figura 23).

108. Burton comenta a existência, no centro do mercado Adjahi, de uma "gigante e obscena imagem de barro de um Bo-Deus", provavelmente um Legba. Era nesse mercado que se realizavam a cada dois anos os Costumes do *ato*, para o rei e seu duplo Adopkon (Burton, *A Mission*, p. 310).

109. AOM, C6/26, doc. n. 110, Gourg, "Journal", 22/01/1789, f. 6; Burton (*A Mission*, p. 237), diz que o cachorro era um *vo-sisa* (sacrifício) contra a enfermidade.

110. Snelgrave, p. 48.

111. Ibid., p. 76. Isso não implica necessariamente que fossem celebradas cerimônias especiais, e podia ser apenas uma restrição ritual imposta pelo "fetiche".

112. Burton, II, p. 331. No caminho de Abomé, Mr. Bernasko cruzou com um cativo que ia ser oferecido ao mar, para que se reunisse com os dois guardiães

das portas do mar, de modo que estes abrissem as ditas portas, permitindo ao defunto rei tomar banho (Burton, II, p. 330).

113. Forbes, I, p. 17.

114. Norris, pp. 86-7. Norris utiliza a expressão "o rei molha os túmulos de seus ancestrais com o sangue de muitas vítimas humanas".

115. Forbes, I, p. 15.

116. Gabriel Kiti ("Rites funeraires des Goun"), usa o termo *sinkon d'ai*, que explica como *sìn* = água, *kòn* = jogar, *d(o)* = sobre, *ai* = terra. Agradeço a Robin Law por me alertar sobre essa referência. Segurola e Rassinoux registram *sìn kòn ny[ì]'àyĩ* como "jogar água no chão para uma libação" (*Dictionnaire*, p. 413).

117. Burton, *A Mission*, p. 309; Skertchly, p. 391.

118. Dawson fala em "*giving of water*": TCRL, CA2/016, "From the Journal of Mr. Dawson, 1862", f. 9; Skertchly, p. 393, registra explicitamente que os *assen* eram borrifados com água-Nesu.

119. Norris, p. 101.

120. Diante do séquito real, as pessoas deviam se afastar do caminho, sob pena de castigo. Ver, por exemplo, Pires, p. 125; Freeman, *Journal*, p. 255; Fraser, entradas 13 e 28 de agosto de 1851: Law, *Dahomey*, pp. 56, 85.

121. Burton, *A Mission*, p. 298.

122. Skertchly, pp. 206-8. A fonte Dido, com a água mais clara, estava restrita ao uso exclusivo do palácio ou de pessoas relacionadas. Outras fontes a oeste da cidade, como a de Nyassa, eram para o povo, mas a água era de pior qualidade. Contudo, no segundo dia do *sin-kon*, houve outra procissão ritual à fonte Nyassa (Skertchly, pp. 164, 210, 397).

123. Skertchly, pp. 208-10.

124. TCRL, CA2/016, "From the Journal of Mr. Dawson, 1862", f. 9; Skertchly, p. 390. Para Forbes, II, p. 88, o *sin-kon* se realizava desde os tempos de Agajá.

125. AOM, C6/26, doc. n. 110, Gourg, "Journal", 22/01/1789, f. 13.

126. Para petrificar a terra dos muros desses templos, utilizava-se azeite de dendê e sangue de vítimas humanas sacrificadas em honra do defunto rei. Em 1797, Pires (pp. 76-7) informa que nessa casa havia uma panela, "semelhante a um assador de castanhas", em que se conservava a caveira do defunto rei, e que o novo rei dava aguardente e búzios a seu pai pelos buracos dessa panela. Como foi dito no capítulo 1, Pires é o único autor que faz referência ao culto a crânios no Daomé. Dawson fala da "*beads house*" (casa das pérolas) construída por Guezo no interior do palácio de Cana, também com barro misturado com sangue dos cativos oyós (TCRL, CA2/016, "From the Journal of Mr. Dawson, 1862", f. 27). Para uma diferenciação entre *djeho*, *adɔxɔ́* (cemitério familiar) e *sinnutɛ̀n* (sala dos *assen*), ver Glèlè, *Le Danxome*, pp. 108-9.

127. AOM, C6/26, doc. n. 110, Gourg, "Journal", 22/01/1789, ff. 12-3, 22. Contudo, a ordem de reverenciar primeiro a mãe do rei (Tchayi) e depois a avó (Huanjile) parece inverter a ordem cronológica seguida no século XIX.

128. Dalzel, p. 182.

129. Forbes, II, pp. 91-2; HCPP, *Slave Trade*, 1850-1, Class A, incl. 2 in n. 220, "Journal of F. E. Forbes", entrada 11/06/1850, p. 337. A "coluna de panos" (*pillar of cloth*) pode se referir a oferendas de panos, comuns nos rituais funerários, ou a uma estrutura cilíndrica, feita com tecidos, levantada para ocultar a entrada.

130. Para uma discussão sobre a identidade dos três primeiros monarcas, ver capítulo 5. Burton, II, p. 376, identifica Aho, segundo rei da dinastia, como "Aho-ho-o-o Demanakpo". Nas cerimônias Nesuhue contemporâneas, nos cantos dedicados a Aho, ainda se evocava "*Aho káká dè ma nò kpò*": cantiga n. 19 da sequência *Hoga* (*xògà*), cerimônias Nesuhue: família Kakè, Abomé, 26-27/07/ 1995; família Quénum, Uidá, 18-19/09/1995.

131. Blanchely, "Au Dahomey: premier voyage", pp. 547-8. Outra descrição das "tumbas" em Cana, vigiadas pelas amazonas, aparece no relatório de Auguste Bouet (maio-jul. 1851), transcrito em Nardin ("La reprise", pp. 112-4). Burton, em 1863, não acha mais essas tumbas em Cana: Alpern, "Dahomey's Royal Road", p. 12.

132. Skertchly, pp. 392-3, 398-400.

133. Bay, *Asen*, pp. 48-52. Não é possível datar esses trabalhos de metalurgia. Uma ilustração de Oyó, publicada por Dapper no século XVII, mostra ornamentos semelhantes. Cabe notar que, durante os Costumes presenciados por Gourg, dois dos ferreiros foram presenteados pelo rei, e tratados como se fossem "brancos", pelo seu trabalho na fabricação de certos braceletes. Ver Blanchely ("Au Dahomey"), para uma descrição detalhada dos *hotagantin* em Cana.

134. Dentro do palácio Abomé havia várias "casas" ou "palácios", onde residiram os diversos reis e rainhas. Agligome era um deles, e também o nome da porta do rei Agajá no palácio de Abomé, no nordeste, Para as diversas hipóteses sobre os fundadores desses palácios, ver capítulo 5. Adandjlo-Akodé, grafado *Dange-lah-cordeh* por Forbes, seria um palácio construído por Adandozan (Douglas, "Contribution", n. 20, p. 46). Segundo Burton (*A Mission*, p. 176), *Adanjro'kode* era uma das portas (uma edificação com catorze colunas) do palácio Abomé, aparentemente se conectando à praça Singbodji, no sul.

135. No diário de Forbes, em 24 de fevereiro 1852, ele se refere também a um "costume pelos parentes defuntos" (*custom for dead relations*) do rei (apud Law, *Dahomey*, p. 270).

136. Forbes, II, pp. 86-170; HCPP, *Slave Trade*, 1850-1, Class A, incl. 2 in n. 220, "Journal of F.E. Forbes", entradas 11 e 22/06/1850, pp. 337, 344.

137. Forbes, II, p. 146, transcreve como *Ah-loh-wah-gae-lee*, que considera título hereditário de um cargo no harém do rei.

138. Burton, *A Mission*, pp. 309, 311.

139. Seguindo Dalzel (p. 2), que nomeia o terceiro rei do Daomé como Weebaigah (adaptando de Norris, p. xvi, Vibagee), Burton chama erroneamente Akaba de Huegbaja, e sugere que Dakodonu seria apenas um capitão de guerra, enquanto Aho (o segundo na dinastia) seria o primeiro rei do Daomé (Burton, *A Mission*, p. 309). Ver capítulo 5 para uma discussão detalhada.

140. Dakodonu é referido como Daho. Aho deve ser presumivelmente identificado como Huegbaja.

141. Nesse dia, a *kpojitó* Tchayi recebia oferendas num *assen* (Skertchly, p. 396).

142. Forbes, I, p. 71. Ver também Burton, *A Mission*, p. 210.

143. Blanchely, "Au Dahomey", p. 548.

144. Skertchly, pp. 403, 407, 410, 412. Skertchly fala em "tumbas" dentro do palácio de Abomé e de "casas dos espíritos" nos palácios extramuros. No segundo *sin-kon*, além do *djeho* coletivo dos reis Agajá, Tegbesú, Kpengla e Agonglo, havia outra "casa espiritual" de Agajá e uma "tumba" [*djeho*] coletiva para as *kpojitó* dos quatro reis. As tumbas "verdadeiras" eram sempre secretas, e as "tumbas oficiais", onde se realizavam as oferendas, podiam mudar segundo as circunstâncias.

145. Burton, *A Mission*, p. 298. Skertchly (pp. 206-7, 407, 409) também menciona templos dedicados aos Nesu, no exterior dos palácios de Kpengla, Agonglo e Guezo, referindo-se a *Nesu hué* (casa de Nesu), "o altar do celebrado fetiche Nesu, divindade tutelar de Abomé". Burton (pp. 310-1), menciona, em frente à porta de Adonon (perto do palácio Agligome ou de Huegbaja), uma casa fetiche, com duas colunas pintadas com um axadrezado branco e preto, desenho utilizado também nos templos *tohosu*. O mesmo autor (p. 325), identifica uma casa Nesu diante do templo de Sinmenkpen (Adahoonzou II) [Kpengla].

146. Burton, *A Mission*, p. 309.

147. Forbes, II, p. 86.

148. Ver, por exemplo, TCRL, CA2/016, "From the Journal of Mr. Dawson, 1862", f. 9; Skertchly, pp. 395, 400, 409; Forbes, II, pp. 128-9, 166.

149. Forbes, II, pp. 104, 128, 152. Contudo, esses sacrifícios parecem corresponder aos *evil-nights* de Burton.

150. Burton, *A Mission*, p. 311; reiterado por Skertchly, p. 391.

151. Skertchly, pp. 401, 413.

152. Para a distribuição da comida: Burton, *A Mission*, p. 312; Skertchly, pp. 396, 408.

153. Forbes, II, p. 91, 128, 152; Burton *A Mission*, p. 312.

154. Skertchly, p. 395.

155. Burton, *A Mission*, p. 311.

156. Forbes, ii, pp. 91-2, 135. Dawson diz que o rei estava deitado numa esteira: TCRL, CA2/016, "From the Journal of Mr. Dawson, 1862", f. 9. Porém Skertchly (p. 393) comenta que o rei estava "reclinado no sofá habitual".

157. Na cerimônia do *ganmèvɔ́*, presenciada em Abomé (2006), o rei Agoli-Agbo estava reclinado numa esteira, o que foi interpretado por um sacerdote local como gesto de humildade real.

158. Burton, *A Mission*, pp. 311-2. Anteriormente, Forbes menciona umas oferendas de milho e frutas diante do trono de Kpengla, com motivo do seu aniversário (HCPP, *Slave Trade*, 1852-3, Class A, incl. 5 in n. 72, "Journal of F. E. Forbes", entrada 9/01/1852, p. 72).

159. Skertchly, p. 396.

160. Ibidem, pp. 393, 395-6, 407. Para um estudo sobre os *assen*: Bay, *Asen*.

161. Burton, *A Mission*, pp. 246-7. As *tasino* aparecem desfilando no Costume *só-sin*, precedidas por seu estandarte, uma haste de cobre terminada em ponta e levando "sete misteriosos potes e cabaças envoltas em panos estampados em vermelho e branco". Skertckly identifica, erroneamente, as *tasino* como as vodúnsis que incorporavam os espíritos das *kpojitó*, ou rainhas-mãe. Ele também utiliza as expressões "esposas dos espíritos" (*spirit wives*) ou "mães fantasmas" (*ghost mothers*). Da mesma forma, ele chama *bassajeh*, termo hoje em desuso, às médiuns que encarnavam os espíritos dos antigos reis (Skertchly, pp. 208, 394).

162. Burton, *A Mission*, pp. 336-7. O cônsul inglês Fraser parece ter presenciado a manifestação mediúnica quando se refere ao "*fetish dancing*" observado no palácio Kumasi em 26 e 27 de fevereiro 1852 (Law, *Dahomey*, pp. 160, 162).

163. Skertchly, pp. 393-4, 401, 405, 410.

164. Vallon, parte 1, p. 339.

165. Duncan, pp. 253-4. Nos *sin-kon* de 1850, a representante de Agotimé dançou e repartiu búzios (HCPP, *Slave Trade*, 1850-1, Class A, incl. 2 in n. 220, "Journal of F.E. Forbes", entrada 22/06/1850, p. 344).

166. Cerimônias *ɖɛxixo* e *kalintagbigba* presenciadas na casa Abadasi: Abomé, fevereiro 2007.

167. Mauss, "Essai sur le don", passim.

168. Horton, "African Conversion", pp. 101-4. Horton sustenta que o processo de modernização e de crescente globalização que leva do microcosmos da aldeia ao macrocosmos do Estado (ele não fala explicitamente em centralização política) levaria a privilegiar formas de crença monoteístas.

5. OS NESUHUE, OS *TOHOSU* E A MEMÓRIA RITUAL [pp. 236-76]

1. Para a descrição etnográfica da instituição dos Nesuhue, ver Le Herissé, *L'Ancien*, pp. 119-26; Herskovits, *Dahomey*, I, pp. 194-233; Verger, *Notes*, pp. 552--60; Falcon, "Religion", pp. 141-3.

2. Le Herissé, *L'Ancien*, p. 120.

3. Nesta tabela não estão incluídos os *tohosu* de instalação mais recente correspondentes aos reis Behanzin (Totohenu e Kpodolo), Agoli-Agbo (Loulinu e Tokpawamase) e Huegbaja (Aligodoe), nem os *tohosu* secundários dos reis Tegbesú (Adanhunzo), Guezo (Nudayi), e Glele (Hensyen). Na atualidade, o número dos grandes *tohosu* sobe para cerca de quinze (Verger, *Notes*, p. 554).

4. Ahwangán Lɛgó é o bairro dos oleiros, onde foi fundado o culto Nesuhue e onde mora o Mivede. A localização do templo de Kpelu é também referida como Hountondji, Abita ou Abata, segundo diversas fontes.

5. Este bairro também é sede do culto a Mawu-Lissa (Djèna), importado por Huanjile, mãe de Tegbesú.

6. Gbɛkɔ̀n Xwégbó, bairro dos descendentes de Agonglo e de seu filho Adandozan.

7. Herskovits, *Dahomey*, I, p. 211.

8. Le Herissé, *L'Ancien*, p. 119.

9. Burton, *A Mission*, p. 298. No fim do século XIX, *Nessuhui*, com *Agassa* [Agassu] e *Adjahouto* são nomeados como fetiches reais, deuses dos lares, protetores do palácio (Albéca, *La France*, p. 109).

10. Parrinder, *West African*, p. 119; Falcon, "Religion", p. 143. Segurola e Rassinoux, *Dictionnaire*, p. 364.

11. Le Herissé, *L'Ancien*, pp. 119-22 ; Segurola e Rassinoux, *Dictionnaire*, pp. 240, 364.

12. Segurola e Rassinoux, *Dictionnaire*, p. 331. Para a variante *Len-su-hue kpo-vêta* (a casa do grande Len, filho da pantera vermelha), ver Falcon, "Religion", p. 143. Para Agbolensou, ver também Le Herissé, *L'Ancien*, pp. 117-8.

13. Forbes, II, p. 88. Adoukonou (*Jalons*, II, p. 78) considera que os Nesuhue foram organizados durante o reino de Tegbesú.

14. "No princípio de cada ano escolhem um dia em que proíbem todos os europeus de ir às praias para fazer ofertas ao feitiço [do mar, Avléquété]. Todos os abortos são vítimas por essa ocasião [...]. A oferta dos abortos e os sacrifícios humanos são as cerimônias mais repugnantes do fetichismo" (Curado, p. 68).

15. Forbes, II, p. 245. Aparece grafado como *Mee-bah-deh*.

16. Skertchly, pp. 206-7. Na atualidade, a pessoa investida com o título de Daho é considerada uma encarnação de Agassu, e o rei se prostra diante dela.

Sai geralmente à noite e não entra no palácio do rei. O Daho é quem anuncia o início do Yivodo, importante ritual de iniciação dos Nesuhue: entrevista Gabin Djemassé, Abomé, 22/11/2001. Sobre o Agassunon no século XX, ver Glèlè, *Le Danxome*, p. 66.

17. Burton, *A Mission*, p. 298; Skertchly, pp. 206-7, 407, 409.

18. Monsenhor Steinmetz também identificava os Nesuhue com os templos *tohosu*: Falcon, "Religion", p. 143. Burton (*A Mission*, p. 241), menciona a presença nos Costumes do bufo Kpofensu com um círculo pintado em volta dos olhos, um tipo de desenho associado, contemporaneamente, às vodúnsis dos *tohosu*.

19. Houseman et al., "Notes", p. 543.

20. Burton, *A Mission*, p. 298.

21. Adoukonou, *Jalons*, II, pp. 72-3.

22. Herskovits, *Dahomey*, I, p. 230; Verger, *Notes*, pp. 552-3.

23. Outra versão identifica Zomadonu como o responsável pelo ensinamento a Homèvo Abada das práticas para enterrar os mortos e a introdução dos cultos a Mawu-Lissa, Sakpatá e Hevioso, normalmente atribuída a Na Huanjile, sacerdotisa de Lissa. Isso explicaria por que a casa de Na Huanjile se encontra entre o templo de Lissa e o templo de Zomadonu (Herskovits, *Dahomey*, I, p. 231). Em Abomé, o complexo de templos centrado em volta do culto a Mawu--Lissa é conhecido como Jèna, Djèna (Savary, *La Pensée*, pp. 145, 197-8). A partir dessa versão Bay supõe que a *kpojitó* Na Huanjile teria assumido a chefia religiosa de Zomadonu, antes de Mivede (Bay, "Belief", p. 20).

24. Entrevistas Semasusi, Abomé, 1995; Abadasi, Abomé, 1995. Maupoil (*La Géomancie*, p. 121), se refere a Abada como filho de Aouèsou [Awisu]. Herskovits (*Dahomey*, I, p. 230) o identifica como o "príncipe Homenuvo". Verger (*Notes*, p. 553) trancreve o nome como Abada Homedovo e diz que ele foi o primeiro sacerdote de Zomadonu. Mivede (entrevista Abomé, 22/11/2001) também afirmava que o iniciador do culto a Zomadonu foi o primeiro filho de Awisu (Homèvo).

25. Mitos sobre criaturas de baixa estatura, amiúde tidas como os primeiros habitantes da terra, são comuns do Senegal ao Congo (os guegueis no lago Tchad, os maotias entre os ashantes, os dokis entre os sosos na Guiné Conakri, os ijemeres entre os iorubás, os condrongos entre os jalofs no Senegal): Costa e Silva, *A enxada*, p. 79. No Daomé, essas criaturas estão associadas também aos espíritos Azizà, habitantes das florestas, detentores da ciência medicinal e transmissores dos segredos dos *bŏ* (*Notes Africaines*, n. 24, p. 2; n. 25, p. 18). Em Savalú, os Azizà, Yéouhé e Yêvi são também imaginados como espíritos de baixa estatura, longos cabelos e capacidade de metamorfose (Falcon, "Religion", p. 99).

26. *Gbejè*, chapéu característico dos Nesuhue e dos ministros do Daomé, marca distintiva do reino. Segundo Glèlè (*Le Danxome*, p. 80), os *tohosu* Adanhunzo, Donuvo e Semasu usam normalmente "chapéus de pérolas" chamados "daza".

27. Entrevista Abadasi, Abomé, 28/07/1995. Para outras versões sobre o mito de origem dos *tohosu* ver Le Herissé, *L'Ancien*, pp. 120-1; Herskovits, *Dahomey*, i, pp. 230-1; Verger, *Notes*, pp. 552-3; Adoukonou, *Jalons*, ii, pp. 72-3, 94; Savary, *La Pensée*, pp. 197-8.

28. Entrevista Semasusi, Abomé, 28/07/1995. Ver também Verger, *Notes*, p. 553; Adoukonou (*Jalons*, ii, p. 73) diz que o templo, ou a grande casa, dedicava um espaço separado a cada *tohosu*.

29. Herskovits, *Dahomey*, i, p. 232. Cabe notar que o *djoto* ou espírito guardião de Glele era um *tohosu* (filho de Agonglo) (Blier, "King Glele", p. 43).

30. *Flenò we kpé ma tun dò wanji asanyi wè nò wén. Akaba vĭ Zomadonu e ohwi wè o mì na xomla* (Se dois ferreiros vão malhar na mesma bigorna, o *assen* vai quebrar. Zomadonu filho de Akaba é a você que devemos louvar): cantiga n. 1 da sequência *Hoga*, cerimônias Nesuhue: família Kakè, Abomé, 26-27/07/ 1995; família Quénum, Uidá, 18-19/09/1995. Outras cantigas e simbologia de Zomadonu contêm alusões a guerras fratricidas. Agradeço a Celestin Dako pela transcrição em fon e pela tradução ao francês das cantigas Nesuhue apresentadas neste texto. De igual forma, agradeço a Hippolyte Brice Sogbossi pela revisão das mesmas.

31. AOM, ms 111, Chenevert e Bulet, "Réflexions sur Juda", 1776, f. 10.

32. Entrevista Semasusi, Abome, 1995. Outro sacerdote nomeou o rio Toyisanu (boca do rio) em Mogpa, perto de Savalú (entrevista Danon Akpakla Tohosi, Abomé/Gbekon, 17/02/2007). Outro informante localizou a origem no rio Daagbadô, em Savalú (entrevista Nondichao, Abomé, 18/02/2007).

33. Verger, *Notes*, pp. 553-4.

34. Segundo Gleason, "Report", pp. 27-8, "os rudimentos dos rituais Nesuhue-*tohosu*" teriam sido importados em Abomé por Ahossou Soha quando, na sua migração em direção a Savalú, passou pela localidade de Huaué e na fonte de Azili. Essa interpretação sustenta uma origem em Azili e Huaué. Para a migração de Ahosu Soha: Merlo e Vidaud, "Dangbé".

35. Hlàn (junto a Hlàncodo) é referido como o "primeiro *tohuiyo* dos rios" ou o "rei de todos os *tohuiyo*" (entrevista Donon, Abomé, 20/02/2007).

36. Le Herissé, *L'Ancien*, pp. 112-3.

37. Gleason, "Report", p. 27. Reforçando a tese da autoctonia, escutamos afirmativas como "*tohosu* existia antes dos reis" (entrevista Nondichao, Abomé,

18/02/2007). Outro informante dizia: "Foi *tohosu* quem trouxe os Nesuhue (antepassados, *eguns*)" (entrevista Laumanjekogni, Abomé, 20 fev. 2007).

38. Sossouhounto, "Les Anciens Rois", pp. 28-9; Coissy "L'Arrivée des Alladahonou", p. 34; Herskovits, *An Outline*, p. 71. Note-se que outras versões sugerem que Dakodonu era um chefe local de Huaué e não um aladahonu. O rio Hlàn teria sido utilizado, posteriormente, para o banho ritual anual do rei do Daomé, o Hwewulilé: "Histoire de Tado", p. 21 (apostila, s/d). Ver ainda "Le fetiche Hlan", *Mémoire, du Benin*, n. 3, Editions du Flomboyant, 1994 [1950], pp. 27-31.

39. Adoukonou, *Jalons*, ii, pp. 68, 191-5.

40. Entrevista Mivede, Abomé, 1995. Depois de 1945, em diversas cidades, como Savalú e Uidá, parecem ter sido celebradas cerimônias similares ao Yivodo, mas mais simples e sem a supervisão dos *vodunons* da família real de Abomé e, portanto, não reconhecidas "oficialmente". *Yivodo* poderia ser uma variante de *yì Gbodotome* = ir ao país de *Gbodo* (*Gbo-do* de *gbĕ-do* = o grande mato ou floresta). *Gbodo* seria o país do Xla, uma besta feroz e perigosa (Maupoil, *La Géomancie*, pp. 453-4). Para a possível relação desse animal Xla, com os voduns Hlàn, Gla e o *gra* do Brasil, ver nota 109.

41. Em Abomé, os termos *tobosi* e *mahisi* (ou *mahinu*) são também utilizados nos cultos dos voduns Dan e Azili. Nos cultos de outros voduns, esses estados de iniciação são designados por outros termos: ver Verger, *Notes*, p. 97.

42. Alguns interlocutores declararam que a língua das *tobosi* era diferente da mahi (entrevista Kpelusi, Abomé, 6/09/1995), enquanto outros sugeriram que era a mesma mahi (entrevistas Masidako, Abomé 14/07/1995; Olivier Semasusi, Abomé, 04/10/1995).

43. Adoukonou (*Jalons*, ii, p. 19) também sustenta essa hipótese. Contudo um sacerdote em Abomé se referiu ao Yivodo como *É nă blă ajă zĕn* (vamos juntar os potes de adja), sugerindo uma associação do ritual com os povos adjas (entrevista Danon Akpakla Tohosi; Abomé/Gbekon, 17/02/2007).

44. Entrevistas Semasusi, Uidá, 4/10/1995; Kpelusi, Abomé, 6/09/1995.

45. Esta seção retoma, amplia e reformula algumas das ideias apresentadas no texto de Parés, "The Jeje".

46. Eduardo, *The Negro*, p. 77.

47. Verger, "Le culte", pp. 157-62; Verger, "Uma rainha", pp.151-8.

48. Um caso duvidoso é o do vodum "brasileiro" Dossupê, identificado por Mivede com o *tohosu* Kpelu, talvez porque o rei Agajá, pai de Kpelu, seja conhecido como Dossú (Verger, "Uma rainha", p. 152). Togpa (Tokpa), vodum da família Savalú na Casa das Minas, é mencionado como irmão menor de Zomadonu no Benim: Verger (ibid.); Adoukonou, *Jalons*, ii, p. 72. Na atualidade, porém, esse parentesco não é reconhecido pelas filhas da casa (entrevista Deni Prata Jardim,

São Luís, 12/11/2011). Como no culto Nesuhue, na Casa das Minas, Azili é também considerado um bom amigo de Zomadonu, mas no Maranhão ele é considerado irmão de Akossi Sapatá, chefe da família Dambirá, associada à terra e à varíola (Ferretti, *Querebentã*, pp. 113-8). No entanto, o nome Dambirá parece aludir ao vodum Dan ou Dambala, que sempre acompanha os Nesuhue. Bossucó é um outro vodum da família Dambirá, talvez uma evolução fonética de Bosu Hón, um dos nomes de Zomadonu no Benim. Eduardo (*The Negro*, pp. 77-8) faz menção ao nome Savalunu, atribuído na Casa das Minas aos voduns Agongonu (Agonglo), Zaka (Azaká), Dossu-Agajá e Zomadonu. Essa designação localizaria a origem desses voduns em Savalú, no país Mahi, o que, para Eduardo, confirmaria a hipótese de Le Herissé de uma origem dos *tohosu* nessa região.

49. Provavelmente de *vodúnsi ahè*. *Ahè* no culto vodum do Benim designa o profano, aquela pessoa cujas "orelhas não foram perfuradas com o segredo", aquele que não foi iniciado.

50. Eduardo, *The Negro*, pp. 72-3.

51. Ferretti, *Querebentã*, p. 54; idem, *Repensando*, pp.119-20.

52. Pereira, *A Casa das Minas*, p. 24; Ferretti, *Querebentã*, pp. 54-5, sugere que o termo "contrabando" corresponderia ao período iniciado em 1831, quando a corte do Rio assinou a lei que extinguia o tráfico atlântico de escravos.

53. Verger, "Le Culte", pp.157-62; Verger, "Uma rainha", pp.151-8. A partir da obra de Verger, nos anos 1990, a história de Na Agotimé virou tema de carnaval, e as vodúnsis da Casa das Minas passaram a falar da fundadora da casa, Maria Jesuína, como uma "rainha". Trata-se de um bom exemplo de feedback, processo de integração na tradição oral de informações proveniente de registros escritos (Henige, "La Royauté"; idem, "The Problem").

54. Le Herissé, *L'Ancien*, pp. 311-2; Dunglas, "Contribution", n. 20, pp. 35-6, 38. Para uma discussão sobre a suposta filiação biológica de Agotimé e Guezo: Bay, *Wives*, p. 179.

55. Gavoy, "Note", p. 60; Hazoume, *Le Pacte*, pp. 31-2. Hazoume escreve em 1931 sobre vinte anos de pesquisas anteriores.

56. Herskovits, *Dahomey*, I, p. 14; II, p. 64; idem, "A Footnote", p. 181.

57. Curado, *Dahomé*, p. 23; Verger, "Le Culte", pp. 157-2; idem, *Os libertos*, pp. 70-1; idem, *Fluxo*, cap. 7 (para a embaixada de 1811, pp. 280-3). Sobre Na Agotimé ver também Akinjogbin, *Dahomey*, pp. 186-7; Bay, *Wives*, pp.178-82; Silva, *Francisco*, pp. 87, 107-8.

58. Parés, "Cartas", pp. 393-5; cf. IHGB, Padab, DVD 3 — pasta 616, "Rei Guezo ao rei de Portugal, Abomé, s/d [*c.* 1818]". Verger, *Os libertos*, pp. 73-83, 94-5, esp. p. 81, sugere que o trono e a "bandeira com motivos alegóricos de poder", inventariados em 1844 no Museu Nacional do Rio de Janeiro, poderiam ter sido

enviados por Adandozan na embaixada de 1810. Efetivamente, na carta do rei Adandozan, datada de outubro desse ano, há referência a uma "das cadeiras da minha terra" e a uma "bandeira das guerras" que ele fez (Parés, "Cartas", pp. 391- -2; cf. IHGB, Padab, DVD 3, pasta 616, "Adandozan ao príncipe de Portugal d. João Carlos Bragança, 9/10/1810" f. 7v; Araujo, "Dahomey", p. 14).

59. Glèlè, *Le Danxome*, pp. 66, 76. Sobre a progressiva participação dos *ahovi* nos conventos: Le Herissé, *L'Ancien*, pp. 131-2.

60. Segundo Mènogbé Yémadjé, de Abomé, Agonglo casou com Agotimé, filha de Gan Yambaku, chefe da aldeia de Tendji (localizada a aproximadamente quinze quilômetros ao nordeste de Abomé): Verger, "Uma rainha", p. 155. Para as atividades religiosas das *kpojitó* Adonon e Huanjile, ver Bay, "Belief", pp. 4, 10, 13, 18-9.

61. Pires, p. 70. O diretor do forte português em Uidá diz que o tio do rei (Acovi) teve por cúmplices o cirurgião, que preparou o veneno, e uma mulher que o administrou: APEB, Colonial, maço 193, "Diretor da fortaleza de Ajudá, 22/06/1797". Akinjogbin (*Dahomey*, p. 186) diz que essa mulher seria Na Huanjile.

62. Pires, pp. 77-9. Sobre a exclusão do primogênito por ter "um dedo do pé levantado, e revirado para cima": Mendes, p. 268; M'Leod, p. 39; Dunglas, "Contribution", n. 20, pp. 34-5.

63. Pires, pp. 80-1. Akinjogbin (*Dahomey*, p. 187) sugere que Adandozan era menor e que só assumiu o poder em 1804. Uma testemunha ocular, porém, diz que ele tinha 21 anos ao assumir o trono (APEB, Colonial, maço 193, "Diretor da fortaleza de Ajudá, 22/06/1797"). Outro documento, datado de 1799, afirma que Adandozan tinha menos de vinte anos naquele momento (AOM C6/27, Den- yau de la Garenne, Paris, 25 *nivocê de l'an* VII [1799]; apud Verger, *Fluxo*, p. 254).

64. Essa hipótese é defendida por Akingogbin (*Dahomey*, p. 199).

65. Dunglas, "Contribution", n. 20, p. 38.

66. A versão coletada por Herskovits afirma que Na Agotimé passou 24 anos no Brasil e regressou em 1840 (Herskovits, "A Footnote", p. 181).

67. Freeman, *Journal*, pp. 269-70. Bay (*Wives*, p. 179, n. 15, 339), pressu- pondo que Na Agotimé foi escravizada em 1797 e que passou 24 anos em "Ame'ika" (cf. Herskovits), estima seu possível retorno em 1821.

68. Duncan, I, pp. 253-4. Para a ambiguidade do significado do termo "mãe", ver Duncan, I, p. 228. Para uma discussão sobre a *kpojitó* como "mãe sim- bólica", não necessariamente carnal, ver Silva, *Francisco*, pp. 107-8.

69. Blanchely, "Au Dahomey: Premier voyage", p. 548. Na edição de *Les Missions Catholiques* de 1878, p. 515, o nome de Agotimé aparece transcrito como "Agosi evo", o mesmo "Ahosi Evo" de Blanchely. Tratar-se-ia de uma va- riante fonética de *Hagosinyovo boje agontinme* (Glèlè, *Le Daxome*, p. 101) ou de *Agossi yovo gboje agontime* (Bay, *Wives*, p. 179). A expressão pode ser traduzida

como: "a macaca que veio do país dos brancos e está agora num campo de ananases" (Silva, *Francisco*, p. 108), ou como "você saiu do país dos brancos e caiu num cocoteiro" (Constant Legonou, comunicação pessoal, 29/07/2013). Herskovits ("A Footnote", p. 181), que não fornece o nome original, traduz a frase como: "faca sem punho voltou da terra dos brancos e caiu num prato de bom cozido". Essas traduções sugerem que Na Agotimé teria retornado das Américas e estaria desfrutando de fartura no Daomé. Na Casa das Minas, porém, se diz que Na Agotimé não voltou para a África e faleceu no Maranhão. Seu nome de branco seria Maria Jesuína, devota de Zomadonu, e seu nome ritual era Azoasi (ou Massecutô): entrevista d. Deni Prata Jardim, São Luís, 12/11/2011.

70. Forbes, I, p. 84. Em novembro de 1849, o rei estava preparando uma "caça a escravos", mas no meio-tempo ia realizar um festival em memória da mãe, em que muitos de seus súditos e todos os seus soldados iriam reunir-se (HCPP, *Slave Trade*, 1849-50, Class B, incl. 10 in n. 9, "F. E. Forbes to Commodore Fanshawe", 5/11/1849, p. 23). Nos *sin-kon* de 1850, a representante nominal de Agotimé, sentada à esquerda do rei, dançou e repartiu búzios (HCPP, *Slave Trade*, 1850-1, Class A, incl. 2 in n. 220, "Journal of F.E. Forbes", entrada do 22/06/1850, p. 344).

71. Sinou e Agbo, *Ouidáh*, p. 66; Fanou, "Organisation", p. 63; Merlo, "Hiérarchie", p. 11.

72. Gleason, "Report", p. 28.

73. Houseman, et al., "Notes ", p. 543; Bay, *Wives*, p. 254.

74. Halbwachs, *La Mémoire collective*; Connerton, *How Societies Remember*.

75. Balandier, *Antropologia política*, pp. 22-3.

76. Scott, *Domination*.

77. Shaw, *Memories*, p. 7.

78. Blanchely, "Au Dahomey: Premier voyage", p. 547. Ver Foa, pp. 287-8.

79. Mercier, "The Fon", p. 213. Para uma distinção entre história (*huenuxó*, livremente traduzido como "estória do tempo antigo" ou "história vivida") e estória ou conto (*xɛxó*), e entre história e mito, ver Mercier, "The Fon", pp. 226, 229; Herskovits, *Dahomey*, II, pp. 208-9, n. 2; Law, "History and Legitimacy", p. 433; Glèlè, *Le Danxome*, pp. 16-24. Para uma distinção entre tempo mítico e tempo social: Hama e Ki-Zerbo, "Lugar da história", v. 1, pp. 24 ss.

80. Herskovits, *Dahomey*, II, pp. 208-9, n. 2; Antongini e Spini, "Reiterazione di spazi"; apud Cafuri, "La concezione", p. 268.

81. Housman et al., "Notes", pp. 539-40. Contrariamente, no interior do palácio central, as residências de cada um dos reis, incluindo suas "tumbas", foram construídas seguindo o sentido horário.

82. Com apoio na pesquisa arqueológica, Monroe retoma e expande esse

tema, destacando o caráter político da ampliação arquitetônica dos palácios. Para ele, a ordem espacial e cerimonial não apenas reforça a hegemonia do poder oficial, mas expressa também a diversidade de facções políticas e suas diferenças: Monroe, *The Precolonial*, caps. 5 e 6. Essa abordagem coincide, em linhas gerais, com a aquela defendida aqui, porém, infelizmente, só tive acesso ao trabalho de Monroe na fase final da edição deste livro, não sendo possível travar um diálogo mais frutífero com essa obra.

83. Evidência etnográfica, cerimônias Nesuhue: família Kakè, Abomé, 26--27/07/1995; família Quénum, Uidá, 18-19/09/1995. Para uma análise dos cantos históricos nos Costumes: Law, "History and Legitimacy", p. 436.

84. AOM, ms 112, Anônimo, "Mémoire sur Juda", 1778, ff. 24-5. Sobre os cantores ou "*ahanjito*" nos Costumes, e fora deles, ver Law, "History and Legitimacy", pp. 435-7. Referências ao papel dos cantores e sua relação com a história do país: Dalzel, p. xxii; Forbes, II, pp. 12-29; Brue, p. 63; Burton, *A Mission*, pp. 330-1; Foa, pp. 287-8; Le Herissé, *L'Ancien*, p. 271; Herskovits, *Dahomean*, pp. 20-1. Sobre os *kpanlingán*, os cantores-historiadores que diariamente declinam a genealogia real em Abomé: Glèlè, *Le Danxome*, pp. 19-20.

85. Dalzel, p. 176.

86. Skertchly, p. 365.

87. No tempo de Le Herissé (1911) havia apenas nove *tohosu*, sem qualquer referência ao de Adandozan, nem ao de Behanzin, naquele tempo silenciado pelo rei Agoli-Agbo, entronizado pelos franceses (Le Herissé, *L'Ancien*, pp. 119-22).

88. AOM, C6/25, doc. n. 139, "Carta de Delisle, Daomé, 13/09/1728". Ver também Lamb, "Carta escrita de Abomé, 27/11/1724", in Smith, pp. 171-89.

89. Norris, p. xvi. Adaunzou ou variantes (Adanruzâ, Adarunzá, Adandou-za) era um nome genérico utilizado pelos reis diante de estrangeiros.

90. Burton, II, p. 377, apêndice 4; Dalzel, pp. 2, 211.

91. Law, "History and Legitimacy", p. 438. Para as inovações supostamente introduzidas por Huegbaja: Le Herissé, *L'Ancien*, pp. 289-90. Burton atribui a Aho/Adanhuzou várias outras inovações: Burton, *A Mission*, p. 309.

92. Entre os primeiros: Norris, p. xiv; Dalzel, p. 2; Burton, *A Mission*, p. 107; Forbes, II, p. 87. Entre os segundos: Foa, pp. 5-6; Le Herissé, *L'Ancien*, p. 288.

93. Le Herissé, *L'Ancien*, pp. 284, 288-9.

94. Apenas Burton sustenta a precedência dinástica de Aho sobre Dakodo-nu e Akaba, e localiza a "tumba" do primeiro fora do palácio Danhome. Ele também considera a possibilidade de ter sido Agajá (em vez de Aho) o responsá-vel pela vitória sobre Aglì (Burton, *A Mission*, p. 309, 174. Maire, p. 20, diz que foi Akaba quem levantou o palácio Agligome (Takimbaia).

95. Lamb, "Carta escrita de Abomé, 27/11/1724", em Smith, p. 173.

96. Maire, p. 43; Le Herissé, *L'Ancien*, pp. 6-7,15. Ver também Dunglas, "Contribution", n. 19, p. 97; Bay, *Wives*, pp. 53-6. Para comentários críticos: Alpern, "On the Origins", pp. 10-3. Sobre o conflito sucessório: Law, "History and Legitimacy", p. 442.

97. Bosuhon é considerado, juntamente com Zomadonu, como *tohosu* de Akaba e sua irmã gêmea Ahangbè (Le Herissé, *L'Ancien*, p. 123). Outra versão aponta para Bosuhon como um *tohosu* diferenciado associado a Ahangbè (Savary, *La Pensée*, p. 199). Contudo, Bosuhon é com mais frequência considerado outro nome de Zomadonu. Ele é conhecido na Casa das Minas como Boçu (Verger, "Le Culte", p. 160). Outros sustentam que Bosuhon seria um apelido de Akaba, como na cantiga que diz: "Bosuhon, você que matou pais e irmãos da coletividade, quem será o seu irmão aqui?" (*Bosu Hòn hwi wè hù akɔ̀tò bo hù akɔ̀nòvi le mé wè na nyi anowe vĭ dɔ̃ fĭ?*): entrevista Basil Semasusi, Abomé, 30/07/1995. Adoukonou, *Jalons*, II, p. 72 transcreve uma cantiga de Zomadonu com referência a Hon.

98. Verger, *Notes*, p. 556, fotos, n. 142, pp. 146-7; Savary, *La Pensée*, p. 200.

99. *Le Gundemèsú Gezo wè dɔ̃ Hangbe sèwa jè ha jĭ:* cantiga n. 21 da sequência *Hoga*, cerimônias Nesuhue: família Kakè, Abomé, 26-27/07/1995; família Quénum, Uidá, 18-19/09/1995.

100. Entrevistas, Semasusi, Abomé, 28/07/1995; Basil Semasusi, Abomé, 11/08/1995. A memória de Guezo como benfeitor de Ahangbè é mantida pelos seus descendentes: Bay, *Wives*, p. 55.

101. Entrevista Massidako, Abomé, 14/07/1995.

102. Le Herissé, *L'Ancien*, p. 289. Outras versões sustentam que foi Dakodonu.

103. Verger, *Notes*, p. 554. O finado Mivede confirmou a relação de filiação. Vale notar que a família Mivede é originária de Dokon, onde a tradição localiza Awisu (entrevistas Mivede, Abomé, 22/11/2001; Mr. Legonu, Abomé, 21/11/2001). Outra versão sustenta que Awisu e Homèvo (Homedovo) eram *tohosu* de Huegbaja (Savary, *La Pensée*, p. 199). Ainda outra diz que os *tohosu* de Huegbaja eram Awisu e Aligodoe (Aguessy, "Religion", p. 7). Avisu é também identificado como o nome de Tegbesú antes de ser rei (Dunglas, "Contribution", n. 19, pp. 165-6); ou como nome de Adandozan: Glèlè (*Le Danxome*, pp. 271-2).

104. Entrevistas Mivede, Abomé, 22/11/2001; Semasusi, Abomé, 28/07/1995. Esses sacerdotes dizem que antes de abrir as cerimônias devem ir ao templo de Awisu. Ali se celebra uma cerimônia chamada *é nɔ fɔ́n ganmèvɔ́*, ritual de oferendas aos espíritos dos reis. Segundo, Savary o *gâmèvôfufô* se celebra em Djèna, na casa de Na Huanjile (*La Pensée*, p. 199).

105. Evidência etnográfica, cerimônias Nesuhue: família Kakè, Abomé, 26--27/07/1995; família Quénum, Uidá, 18-19/09/1995.

106. Savary, *La Pensée*, p. 199.

107. *Azili tɔ̀ Glǎ mù só ho*: cantiga n. 34 da sequência Dan, cerimônias Nesuhue: família Kakè, Abomé, 26-27/07/1995.

108. *Azaka yì tɔ̀mɛ̀ né, go sín só jí wa j'ayĭ Jagla*: cantiga n. 23 da sequência *Hoga*, cerimônias Nesuhue: família Kakè, Abomé, 26-27/07/1995; família Quénum, Uidá, 18-19/09/1995.

109. Seria Gla uma variante fonética de Hlàn, o vodum associado ao rio de Cana? Maupoil (*La Géomancie*, p. 454) fala também de Xla (provavelmente *hla*, a hiena), um perigoso animal predador com farpas, habitante do país *Gbodo* (a grande floresta), associado ao terceiro signo de Fá, *woli-meji*. Talvez nessa tríade de Gla, Hlàn e Xla estaria o antecedente do *gra* conhecido nos templos jeje da Bahia, força elementar da natureza, cujo ritual faz parte da iniciação dos noviços (Parés, "Memories", pp. 83-4).

110. Herskovits, *Dahomey*, I, pp. 203, 207-8, 229; Herskovits, "A Footnote", p. 179. É provável que o nome do panteão ou família Dambirá, na Casa das Minas de São Luís, derive dessa divindade.

111. Herskovits, *Dahomey*, II, pp. 64-5. Segue a exigência de reparação na forma de armas, pólvora, aguardente, tecidos e uma enigmática súplica: "os que não sucumbiram à escravidão aqui, atuem de modo que os três [...] que morreram pela causa de nosso país no Brasil sejam preservados na memória de todos os daomeanos, e tragam notícias deles, através de brancos estrangeiros quando venham a Abomé".

112. Herskovits, *Dahomey*, I, pp. 207, 218, 225-7, foto n. 34. Herskovits apenas uma vez (p. 225) parece estabelecer a ligação entre Dan e Dambada ao descrever as danças deste último: "jogando seu corpo de um lado a outro — como é característico da dança para as divindades da serpente".

113. Le Herissé, *L'Ancien*, p. 118 ; Verger, *Notes*, p. 233; Merlo, "Hiérarchie", p. 12 ; Falcon, *Religion*, p. 38. Até em território iorubá, Dan (Òṣùmàrè) é reconhecido como tendo uma origem mahi (Verger, *Notes*, pp. 235-6).

114. Verger, *Notes*, p. 97; Segurola e Rassinoux, *Dictionnaire*, p. 346; "Initiation sociales et religieuses au Dahomey et au Togo", *La Voix de St. Gall*, n. 23, Uidá, 3/d, p. 25. Outra fonte sugere uma origem hueda do culto a Dan (Merlo e Vidaud, "Le Peuplement", pp. 287-90) e há uma cantiga que evoca sua "adoção" pelos mahis (Le Herissé, *L'Ancien*, p. 118; Falcon, "Religion", p. 38). Bergé reporta uma origem adja-popo do culto no reino de Fitta (Bergé, "Étude", pp. 720-1, 724, 740).

115. Le Herissé, *L'Ancien*, pp. 234-5, 238. Para mais informações sobre os *hoho*, ver, por exemplo, Falcon, "Religion", p. 79.

116. Forbes, II, p. 120

117. Burton, *A Mission*, pp. 229-30.

118. Le Herissé, *L'Ancien*, p. 305, em 1911 registrou as pinturas no templo de Kpelu. Verger, na década de 1950, refere-se a Sò Bragada como "guardião do rei", nos templos de Zomadonu e de Adomu (Verger, *Notes*, pp. 553-4, fotos 139, 140).

119. "Quando acaba Zomadonu, vem Sakpatá, Avimanje segue os passos de Zomadonu" (entrevista Mivede, Abomé, 22/11/2001).

120. Lewis, *Êxtase*, pp. 32-6. Para uma análise dos cultos periféricos como discurso contra-hegemônico: Boddy, *Wombs*, pp. 156-8; Stoller, *Embodying*, pp. 23-6.

121. Shaw, *Memories*, pp.12-3; cf. Halbwachs, *La Mémoire collective*.

122. Barber, *I Could Speak*, p. 26.

123. Para o conceito de "*deep knowledge*", ver Apter, *Black Critics*.

6. A ECONOMIA DO RELIGIOSO E A ESCRAVIDÃO [pp. 277-319]

1. Labat, II, p. 207; Phillips, p. 222; Mr N***, pp. 125-6; Norris, pp. 145-6; Forbes, I, pp. 109-10. Para 1843 em Abomé, ver Freeman, *Western Echo*, 15--30/11/1887, p. 8. Ele cita "*fetish idols*" e ervas medicinais.

2. Dapper, pp. 304, 306; Bosman, pp. 308, 337; AOM, ms 104, Anônimo, "Relation", *c.* 1708-14, f. 75; Barbot, 1688, f. 138. Labat, II, p. 207, fala de comércio com centros a trezentas ou quatrocentas léguas de distância no interior.

3. Law, *The Slave Coast*, pp. 51-7. Para o "capitão do mercado": Boman, p. 361; AOM, ms 104, Anônimo, "Relation", ca. 1708-14, f. 78; Des Marchais, f. 49v.

4. Delbée, p. 438; AOM, ms 104, Anônimo, "Relation", *c.* 1708-14, f. 48; Des Marchais, f. 50v ; Labat, II, p. 212. Também era comum (no século XIX os) comerciantes entregarem ao rei suas mercadorias por adiantado, à espera da chegada dos cativos à costa. Essas sociedades, contudo, não se encaixam no modelo capitalista por não estarem organizadas em torno do trabalho assalariado e por não ter um alto investimento de capital: Manning, *Slavery*, p. 83.

5. Para a diferença entre sociedade escravista e sociedade com escravos, ver Finley, *Ancient Slavery*, p. 67.

6. Também no século XIX há evidência de mercadores daomeanos que saíam das fronteiras do reino para comprar escravos em Bornu, o país Mahi ou outras regiões (Silva, *Francisco*, p. 135).

7. Quanto ao monopólio real sobre o comércio de escravos, armas e pólvora no tempo de Kpengla: Dalzel, p. 214. Para uma relativa abertura comercial no tempo de Agonglo: Dalzel, pp. 223-4.

8. Moseley, "The Political", p. 83.

9. Polanyi, *Dahomey*, p. 94.

10. Coquery-Vidrovitch, "Recherches", pp. 74-5; Elwert, *Wirtschaft*, pp. 28-9; apud Law, "Royal Monopoly", p. 555.

11. Suret-Canale, "Les Sociétés traditionnelles"; Coquery-Vidrovitch, "Recherches". O "modo de produção asiático" se caracteriza pela coexistência de "comunidades locais" ou aldeias, baseadas na atividade agrícola e artesanal, com propriedade comum de terra (ou seja, sem propriedade privada), e uma "comunidade superior", regida pelo despotismo do rei, figura quase divina, que investia o excedente acumulado dos tributos no comércio exterior. Esse sistema, monetarizado e escravagista, seria resistente à mudança, e tenderia à estagnação ou crescimento zero.

12. Polanyi, *Dahomey*, p. 32; Coquery-Vidrovitch, "Recherches". Para outras críticas da visão substantivista de Polanyi: Moseley, "The Political Economy", pp. 73-4. Dupré e Rey ("Reflections", p. 175) a criticam por não conseguir escapar a tipologias baseadas nas categorias de "mercado", "prestação-redistribuição" e "reciprocidade".

13. Para o caso de Uidá, por exemplo, ver o capítulo 3, e para o Daomé, ver Law, "Royal Monopoly". Ver também Manning, *Slavery*, p. 43; Silva, *Francisco*, pp. 65-71.

14. Manning, *Slavery*, pp. 43, 73, 83.

15. O debate entre substantivistas e formalistas iniciou com a obra de Karl Polanyi *The Great Transformation* (1944) e dominou a antropologia econômica nos anos 1960. O conceito de "economia moral" foi popularizado na década seguinte por E. P. Thompson (*The Moral Economy*) e depois por James Scott (*The Moral Economy*), mas seus princípios foram postulados previamente pela escola substantivista de Polanyi. Para uma revisão dos estudos de "economia moral": Austen, "The Moral Economy", pp. 92-7.

16. Austen, "The Moral Economy", pp. 93-4.

17. Labat, ii, p. 208.

18. Ibid., pp. 188-9.

19. Austen, "The Moral Economy", pp. 89-90.

20. A interdependência entre a iniciativa econômica e o ritual mágico e a crítica à natureza econômica do homem primitivo baseada na noção utilitarista do cálculo racional já estavam presentes no trabalho sobre o Kula melanésio de Malinowski (*Os Argonautas*, p. 369).

21. Bosman, pp. 381-2; Villault, p. 323.

22. Bosman, pp. 77, 82, 155. Ver também Pietz, "The Problem", iii, pp. 110-11.

23. Pietz, "The Problem", iii, p. 116.

24. Certos fetiches podiam manipular relações sociais com uma dimen-

são erótica também. Na Costa do Ouro, "um [servia] para fazer que seu marido a ame sempre, outro para que ela engravide tranquilamente, aquele para que possa ter vantagem sobre suas companheiras, aquele outro para ser amada por outros homens além do seu marido, outro para obter ouro ou para expulsar o diabo": Barbot, 1688, f. 74. Para mais sobre o ritual de "beber o fetiche" ver: Gesteira, *Rituais*.

25. Isso não significa dizer, como nos lembra Max Weber (*Economia*, cap. 5), que, na Europa, as crenças religiosas não continuassem a estruturar as disposições que, em última instância, orientavam a ação social e, portanto, a prática econômica. Nesse sentido, a distância entre a Europa e a África seria relativa.

26. Labat, II, pp. 188-9.

27. Para os processos de iniciação: Des Marchais, f. 55; Labat, II, p. 185.

28. Glèlè, *Le Danxome*, p. 82.

29. Akinjogbin, *Dahomey*, p. 80.

30. Dapper, p. 307.

31. Guyer, *Marginal Gains*, p. 39.

32. Mauss e Hubert, "Essai sur la nature"; Mauss, "Essai sur le don". A correspondência entre os esquemas da troca e do sacrifício pode ser explicitada na analogia entre sacrifício/dádiva; doador/sacrificador e recebedor/divindade.

33. Mauss, "Essai sur le don", p. 56.

34. Bohannan, "Some Principles"; Guyer, *Marginal Gains*, pp. 27-47.

35. Mauss, "Essai sur le don", p. 160.

36. Lévi-Strauss, *O pensamento selvagem*, p. 246.

37. Ver, por exemplo, Mudimbe, *The Invention of Africa*.

38. Law, "Religion", p. 72.

39. Id., "Human Sacrifice", p. 63

40. Burton, *A Mission*, p. 233.

41. Isichei, "The Quest", p. 470.

42. Law, "Human Sacrifice", p. 56; cf. Burton, *A Mission*, pp. 232, 235.

43. Law, idem; Davidon, *L'Afrique*, pp. 125-6; Isichei, "The Quest", p. 469. Argumento reiterado por Coquery-Vidrovitch, "La Fête", p. 697.

44. Burton, *A Mission*, p. 234. Os números de vítimas humanas foram exagerados por muitos autores. No tempo de Kpengla, Gourg contabilizou, numa semana, 84 vítimas. Mr. James, citado por Burton no início do século XIX, calculou um total de 65 vítimas. Forbes, em meados de século, contabilizou 36, e Burton, em 1864, contando a contraparte feminina, não contou mais de oitenta, na sua maioria criminosos convictos: Burton, *A Mission*, pp. 201, 233. Porém, Burton (p. 235) calcula um máximo total de quinhentas vítimas por ano e de mil vítimas nos anos dos Grandes Costumes. O pastor Freeman se vangloriava de ter

persuadido o rei Guezo a reduzir os sacrifícios (Freeman, *Western Echo*, outubro 1887, p. 8). Duncan, I, p. 258, confirma o fato ao afirmar que, pela influência de Freeman, Guezo tinha proibido aos cabeceiras realizar sacrifícios de escravos durante os funerais dos seus parentes.

45. Law, "Human Sacrifice", pp. 63; Isichei, "The Quest", p. 469.

46. Nos Costumes *só-sin* de 1861, Glele tinha construído duas cabanas para cerca de noventa vítimas, diante de um máximo de trinta executadas no tempo de Guezo (TCRL, CA2/016, "From the Journal of Mr. Dawson", f. 29). Em 1862, um mercador holandês contabilizou 27 vítimas numa das cerimônias do *ato* e 48 na do *só-sin*, além de muitas outras que não presenciou diretamente (Dubarry, pp. 244-7).

47. Burton, *A Mission*, p. 235.

48. Thioub, "L'Esclavage et ses traites". Por outro lado, seria hipócrita e até perverso utilizar o argumento da participação das elites africanas no tráfico para minimizar ou eximir de responsabilidade às potências europeias.

49. Wilks e Lewin são citados por Law, "Human Sacrifice", pp. 59-60. Durante os funerais podiam acontecer caça às bruxas ou campanhas de antifeitiçaria, que não seriam, a rigor, "sacrifícios humanos".

50. A tradição antiabolicionista remete a Snelgrave, e argumentos similares aos de Dalzel foram defendidos pelo parlamentar John Henniker em 1789, na campanha contra a lei para a abolição da escravidão de William Wilberforce: cf. Law, "New Light", pp. 212-3.

51. Dalzel, pp. 190-1. Esse tipo de argumento seria herdado, no século XIX, por filósofos como Hegel para respaldar suas teorias de cunho evolucionista (Hegel, *The Philosophy*, p. 113). Por outro lado, o mesmo Dalzel (pp. 229-30) reconhece que, em outras ocassiões, os reis sucumbiam à tentação da ganância e vendiam aos europeus os cativos supostamente destinados aos sacrifícios.

52. Dalzel, pp. 217-21. O discurso seria a resposta de Kpenglã (Adahoonzou) às informações transmitidas pelo governador Abson, relativas ao inquérito parlamentar sobre o tráfico de escravos realizado na Inglaterra e a vários panfletos a favor e contra a abolição. Além disso, Dalzel está parafraseando informações de um ouvinte. Contudo, essa evidência foi utilizada por historiadores como Dov Ronen para argumentar que a captura de escravos em grande escala no Daomé não se destinava de forma preferencial à venda aos europeus, mas aos sacrifícios humanos para o culto aos ancestrais, tendo, assim, uma função essencialmente religiosa: Ronen, "On the African Role", pp. 7, 9-11. Para a crítica do viés ideológico dessa historiografia pós-colonial que tentava minimizar o envolvimento do Daomé no tráfico atlântico: Rufer, "A diáspora exorcizada".

53. A expressão "piedade filial" é de Burton (*A Mission*, p. 235). A expressão "ganho marginal" é de Guyer (*Marginal Gains*).

54. Ver, por exemplo, Pires, p. 47. Forbes, II, pp. 182-4, calculou as despesas do rei Guezo durante os Costumes de 1850.

55. Comaroff, "Occult Economies", passim.

56. Fuglestad, "Quelques Réflexions", p. 515, utiliza a expressão "*économie ostentatoire*". Seguindo a teoria de Thornstein Veblen (1919), segundo a qual as elites se definem através de "gasto desperdiçado" (*wasteful spending*), Herskovits (*Dahomey*, I, p. 97), comenta os rituais funerários no Daomé em termos de "consumo conspícuo" (*conspicuous consumption*). Guyer define a "economia de prestígio" ou o "consumo conspícuo" como a exibição de riqueza para fins competitivos, mas do que para sua circulação (Guyer, *Marginal Gains*, pp. 71, 78).

57. Mauss, "Essai sur le don", pp. 153, 194-227, passim.

58. Law, *Ouidah*, p. 151; cf. Barbot, 1688, f. 136; Bosman, p. 365; Des Marchais, f. 38 ; Labat, II, p. 116.

59. Ver, por exemplo, Shaw, *Memories*, cap. 8; Geschiere, *The Modernity*, pp. 157-8, 257, n. 31. Em relação ao Daomé, Law (*Ouidah*, pp. 150-1) mantém uma visão mais cética sobre o assunto.

60. Shaw, *Memories*, p. 232.

61. Ver, por exemplo, referências ao "montículo das promessas" ou "túmulo da coragem" (*Adanzan* ou *Adanzou*), espécie de plataforma coberta de onde o rei daomeano (no século XIX) exaltava o espírito guerreiro das tropas (Burton, *A Mission*, p. 182; Skertchly, p. 164; Le Herissé, *L'Ancien*, p. 324; Quénum, *Au pays des Fons*, p. 16).

62. O grande marabu de Aladá, por exemplo, comentou com Delbée que a chegada dos navios franceses tinha sido anunciada previamente pelo seu deus oracular (Delbée, pp. 434-5).

63. Bosman, p. 383; Des Marchais, f. 53.

64. Phillips, p. 226. Embora publicado em 1732, o relato se refere a uma estada em 1694.

65. Bosman, p. 383; Des Marchais, f. 53; Labat, II, pp. 163, 200.

66. AOM, ms 104, Anônimo, "Relation", *c.* 1708-14, f. 58. Para práticas semelhantes por parte do rei do Daomé, Agajá, ver Snelgrave, pp. 101, 104; e em período mais tardio, pelo rei Glele, ver SOAS (Wesleyan) MMS, "Peter Bernasko, Uidá, 29/11/1860"; Burton, *A Mission*, p. 295. Para oferendas ao mar na Costa do Ouro, ver Villault, pp. 283-4.

67. Em relação ao reino do Benim: Dapper, p. 313. Em relação a Oyó: Snelgrave, p. 59. Em relação ao Daomé: Agajá, "Letter to King George I", p. 83; Pommegorge, p. 161; Borghero, p. 123. Ver também Isert, p. 123.

68. Bosman, p. 383.

69. Barbot, 1688, f. 132.

70. Delbée, pp. 410-1; Labat, II, pp. 188-9, 305, 322-3.

71. Phillips, p. 224

72. Barbot, 1688, ff. 136-7; Phillips, p. 219: "em nossa viagem [...] tivemos cerca de doze negros que se afogaram voluntariamente e outros que se privaram de alimentos até morrer; pois acreditam que quando morrem, retornam a seu país e a seus amigos".

73. Bosman, pp. 223-4

74. Ver, por exemplo, Law, *The Slave Coast.*

75. Blier, *African Vodun*, pp. 30-1.

76. Ibid., p. 27; cf. Taussig, *Shamanism*, p. 5.

77. Blier, *African Vodun*, pp. 26, 293. Uma comparação semelhante entre a escravidão, os *minkisi* da África central e os *nganga* afro-cubanos é elaborada por Palmié (*Wizards*, pp. 174-81).

78. Entrevista Avleketenon, Avlekete, 11/09/1995.

79. Bell, *Ritual Theory*, pp. 35, 71, 89. Sobre a relação entre ritual e ansiedade, ver Homans, "Anxiety and Ritual", pp. 164-72; Glukman, *Order and Rebellion*, pp. 110-37; idem, *Politics*; Turner, *Drums of Affliction*; idem, *Dramas.*

80. Bosman, p. 384. Para a Costa do Ouro, ver ainda ibid., p. 231.

81. Ibid., p. 374; Labat, II, pp. 183-4.

82. Peel, *Religious Encounter*, p. 89, cf. "J. Johnson to CMS Secretary, 21/06/1878". Os *ìlàrí* ou sacerdotes de Xangô (mensageiros do rei e coletores de impostos) eram normalmente escravos.

83. Johnson, *The History*, pp. 10-2. Ver também Apter, *Black Critics*, pp. 16, 30. Isso coincide com o costume da África ocidental que garante aos escravos uma relativa integração na linhagem do senhor e, em alguns casos, a possibilidade de atingir posições de autoridade.

84. Burton, *A Mission*, p. 301. Itálicos meus.

85. Forbes, II, pp. 108, 111-2, 124.

86. Conneau (*A Slaver's*, p. 204) se refere ao capitão Augustin López, que no início dos anos 1830 presenciou as amazonas realizando um simulacro de ataque, mas com inimigos vivos, amarrados a postes, que foram "capturados" e executados. Para outras referências ao simulacro de ataques: Duncan, I, pp. 231-3; Forbes, II, pp. 123-6; Bouet, part 3, p. 71; Borghero, pp. 76-9; Laffite, pp. 87-90.

87. A descrição etnográfica que segue está baseada principalmente em trabalho de campo realizado entre junho e setembro de 1995 no templo de Avimanje-Sakpatá, em Uidá. Material bibliográfico complementar é citado quando necessário.

88. Enquanto encarnam seu papel ritual de mendicantes (*nùbyóɖútɔ́*), as noviças estão num estado especial associado ao comportamento infantil (similar ao estado de erê no Brasil). Como vimos, nos cultos a Dan, Azili e Nesuhue, esse papel é conhecido como *tobosi* e a noviça vira *mahisi*. Em outros cultos, porém, *ahwansì* virou o termo genérico mais popular para designar o papel (Burton, *A Mission*, p. 301; Herskovits, *Dahomey*, ii, pp. 127, 187-8; Verger, *Notes*, p. 97; Adoukonou, *Jalons*, ii, p. 192; Parés, "O triângulo", pp. 177-214).

89. No templo de Avimanje, por exemplo, uma cantiga intitulada *ahwàn hũn ò nè ja né* (aí chega, por fim, o barco ou a coluna da guerra) foi cantada, repetindo entre outras frases, *o mè có wè nò hèn ahwàn yì wlí nũ ééé* (todo mundo faz a guerra para capturar [prisioneiros] para eles): templo Avimanje, Uidá, 16--21/09/1995.

90. Para mais informações sobre essas provas de fogo, ver Herskovits, *Dahomey*, ii, p. 124, 165, 186; Adoukonou, *Jalons*, ii, p. 194.

91. Depois do *ahwanwlí*, acontece uma procissão chamada *cí adăn* (apagar a cólera), momento em que um toque de tambor especial induz a possessão das noviças e uma nova demonstração de fúria. Herskovits apresenta uma interpretação ligeiramente diferente desses eventos: "o *vodu* do panteão vai 'declarar a guerra' a ele [o iniciado] [...] Antes dessa cerimônia, os noviços são conhecidos como *gonsíkpòkpò* (vodúnsi-não-capturada ainda). A cerimônia do disparo é conhecida como *ahwanwulime* (guerra-capturar-pessoa); o toque de tambor que traz os deuses à cabeça do recém-iniciado se chama *adachichi* (jogar-água-sobre-cólera). Esta última cerimônia de 'trazer a guerra' ao candidato é esboçada por Le Herissé" (Herskovits, *Dahomey*, ii, pp. 186-7; cf. Le Herissé, *L'Ancien*, pp. 135-6).

92. Essa cerimônia é também chamada *zàn kpíkpé* (o encontro das esteiras).

93. Esse fato sugere que, no contexto africano, a ideia de escravo não pode ser reduzida à "pessoa que não tem parentes" ou família.

94. Cem cfa corresponde a 0,35 centavos de real.

95. Palmié, *Wizards*, p. 173. Mauss discute com propriedade a imbricação ou hibridismo da troca da dádiva e da troca utilitarista ou mercadológica ("Essai sur le don", pp. 267-8).

96. Bosman, pp. 371-2, 374-5; Labat, ii, pp. 185-6; Burton, *A Mission*, p. 300. Bosman (pp. 371-2), por exemplo, comenta que "os parentes são obrigados a suprir as iniciadas com todo tipo de produtos (*necessaires*), e isso de tal modo que o sacerdote pode também subsistir de forma confortável". Baudin (*Fetichism*, pp. 75-6), ao descrever uma iniciação genérica em Porto Novo, menciona que a mãe da noviça deve ter poupado algum dinheiro, "pois a filiação [ao culto] é cara". Para o início do século xx, ver Le Herissé, *L'Ancien*, p. 134.

97. Baudin, *Fetichism*, pp. 75-6. A ideia de "comprar de volta" evoca também o uso do escravizado como forma de penhora, prática comum na região.

98. Le Herissé, *L'Ancien*, p. 134. Ver também Herskovits, *Dahomey*, II, p. 188.

99. Parrinder, *West African*, p. 93.

100. Law, "My Head", p. 408.

101. Patterson, *Slavery*.

102. Ver, por exemplo, Diouf, *Fighting*; Curto, "Resistência".

7. DESDOBRAMENTOS ATLÂNTICOS, DIÁLOGOS E RECONFIGURAÇÕES [pp. 320-59]

1. Entre 1600 e 1856, um total de 1 046 285 africanos foram embarcados na Costa da Mina (incluindo a Costa do Ouro e o Golfo do Benim) para o Brasil, dos quais só desembarcaram 941 512. Destes, 742 740 desembarcaram na Bahia (de um total de 861 594 embarcados): The Transatlatic Slave Trade Database, <www.slavevoyages.org>.

2. Parés, *A formação*, caps. 1 e 2.

3. Peixoto, *Obra nova*, pp. 20, 29, 69.

4. Mott, "Acotundá", pp.124-47. Citado também em Souza, *O diabo*, pp. 268-9. Para a identificação dos couras com os hulas: Sogbossi, *Contribuição*, p. 22 (nota 12); Silva Junior, "Identidades", pp. 214-8; Moacir Maia, "Uidá: de reino traficante a povo traficado" (texto inédito).

5. Neste capítulo, ao falar de "religiões afro-brasileiras" ou "de matriz africana", menciono apenas o candomblé baiano e o tambor de mina maranhense, por conveniência e por ser as práticas com as quais tenho maior familiaridade. No entanto, no uso dessas categorias genéricas subentende-se a inclusão de outras variações regionais, como o xangô de Pernambuco, o batuque do Rio Grande do Sul, a macumba do Rio de Janeiro, ou o babaçuê do Pará, entre outros.

6. Parés, *A formação*, caps. 3 e 4.

7. Ferretti, *Querebentã*; Parés, *The Phenomenology*.

8. Matory, *Black Atlantic*. Matory (pp. 267-93) sintetiza sua tese com a metáfora de "diálogo Afro-Atlântico". Ver também, Verger, *Fluxo*.

9. Os agudás são, de fato, um grupo social mais complexo que, além dos retornados, inclui os descendentes dos antigos traficantes portugueses e brasileiros e de seus escravos e agregados. Embora o número maior tenha se assentado nas cidades e vilas litorâneas do atual Benim, outros foram Gana, Togo e Nigéria.

10. Para a penetração do islã e o cristianismo na região, ver Marty, *Études*, p. 18; Bonfils, *La Mission*, cap. 2. Para a análise desse processo na região iorubá:

Peel, *Religious Encounter*. Para o papel do catolicismo no processo identitário dos agudas, ver Cunha, *Negros estrangeiros*, cap. 4. Para Joaquim d'Almeida, Parés, "Afro-Catholic Baptism"; para Adriano da Gloria, Castillo, "The Exodus". Para a "reimportação" do culto aos deuses africanos pelos retornados: Verger, *Os libertos*, pp. 5-6, 39-40, 47-8; Parés e Castillo, "José Pedro Autran".

11. Castillo e Parés, "Marcelina da Silva", pp. 137-42.

12. Law, *Ouidah*, p. 92.

13. Palmié "*Ekpe/Abakuá*", p. 12.

14. Mintz e Price, *The Birth*, p. 42.

15. Slenes, "A Central African", pp. 7-8. Para as relações afetivas entre malungos, ver também: Mintz e Price, *The Birth*, pp. 43-4; Hawthorne, "Being Now".

16. Para a controvérsia sobre a origem e a etimologia desse termo, ver Lima, *A família*, p. 70.

17. Parés, "Memories".

18. Isso não significa que, no contexto colonial, essa realidade fosse inexistente, como demonstram os ataques aos quilombos e as perseguições dos capitães do mato, experiências brasileiras de guerra e escravização comparáveis à contraparte africana.

19. Parés, "Memories".

20. Para a etimologia de iaô ver Lima, *A família*, p. 73. No caso do termo ẹlẹ́gùn, também usado para se referir a iaô, mas significando "aquele que é montado", também haveria implícita uma conotação sexual.

21. Para o tabu do incesto entre malungos: Mintz e Price, *The Birth*, p. 43; e na família de santo: Lima, *A família*, pp. 174-85.

22. O simbolismo da maternidade associado às ialorixás, conferido pela sua "capacidade reprodutiva" (biológica e espiritual), favorecia o uso estratégico da filiação, tanto de filhos de santo como de filhos biológicos, para garantir posições de poder e a continuidade das genealogias.

23. Para o conceito de *healing community*, ver Sweet (*Domingos*, pp. 231-3).

24. Ver, por exemplo, Janzen, *Ngoma*. Para os *kimpasi*: Thornton, *The Kongolese*, pp. 56-8; Slenes, "A Central African", p. 13.

25. Santos, *Os Nàgô*, pp. 32-3. Bastide (*Sociologia*, p. 29) já sustentava que, na diáspora, "a religião africana tendeu a reconstituir a comunidade de aldeia à qual se achava vinculada", criando "grupos originais, *semelhantes e ao mesmo tempo diferentes* dos africanos". Apter, "Yoruba Ethnogenesis".

26. Capone, *Os Yoruba*, p. 12.

27. Lima, *A família*, pp.160-5.

28. Parés, *A formação*, cap. 3.

29. Essa semelhança foi notada primeiramente por Lima, *A família*, p. 147.

30. Parés, *A formação*, pp. 317-8; cf. *O Alabama*, 1863-71; Rodrigues, *Os africanos*, p. 236; Segurola e Rassinoux, *Dictionnaire*, p. 365; Carneiro, *Religiões*, p. 56. Agradeço a João Reis por ter chamado minha atenção para o que seria a mais antiga ocorrência documentada da expressão "pae de santo" [sic]: *O Alabama*, 28/07/1868, pp. 1-2.

31. Herskovits, *Dahomey*, I, p. 145.

32. Baudin, *Fetichism*, pp. 73-4; Lima, "Os obás"; Parés, "Shango", pp. 28, 35.

33. Outros sufixos que, nas línguas gbe, conotam a ideia de poder e autoridade são o já citado "*nɔ*" (dono, proprietário de), como em *vodúnnɔ, hunnɔ, hungbónɔ, bokɔnɔ* e "*tɔ*" (pai, aquele que faz, aquele que tem controle sobre alguma coisa), como em *hùntɔ* (responsável pelo *hŭn* ou atabaque), ou *gàntɔ* (responsável pelo idiofone sagrado ou *gàn*).

34. No candomblé jeje da Bahia, preservam-se os títulos de *agbajigã* e *pejigã*. Este último termo não está dicionarizado em fon, mas designa o chefe do peji, o quarto dos assentos das divindades. Peji seria uma evolução fonética de *kpén jĭ* (acima da pedra), uma alusão ao altar dos voduns: Sogbossi, *Contribuição*, pp. 119, 311-2.

35. *Os africanos*, p.138. No século XIX, no dicionário de iorubá de Crowther (*A Vocabulary*, 1852), *ọgá* é traduzido apenas como "pessoa atrevida, ator distinguido". Só no dicionário de Abraham (*Dictionary*), de 1958, *ọ̀gá* se aproxima do significado de *găn* como: 1. o superior de alguém; 2. sufixo adicional para qualificar: o diretor de escola, o capitão. Na língua fon, em tom modulado (descendente-ascendente), *găn* significa "chefe, dono, diretor, patrão", mas também "poder, força, autoridade". Já *gàn*, em tom baixo, significa "metal, ferro, sino", ou seja, o idiofone sagrado.

36. Para o século XIX: Reis e Silva, *Negociação*, pp. 57-8. Para o século XX: Lima, *A família*, pp. 89-95; Braga, *A cadeira*, pp. 37-65; Sogbossi, *Contribuição*, pp. 121-2.

37. Ver, por exemplo, *O Alabama*, 24/12/1863, p. 2; 23/09/1864, pp. 1-2; 19/09/1868, p. 1.

38. No tambor de mina, por exemplo, existe a categoria do *assisi* ou "amigo da casa", mas o termo ogã não era frequente: Ferretti, *Querebentã*, p. 289. Com o processo de reafricanização ocorrido a partir dos anos 1980, o modelo de candomblé baiano e o cargo de ogã adquiriram difusão nacional.

39. Para Porto Novo: Akindélé e Aguessy, *Contribution*, p. 111. Para Pequeno Popo: Duncan, I, p. 101. Na Bahia, *O Alabama* menciona um "papae Dothé", *olowo* ou adivinho de Fá: *O Alabama*, 2/03/1867, p. 3. Para a expressão *hundote* (*hùn ɖò te*), nos Nesuhue: Adoukonou, *Jalons*, II, pp. 68, 191-5.

40. Sobre as cadeiras de ogã, ver Bastide, "A cadeira", pp. 325, 327; Braga, *A cadeira*, pp. 65-9.

41. Em 1942, no terreiro Bogum de Salvador só havia uma cadeira para todos os ogãs e isso era considerado um preceito da casa. Quando um deles, recém-confirmado, mandou fazer uma para si próprio, a inovação foi vista como comportamento indesejado. Contudo, o incidente indica que o uso de cadeiras pelos ogãs já era prática comum em outras casas: NYPL, SCRBC, MG261, Herskovits, papers, box 21, folder 130 (book C), pp. 140-1.

42. Bertho, "Les Sieges", pp. 7-9.

43. HCPP, *Slave Trade*, 1852-3, Class A, incl. 5 in n. 72, "Journal of F. E. Forbes", entrada 9/01/1852, p. 72.

44. Burton, *A Mission*, pp. 311-2. Ver também Le Herissé, *L'Ancien*, p. 190.

45. Partes desta seção reelaboram temas apresentados em Parés (*The Phenomenology*); idem, "The Jeje".

46. Lamb, "Carta escrita de Abomé, 27/11/1724", em Smith, pp. 183-4.

47. AOM, C6/26, doc. n. 110, Gourg, "Journal", 22/01/1789, ff. 13, 17.

48. Pires, p. 52. Esse autor também se refere aos "leguedes, moços dos recados e segredos do rei", correspondendo provavelmente às *récades* ou emblemas representativos da autoridade real.

49. Duncan, I, p. 246. Ver ilustração em Forbes, II, p. 56.

50. HCPP, *Slave Trade*, 1850-1, Class A, incl. 2 in n. 220, "Journal of F. E. Forbes", entradas do 27 e 29/05/1850, pp. 330-1.

51. Burton, *A Mission*, pp. 210, 241, 251-2.

52. A *récade* (de recado) podia funcionar como representação simbólica da pessoa do rei, quando utilizada pelos *laris* (do iorubá *ìlàrí*, embaixadores ou mensageiros reais), garantindo sua segurança e imunidade: Adandé, *Les Récades*.

53. Le Herissé, *L'Ancien*, pp. 124, 190.

54. Verger, *Notes*, fotos 138, 141, 142, 143, 145, 149; Pereira, *A casa*, fotos 33, 39, 40. Para a década de 1980: Ferretti, *Querebentã*, pp. 139, 151, 155.

55. Eduardo, *The Negro*, p. 89.

56. Forbes, II, p.118.

57. Parés, *The Phenomenology*, pp. 114-8.

58. Ver cap. 5 e Parés, "O triângulo".

59. Mintz e Price, *The Birth*, p. 23.

60. No contexto iorubá, Apter fala de uma dialética entre cultos de *autoridade*, em que a prática religiosa está associada à legitimação política, e cultos de *poder*, em que essa prática desafia a autoridade estabelecida (Apter, "On African Origins", p. 236). Para a semelhante distinção entre cultos centrais e periféricos: Lewis, *Êxtase*, pp. 32-6.

61. Ver, por exemplo, Thornton, "Religious".

62. Entre os fon, por exemplo, a pessoa é concebida como composta do

corpo físico (*agbasa*), quatro almas (*sé, yè, lĭdɔ̃n* e *wɛnsagùn*), o espírito guardião do ancestral (*djoto*), um destino (*kpoli*), um princípio dinâmico (Legba) e o vodum dono da cabeça. A esse respeito, ver Maupoil, *La Géomancie*, pp. 378-405. No contexto africano mais amplo, ver Dieterlen, *La Notion*, em especial o capítulo de Roger Bastide "Le principe d'individuation" e, no contexto afro-brasileiro, entre outros, Goldman, "A construção".

63. Barber, "Como o homem cria Deus", p. 160. Essa singularização dos deuses genéricos no iniciado também é notada por Goldman ("A construção") no contexto afro-brasileiro. Baseado em Bastide (*Sociología*, p. 384), Goldman ("Histórias", p. 110) sustenta que o processo de individualização das religiões afro-brasileiras seria a atualização de uma alternativa já presente no contexto africano. Por outro lado, para Weber ("Parenthèse", p. 11) a emergência da comunidade religiosa suporia um relativo rompimento dos laços de parentesco da comunidade familiar que facilitaria a individualização e reforçaria o caráter associativo do laço social.

64. Os cultos a santos de família é um tema pouco estudado, mas ver Marcelin, "A invenção", cap. 5.

65. Verger, *Notes*, pp. 11, 31; idem, "The Yoruba", p. 24; idem, "Raisons", pp. 144-5; Bastide, *Sociología*, pp. 113, 316, 384.

66. Parés, "Transformations"; idem, *A formação*, cap. 5.

67. Sobre a historicidade das práticas religiosas, ver Sansi, "Fazer o santo".

68. A primeira interpretação seria a hipótese de Matory, "The Many Who Dance".

69. Parés, *The Phenomenology*, cap. 4.

70. Parés, "The Hula".

71. Para a nação de candomblé como "modalidade de ritual", ver Lima, *A família*.

72. Para essas questões ver, por exemplo, Matory, *Black Atlantic*; e Capone, *Os Yoruba*, cap. 7.

Referências bibliográficas

ABRAHAM, R. C. *Dictionary of Modern Yoruba.* Londres: University of London Press, 1958.

ADAMS, John. *Remarks on the Country Extending from Cape Palmas to the River Congo.* Londres: Whittaker, 1823.

ADANDÉ, Alexandre. *Les Récades des rois du Dahomey.* Dakar: IFAN, 1962.

ADOUKONOU, B. *Jalons pour une théologie africaine. Essai d'une herméneutique chrétienne du Vodun dahoméen.* Paris: Lethielleux, 2 v., 1980.

AGAJÁ, Rei do Daomé. "Letter to King George I of Great Britain and Ireland" [1726]. In *The Parliamentary History of England, from the Earliest Period to the Year 1803*, v. 28 [1789-91], Londres, 1816, pp. 82-91. Publ. e anot. por Robin Law. In: "Further Light on Bulfinch Lambe and the 'Emperor of Pawpaw': King Agaja of Dahomey's Letter to King George I of England, 1726", *History of Africa*, n. 17, 1990. pp. 211-6.

AGBO, Casimir. *Histoire de Ouidah du XVI au XX siècle.* Avignon: Les Presses Universelles, 1959.

AGUESSY, Honorat. "Religion africaine et rapport des forces". Colloque sur "Les survivances des traditions religieuses africaines dans les Caraïbes et en Amérique latine". São Luís: Unesco, 1985. pp. 1-13.

AKINADE, O. "Pottery Production at Ogga, Kogi State". *Nigerian Heritage*, n. 4, 1995. pp. 113-23.

AKINDÉLÉ, A.; AGUESSY, C. *Contribution à l'étude de l'histoire de l'ancien royaume de*

Porto Novo. Mémoire de l'Institut Français d'Afrique Noire, n. 25. Dakar: IFAN, 1953.

AKINDÉLÉ, A.; AGUESSY, C. "Données traditionnelles relatives aux Fon Dovinou de Savalou". t. XVII, n. 3-4. Institut Français d'Afrique Noire, 1955.

AKINJOGBIN, I. A. *Dahomey and Its Neighbors (1708-1818)*. Cambridge: Cambridge University Press, 1967.

ALBÉCA, Alexandre L. D'. *Les Établissements français du golfe de Bénin: Géographie, commerce, langues*. Paris: Librairie Militaire de L. Baudoin et Cie., 1889.

_____. *La France au Dahomey*. Paris: Hachette, 1895.

ALPERN, Stanley B. "On the Origins of the Amazons of Dahomey". *History in Africa*, v. 25, 1998. pp. 9-25.

_____. "Dahomey's Royal Road". *History in Africa*, v. 26, 1999. pp. 11-24.

AMIN, Samir. *Unequal Development: An Essay on the Social. Formations of Peripheral Capitalism*. Nova York: Monthly Review Press, 1977.

AMSELLE, Jean-Loup. *Logiques métisses. Anthropologie de l'identité en Afrique et ailleurs*. Paris: Payot, 1990.

ANÔNIMO. *Relación de lo que sucedió a los Padres misioneros del reino de Arda, enviados por la Real Majestad de Philipo Quarto...*, (BN, Ms. 6170, ff. 120--5). In: CARROCERA, "Misión Capuchina al Reino de Arda", *Missionalia Hispanica*, n. 6, 1949. pp. 523-46.

ANTONGINI, Giovanna; SPINI, Tito. "Reiterazione di spazi e segni come conferma di potere: il regno Dahomey". *Quaderni del Dipartimento di Studi Glottoantropologici*, n. 5 (1 p.), 1989. pp. 17-34.

_____. "Le Royaume du Danxomè: Objets, signes, espaces du pouvoir". In: *Passé, present et futur des palais et sites royaux d'Abomey*. Los Angeles: The Getty Conservation Institute, 1999. pp. 1-16.

APTER, Andrew. *Black Critics and Kings: The Hermeneutics of Power in Yoruba Society*. Chicago: University of Chicago Press, 1992.

_____. "On African Origins: Creolization and Connaissance in Haitian Vodou". *American Ethnologist*, v. 29, n. 2, 2002. pp. 233-60.

_____. "Herskovit's Heritage: Rethinking Syncretism in the African Diaspora". In: LEOPOLD, Anita Maria; JENSEN, Jeppe Sinding (Orgs.). *Syncretism in Religion: A Reader*. Nova York: Routledge, 2004.

_____. "Yoruba Ethnogenesis from Within". Texto apresentado na conferência "The Mellon-Sawyer Seminar on Ethnicity in Africa: Historical, Comparative and Contemporary Investigations". Workshop II: The Making of the Yoruba, University of Michigan, abr. 2011.

ARAUJO, Ana Lucia. "Dahomey, Portugal and Bahia: King Adandozan and the Atlantic Slave Trade". *Slavery & Abolition*, v. 33, n.1, 2012. pp. 1-19.

ARGYLE, William J. *The Fon of Dahomey*. Oxford: Clarendon Press, 1966.

AUSTEN, Ralph A. "The Moral Economy of Witchcraft: An Essay in Comparative History". In: COMAROFF Jean; COMAROFF, John (Orgs.). *Modernity and its Malcontents: Ritual and Power in Postcolonial Africa*. Chicago: University of Chicago Press, 1993. pp. 89-110.

AVEZAC, Marie Armand Pascal d'. *Notice sur le pays et le peuple des Yebous en Afrique*. Paris: [s.n.], 1845.

BALANDIER, George. *Antropologia política*. São Paulo: Edusp, 1969.

BARBER, Karin. "Como o homem cria Deus na África Ocidental: Atitudes dos Yoruba para com o òrìsà". In: MOURA, Carlos Eugênio Marcondes de (Org.). *Meu Sinal está no teu corpo*. São Paulo: Edicon; Edusp, 1989. pp. 142-75.

_____. *I Could Speak Until Tomorrow: Oriki, Women, and the Past in a Yoruba Town*. Washington: Smithsonian Institution Press, 1991.

BARRY, Boubacar. *La Sénégambie du XVe au XIXe siècle: Traite négrière, Islam, conquête coloniale*. Paris: L'Harmattan, 1988.

BASCOM, William. *Ifa Divination: Communication between Gods and Men in West Africa*. Bloomington: Indiana University Press, 1991.

BASSANI, Ezio. "The Ulm *Opon Ifa* (*c.* 1650): A Model for Later Iconography". In: ABIODUN, R.; DREWAL, H.; PEMBERTON, J. (Orgs.). *The Yoruba Artist. New Theoretical Perspectives on African Art*. Washington; Londres: Smithsonian Institution Press, 1994. pp. 79-89.

BASTIDE, Roger. *Sociología de la religión* [*Les Religions africaines au Brésil*, 1960]. Gijón: Ediciones Jucar, 1986.

_____. "A cadeira de ogã e o poste central". In: *Estudos Afro-Brasileiros*. São Paulo: Perspectiva, 1973. pp. 325-33.

BAUDIN, Paul. "Lettre de M. Baudin, à M. Planque, Supérieur du séminaire des Missions Africaines à Lyon, Porto Novo, 16/04/1875". *Annales de la Propagation de la Foi*, Lyon, v. 40, 1876, pp. 66-76

_____. *Fetichism and Fetish Worshippers*. Nova York: Benziger Bros., 1885.

BAY, Edna. "Belief, Legitimacy and the Kpojito: An Institutional History of the 'Queen Mother' in Precolonial Dahomey". *Journal of African History*, n. 36, 1995, pp. 1-27.

_____. *Wives of the Leopard. Gender, Politics, and Culture in the Kingdom of Dahomey*. Charlottesville; Londres: University of Virginia Press, 1998.

_____. *Asen, Ancestors, and Vodun: Tracing Change in African Art*. Urbana: University of Illinois Press, 2008.

BELL, Catherine. *Ritual Theory. Ritual Practice*. Nova York; Oxford: Oxford University Press, 1992.

433

BENDER, D. R. "Agnatic or Cognatic? A Re-Evaluation of Ondo Descent", *Man*, n. 5, 1970, pp. 71-87.

BÉRAUD, M. "Note sur le Dahomé". *Bulletin de la Société de Géographie*, Paris, jul./ dez. 1866, pp. 371-86.

BERBAIN, Simone. *Le Comptoir français de Juda (Ouidah) au* XVIII *siècle*, Paris, 1942 (Mémoires de l'Institut Français d'Afrique Noire, n. 3).

BERGÉ, J. A. M. A. R. "Étude sur le Pays Mahi (1926-1928)". *Bulletin du Comité d'Études Historiques et Scientifiques de l'Afrique Occidentale Française*, v. 11, n. 4, 1928, pp. 708-55.

BERTHO, Jacques. "Les Indigènes du Dahomey et le monde invisible". *Grands Lacs. Revue Générale des Missions d'Afrique*, n. 61, jul. 1937 [1946 ?]. pp. 60-2.

_____. "Adja-Tado. Races et langues du Bas-Dahomey et du Bas-Togo". *Notes Africaines*, IFAN, n. 26, 1945.

_____. "Les Sièges des rois d'Abomey". *Notes africaines*, n. 30, 1946, pp. 7-9.

BLANCHELY, M. "Au Dahomey: Premier voyage de M. Blanchely aîné, gérant de la factorerie de M. Regis, de Marseille, à Whydah (1848)". *Les Missions Catholiques*, v. 23, 1891. pp. 534-7, 545-8.

_____. "Au Dahomey: Relation du deuxième voyage fait, en 1850, dans le royaume du Dahomé, par Blanchely aîné, en compagnie de M. Esprit Cases, nouvel agent de la factorerie française Régis aîné, de Whydah", *Les Missions Catholiques*, v. 23, 1891. pp. 562-4, 575-6.

_____. "Au Dahomey: Relation du troisième voyage fait, en 1850, dans le royaume du Dahomé, par Blanchely aîné, agent de la factorerie française de Whydah". *Les Missions Catholiques*, v. 23, 1891. pp. 587-8.

BLIER, Suzanne Preston. "King Glele of Danhomè, Part One: Divination Portraits of a Lion King and Man of Iron". *African Arts*, v. 23, n. 4, 1990, pp. 42-53, 93-4.

_____. *African Vodun: Art, Psychology, and Power*. Chicago: University of Chicago Press, 1995a.

_____. "The Path of the Leopard: Motherhood and Majesty in early Danhomè". *Journal of African History*, n. 36, 1995b. pp. 391-417.

BODDY, Janice. *Wombs and Alien Spirits. Women, Men and the Zar Cult in Northern Sudan*. Madison: The University of Wisconsin Press, 1989.

BOHANNAN, Paul. "Some Principles of Exchange and Investment Among the Tiv". *American Anthropologist*, v. 57, n. 1, 1955. pp. 60-70.

_____; DALTON, Georges (Orgs.). *Markets in Africa*. Evanston: Northwestern University Press, 1962.

BONFILS, Jean. *La Mission catholique en République du Bénin*. Paris: Karthala, 1999.

BORGHERO, Francesco. *Journal de Francesco Borghero, premier missionnaire du Dahomey (1861-1865)*. Org. de Renzo Mandirola e Yves Morel. Paris: Karthala, 1997 [1865].

BOSMAN, William. *A New and Accurate Description of the Coast of Guinea*. Londres: Frank Cass & Co., 1967 [1704].

BOUCHE, Abbé Pierre Bertrand. *Sept ans en Afrique occidentale: La Côte des Esclaves et Dahomey*. Paris: E. Plon, Nourrit et Cie. Imprimeurs-Éditeurs, 1885.

BOWEN, Rev. T. J. *A Grammar and Dictionary of the Yoruba Language*. Washington: Smithsonian Institute, 1858.

BRAGA, Júlio. *A cadeira de ogã e outros ensaios*. Rio de Janeiro: Pallas, 1999.

BRENNER, Louis. "Religious Discourses in and about Africa". In BARBER, Karin; MORAES FARIAS, Paulo Fernando (Orgs.). *Discourse and Its Disguises: The Interpretation of African Oral Texts*. Birmingham: Birmingham University, African Studies Series 1, Center of West African Studies, 1989. pp. 87-105.

_____. "Muslim Divination and the History of Religion in Sub-Saharan Africa". In: PEMBERTON, J. (Org.). *Insight and Artistry: A Cross Cultural Study of Divination in Central and West Africa*. Washington: Smithsonian Institution Press, 2000. pp. 45-59.

BROSSES, Charles de. *Du Culte des dieux fétiches ou parallèle de l'ancienne religion de l'Egypte avec la religion actuelle de Nigritie*. Paris: Fayard, 1988 [1760].

BRUE, André de. "Voyage fait en 1843, dans le royaume du Dahomey". *Revue Coloniale*, n. 7, 1845, pp. 55-68.

BRUXELLES, Fr. Celestin de. "Documenta ad Historiam Missionis Guineae Spectantia". *Analecta Ordinis Minorum Capuccinorum*, Roma, 1915 [1681-82], pp. 327-30, 357-9. 2 p.

BURTON, Richard. *A Mission to Gelélé King of Dahome*. Londres: Routledge & Kegan Paul, 1966 [1864]. [Para a citação dos apêndices foi utilizada a edição em 2 v. impressa em Londres por Tinsley Brothers, 1864.]

_____. "The Present State of Dahome". *Transactions of the Ethnological Society of London*, Londres, John Murray, v.3, n.5, 1865, pp. 400-8.

CAFURI, Roberta. "La concezione della storia nel regno del Danxomè inscritta nella capitale Abomey". *Africa: Rivista Trimestrale di Studi e Documentazione*, v. 49, n. 2, 1994, pp. 260-74.

CAPO, Hounkpati B. C. *Comparative Phonology of Gbe*. Berlim; Nova York: Foris Publications, 1991.

CARNEIRO, Edison. *Religiões negras e negros bantos*. Rio de Janeiro: Civilização Brasileira, 1991 [1937].

CARROCERA, Buenaventura de. "Misión Capuchina al Reino de Arda". *Missionalia Hispanica*, v. 6, 1949, pp. 523-46.

CASTILLO, Lisa Earl. "The Exodus of 1835: Àguda Life Stories and Social Networks". In: BABAWALE, Tunde; ALAO, Akin; ONWUMAH, Tony (Orgs.). *Pan-Africanism and the Integration of Continental Africa and Diaspora Africa*. Lagos: Centre for Black and African Arts and Civilization, 2011. v. 2, pp. 27-51.

_____; PARÉS, Luis Nicolau. "Marcelina da Silva e seu mundo: Novos dados para uma historiografia do candomblé ketu". *Afro-Ásia*, n. 36, 2007, pp. 111-51.

CHOUIN, Gérard. "Vu, Dit ou Déduit?". *Journal des Africanistes*, v. 75, n. 2, 2005, pp. 2-14. Disponível em <http://africanistes.revues.org/124>.

COISSY, Anatole. "L'Arrivée des Alladahonou à Houawé". *Études Dahoméennes*, n. 13, 1955, pp. 33-4.

COLOMBIN DE NANTES, frei. "Relation inédite d'un voyage en Guinée, adressée en 1634 à Peiresc par le P. Colombin de Nantes". Vannes/Paris: Lafolye frères/Honoré Champion/Le Dault, 1906.

COMAROFF, John; COMAROFF, Jean. "Occult Economies and the Violence of Abstraction: Notes from the South African Postcolony". *American Ethnologist*, v. 26, n. 2, 1999, pp. 279-302.

CONNEAU, Theophilus. *A Slaver's Log Book: Or, 20 Years' Residence in Africa*. Englewoods Cliffs, Nova Jersey: Prentice Hall, 1976 [1853].

CONNERTON, Paul. *How Societies Remember*. Cambridge: Cambridge University Press, 1989.

COQUERY-VIDROVITCH, Catherine. "La Fête des coutumes au Dahomey: Historique et essai d'interpretation". *Annales Économies, Sociétés, Civilisations*, v. 19, n. 4, 1964, pp. 696-716.

_____. "Recherches sur un mode de production africain". *La Pensée*, n. 144, 1969.

CORNEVIN, Robert. *Histoire du Togo*. Paris: Berger-Levrault, 1959.

COULANGES, Fustel de. *La Cité antique: Étude sur le culte, le droit, les institutions de la Grèce et de Rome*. Paris: Hachette, 1864.

CROWTHER, rev. Samuel. *A Vocabulary of the Yoruba Language*. Londres: Seebyz, 1852.

CUNHA, Manuela Carneiro da. *Negros estrangeiros: Os escravos libertos e sua volta à África*. São Paulo: Brasiliense, 1985.

CURADO, A. D. Cortez da Silva. *Dahomé. Esbôço geographico, historico, ethnographico e politico*. Lisboa: Typ. do Comercio de Portugal, 1888.

CURTIN, Philip D. *Economic Change in Precolonial Africa; Senegambia in the Era of the Slave Trade*. Madison: University of Wisconsin Press, 1975.

CURTO, José. "Resistência à escravidão na África: O caso dos escravos fugitivos recapturados em Angola, 1846-1876". *Afro-Ásia*, n. 33, 2005, pp. 67-86.

DALTON, George (Org.). *Primitive Archaic and Modern Economies: Essays of Karl Polanyi*. Boston: Beacon, 1971.

DALZEL, Archibald. *The History of Dahomey, an Inland Kingdom of Africa, Compiled from Authentic Memoirs*. Londres: Frank Cass & Co., 1967 [1793].

DAMON, Le Chevalier. "Relation très curieuse du voyage que M. Le Chevalier Damon a fait... a Issigny (1701-02)". In: ROUSSIER, Paul. *L'Établissement d'Issiny 1687-1702: Voyages de Ducasse, Tibierge et d'Amon à la Côte de Guinée*. Paris: [s.n.],1935. pp. 73-87.

DAPPER, Olfert. *Naukeurie Beschrijvinge der Afrikaensche Gewesten*. Amsterdam: [s.n.], 1668 [paginação da tradução francesa: *Description de l'Afrique contenant les noms, la situation et les confins de toutes ses parties...* Amsterdam: W. Waesberge, Boom e Van Someren, 1686].

DAVID, M. "Poterie domestique et rituelle du Sud-Bénin: Étude ethnoarchéologique". *Archives Suisses d'Anthropologie Générale*, v. 47, n. 2, 1983, pp. 121-84.

DAVIDSON, Basil. *L'Afrique avant les Blancs: Découverte du passé oublié de l'Afrique*. Paris: PUF, 1962.

DELAUNAY, Karine. *Voyages à la Côte de l'Or (1500-1750). Étude historiographique des relations de voyage sur le littoral ivoirien et ghanéen*. Paris: Afera Éditions, 1994. (Collection Essais et Documents).

DELBÉE, François de. "Journal du voyage du Sieur Delbée, commissaire général de la marine, aux isles, dans la coste de Guynée, pour l'établissement du commerce en ces pays, en l'année 1669, & la présente: avec la description particuliere du Royaume d'Ardres, & Suite du Journal du Sieur Delbée". In: CLODORÉ, D. de (Org.). *Relation de ce qui s'est passé dans les Isles et Terre-ferme de l'Amérique pendant la dernière guerre avec l'Angleterre, et depuis en exécution du Traitté de Breda... avec un journal du dernier voyage du Sr. de La Barre en la terre ferme et île de Cayenne... le tout recueilli... par J. C. S. D. V. Où est joint le journal d'un nouveau voyage fait en Guinée*. Paris: Clouzier, v. 2, 1671.pp. 347-558. 2 v.

DE MAREES, Pieter. *Beschryvinge ende historische verhael vant Gout Koninckrijck van Gunea* Amsterdam, 1602 [paginação da tradução francesa de 1605]. Edição inglesa: *Description and Historical Account of the Gold Kingdom of Guinea*, org. de Albert van Dantzig e Adam Jones. *Fontes Historiae Africanae*, Series Varia, 5, Oxford, 1987.

DIETERLEN, Germaine (Org.). *La Notion de personne en Afrique Noire*. Paris: CNRS, 1973.

DIOUF, Sylviane Anna (Org.). *Fighting the Slave Trade: West African Strategies*. Athens: Ohio University Press, 2003.

DOSSE, Afandina. "Histoire d'une théocratie, Togoville des origines à 1914". Lomé: Presses de l'Université du Bénin, 1994. (Collection Patrimoines n. 4).

DOUBLET, Jean. *Journal du corsaire Jean Doublet de Honfleur, lieutenant de frégate sous Louis XIV/ publ. d'après le manuscript autographe avec introduction, notes et additions par Charles Bréard.* Paris: Perrin, 1887 [1663-1711].

DRALSE de Grand-Pierre. *Relation de divers voyages: Faits dans l'Afrique, dans l'Amérique et aux Indes Occidentales.* Paris: Claude Jombert, 1718.

DUBARRY, A. *Voyage au Dahomey.* Paris: [s.n.],1879.

DUCASSE, Jean-Baptiste. "Relation du voyage de Guynée fait en 1687 sur la frégate 'La Tempeste' par le Sieur Du Casse". In: ROUSSIER, Paul (Org.). *L'établissement d'Issiny 1687-1702: Voyages de Ducasse, Tibierge et d'Amon à la Côte de Guinée.* Paris: [s.n.], [s.d]. pp. 1-47.

DUNCAN, John. *Travels in Western Africa in 1845 and 1846 Comprising a Journey from Whydah, through the Kingdom of Dahomey, to Adofoodia, in the Interior.* Londres: Frank Cass & Co., 1968 [1847].

DUNGLAS, Édouard. "Contribution à l'histoire du Moyen-Dahomey (Royaumes d'Abomey, de Kétou et Ouidah)". *Études Dahoméennes*, n. 19-20, 1957.

DUPRÉ, Georges; REY, Pierre Philippe. "Reflections on the Relevance of a Theory of the History of Exchange". In: SEDDON, David (Org.). *Relations of Production. Marxist Approaches to Economic Anthropology.* Nova York: Frank Cass, 1978.

DURKHEIM, Émile. *Les Formes élémentaires de la vie religieuse.* Paris: PUF, 1998 [1912]. (Quadrige).

EADES, Jeremy S. *The Yoruba Today.* Cambridge: Cambridge University Press, 1980.

EDUARDO, Otavio da Costa. *The Negro in Northern Brazil. A Study in Acculturation.* Seattle: University of Washington Press, 1966 [1948].

ELWERT, Georg. *Wirtschaft und Herrschaft von 'Daxome' (Dahomey) im 18. Jahrhundert: Okonomied es Sklavenraubs und Gesellschaftsstruktur 1724 bis 1818.* Munique: [s.n.], 1973.

ETOU, Komla. "Une Théocratie conservatrice: Le pays Bé-Togo du XVIIᵉ à la fin du XIXᵉ siècle", *Revue du CAMES*, Nouvelle Série, v. 9, n. 2, 2007, pp. 305-21.

FAGE, John D. *A History of Africa.* Londres: Hutchinson, 1978.

FALCON, R. P. Paul. "Religion du vodun". *Études Dahoméennes* (nouvelle serie), n. 18-19, 1970, pp. 1-211.

FANOU, Blandine Legonou. "Organisation socio-politique et culturelle de la ville d'Abomey, ses repercusions sur Ouidah", Cotonou, ORSTOM, 1993, mimeo.

FERRETTI, Sergio. *Querebentã de Zomadonu. Etnografia da Casa das Minas do Maranhão.* 3. ed. Rio de Janeiro: Pallas, 2009 [1985].

FERRETTI, Sergio. *Repensando o sincretismo*. São Paulo: Edusp, 1995.

FOA, Édouard. *Le Dahomey: Histoire, géographie, mœurs… expéditions françaises 1891-1894*. Paris: A. Hennuyer, 1895.

FINLEY, Moses I. *Ancient Slavery and Modern Ideology in Historical Context*. Nova York: Marcus Wiener, 1998.

FORBES, Frederick E. *Dahomey and the Dahomans, Being the Journals of Two Missions to the King of Dahomey, and Residence at His Capital, in the Years 1849 and 1850*. Londres: [s.n.], 1966 [1851]. 2 v.

FRASER, Louis. "Copy of Rough Notes from the Daily Journal of Mr Louis Fraser". House of Commons Parliamentary Papers, *Slave Trade*, 1852/53, Class B, incl. 2 in n. 4, pp. 6-46. As citações deste jornal são feitas a partir da edição crítica de Robin Law, *Dahomey and the Ending of the Trans-Atlantic Slave Trade*.

FRAZER, James. *O ramo de ouro*. Rio de Janeiro: Zahar, 1982 [1915].

FREEMAN, Thomas Birch. *Journal of Various Visits to the Kingdoms of Ashanti, Aku and Dahomi in Western Africa*. Londres: Frank Cass, 1968 [1844].

_____. "Life and Travels on the Gold Coast. Dahomey". *Western Echo*, 7/08/1886- - 31/12/1887 [cap. X-XVI].

FUGLESTAD, Finn. "Quelques Réflexions sur l'histoire et les institutions de l'ancien royaume du Dahomey et de ses voisins". *Bulletin de l'IFAN*, ser. B., XXXIX, 3, 1977, pp. 493-517.

GAVOY. "Note historique sur Ouidah". *Études Dahoméennes*, n. 13, 1955 [1913].

GAYIBOR, Nicoué Lodjou. *Histoire des Togolais: Des origines aux années 1960*. Karthala: Presses de l'Université de Lomé, 2011. 3 v.

_____. *Les Peuples et royaumes du Golfe du Bénin*. Lomé: Université du Benin, 1986.

GEERTZ, Clifford. *Negara, The Theatre State in Nineteenth Century Bali*. Princeton: Princeton University Press, 1980.

_____. *A interpretação das culturas*. Rio de Janeiro: LTC, 1989 [1973].

GESCHIERE, Peter. *The Modernity of Witchcraft. Politics and the Occult in Postcolonial Africa*. Charlottesville: University Press of Virginia, 1997 [1995].

GESTEIRA, Vinicius Lins. *Rituais jurídicos na Costa da Mina (1602-1789)*. Salvador: Universidade Federal da Bahia, 2015. Dissertação (Mestrado em Antropologia).

GLEASON, Judith. "Report from Savalu". *The Dancers' Magazine*, primavera-verão 1992, pp. 26-9.

GLÈLÈ, Maurice Ahanhanzo. *Le Daxome. Du pouvoir Ajá à la nation Fon*. Cotonou: Nubia, 1974.

GLUCKMAN, Max. *Order and Rebellion in Tribal Africa*. Glencoe, Illinois: Free Press, 1963.

_____. *Politics, Law and Ritual in Tribal Society*. Chicago: Aldine, 1965.

GODELIER, Maurice. *Horizon, Trajects marxistes en anthropologie*. Paris: Maspero, 1973.

GOLDMAN, Marcio. "A construção ritual da pessoa: a possessão no Candomblé". In: MOURA, Carlos Eugênio Marcondes de (Org.). *Candomblé, desvendando identidades*. São Paulo: EMW Editores, 1987. pp. 87-120.

_____. "Histórias, devires e fetiches das religiões afro-brasileiras: Ensaio de simetrização antropológica". *Análise Social*, v. XLIV, n. 190, 2009, pp. 105-7.

GOODY, Jack. *Succession to High Office*. Cambridge: Cambridge University Press, 1966.

GRAMSCI, Antonio. *Quaderni del Carcere*. Turim: Giulio Einaudi Editore, 1977.

GUYER, Jane I. *Marginal Gains. Monetary Transactions in Atlantic Africa*. Chicago: University of Chicago Press, 2004.

HALBWACHS, Maurice. *La Mémoire collective*. Paris: Les Presses Universitaires de France, 1950.

HAMA, Boubou; KI-ZERBO, Joseph. "Lugar da história na sociedade africana". In: KI-ZERBO, Joseph (Org.). *História geral da África. Metodologia e pré-história da África*. São Paulo: Ática; Unesco, 1982.

HARDING, Rachel Elizabeth. *A Refuge in Thunder. Candomblé and Alternative Spaces of Blackness*. Bloomington: Indiana University Press, 2000.

HAWTHORNE, Walter. "'Being Now, as It Were, One Family': Shipmate Bonding on the Slave Vessel Emilia, in Rio de Janeiro and throughout the Atlantic World". *Luso-Brazilian Review*, v. 45, n. 1, 2008, pp 53-77.

HAZOUME, Paul. *Le Pacte de sang au Dahomey*. Paris: Institut d'Ethnologie, 1937.

_____. "L'Âme du Dahoméen animiste révélée par as religion". In: *Vodun*. Paris: Présence Africaine, 1993. pp. 65-86. [*Revue Présence Africaine*, n. 14-15, 1957.]

HEGEL, Georg Wilhelm Friedrich. *The Philosophy of History*. Trad. de J. Sibree, pref. de Charles Hegel. Kitchener: Batoche Books, 2001 [1830-1].

HEINTZE, Beatrix; JONES, Adam (Orgs.). *European Sources for Sub-Saharan Africa before 1900: Use and Abuse*. Stuttgart: Franz Steiner Verlag, 1987.

HENIGE, David P. "The Problem of Feedback in Oral Tradition: Four Examples from the Fante Coastlands", *The Journal of African History*, v. 14, n. 2, 1973, pp. 223-35.

_____. "La Royauté à Elmina avant 1869: Étude sur le 'feedback' et l'idéalisation traditionnelle du passé". *Cahiers d'Études Africaines*, v. 14, n. 55, 1974, pp. 499-520.

HERSKOVITS, Melville J. "Some Aspects of Dahomean Ethnology". *Africa: Journal of the International African Institute*, v. 5, n. 3, 1932, pp. 266-96.

_____. *Dahomey, an Ancient West African Kingdom*. Nova York: J. J. Augustin Publisher, 1938. 2 v.

_____. "The Contribution of Afroamerican Studies to Africanist Research". *American Anthropologist*, v. 50, n. 1, parte 1, 1948, pp. 1-10.

_____; HERSKOVITS, Frances. *An Outline of Dahomean Religious Belief*. Memoirs of the American Anthropological Association 41. Menasha, WI: American Anthropological Association, 1933.

_____. "A Footnote to the History of Negro Slaving". *Opportunity: Journal of Negro Life*, v. 11, n. 6, jun. 1933, pp. 178-81.

_____. *Dahomean Narrative, a Cross-Cultural Analysis*. Evanston: Northwestern University, 1958. (Africa Studies 1).

HILTON, Anne. "European Sources for the Study of Religious Change in Sixteenth and Seventeenth Century Kongo". In: HEINTZE, Beatrix; JONES, Adam (Orgs.). *European Sources for Sub-Saharan Africa before 1900: Use and Abuse*. Stuttgart: Franz Steiner Verlag, 1987. pp. 289-312. (Paideuma: Mitteilungen zur Kulturkunde 33).

HOMANS, George C. "Anxiety and Ritual: The Theories of Malinowski and Radcliffe-Brown". *American Anthropologist*, n. 43, 1941, pp. 164-72.

HORTA, José da Silva. "O Islão nos textos portugueses: Noroeste africano (sécs. XV-XVII) — das representações à história". In: GONÇALVES, António Custódio (Org.). *O Islão da África Subsariana: Actas do VI Colóquio Internacional*, Centro de Estudos Africanos da Universidade de Porto, 2003, pp. 167-82.

HORTON, Robin. "African Conversion". *Africa*, v. 41, n. 2, 1971, pp. 85-108.

_____. "Stateless Societies in the History of West Africa". In: AJAYI, J. F. A.; CROWDER, M. (Orgs.). *History of West Africa*. Nova York: Columbia University Press, 1972. pp. 78-119.

HOUSEMAN, M. et al. "Notes sur la structure évolutive d'une ville historique". *Cahiers d'Études Africaines*, v. 104, n. 26-4, 1986, pp. 530-41.

ISERT, Paul Erdman. *Voyage en Guinée et dans les iles Caraïbes en Amerique*. Paris: Chez Maradan, 1793 [1789].

ISICHEI, Elizabeth. "The Quest for Social Reform in the Context of Traditional Religion: A Neglected Theme of West African History". *African Affairs*, v. 77, n. 309, 1978, pp. 463-78.

JOHNSON, Marion. "Bulfinch Lambe and the Emperor of Pawpaw: A Footnote to Agaja and the Slave Trade". *History in Africa*, v. 5, 1978, pp. 345-50.

_____. "Some Non-Narrative Sources for Precolonial West African History". In:

HEINTZE, B.; JONES, A. (Orgs.). *European Sources for Sub-Saharan Africa before 1900: Use and Abuse*. Stuttgart: Franz Steiner Verlag, 1987. pp. 81-93.

JOHNSON, Paul Christopher. *Secrets, Gossip, and Gods. The Transformation of Brazilian Candomblé*. Oxford: Oxford University Press, 2005.

JOHNSON, Rev. Samuel. *The History of the Yorubas*. Lagos: CSS Bookshops, 1976 [1921].

JUHÉ-BEAULATON, Dominique. *Les Paysages végétaux de la Côte des Esclaves du XVII siècle à la veille de la colonisation: Essai d'analyse historique*. Paris: Université de Paris I (Panthéon-Sorbonne), 1995. Tese (Doutorado).

KARL, Emmanuel. *Traditions Orales au Dahomey-Benin*. Niamey (Niger): Centre Regional de Documentation pour la Tradition Orale, 1974.

KITI, Gabriel. "Honeurs rendus aux cranes des morts". *Études Dahomeennes, nouvelle serie*, n. 11, 1968, pp. 13-7.

KOSSI, Komi. "Organisation sociale des Ajatado". *Annales de l'Université du Bénin*, v. 13, Série Lettres, 1993, pp. 3-23 (Lomé, Presses de l'Université du Benin).

LABARTHE, Pierre. *Voyage à la côte de Guinée, ou description des cotes d'Afrique, depuis le Cap Tagrin jusqu'au Cap de Lopez-Gonzalves*. Paris: [s.n.],1803.

LABAT, Le Chevalier Jean-Baptiste. *Voyage du Chevalier des Marchais en Guinée, isles voisines et à Cayenne, fait en 1725, 1726 et 1727*. Paris: Chez Saugrain, Quay de Gefvres, à la Croix Blanche, 1730. 4 v.

LABOURET, Henri; RIVET, Paul. *Le Royaume d'Arda et son Évangélisation au XVIIᵉ siècle*. Paris: Travaux et Mémoires de l'Institut d'Ethnologie, VII, 1929.

LAFFITTE, Abbé J. *Le Dahomé, souvenirs de voyage et de mission*. Tours: Alfred Mame, 1876.

LANDER, Richard. *Records of Captain Clapperton's Last Expedition to Africa*. Londres: Henry Colbourn and Richard Bentley, 1830. 2 v.

LANDES, Ruth. "A Cult Matriarchate and Male Homosexuality". *Journal of Abnormal and Social Psychology*, v. 35, n. 3, 1940, pp. 386-97.

LARANJEIRA, Lia Dias. *Representações sobre o culto da serpente no reino de Uidá: Um estudo da literatura de viagem europeia. Séculos XVII e XVIII*, Salvador: Edufba, 2014.

LAW, Robin. "Human Sacrifice in Pre-Colonial West Africa". *African Affairs*, v. 84, n. 334, 1985, pp. 53-87.

_____. "Ideologies of Royal Power: The Dissolution and Reconstruction of Political Authority on the 'Slave Coast', 1680-1750". *Africa: Journal of the International African Institute*, v. 57, n. 3, 1987, pp. 321-44.

_____. "History and Legitimacy: Aspects of the Use of the Past in Precolonial Dahomey". *History in Africa*, v. 15, 1988, pp. 431-56.

LAW, Robin. "'My Head Belongs to the King': On the Political and Ritual Significance of Decapitation in Pre-Colonial Dahomey". *The Journal of African History*, v. 30, n. 3, 1989, pp. 399-415.

_____. "'The Common People were Divided': Monarchy, Aristocracy and Political Factionalism in the Kingdom of Whydah, 1671-1727". *The International Journal of African Historical Studies*, v. 23, n. 2, 1990, pp. 201-29.

_____. "Further Light on Bulfinch Lambe and the 'Emperor of Pawpaw': King Agaja of Dahomey's Letter to King George I of England, 1726". *History of Africa*, n. 17, 1990, pp. 211-26.

_____. *The Slave Coast of West Africa 1550-1750. The Impact of the Atlantic Slave Trade an an African Society*. Oxford: Clarendon Press, 2002 [1991].

_____. "Religion, Trade and Politics on the 'Slave Coast': Roman Catholic Missions in Allada and Whydah in the Seventeenth Century". *Journal of Religion in Africa*, v. 21, n. 1, 1991, pp. 42-77.

_____. *The Kingdom of Allada*. Leiden: Research School CNWS, CNWS Publications, 1997.

_____. "An Alternative Text of King Agaja of Dahomey's Letter to King George I of England, 1726", *History in Africa*, v. 29, 2002, pp. 257-71.

_____. *Ouidah: The Social History of a West African Slaving Port, 1727-1892.* Athens: Ohio University Press, 2005.

_____. *Dahomey and the Ending of the Trans-Atlantic Slave Trade: Journals and Correspondence of Vice-Consul Louis Fraser, 1851-1852.* Oxford: Oxford University Press 2012.

LE HERISSE, A. *L'Ancien Royaume du Dahomey: Moeurs, religion, histoire*. Paris: Émile Larose, 1911.

LEPINE, Claude. "As metamorfoses de Sakpata, deus da varíola". In: MOURA, Carlos Eugênio Marcondes de (Org.). *Leopardo dos olhos de fogo: Escritos sobre a religião dos orixás VI*. São Paulo: Ateliê Editorial, 1998. pp. 119-44.

LÉVI-STRAUSS, Claude. *O pensamento selvagem*. São Paulo: Editora Nacional/ Edusp, 1970.

_____. *Minhas palavras*. São Paulo: Brasiliense, 1986.

LEWIS, Ioan M. *Êxtase religioso: Um estudo antropológico da possessão por espírito e do xamanismo*. São Paulo: Perspectiva, 1977 [1971].

LIMA, Vivaldo da Costa. "Os obás de Xangô". *Afro-Ásia*, n. 2-3, 1966, pp. 5-36.

_____. *A família de santo nos candomblés Jeje-Nagôs da Bahia: Um estudo de relações intragrupais*. Salvador: Corrupio, 2003 [1977].

LLOYD, P. C. "Agnatic and Cognatic Descent among the Yoruba". *Man*, New Series, v. 1, n. 4, 1966, pp. 484-500.

LOMBARD, Jacques. "Contribution à l'histoire d'une ancienne societé politique du

Dahomey: La royaute d'Allada". *Bulletin de l'IFAN*, ser. B, v. 29, n. 1-2, 1966, pp. 40-66.

MACGAFFEY, Wyatt. "Fetishism Revisited: Kongo 'Nkisi' in Sociological Perspective". *Africa: Journal of the International African Institute*, v. 47, n. 2, 1977, pp. 172-84.

_____. "African Objects and the Idea of Fetish". *Res: Journal of Anthropology and Aesthetics*, n. 25, 1994, pp. 122-31.

MACKENZIE, Peter Rutherford. *Hail Orisha!: A Phenomenology of a West African Religion in the Mid-Nineteenth Century*. Leiden: Brill Academic Publishers, 1997.

MAIRE, Victor-Louis. *Dahomey. Abomey: La dynastie dahoméenne. Les palais: Leurs bas-re-liefs*. Besançon: Abel Cariage, 1905.

MALINOWSKI, Bronisław. *Os argonautas do Pacífico ocidental*. São Paulo: Ática, 1984 [1922].

MANNING, Patrick. *Slavery, Colonialism and Economic Growth in Dahomey, 1640--1960*. Cambridge: Cambridge University Press, 2004 [1982]. (African Studies Series 30).

MARCELIN, Louis Heins. *A invenção da família afro-americana. Família, parentesco e domesticidade entre os negros do Recôncavo da Bahia, Brasil*. Rio de Janeiro: UFRJ, 1996. Tese (Doutorado).

MARTI, Monserrat Palau. *Le Roi-Dieu au Bénin, Sud Togo, Dahomey, Nigeria occidentale*. Paris: Berger-Levrault, 1964.

MARTY, Paul. *Études sur l'Islam au Dahomey: Le Bas Dahomey — Le Haut Dahomey*. Paris: Éditions Ernest Leroux, 1926.

MATORY, Lorand. *Vessels of Power: The Dialectical Symbolism of Power in Yoruba Religion and Polity*. Chicago: University of Chicago, 1986. Dissertação (Mestrado).

_____. *Black Atlantic Religion: Tradition, Trans-Nationalism and Matriarchy in the Brazilian Candomblé*. Princeton: Princeton University Press, 2005.

_____. "The Many Who Dance in Me: Afro-Atlantic Ontology and the Problem with 'Transnationalism'". In: CSORDAS, Thomas J. (Org.). *Transnational Transcendence: Essays on Religion and Globalization*. Berkeley: University of California Press, 2009. pp. 231-62.

MATTOS, Hebe. "Apresentação. Dossiê patrimônio e memória da escravidão atlântica: História e política", *Tempo*, n. 29, 2011, pp. 11-4.

MAUPOIL, Bernard. *La Géomancie à l'ancienne Côte des Esclaves*. Paris: Institut d'Ethnologie, 1988 [1946].

MAUSS, Marcel. "Essai sur le don, forme et raison de l'échange dans les societés archaïques". In: *Sociologie et anthropologie.* Paris: PUF/Quadrige, 2001 [1923-4]. pp. 143-279.

MAUSS, Marcel; HUBERT, Henri. "Essai sur la nature et la fonction du sacrifice". *Année Sociologique,* n. 2, 1899, pp. 29-138.

MCKNIGHT, Kathryn Joy. "'En su tierra lo aprendió': An African Curandero's Defense before the Cartagena Inquisition". *Colonial Latin American Review,* v. 12, n. 1, 2003, pp. 63-84.

MEILLASSOUX, Claude. "From Reproduction to Production: A Marxist Approach to Economic Anthropology". *Economy and Society,* v.1, n. 1, 1972, pp. 93-105.

MENDES, Luiz Antonio de Oliveira. "Memória histórica sobre os costumes particulares dos povos africanos, com relação privativa ao reino de Guiné, e nele com respeito ao rei de Daomé, recitada, em 23 de maio de 1806, na Academia Real das Ciências de Lisboa". *Afro-Ásia,* n. 28, 2002 [1806], pp. 253-94 (apresentação e comentários de Alberto da Costa e Silva).

MERCIER, Paul. "The Fon of Dahomey". In: FORDE, D. (Org.). *African Worlds: Studies in the Cosmological Ideas and Social Values of African peoples.* Oxford: Oxford University Press, 1954. pp. 210-34.

MERLO, Christian. "Hiérarchie fétichiste de Ouidah. Inventaire ethnographique, démographique et statistique des fétiches de la ville de Ouidah, Dahomey". *Bulletin de l'IFAN,* v. 2, n. 1-2, 1940, pp. 1-84.

MERLO, Christian; VIDAUD, Pierrre. "Dangbé et le peuplement houéda". In: MEDEIROS, François de (Org.). *Peuples du Golfe du Bénin (Aja-Ewé).* Paris: Karthala, 1984. pp. 269-304.

MINTZ, Sidney W.; PRICE, Richard. *The Birth of Afro-American Culture. An anthropological perspective.* Boston: Beacon Press, 1992.

M'LEOD, John. *A Voyage to Africa with Some Account of the Manners and Customs of the Dahomean People.* Londres: Frank Cass, 1971[1820].

MONROE, J. Cameron. *The Precolonial State in West Africa. Building Power in Dahomey.* Nova York: Cambridge University Press, 2014.

MOREL, Christine Botchi. *Femmes et developpement durable en Afrique noire. Essai de comprehension de la relation entre le contexte matrimonial ajatado du kufo et le developpement durable.* Fribourg: Faculté des Lettres de l'Université de Fribourg, 2007. Tese (Doutorado).

MORGAN, Lewis Henry. *Ancient Society.* Londres: Macmillan, 1877.

MOSELEY, Katherine Payne. "The Political Economy of Dahomey". *Research in Economic Anthropology,* n. 11, 1979, pp. 69-90.

MOTT, Luiz. "Acotundá: Raízes setecentistas do sincretismo religioso afro-brasileiro". *Revista do Museu Paulista,* São Paulo, USP, n. 31, 1986, pp.124-47.

MUDIMBE, Valentin Y. *The Invention of Africa, Gnosis, Philosophy, and the Order of Knowledge*. Londres: James Currey, 1988.

N***, Mr. *Voyages aux côtes de Guinée et en Amérique*. Amsterdam: Etienne Roger, 1719.

NAJERA, frei José de. *Espejo mystico, en que el hombre interior se mira prácticamente illustrado*. Madri: [s.n.], 1672. (BN 2/69143).

_____ (Coord.). *Doctrina Christiana; Y Explicación de sus Misterios en Nuestro Idioma Español, y en Lengua Arda. Consagranse, y Dedicanla a la Concepción Purissima de María Santissima Señora nuestra los primeros Misioneros de aquel Reyno*. Madri: Domingo García Morras, 1658. [Ver Labouret & Rivet].

NARDIN, Jean-Claude. "Que Savons-Nous du Chevalier Des Marchais" In: DAGET, S. (Org.). *De La Traite à l'esclavage: Actes du colloque international sur la traite des Noirs*. Paris: Societé Française d'Histoire d'Outre-Mer, v. 1, 1988. pp. 325-45.

_____. "La Reprise de relations franco-dahoméennes au XIXe siècle: La Mission d'Auguste Bouët à lacour d'Abomey (1851)". *Cahiers d'Études Africaines*, v. 7, n. 25, 1967, pp. 59-126.

NORMAN, Neil L. "Powerful Pots, Humbling Holes, and Regional Ritual Processes: Towards an Archaeology of Huedan Vodun, c. 1650-1727". *African Archaeological Review*, n. 26, 2009, pp. 187-218.

NORRIS, Robert. *Memoirs of the Reign of Bossa Ahadee, King of Dahomy*. Londres: Frank Cass, 1968 [1789].

OLIVER, Roland. *A experiência africana: Da pré-história aos dias atuais*. Rio de Janeiro: Jorge Zahar, 1994 [1991].

PALMIÉ, Stephan. *Wizards & Scientists. Explorations in Afro-Cuban Modernity and Tradition*. Durham; Londres: Duke University Press, 2002.

_____. "*Ekpe/Abakuá* in Middle Passage: Time, Space and Units of Analysis in African American Historical Anthropology". In: APTER, Andrew; DERBY, Lauren (Orgs.). *Activating the Past: History and Memory in the Black Atlantic World*. Cambridge: Cambridge Scholars Publishing, 2010. pp. 1-44.

PARÉS, Luis Nicolau. *The Phenomenology of Spirit Possession in the Tambor de Mina: An Ethnographic and Audiovisual Study*. Londres: University of London, 1997. Tese (Doutorado).

_____. "The Jeje in the Tambor de Mina of Maranhão and in the Candomblé of Bahia". In: MANN, K.; BAY, E. (Orgs.). *Rethinking the African Diaspora: The Making of a Black Atlantic World in the Bight of Benin and Brazil*. Londres: Frank Cass, 2001. pp. 91-115.

PARÉS, Luis Nicolau. "O triângulo das *tobosi* (uma figura ritual no Benin, Maranhão e Bahia)", *Afro-Ásia*, n. 25-6, 2001, pp. 177-213.

_____. "Transformations of the Sea and Thunder Voduns in the Gbe-Speaking Area and in the Bahian Jeje Candomblé". In: CURTO, J. C.; SOULODRE-LA FRANCE, R. (Orgs.). *Africa and the Americas: Interconnections during the Slave Trade*. Trenton, NJ: Africa World Press, 2005. pp. 69-93.

_____. *A formação do candomblé: História e ritual da nação jeje na Bahia*. Campinas: Editora da Unicamp, 2007 [2006].

_____. "Shango in Afro-Brazilian Religion: Aristocracy and 'Syncretic' Interactions". *Religioni e Società*, Florença, v. 54, pp. 20-39.

_____. "The Hula 'Problem': Ethnicity in the Pre-Colonial Slave-Coast". In: FALOLA, T.; CHILDS, M. (Orgs.). *The Changing Worlds of Atlantic Africa: Essays in Honor of Robin Law*. Durham: Carolina Academic Press, 2009. pp. 323--46.

_____. "Memories of Slavery in Religious Ritual: A Comparison between the Benin Vodun Cults and Bahian Candomblé". In: APTER, Andrew; DERBY, Lauren (Orgs.). *Activating the Past: History and Memory in the Black Atlantic World*. Cambridge: Cambridge Scholars Publishing, 2010, pp. 71-97.

_____. "Cartas do Daomé: Uma introdução". *Afro-Ásia*, n. 47, 2013, pp. 295--395.

_____. "Afro-Catholic Baptism and the Articulation of a Merchant Community, Agoué 1840-1860". *History in Africa*, n. 42, 2015, pp. 165-201.

_____; CASTILLO, Lisa Earl. "José Pedro Autran e o retorno de Xangô". *Religião e Sociedade*, v. 35, n. 1, 2015, pp. 13-43.

PARRINDER, Geoffrey. *African Traditional Religion*. Londres: Hutchinson's University Library, 1954.

_____. *West African Religion. A Study of the Beliefs and Practices of Akan, Ewe, Yoruba, Ibo and Kindred Peoples*. Londres: The Epworth Press, 1961 [1949].

PATTERSON, Orlando. *Slavery and Social Death: A Comparative Study*. Cambridge: Harvard University Press, 1982.

PAZZI, Roberto. *Introduction à l'histoire de l'aïre culturelle ajatado*. Lomé: Université du Benin, Institut National des Sciences Humaines, 1979.

_____. "Aperçu sur l'implantation actuelle et les migrations anciennes des peuples de l'aire culturelle Aja-Tado". In: MEDEIROS, François de (Org.). *Peuples du Golfe du Bénin (Aja-Ewé)*. Paris: Karthala, 1984. pp. 10-9.

PEEL, John. "A Comparative Analysis of Ogun in Precolonial Yorubaland". In: BARNES, S. T. (Org.). *Africa's Ogun. Old World and New*. Indianápolis: Indiana University Press, 1997.

PEEL, John. *Religious Encounter and the Making of the Yoruba.* Indianápolis: Indiana University Press, 2000.

PEIXOTO, António da Costa. *Obra nova da língua geral de Mina.* Lisboa: Agência Geral das Colônias, 1943-44 [1741]. (Manuscrito da Biblioteca Pública de Évora, publ. e apres. por Luís Silveira em 1943).

PEREIRA, Nunes. *A Casa das Minas. Culto dos voduns Jeje no Maranhão.* Petropólis: Vozes, 1979.

PHILLIPS, Thomas Capt. "A Journal of a Voyage Made in the Hannibal of London, to Cape Monseradoe, in Africa, and thence along the Coast of Guiney to Whidaw… St. Thomas… with… account of the country, the people, their manners… Ann. 1693, 1694". In: CHURCHILL, Awnsham; CHURCHILL, John (Orgs.). *Collection of Voyages and Travels.* Londres: Astley, Schwabe, v. 6, 1732. pp. 171-239.

PIETZ, William. "The Problem of the Fetish, I". *Res: Anthropology and Aestheics,* v. 9, primavera 1985, pp. 5-17.

_____. "The Problem of the Fetish, II: The Origin of the Fetish". *Res: Anthropology and Aestheics,* v. 13, primavera 1987, pp. 23-45.

_____. "The Problem of the Fetish, IIIa: Bosman's Guinea and the Enlightenment Theory of Fetichism". *Res: Anthropology and Aestheics,* v. 16, outono 1988, pp. 106-23.

PIRES, P. Vicente Ferreira. *Viagem de África em o reino de Dahomé.* São Paulo: Companhia Editora Nacional, 1957 [1800]. (Biblioteca Pedagógica Brasileira, série 5a, Brasiliana, v. 287, introd. de Clado Ribeiro de Lessa).

POIRIER, M. J. "Extrait d'une lettre de M. J. Poirier, missionaire, à M. Planque, Supérieur du séminaire des Missions Africaines à Lyon", Porto Novo, 19/12/1874. *Annales de la Propagation de la Foi,* Lyon, v. 40, 1876, pp. 61-6.

POLANYI, Karl. *Dahomey and the Slave Trade.* Seattle: University of Washington Press, 1966.

_____; et al. (Orgs.). *Trade and Market in the Early Empires,* Chicago: Regnery, 1971.

POMMEGORGE, Joseph Pruneau de. *Description de la Nigritie par M. P.D.P.* Paris: Maradan, 1789.

PRITCHARD, E. Evans. *Las teorías de la religión primitiva.* Madri: Siglo XXI, 1990 [1965].

_____; FORTES, Meyer (Orgs). *Sistemas políticos Africanos.* Lisboa: Fundação Calouste Gulbenkian, 1981 [1940].

QUÉNUM, Maximilien. *Au Pays des fons. Us et coutumes du Dahomey.* Paris: Maisonneuve et Larose, 1999 [1936].

RANDSBORG, Klavs; MERKYTE, Inga. "Bénin Archaeology. The Ancient Kingdoms". *Acta Archaeologica*, v. 80, n. 1, 2009, pp. 5-282.

REIS, João José. "Candomblé in Nineteenth-Century Bahia: Priests, Followers, Clients". In: MANN, K.; BAY, E. (Orgs.). *Rethinking the African Diaspora: The Making of a Black Atlantic World in the Bight of Benin and Brazil*. Londres: Frank Cass & Co., 2001. pp. 116-34.

_____; SILVA, Eduardo. *Conflito e negociação: A resistência negra no Brasil escravista*. São Paulo: Companhia das Letras, 1989.

REPIN, M. le Dr. "Voyage au Dahomey. Par M. le Dr. Repin, ex-chirugien de la marine impériale. 1860. *Tour du Monde*, v. 161-3, 1863, pp. 65-112.

RIDGWAY, Archibald. "Journal of a Visit to Dahomey, or the Snake Country, in the Months of March and April 1847", 3 partes. *New Monthly Magazine*, n. 81, 1847, pp. 187-98, 299-309, 406-14.

ROBERTSON, G. A. *Notes on Africa*. Londres: Sherwood/Needly & Jones, 1819.

RODRIGUES, Nina. *Os africanos no Brasil*. São Paulo: Companhia Editora Nacional, 1977 [1906]. (Coleção Brasiliana, n. 9).

RONEN, Dov. "On the African Role in the Trans-Atlantic Slave Trade in Dahomey". *Cahiers d'Etudes Africaines*, n. 41, 1971, pp. 5-13.

_____. *Traditional Dahomey: A Search for the "State" in Precolonial Africa*. Jerusalém: Hebrew University of Jerusalem, 1975. Tese (Doutorado). Mimeo.

ROSS, David. "The Dahomean Middleman System, 1727-c. 1818". *The Journal of African History*, v. 28, n. 3, 1987, pp. 357-75.

RUFER, Mario. "A diáspora exorcizada, a etnicidade (re)inventada: historiografia pós-colonial e políticas da memória sobre o Daomé". *Afro-Ásia*, n. 34, 2006, pp. 67-103.

SANDOVAL, Alonso de. *Naturaleza, policia sagrada i profana, costumbres i ritos, disciplina i catechismo evangelico de todos Etiopes*. Sevilha: [s.n.], 1627.

SANSI, Roger. "'Fazer o santo': Dom, iniciação e historicidade nas religiões afro-brasileiras", *Análise Social*, v. XLIV, n. 1, 2009, pp. 139-160.

_____. "Sorcery and Fetishism in the Modern Atlantic". In: PARÉS, Luis Nicolau; SANSI, Roger (Orgs.). *Sorcery in the Black Atlantic*. Chicago: University of Chicago Press, 2011. pp. 19-39.

SANTOS, Juana Elbeim dos. *Os nàgo e a morte: pàde, àsésé e o culto égun na Bahia*. Petrópolis: Vozes, 1986.

SAVARY, Claude. *La Pensée symbolique des fô du Dahomey. Tableau de la societé et étude de la litterature orale d'expression sacrée dans l'ancien royaume du Dahomey*. Genebra: Éditions Médecine et Hygiène, 1976.

SCOTT, James C. *Domination and the Arts of Resistance: Hidden Transcripts*. New Haven: Yale University Press, 1990.

SCOTT, James C. *The Moral Economy of the Peasant: Rebellion and Subsistence in Southeast Asia*. New Haven: Yale University Press, 1977.

SEGUROLA, R. P. B.; RASSINOUX, J. *Dictionnaire Fon-Français*. Cotonu: Societé des Missions Africaines, 2000 [1963].

SHAW, Rosalind. *Memories of the Slave Trade: Ritual and the Historical Imagination in Sierra Leone*. Chicago: The University of Chicago Press, 2002.

SILVA, Alberto da Costa e. *A enxada e a lança: A África antes dos portugueses*. 2. ed. rev. ampl. Rio de Janeiro: Nova Fronteira, 1996.

_____. *Francisco Félix de Souza, mercador de escravos*. Rio de Janeiro: Nova Fronteira, 2004.

SILVA JÚNIOR, Carlos Francisco da. *Identidades afro-atlânticas: Salvador, século XVIII (1700-1750)*. Salvador: Universidade Federal da Bahia, 2011. Dissertação (Mestrado em História Social).

SINOU, M. A.; AGBO, M. B. (Orgs.). *Ouidah et son patrimonie*. Paris: Orstom--Serhau, 1991.

SKERTCHLY, J. A. *Dahomey as It Is, Being a Narrative of Eight Month's Residence in that Country*. Londres: Chapman and Hall, 1874.

SLENES, Robert W. "A Central African 'Nation' in Brazil? Plantation Slave Identity and Resistance in Rio de Janeiro and São Paulo, c. 1810-1888". In: Seminário Rethinking Histories of Resistance in Brazil and Mexico. Valle del Bravo, México, 11-13 setembro 2007.

SMITH, William. *A New Voyage to Guinea*. Londres: [s.n.], 1744.

SNELGRAVE, William. *A New Account of Some Parts of Guinea and the Slave Trade*. Londres: Frank Cass & Co., 1971 [1734].

SOGBOSSI, Hippolyte Brice. *Contribuição ao estudo da cosmologia e do ritual entre os Jeje no Brasil: Bahia e Maranhão*. Rio de Janeiro: UFRJ, 2004. Tese (Doutorado em Antropologia Social).

SOSSOUHOUNTO, F. "Les Anciens Rois de la dynastie d'Abomey. Essai généalogique et historique". *Études Dahoméennes*, n. 13, 1955, pp. 25-30.

SOUMONNI, Elisée. "Doenças, religião e medicina: a varíola no Benim, século XIX". *História, Ciências, Saúde: Manguinhos*, n. 19, 2012, pp. 35-45.

SOUZA, Laura de Mello e. *O diabo e a Terra de Santa Cruz*. São Paulo: Companhia das Letras, 1999 [1986].

STOLLER, Paul. *Embodying Colonial Memories. Spirit Possession, Power and the Hauka in West Africa*. Nova York: Routledge, 1995.

SURET-CANALE, Jean. "Les Sociétés traditionnelles en Afrique tropicale et le concept de mode de production asiatique". *La Pensée*, n. 177, 1964, pp. 21-42.

SURGY, Albert de. "Les Capacités d'évolution de la religion traditionnelle adja-é-

-vhé". In: CHRÉTIEN, Jean-Pierre (Org.). *L'Invention religieuse en Afrique: Histoire et religion en Afrique Noire*. Paris: Karthala, 1992. pp. 35-48.

SURGY, Albert de. "Le Roi-Prêtre des Evhé du Sud-Togo". Lomé: Presses de l'Université du Bénin, 1994. (Collection Patrimoines, n. 4).

SWEET, James H. *Domingos Alvares, African Healing, and the Intellectual History of the Atlantic World*. Chapel Hill: University of North Carolina Press, 2011.

TAUSSIG, Michael. *Shamanism, Colonialism and the Wild Man: A Study in Terror and Healing*. Chicago: University of Chicago Press, 1987.

_____. *Mimesis and Alterity: A Particular History of the Senses*. Nova York: Routledge, 1993.

THIOUB, Ibrahima. "L'Esclavage et ses traites en Afrique, discours mémoriels et savoirs interdits". *Historiens Geographes du Senegal*, n. 8, set. 2009, pp. 15-28.

THOMPSON, E. P. "The Moral Economy of the English Crowd in the 18th Century". *Past & Present*, n. 50, 1971, pp. 76-136.

THORNTON, John K. *The Kongolese Saint Anthony: Dona Beatriz Kimpa Vita and the Antonian Movement, 1684-1706*. Cambridge: Cambridge University Press, 1998.

_____. "Religious and Ceremonial Life in the Kongo and Mbundu Areas, 1500--1700". In: HEYWOOD, Linda. (Org.). *Central Africans and Cultural Transformations in the American Diaspora*. Cambridge: Cambridge University Press, 2002.

TIDJANI, Abdou Serpos. *Notes sur le marriage au Dahomey*. Yaoundé: Éditions Nouvelles du Sud, 1998.

TURNER, Victor. *Drums of Affliction*. Oxford: Oxford University Press, 1968.

_____. *Dramas, Fields and Metaphors*. Ithaca: Cornell University Press, 1974.

_____. *The Ritual Process: Structure and Anti-Structure*. Nova York: Aldine de Gruyter, 1995 [1969].

TYLOR, Edward B. *Primitive Culture*. Londres: J. Murray, 1871.

VALLON, A. "Le Royaume de Dahomey". *Revue Maritime et Coloniale*, parte 1, v. 2, ago. 1861, pp. 332-62; parte 2 ("Voyage a Abomey" [1856-8]), v. 3, out. 1861, pp. 329-58.

VAN DANTZIG, Albert. *Dutch Documents Relating to the Gold Coast and the Slave Coast (Coast of Guinea) 1680-1740 (Translations of letters and papers collected in the Algemeen Rijks Archief, State Archives of the Netherlands at The Hague)*. [S.l.]: [s.n.], 1971.

VERGER, Pierre. "Le Culte des vodun d'Abomey aurait-il eté apporté à Saint-Louis de Maranhon par la mère de Ghezo". In: *Les Afro-Américains*. Dakar: IFAN, 1952. pp.157-62. (Mémoires de l'Institut Français d'Afrique Noire, n. 27).

_____. *Notes sur le culte des orisa et vodun à Bahia, la baie de tous les Saints au*

Brésil et à l'ancienne Côte des esclaves en Afrique, Dakar: IFAN, 1957. (Mémoires de l'Institut Français d'Afrique Noire, n. 51).

VERGER, Pierre. "The Yoruba High God: A Review of the Sources". *Odù, A Journal of African Studies*, v. 2, n. 3, 1966, pp. 19-40.

_____. *Fluxo e refluxo do tráfico de escravos entre o golfo do Benin e a Bahia de todos os Santos*. São Paulo: Corrupio, 1987 [1968].

_____. "Raisons de la survie des religions africaines au Brésil". In: *Vodun*, Paris: Présence Africaine, 1993. pp. 141-56.

_____. "Uma rainha africana mãe de santo em São Luís". *Revista USP*, 1990, pp.151-8.

_____. *Os libertos: Sete caminhos na liberdade de escravos da Bahia no século XIX* São Paulo: Corrupio, 1992.

VILLAULT, Nicholas. *Relation des costes d'Afrique appelées Guinée: avec la description du pays, mœurs et façons de vivre des habitans, des productions de terre et des marchandises qu'on en apporte... le tout remarqué dans le voyage qu'il y a fait en 1666 et 1667 par le sieur Villault*. Paris: D. Thierry, 1669.

WALLERSTEIN, Immanuel. "The Three Stages of African Involvement in the World Economy". In: GUTKIND, Peter C. W.; WALLERSTEIN, Immanuel (Orgs.). *The Political Economy of Contemporary Africa*. Beverly Hills: Sage, 1976. pp. 30-57.

WEBER, Max. *Economia e Sociedade. Fundamentos de sociologia compreensiva*. Brasília: Edub, 1994 [1972].

_____. "Parenthèse Théorique". *Archives de Sciences Sociales des Religions*, v. 61, n. 1, 1986, pp. 7-34.

WILLIAMS, Eric. *Slavery and Capitalism*. Chapel Hill, NC: University of North Carolina Press, 1994 [1944].

WILLMONT, Commodore. "Extratos de correspondência". *British and Foreign State Papers 1863-4*. Londres: William Ridgway, 1869. v. 54, pp. 322-71.

YAI, Olabiyi Babalola. "Texts of Enslavement: Fon and Yoruba Vocabularies from Eighteenth and Nineteenth-century Brazil". In: LOVEJOY, Paul (Org.). *Identity in the Shadow of Slavery*. Londres: Continuum, 2000. pp. 102-12.

_____. "From Vodun to Mahu: Monotheism and History in the Fon Cultural Area". In: CHRÉTIEN, Jean-Pierre (Org.). *L'Invention religieuse en Afrique: Histoire et religion en Afrique Noire*. Paris: Karthala, 1992. pp. 242-63.

YODER, John C. "Fly and Elephant Parties: Political Polarization in Dahomey, 1840-1870". *The Journal of African History*, v. 15, n. 3, 1974, pp. 417-32.

ZAMORA, Basilio de. *Cosmographia, o descripción del mundo*. Toledo: Biblioteca Publica do Estado, 1675. (Colección de MSS Bornon-Lorenzo, 47).

AOM, Archives d'Outre-Mer, Aix-en-Provence

   Fonds Ministeriels/ Depôt des Fortifications de Colonies/ Série C.6 Sénégal et Côtes d'Afrique / C.6/25, C.6/26 e C.6/27.

   Fonds Ministeriels/ Depôt des Fortifications de Colonies/ Col XIII/ Mémoires.

   Ms 104, Anônimo, "Relation du Royaume de Judas en Guinée, de son gou-
   vernement, des mouers de ses habitants, de leur religion et du negoce qui
   sy fait", *c.* 1708-14.

   Ms 105, "Mémoire concernant le commerce des negres que se fait à la Coste de Guinée (joint à la lettre de Mr de Beauharnois du 7 mars de 1715)",
   mar. 1715.

   Ms 111, Chenevert e Bulet, "Réflexions sur Juda par les Sieurs de Chenevert
   et abbé Bulet", jun. 1776.

   Ms 112, Anônimo, "Mémoire sur Juda sans nom d'auteur", 1778.

   Ms 118, Gourg, "Mémoire pour servir d'instruction au directeur qui me
   succédera au Comptoir de Juda", 1791.

APEB, Arquivo Público do Estado da Bahia, Salvador, Colonial, maços 89, 142, 193,
   197

BN, Biblioteca Nacional, Madri

   Ms 18178, Matheo de Anguiano, *Segunda parte de la Chronica de los Meno-
   res Capuchinos de Nuestro Seráfico Padre San Francisco desta Provincia de la
   Encarnación de las Castillas*, Livro II, cap. VI: "Dasse noticia del Reyno de
   Arda vezino del de Benín; y de la Missión que los nuestros hizieron en él
   por los años de 1659 de orden de la Sacra Congregazión, a petición de
   Nuestro Cathólico Monarca", fl. 211v-213.

BNP, Bibliothèque Nationale, Paris

   Des Marchais (Jean Pierre Thibault). "Journal du Voyage de Guinee et Cayenne
   par le Chevalier des Marchais", 1727. Fonds Français, manuscrito n. 24223.

HCPP, House of Commons Parliamentary Papers

   1850 [1291] Class B. Correspondence with British ministers and agents in
   foreign countries, and with foreign ministers in England, relating to the
   slave trade. From April 1, 1849, to March 31, 1850.

   1851 [1424] Class A. Correspondence with the British commissioners at

Sierra Leone, Havana, the Cape of Good Hope, Jamaica, Loanda, and the Cape Verd Islands; and reports from British Vice-Admiralty Courts, and from British naval officers, relating to the slave trade. From April 1, 1850, to March 31, 1851.

1851 [1424-II] Class B. Correspondence with British ministers and agents in foreign countries, and with foreign ministers in England, relating to the slave trade. From April 1, 1850, to March 31, 1851.

1852-53 (0.4) Class A. Correspondence with the British commissioners at Sierra Leone, Havana, the Cape of Good Hope, and Loanda; and reports from British Vice-Admiralty Courts, and from British naval officers, relating to the slave trade. From April 1, 1852, to March 31, 1853.

1852-53 (0.5) Class B. Correspondence with British ministers and agents in foreign countries, and with foreign ministers in England, relating to the slave trade. From April 1, 1852, to March 31, 1853.

IHGB, Instituto Histórico e Geográfico Brasileiro, Rio de Janeiro
Projeto Acervo Digital Angola-Brasil (Padaba), DVD 3-616.

NYPL, SCRBC, New York Public Library, Schomburg Center for Research in Black Culture, Nova York
MG261, Herskovits Papers, Box 21.

TCRL, The Cadbury Research Library, University of Birmingham
Church Missionary Society, B/OMS/CA2/016/33-34, "Extracts from the Journal of Mr. Dawson and from letters to F. Fitzgerald, 1861-2.

TNA, The National Archives, Kew
ADM 7/830B, Barbot, Jean. "Description des côtes d'Affrique", 1688.
ADD 19560, SCH 52675, Des Marchais. "Journal du voyage en Guinée", 1704.
T 70/5 "Letter books, Whydah, 1705-1714".
T 70/13 "Letter books, Whydah, 1703-1704".
T 70/54 "Letter books, Cape Coast Castle, 1728-1740".
T 70/1158-1163, "Day Books for William's Fort, Whydah, 1751-1812".
T 70/1475 "Letters from William Baillie, 1717-1719".
T 70/1580 "Detached papers, 1802-1803".
C 113/276 ""Letters from William Baillie, 1718".
FO 84/816, "Journal of Consul Beecroft, 1850".
FO 881/1088, "Journal & Mission to Dahomey (Liet. F. E. Forbes), 1850".

Créditos das imagens

p. 84: Frederick E. Forbes. *Dahomey and the Dahomans, Being the Journals of Two Missions to the King of Dahomey, and Residence at His Capital, in the Years 1849 and 1850*. Londres: [s.n.], 1966 [1851]. v. 2, p. 56.

p. 109, à esq: BNP, Bibliothèque Nationale. Des Marchais (Jean Pierre Thibault). "Journal du Voyage de Guinee et Cayenne par le Chevalier des Marchais", 1727. Paris: Fonds Français, manuscrito n. 24223, f. 101

p. 109, à dir.: Le Chevalier Jean-Baptiste Labat. *Voyage du Chevalier des Marchais en Guinée, isles voisines et à Cayenne, fait en 1725, 1726 et 1727*. Paris: Chez Saugrain, Quay de Gefvres, à la Croix Blanche, 1730. v. 2, p. 161.

p. 111: Imagem cedida gentilmente por Henry Drewal. Coleção Exotico-phylacium Weickmannianum, Museu Ulmer, Ulm, Alemanha.

p. 145: Le Chevalier Jean-Baptiste Labat, op. cit., p. 194.

p. 152: Le Chevalier Jean-Baptiste Labat, op. cit., p. 70.

p. 189: Archibald Dalzel. *The History of Dahomey, an Inland Kingdom of*

Africa, Compiled from Authentic Memoirs. Londres: Frank Cass & Co., 1967 [1793], p. 136.

p. 190: Frederick E. Forbes, op. cit., p. 32.

p. 191: Archibald Dalzel, op. cit., p. 130.

p. 192: Joseph Pruneau de Pommegorge. *Description de la Nigritie par M. P. D. P.* Paris: Maradan, 1789, p. 190.

p. 194: Archibald Dalzel, op. cit., p. 146.

p. 195: Frederick E. Forbes, op. cit., p. 44.

p. 217: J. A. Skertchly. *Dahomey as It Is, Being a Narrative of Eight Month's Residence in that Country*. Londres: Chapman and Hall, 1874, p. 392.

p. 224, acima: A. Le Herissé. *L'Ancien Royaume du Dahomey: Moeurs, religion, histoire*. Paris: Émile Larose, 1911, p. 145, prancha XI.

p. 224, abaixo: A. Le Herissé, op. cit., p. 192, prancha XIV.

p. 228: Foto de Edna Bay, cedida gentilmente pela autora.

p. 246: Museu Afrodigital: <www.museuafro.ufma.br/>. Acesso em: 4 abr. 2016.

p. 259: Foto de Pierre Verger/ © Fundação Pierre Verger.

p. 268, acima: Foto de François-Edmond Fortier/ Série Voyage du Ministre des Colonies à la Côte d'Afrique.

p. 268, abaixo: Melville Herskovits. *Dahomey, an Ancient West African Kingdom*. Nova York: J. J. Augustin Publisher, 1938. v. 1, foto 35.

p. 269: Fotos de Pierre Verger/ © Fundação Pierre Verger.

p. 292: Museu Nacional do Rio de Janeiro, ref. MN/SEE-6403.

p. 295: John Duncan. *Travels in Western Africa in 1845 and 1846 Comprising a Journey from Whydah, through the Kingdom of Dahomey, to Adofoodia, in the Interior*. Londres: Frank Cass & Co., 1968 [1847]. v. 1, p. 1.

p. 297: J. A. Skertchly, op. cit., p. 241.

p. 304: Foto de Yuji Ono/ Coleção de Anne e Jacques Kerchache/ Fundação Cartier.

p. 337: J. A. Skertchly, op. cit., p. 248.

p. 338: P. Staudinger, "Zeremonialbeile aus Dahomey", *Zeitschrift für Ethnologie*, v. 1, n. 21, 1914, p. 179.

p. 340: Foto de Pierre Verger/ © Fundação Pierre Verger.

p. 341: Fotógrafo desconhecido/ Museu Afrodigital: <www.museuafro. ufma.br/>. Acesso em: 4 abr. 2016.

Índice remissivo

Abada (vodum), 242, 266

Abadasi (sacerdote de Abada), 242, 266, 410n

Abeokutá, 206, 233, 378n

abìkús (espíritos de crianças mortas), 238, 368n

Abomé (cidade), 48, 54, 60, 69, 80, 86-90, 106-7, 111, 119, 122, 128, 132, 162-7, 169, 171-5, 176, 177-9, 182, 187-90, 193-6, 198-9, 200, 206-8, 211, 219, 221, 225-7, 228, 232, 236-8, 240-2, 244, 246, 248, 250-4, 256, 259, 263, 268-9, 272-3, 301, 311, 339, 340, 341, 344, 348, 365-6n, 371n, 373n, 377, 380-1n, 392n, 395n, 399n, 401-3n, 406-7n, 409-11n, 413n, 415n, 417-8n

Abomé (palácio), 189, 223, 226, 397n, 405-6n

abortos, 239-40, 408n

Abraham, R. C., 427n

absolutismo militar, 53

absolutismo real ver poder absoluto do rei

Abson, Lionel, 191, 203, 297, 382n, 421n

abstinência sexual, 75

Acã, 43

acã, língua, 31, 383n

Acotundá ver Tundá, dança do

Acra, 44, 134

Acuamu, 43

acuamus, 44, 134

Adams, John, 132, 382n

Adandjlo-Akodé (palácio de Abomé), 223-4, 405n

Adandozan, rei, 131-2, 167, 200-1, 203-6, 242, 251-4, 260, 264, 296, 367n, 378n, 382n, 398n, 400n, 405n, 408n, 413n, 415-6n

adǎnhǔn (ritmo da cólera), 313

Adanhunzo (tohosu), 408n, 410n

Adansonia digitata (baobá), 127

Adão e Eva, 391n

Adaunzou I, rei, 265
Adaunzou II, rei, 265
adé (coroa de pérolas), 83
Adímú, mito de, 311
adivinhação, 31, 38, 96, 104, 106-7,
    109, 112, 114-9, 128, 131, 133, 188,
    322, 331, 348, 378-9n; *ver também*
    Bo (sistema divinatório); Fá/Ifá,
    divindade e sistema divinatório de
Adjahi (mercado), 189, 195, 216, 224,
    398n, 403n
Adjaho (ministro dos cultos e chefe da
    polícia secreta de Abomé), 132,
    163, 188, 286, 396n
Adjahuto (ancestral primeiro de
    Aladá), 54, 81, 101, 106, 171, 367n,
    375n, 385n, 392n, 394n
Adjahutonon (sacerdote de Adjahuto),
    54, 66, 81, 83, 101, 178, 211
adjalala (ou *adjalalazen*, potes com
    orifícios), 108, 131, 377
adjas, 43-4, 60, 64-5, 86, 107, 171, 175-
    6, 321, 392n, 398n, 411n
Adokpon (duplo do rei Guezo), 209,
    227, 402n
Adomu (*tohosu*), 237, 240, 243, 260,
    271, *273*, 418n
Adonon, rainha-mãe, 173, 177, 222,
    224-5, 230, 248, 252, 271, 406n,
    413n
Adoukonou, B., 69, 71, 164, 184, 371n,
    408n, 410-1n, 416n
adultério, 139, 158, 165
Agajá, rei, 54, 88-9, 131, 159, 162-4,
    166, 173, 177, 182-4, 186-7, 194-5,
    212, 214, 222-5, 237, 239-40, 242-3,
    259-60, 264-6, 271, 367n, 373n,
    375n, 393n, 398n, 402n, 404-6n,
    411-2n, 415n, 422n

Agassu, leopardo (vodum), 48, 60,
    63-4, 136, 168, 170-7, 179-80, 245,
    264, 392n, 394n, 408n
Agassunon (sacerdote de Agassu), 64,
    173-5, 219, 231, 241, 409n
agassuvis (descendentes de Agassu),
    63, 170-1
Agbangla, rei, 77, 129, 150-2, 154, 303,
    369n, 382n, 387-9n
agbasa (corpo físico, na crença dos
    fons), 73, 429n
Agbasagan (ministro), 392n
agbasáyíyí, rito (apresentação da
    criança à comunidade), 70
agbozĕn (potes), 86
agɔtín (palmeira), 127
Agligome (palácio de Abomé), 188-9,
    193, 222-5, 227, 240-1, 265, 393n,
    397n, 405-6n, 415n
Agoli-Agbo, rei, 261, 407-8n, 415n
Agonglo, rei, 56, 83, 89, 132, 166, 169,
    200, 203, 207, 210, 222, 224-5, 227,
    229-30, 237, 242, 248, 251-3, 262,
    365n, 371n, 403n, 406n, 408n, 410n,
    412-3n, 418n
Agonli, região, 244-5, 247
Agonli-Cové, 131
agonlis, 22, 254, 260
agostinianos, padres, 152
Agotimé *ver* Na Agotimé, rainha-mãe
Agou, capitão, 153
Agoué, 324
Agoye (vodum), *113*, 114, 119, 124-5,
    154, 385n
agradecimento, rituais de, 208, 288,
    291, 303
agricultura, 52, 120, 142, 146, 204, 209,
    277, 279, 281, 364n, 419n
água, 50, 75, 111, 121, 186-7, 189, 218-

21, 227, 230-1, 243-4, 247, 268, 287, 290, 377, 396*n*, 404*n*, 424*n*

aguardente, 75, 80, 89, 279, 287, 303-4, 316-8, 387*n*, 396-7*n*, 404*n*, 417*n*

agudás, 324-5

Agudotome (terra dos portugueses), 269

Ahangbè, princesa, 266-7, 271, 402*n*, 416*n*

ahè, vodúnsi, 412*n*

Aho, rei, *221*, 222-5, 264-5, 393*n*, 405-6*n*, 415*n*

ahosu (título do rei daomeano), 54

ahovi (linhagens reais/filhos do rei), 165, 177, 184, 210, 233, 235-6, 238, 241-3, 255, 257-8, 264, 267, 413*n*

Ahuanga Lego, 237, 243, 254

ahwanɖiɖa, ritual de ("preparar a guerra"), 314

ahwanlà, ritual do ("início da guerra"), 314

ahwansì (mendicantes rituais), 314, 424*n*

ahwanwlí, ritual de ("captura de guerra"), 315, 424*n*

Aido-Hwedo (vodum), 270

ainguin (ou *aingain*, sacerdotisas), 105

Aizan (vodum), 60, 108, 216, 274, 284, 334

aizos, 22, 44, 63, 124, 392*n*

Ajemu (camaleão), 125

Akaba, rei, 173, 177, *221*, 222-5, 237, 242-3, 259-60, 264-7, 271, 394*n*, 398*n*, 402*n*, 406*n*, 410*n*, 415-6*n*

Akinjogbin, Isaac, 27, 53, 63, 182, 287, 364*n*, 372*n*, 388*n*, 413*n*

aklasú (urubus), 122-3

Aklɔ̀nbè sò (vodum), 124

ako (clã), 47-9, 61, 71, 316, 363*n*

Akossi Sapatá (vodum), 412*n*

akovoduns (divindade do clã), 60, 93

Akpahè (chefe guedeví), 172, 268

Akpwe-ho, 209

Akute *sò* (vodum), 124

aláàfin de Oyó, 179, 336, 394*n*

Alabama, O (jornal), 338, 427*n*

Aladá, 22, 25-6, 37, 39, 43-4, 46, 50-4, 58, 62-4, 66, 68, 72, 74, 78, 80-1, 83-4, 86, 88, 91-2, 96-7, 99-102, 104-5, 107-9, 114, *115*, 118-20, 122, 124, 126, 131-2, 134, 136-40, 143-5, 151, 154-5, 157, 159-60, 165, 170-2, 174, 178, 181-3, 186, 204, 211-2, 214, 240, 266, 277-9, 288, 304, 306, 337, 365*n*, 367*n*, 370*n*, 374-5*n*, 379-80*n*, 382-3*n*, 385-6*n*, 388*n*, 390*n*, 392*n*, 395*n*, 422*n*

aladahonu, imigrantes, 172-7, 180, 240, 245, 264, 267, 411*n*

Aladá-Tadonu, linhagem, 48, 171

Alaketu, Terreiro do (Salvador), 358

Alcorão *ver* Corão

aldeias, 46, 51-2, 75, 77, 81, 86, 93, 97-9, 102-3, 110, 133, 145, 174-5, 178, 184, 186, 209, 254, 280, 286, 313, 337, 364*n*, 401*n*, 407*n*, 413*n*, 419*n*, 426*n*

alfanje, 85, 89-90

alianças matrimoniais, 119, 162

Aligbonon, princesa, 170-2, 176-7, 392*n*

alimentos, 66, 69, 71, 75, 78, 85, 90, 191, 217, 230-1, 234, 329, 423*n*

Alkemy, rei *ver* Tezyfon, rei

almas (na crença dos fons), 73, 429*n*

Alta Guiné, 29

altares, 33, 60, 97-8, 107-9, 126-7, 134, 142, 154, 163-4, 166, 173-4, 219,

228, 229-30, *232*, 237, 239, 242-3, 256, 268, 287, 289, 318, 322, 325, 375n, 377-8, 406n, 427n

Álvares, Domingos (africano), 131

Am'ica (América), 269

Amar, rei (Aysan), 76-7, 154-7, 369n, 382n, 387-9n

amazonas, 192, 209, 218, 224, 229, 253, 271, 312, 398n, 405n, 423n

Américas, 29, 56, 163, 248, 251, 293, 305, 347, 414n

ameríndios, 322, 347, 352

amiwɔ́ (comida votiva), 111

amuletos, 87, 95, 103, 117, 121-2, 134, 303

Amussú, embaixador daomeano, 252

Ananuví Dokonnù, 175

anato (linhagens plebeias), 165, 177, 184, 210, 235, 238, 252, 256-8; *ver também* plebeus

ancestrais divinizados, 70-1, 248

ancestral mítico/primordial, 48, 60, 176, 178; *ver também* culto aos ancestrais; *tohuiyo*

Andresa, mãe (Casa das Minas), 248, 250, 253

anes, 44

angola, nação, 320, 357

angolas, 322, 329

animais, 34, 60, 72, 74, 76, 115, 122, 127, 142, 160, 211, 215, 217, 219, 230, 234, 278, 287, 289, 387n, 398n

animismo, 368n

anlos, 44

anões, 85, 111

anônimo francês, relatos do, 76-8, 81, 84, 93-5, 99, 102, 104-5, 108, 115, 117-8, 122-3, 125, 127-8, 130, 139, 143-4, 157, 160-1, 188, 369n, 376n, 402n

Antônio, santo, 166

antropofagia, 138, 198, 301, 383n, 399n, 402n; *ver também* canibalismo

antropologia, 49, 419n

aplo (pértiga ou lança), 105-6

Aplogan ("chefe da lança"), 105-6, 158, 376n

Aragão, Francisco António da Fonseca e, 373n

Arará, Mateo, 383n

arco-íris, 270

Ardra, 305, 380n, 382n, 384n

Argyle, William J., 182-3, 367n, 395n

aristocracia, 142, 152, 180, 238, 256, 340, 375n

arlequins, 192

armas, 46, 50, 52, 74, 78, 86, 121, 137, 192, 279, 298, 303, 370n, 417-8n

ar-Raml (adivinhação islâmica), 379n

Arronoviçavá (vodum), *345*

artesãos, 191, 280

árvores, 60, 79, 86, 92, 112, 125-8, 130, 133, 141, 144, 162, 164, 174-5, 217, 220, 223, 245, 351, 381-2n, 385n

ashantes, 409n

Ásia, 294, 391n

asogüe (chocalho), 243

assen-acrelele (bastão de Fá), 382n

assens (objetos votivos), 114, 127, 223, 231, *232*, 234, 236, 263, 378n, 404n, 406-7n, 410n

Assou, capitão, 36, 130, 153-4, 156-9, 387-8n, 390n

atín (árvore), 126

atinmevodun (voduns das árvores), 126-7

ato sexual, pantomima do (por vodún-sis), 315

ato, cerimônia do (encerramento dos Costumes), 187, 195, 198, *199*, 200, 205, 207-9, 215, 219, 300, 398-9*n*, 403*n*, 421*n*

Austen, Ralph A., 283

autoridade paternal, 62, 69

autoridade política, 53, 62, 68, 84, 209, 255, 340; *ver também* poder político

Averekete (vodum), 307

aves, 122, 133, 138, 222

Avimanje (vodum), 131, 274, 403*n*, 418*n*, 423-4*n*

avó, 221, 253, 405*n*

avô, 59-60, 161, 262, 264, 325, 365-6*n*, 388*n*, 401*n*

Awisu (vodum), 266, 274, 394*n*, 416*n*

Awisu, rei, 175, 268, 394*n*, 409*n*, 416*n*

axé, 62, 330, 332-3, 335, 351, 374*n*; *ver também* energia vital

axìyíyí (mercado), 314

Ayazaye, rei, 88

ayinon (dono da terra), 54, 63, 172-3, 177, 245, 268

ayisun (costume da terra), 86

Aysan, rei *ver* Amar, rei

Azaká (vodum), 244, 247, 249, 254, 266, 269, 274, 343, 412*n*

azeite de dendê/palma, 85, 111, 146, 190, 206, 243, 278, 287, 303, 377, 404*n*

Azili (vodum), 244, 247, 249, 254, 268-70, 411-2*n*, 417*n*, 424*n*

Azili, lago, 244-5, 247, 410*n*

Azizà (espíritos habitantes das florestas), 409*n*

babaçuê do Pará, 425*n*

babalorixás, 336

Badagri, 86, 201

Badagry, 391*n*

Bahia, 22, 25, 320-1, 324-5, 328, 333, 336, 338, 355, 357-8, 370*n*, 391*n*, 417*n*, 425*n*, 427*n*

Bailley, William, 159

bakongo, povo, 327

Balandier, Georges, 257

Bamboxê Obiticó, babalaô, 325

bandeiras, *88*, 195, 208, 262, *296*

bandeja de adivinhação *ver faté* (bandeja de Fá)

banhos no mar ou no rio (rituais de purificação), 75

banquetes, 101, 138, 196, 231

Bans, embaixador de Aladá, 125, 375*n*

banto, línguas, 320, 322, 327

bantos, 62, 353

baobá, árvore sagrada, 86, 127

Barber, Karin, 49, 67, 274, 350

Barbot, Jean, 30, 74, 79, 108, 110, 124, 138-9, 142, 151, 304-5, 375*n*, 377*n*, 379-80*n*, 384*n*

bassajeh (mulheres médiuns), 231, 233, 407*n*

bastoes, 187, 340-1, 343, 382*n*, 402*n*, *ver também* bengalas

batismo cristão, 96, 151

batuque do Rio Grande do Sul, 425*n*

Bay, Edna, 39, 175, 177, 183, 209, 223, 402*n*, 409*n*

bebidas, 76, 78, 138, 184, 191, 217, 233, 397*n*

Behanzin, rei, 261-2, 265, *342*, 408*n*, 415*n*

Benedict de Hulst, capuchinho, 151-2

bengalas, 187, 221, 262, 340-1, 343, *344-5*, 355; *ver também* bastões

benguelas, 322

Benim, reino de, 29, 43, 72, 79, 114, 118, 134, 138-9, 186, 249, 278, 304-5, *308*, 313, 328, 335, 337, 343, 367*n*, 371*n*, 411-2*n*, 422*n*, 425*n*

Bernasko, Mr., 216, 231, 400*n*, 402-3*n*

Bertho, Jacques, 67, 372*n*

beta (noviças de Dangbé), 146-7, 157

Beti (grande marabu/sacerdote supremo), 104-6, 113-4, 140, 147, 153-5, 158, 282, 286, 376*n*, 385*n*, 387*n*

Bissau, porto de, 323

Blanchely, M., 222-3, 227, 258

Blanke, capitão, 154

Blier, Suzanne, 38, 95, 114, 171-2, 175, 177, 307, 394-5*n*

Bo (sistema divinatório), 107-9, 118-9, 131, 133, 188, 379*n*, 403*n*

bŏ, artefatos, 33, 38, 94-5, 97, 103, 107, 117, 122, 129, 131, 133, 173, 247, 286, 303, 306-7, 356, 376*n*, 409*n*; *ver também* "objetos de poder"

boa (noviços de Dangbé), 146

bobo, vodúnsis, 246

bobogbè (língua das *bobo*), 247

bodes, 230, 267, 269, 314

Bogum, Terreiro do (Salvador), 358, 428*n*

Bohannan, Paul, 290-1

boiadeiros, espíritos de (no tambor de mina), 352

bois, 82, 107, 169, 183, 190, 220, 230, 266-7, 269, 271, 304

bokanto (adivinho e mediador dos espíritos dos mortos), 107, 118, 131, 163, 379*n*

bokonon (adivinhos de Fá), 103-4, 107, 117-8, 128, 376*n*, 379*n*, 382*n*

bokós (agentes de cura e adivinhação), 102-5, 117, 128-30, 132, 134, 156, 285-6, 289, 382

"bolsas de mandinga" brasileiras, 307

Borassus aethiopum (palmeira), 127

Bosikpon (vodum), 60, 175-6, 394*n*

Bosman, William, 31-3, 36, 46, 56, 66, 77, 92, 95, 112, 125, 128, 138-9, 141, 143, 145, 150-2, 288, 304, 306, 310, 365-6*n*, 370-1*n*, 378*n*, 380*n*, 382*n*, 384-7*n*, 389*n*, 402*n*, 424*n*

Bossa Ahadee, rei, 265

Bossucó (vodum), 412*n*

Bossuhon (*tohosu*), 266, 416*n*

bossum (nome genérico de divindades na Costa do Ouro), 29, 31

botchio (cadáver do *bŏ*), 38, 95, 114, 119, *308*, 377*n*

Bouche, padre, 391*n*

Brasil, 22, 25-6, 95, 112, 131, 179, 186, 193, 197, 204, 248-51, 254, 269, 315, 320-1, 323-4, 327, 329-31, 333-4, 343, 348-9, 352, 355, 358, 376*n*, 391*n*, 411*n*, 413*n*, 417*n*, 424-5*n*

Brenner, Louis, 37

Brown, Vincent, 373*n*

Brue, André de, 170, 396*n*

bruxos e feiticeiros, distinção entre, 100

bufo da corte, 81

Bulet, 163, 168

Burton, Richard, 106, 170, 173-4, 182, 185, 207-9, 218, 224-5, 227, 229-31, 237-8, 242, 265, 271, 294-5, 312, 339-40, 371*n*, 377-8*n*, 392-5*n*, 400-1*n*, 403*n*, 405-6*n*, 409*n*, 415*n*, 420*n*, 422*n* búzios, 84, 87-90, 107, 116, 148, 184, 186-7, 190-1, 196, 199, 233, 278, 287, 318, 377*n*, 387*n*, 396-7*n*, 399*n*, 404*n*, 407*n*, 414*n*

cabaças, 115, 138, 219, 243, 278, 379*n*, 407*n*

caboclos, espíritos de (no tambor de mina), 352

cabritos, 97, 169, 288

Cacheu, porto de, 323

cachimbos, 80, 115, 197, 278

Cachoeira (Bahia), 358

caixão inglês (para o rei Agajá), 89

Calamina, 164, 200, 403*n*

calendário dos Costumes, 200, *201-3*, 206-8, 224, 401*n*

calvinistas, 30

camaleões, 113, 115, 125, 220, 223, 381*n*

campanhas militares, 154, 181, 185, 206-8, 213, 229, 243, 303, 377*n*

camponeses, 127, 146, 280-1

Cana, 86, 90, 164-5, 206, 208, 217-8, 227, 244, 253, 396*n*, 400*n*, 404-5*n*, 417*n*

candomblé, 22, 147, 213, 321, 323, 325-6, 328, 331-9, 343, 354, 356-8, 370*n*, 425*n*, 427*n*, 429*n*

canhao, tiros de (em ritos funerários), 80, 85, 191

canibalismo, 293, 301-2, 305-6; *ver também* antropofagia

Cano, ministro daomeano, 191

Canterbury, arcebispo de, 173

cantos, 98, 191, 199-200, 219, 231, 244, 260, 264, 266-7, 270, 275, 349, 354, 397*n*, 401*n*, 405*n*, 415*n*

capitalismo, 30, 40, 278, 280, 283-4, 292-3, 300, 302, 418*n*

capitães do mato, 426*n*

capitão de armas, 105

capitão de guerra, 105, 156, 406*n*

"Capitão Grande", 102

capuchinhos espanhóis, 29, 100-1, 124-5, 337, 374*n*, 383*n*, 385*n*

capuchinhos franceses, 151, 386*n*

Caribe, 320, 327

carne, 73, 160, 169, 178, 230, 234, 269, 293, 314, 382*n*, 391-2*n*, 398*n*

Carneiro, Edison, 336

carneiros, 107, 115, 169, 190, 230, 239, 240, 304

carrascos/verdugos, 198, 372*n*

Carter, capitão, 152-4, 156-9, 387*n*

Casa das Minas (São Luís do Maranhão), 23, 192, 248-9, *250*, 251, 254, 266, 323, 333, 336, 340, 343, *345*, 346, 353, 358, 411-2*n*, 414*n*, 416-7*n*; *ver também* tambor de mina do Maranhão

Casa de Nagô (São Luís do Maranhão), 323, 353

Casa Regis (Uidá), 222

casamento/matrimônio, 48, 57, 69, 98, 147, 176, 252, 291, 310, 327, 384*n*

catecismos, 125, 375*n*

catequese, 29, 151, 294, 375*n*

catolicismo, 30, 33, 36, 110, 151, 165, 167, 324-5, 347-8, 351, 391*n*, 426*n*

cavalos, 116, 182-3, 190, 194, 208, 364*n*, 398*n*

caveiras, 84-90, 220, 340, 372*n*, 404*n*; *ver também* crânios; ossos

Ceiba pentandra (sumaúma), 127, 245, 381*n*

Celestin de Bruxelles, capuchinho, 108, 142, 151-2

cemitérios, 74, 372n, 404n

centralização espiritual, 120, 234

centralização política, 38, 43, 46, 50, 91, 119-20, 122, 133, 136, 168, 179, 234, 281, 286, 407n

cerimonial da corte, 66-8, 161

cerveja, 84, 97, 231, 278, 288, 303, 305, 377n

Chachá (traficante) ver Souza, Francisco Felix de

Chamois, Mr., 369n

chapéus, 80, 85, 243, 287, 410n

chefes de família, 47, 51-2, 76, 82, 103, 184, 363n

chefes locais, 46, 51, 92, 190, 252, 295

chefes-sacerdotes, 50, 58, 63-4, 67, 101, 103, 173; ver também rei-sacerdote; sacerdotes africanos

Chenevert, 163, 168

Chlorophora excelsa (árvore sagrada de Loko), 126

chuva, 121, 123-4, 142, 153, 167, 182, 201, 208, 380n, 384n

ciclos lunares, 208

ciganos, espíritos de (no tambor de mina), 352

clã, 22, 48, 60-1, 316

cobras, 122-3, 142, 146-7, 384n; ver também serpentes

coletividades familiares, 46-7, 49-50, 56-7, 59-61, 63, 69, 74, 93-4, 96, 105, 133, 145-6, 148, 175, 180, 217, 226, 231, 236, 241, 256, 280-2, 316-7, 327, 330-2, 334-5, 337, 349, 355, 364n

Comaroff, John e Jean, 300

comércio de escravos, 44, 51, 101, 250, 303, 418n; ver também escravos; tráfico de escravos

comidas votivas, 111

competição escravagista, 134

comportamento infantil (de vodúnsis e noviças), 246, 424n

conchas, 116, 378n

concubinas, 79, 81, 394n

condrongos (criaturas míticas), 409n

Congo, 71, 167, 392n, 409n

congos, 322

consortes do rei, 80, 187, 192, 218; ver também esposas

contato europeu com a África, 28, 36, 43, 63, 112, 293, 295

cópula sexual, encenações ritualísticas de (no culto à serpente), 147

Coquery-Vidrovitch, Catherine, 183, 206, 280, 420n

coral, contas/colares de, 80, 186-7, 193, 221, 287, 340

Corão, 134, 379n

coreografias ver danças

coroação, 77, 79, 83-4, 89, 134, 149, 153-5, 156, 157, 178, 387-8n; ver também entronização

cortes reais, 51, 66-8, 71, 81, 101, 111, 113-5, 119, 122, 134, 136, 138, 140-1, 152-4, 156, 158-9, 161, 165, 167, 174, 188, 194, 209, 211, 217, 236, 251-2, 279, 281, 288, 336, 340, 355, 375n

cortesãos, 79, 396n

cosmologias, 37-8, 71-2, 262, 347, 349

cosmopolitismo urbano, 326

Costa da Guiné, 156

Costa da Mina, 26, 126, 277, 319-20, 323, 325, 347-50, 352, 355-9, 383n, 425n

Costa do Marfim, 367*n*, 391*n*

Costa do Ouro, 29-31, 43-4, 72, 74, 80, 92, 127, 152, 278, 284, 305-6, 362*n*, 369*n*, 371-2*n*, 376*n*, 378-81*n*, 383*n*, 395*n*, 420*n*, 422*n*, 425*n*

Costa dos Escravos, 25, 27, 29-30, *45*, 56, 123, 138-9, 142, 363*n*, 369*n*, 378*n*, 381*n*

Costumes (cerimônias de culto aos ancestrais), 22, 40, 52, 58, 71, 81, 83, 87, 90-1, 149, 167, 180, 182-92, 195-201, 203-11, 214, 216-20, 222, 227, 229, 233-4, 236, 240-1, 253, 255, 258-9, 264, 271, 275, 286, 293-4, 297-300, 302-3, 313, 340, 348, 354-5, 371-2*n*, 377*n*, 395-6*n*, 398-403*n*, 405*n*, 409*n*, 415*n*, 420-2*n*

Coulanges, Fustel de, 68-9

coveiros, 80, 87-8

crânios, 76, 82, 84-7, *88*, 89-90, 121, 214, 222, 298, 372-3*n*, 380*n*, 392*n*, 404*n*; *ver também* caveiras; ossos

criminosos, 79, 185, 216, 297, 310, 372*n*, 398-9*n*, 420*n*

cristãos, 28, 31, 35, 90, 100, 112, 123, 151, 321

cristianismo, 30, 35, 37, 39, 63, 72-3, 96, 112, 134, 142, 294, 320, 322, 325, 337, 349, 374*n*, 425*n*; *ver também* catolicismo; protestantismo

Cristo *ver* Jesus Cristo

crocodilos, 115, 123, 197, 380*n*

cruzes, 134, 166

Cuba, 251, 254, 320, 324

culto à serpente, 58, 64, 84, 98, 133, 136, 140-8, *149*, 150-62, 168, 180, 287-8, 348, 384*n*, 390*n*; *ver também* Dangbé, serpente (vodum)

culto aos ancestrais, 38, 52, 58, 60-2,

68-9, 74, 87, 90-1, 99, 121, 144-5, 163, 167, 180, 183, 209, 217, 229, 241-2, 248, 255, 333, 421*n*

cultos domésticos, 96-7, 108-9, 111, 119

cultos extradomésticos, 96, 99, 105, 119, 136

cultos locais, 52, 133, 144, 167

cultos públicos, 92, 98, 106, 120, 234

curas, 130, 163

d'Almeida, Joaquim, 324

daá (pai/chefe de família), 47, 363*n*

daá hennugan (chefe da coletividade), 58-9, 61, 70

daá mejito (pai genitor), 58, 61

Dadá (título do rei daomeano), 56, 62, 81

Dako, rei, 222, 393*n*, 410*n*

Dakodonu, rei, 172-5, *221*, 222-5, 230, 245, 259, 264-6, 393-4*n*, 406*n*, 411*n*, 415-6*n*

Dalzel, Archibald, 169-70, 185, 188, 197, 261, 265, 297-8, 397-9*n*, 403*n*, 421*n*

Dambada-Hwedo (vodum), 269-70, 417*n*

Dambirá, família, 412*n*, 417*n*

Dàn, rei, 172, 265, 393*n*

Dan, serpente (vodum), 60, 86, 93, 127, 260, 270, 274, 321, 377*n*, 411-2*n*, 417*n*, 424*n*

danças, 97-9, 147, 192, 233, 246, 260, 262, 267, 300, 313-4, 321, 344, 346, 348, 354, 398*n*, 401*n*, 417*n*

Dangbé, serpente (vodum), 51, 60-1, 98, 104, 108, 113, 125, 130, 136, 141, 145-8, 151-3, 155, 158-62, 168, 170, 179-80, 284, 310, 384-5*n*, 390*n*; *ver também* culto à serpente

Danhome (palácio de Abomé), 172, 188-9, 193, 220, 222-5, 227, 240-1, 265-6, 397n, 415n

Daomé, 22-3, 25-6, 40, 43-4, 46, 50, 52-8, 62-4, 66-8, 71, 80-1, 83-4, 86, *88*, 89-91, 93, 96, 102, 106, 110, 118, 122-3, 125, 132, 136, 144, 149, 159-60, 163, 165, 167-71, 177-8, 180-2, 187, *196*, 197, 206, 210-2, 214, 218, 233-4, 240, 243-4, 248, 251-2, 254-8, 260, 264-7, 270, 277-82, 286, 293-5, *296*, 297, *299*, 300, 303-4, 306, 312, 321, 332, 345, 356, 364-5n, 367n, 377-8n, 386n, 388n, 390n, 393n, 395n, 402n, 404n, 406n, 409-11n, 414n, 419n, 421-2n

Dapper, Olfert, 37, 72, 74, 78, 88, 96-7, 99, 107-8, 118, 288, 361-2n, 369-71n, 405n

Dassa, 130, 385n

Davice, família (São Luís), 248, 333

Davidson, Basil, 294-5

Davié, 392n

Dawson, Mr., 208, 395n, 401n, 404n

"daza" (chapéus de pérolas), 410n

De Marees, Pieter, 127, 362n, 369n, 372n, 380n

decapitação, 80, 87, 90, 164, 198, 213, 372n, 395n

defuntos, 62, 70-1, 74-6, 78-9, 82-5, 89, 107, 109, 118, 130, 154, 156, 181, 204, 214, 219, 231, 233, 236, 261-2, 269, 333, 339, 370-1n, 378n, 404-5n

deificação, 23, 65, 67, 123, 236-7, 269, 367n; *ver também* vodunização

Delbée, François, 37, 97-8, 101, 105, 110, 122, 361-2n, 375n, 422n

demônio, 100, 110, 112, 124; *ver também* diabo

demonização das religiões afro-brasileiras, 112

démons gregos, 69

dendezeiro, 108, 128, 131

Denyau de la Garenne, 200

Derigouin, Mr., 369n, 388n

Des Marchais, Jean Pierre Thibault, 77, 83, 112, 127, 130, 140-1, 143-4, 148, 154-5, 159-60, 304, 370n, 376n, 379n, 385-8n

descendência, relações de, 48-9, 53, 56, 58, 61-2, 68, 91, 93, 98, 242, 262, 322, 325, 329-32, 351, 357, 365n

despotismo, 21, 67, 158, 234, 297, 392n, 419n

"deus particular", categoria de, 93-6, 98, 105, 135, 349, 351

deuses, 21, 23, 25, 31, 33, 39, 66, 69, 71, 92-4, 97, 100, 103, 108, 110, 112, 114, 120, 122, 125, 129, 132, 135, 151, 162, 164, 175, 183, 197, 216, 277, 287-90, 292, 303, 311, 322, 333-4, 349-54, 356-7, 366n, 374n, 391n, 408n, 424n, 426n, 429n; *ver também* orixás; voduns

diabo, 29, 31, 81, 108, 110-2, 124, 137, 142, 146, 167, 321, 371n, 377n, 420n; *ver também* demônio

díade parental, 59

diáspora, 319, 323, 326, 330, 334, 337, 350, 352, 355-6, 358, 426n

Dido, fonte, 218-9, 227, 244, 404n

dinheiro, 40, 84, 148, 183, 206, 282, 316-7, 424n

"discurso do fetiche", 31-2, 34-6, 72, 112, 283; *ver também* fetiches; fetichismo

divindades extradomésticas, 109, 120

Djegbe, 207, 237

djeho ("casa das preces"), *221*, 222-3, 227, 230, 237, 243, 253, 263, 265, 340, 404*n*, 406*n*

djoto (espírito guardião), 70, 73, 119, 262, 394*n*, 410*n*, 429*n*

Doctrina Christiana (padre Nájera), 100, 124-5, 375*n*, 381*n*

documentos europeus (na historiografia da África), 36

doenças, 72, 129-32, 142, 164, 213, 384*n*

Dogbagli (chefe dos aladahonu), 172

dokis (criaturas míticas), 409*n*

Dokon, 175, 268, 394*n*, 416*n*

dokpegan, cargo de ("agente funerário"), 88

Domehouegbó, 86

dominicanos, padres, 152, 386*n*

"dona da cabeça", divindade, 73, 429*n*

"donos da terra", 63-4, 101, 173, 175, 245

Donuvo (*tohosu*), 237, 410*n*

Dossú/Dossí (terceiro filho ou filha depois de gêmeos), 271, 411*n*

Dossupê (vodum "brasileiro"), 411*n*

Dossuyovo, embaixador daomeano, 251-2

doté, empregos do termo, 338

Doublet, Jean, 125, 376-7*n*, 387*n*

Dralse de Grand-Pierre, 127, 143

Ducasse, Jean-Baptiste, 386*n*

Duncan, John, 233, 253, 340, 421*n*

Dunglas, Édouard, 252-3

Eades, Jeremy S., 49

"economia da ostentação", 197, 211, 293, 300, 302; *ver também* ostentação cerimonial

economia do religioso, 148-9, 212, 217, 277, 286-7, 289, 291, 356, 418*n*

"economia moral", 281, 283, 288, 298, 419*n*

Eduardo, Otavio da Costa, 248-9, 412*n*

eguns, culto aos (em Itaparica, Bahia), 333

Elaeis guineensis (palmeira), 127

elefante, 168

Ẹlégbára *ver* Legba (vodum)

Eliseu do Bonfim, 325

Elwert, Georg, 280, 419*n*

emblemas católicos (utilizados como fetiches), 166

encruzilhadas, 110

energia vital/força vital, 60, 62, 374*n*

entronização, 53-4, 81, 83, 106, 365*n*; *ver também* coroação

epidemias, 106, 130, 163

erê, estado de (comportamento infantil, em cultos afro-brasileiros), 424*n*

ervas, 128, 130, 382*n*, 418*n*

escarificações, 54, 146-7, 178, 385*n*

escravos, 25, 39, 46-7, 50, 52, 54-7, 78-80, 119, 134-6, 140, 158, 162, 167, 181, 183-5, 188, 191, 205-6, 208-9, 211-2, 214, 226, 234, 254, 269, 277, 280, 282-3, 286, 291, 294-5, 297-8, 303-7, 309, 311-3, 316-7, 320-1, 323-4, 328, 350, 355, 358-9, 364-5*n*, 371*n*, 412*n*, 414*n*, 418*n*, 421*n*, 423*n*, 425*n*; *ver também* comércio de escravos; tráfico de escravos

espadas, 83, 90

Espanha, 110, 123, 165, 269

Espejo místico (padre Nájera), 383*n*

espingardas, 185, 191-2

espiritismo kardecista, 353

espíritos, 67, 71, 73, 107, 109, 129-30, 170, 212, 216, 219, 227, 230-1, 233, 236, 238-9, 242, 244-5, 254, 270, 296, 299, 333, 340, 343, 352-3, 368n, 374n, 406-7n, 409n, 416n

esposas, 46, 48, 68, 77-9, 82, 98, 140, 145, 166, 177-8, 186, 191-2, 210, 214, 226, 229, 310, 312-4, 328-9, 376n, 394n, 396n, 400n, 407n; *ver também* consortes do rei

Estados Unidos, 320

estatuetas, 80, 109, 111-4, 125, 154, 219, 377n

estudos afro-brasileiros, 323, 346

etnocentrismo, 37, 72

etnografia, 33, 41, 47, 49, 59, 93-5, 108, 112, 116, 124, 126, 131-2, 138, 147, 170, 179, 212, 233, 247, 270, 343, 377n

eucaristia cristã, 390n

Eufrates, rio, 127, 139-40

eunucos, 192

eurocentrismo, 26, 28, 36

Europa, 34, 149, 167, 191, 258, 261, 420n

evés, 22, 64

evolucionismo social, 34

"execução pública" (na África), 90, 153, 297, *299*, 372n; *ver também* sacrifícios humanos

execuções públicas (na Europa), 293-4

exéquias, 75, 89

Exu (orixá), 112

exumação, 76, 82, 84, 87, 90

exus (no tambor de mina), 352

Fá/Ifá, divindade e sistema divinatório de, 96, 104, 106, 112, 114-20, 128, 131, 133, 160, 188, 311, 378-9n, 382n, 417n, 427n

Fage, John, 364n

fálico, aspecto (nas representações de Legba), 112

"falsos deuses", conceito cristão de, 29-31, 92

família conjugal, 47

família greco-romana, 69

família real, 23, 51, 60, 134, 157, 161, 171-2, 219, 231, 248, 252, 411n

famílias, 43, 46, 85, 96, 98-9, 102, 106-7, 122, 130, 133, 149, 210, 235, 238, 243, 248, 252, 254, 256, 285-8, 316, 351-2, 354, 356

fante, língua, 380n

farmacopeia vegetal, 128-9

faté (bandeja de Fá), 114-6, 131, 160, 378n

"favorito" do rei, cargo de, 79, 81

febres, 128-9, 142

feiras na África, 278

feitiçaria, 29-31, 38, 95, 119, 123, 129, 137, 167, 213, 297, 300-2, 305-7, 356

feiticeiros, 64-5, 73, 99-102, 104, 109, 131, 213, 288, 301-2, 381n

"Feitiço de Bocó", 128, 382n

feitiços, 29-31, 95, 103, 166, 169, 382n, 408n

feitorias, 27, 33, 35-6, 129, 311

ferro, 93, 106, 114, 223, 231, 278, 287, 341, 364n, 378n, 381n, 427n

fertilidade, 63, 72, 121, 142, 146, 292

fetiches, 29-35, 37, 65, 74-5, 78, 83, 85, 87-8, 92-3, 95-7, 103, 110-1, 114, 117, 122, 127, 135, 138, 142, 151, 158, 163, 166, 168-70, 173-5, 177, 194, 204, 206-7, 212-3, 216-7, 219-

20, 222, 227, *228*, 238, 271, 284, 304-5, 312, 318, 343, 361-2n, 371n, 373n, 377-80n, 389n, 392n, 403n, 406n, 408n, 411n, 419-20n

fetichismo, 30, 34, 170, 285, 408n

fetos, 239

feudalismo, 280

fibras vegetais, uso corporal de, 127, 131, 192

Filipe IV, rei da Espanha, 374n

fim da "alma" após a morte, crença no, 72-3

fitolatria, 125, 127

florestas sagradas, 65, 85-6, 99, 103, 108, 111, 126, 133, 135

fon, língua, 247, 270, 316, 381n, 427n

fons, 22, 44, 69-70, 73, 86, 144, 175, 238, 254, 307, 321, 368-9n, 380n, 428n

fontes internas (na historiografia da África), 35-6

Forbes, Frederik E., 169-70, 178, 206-8, 218, 222-4, 227, 229-30, 233, 240, 271, 312, 339-40, 372n, 393-5n, 400n, 403-7n, 414n, 420n, 422n, 428n

força vital *ver* energia vital

forças espirituais, 31, 59, 78, 118, 215

forças naturais, 32, 93

forças telúricas, 63

Formação do candomblé: História e ritual da nação jeje na Bahia, A (Parés), 22

Forte de São Luís (Uidá), 190

Forte Williams (Uidá), 191, 200, 204

Fortier, Francois-Edmond, 385n

França, 269

franceses, 85, 96, 134, 152-4, 157, 168, 190, 260, 369n, 387n, 415n, 422n

Fraser, Louis, 174, 401n, 407n

Frazer, James, 65, 367n

Freeman, Thomas Birch, pastor, 208-9, 253, 403n, 420-1n

Fuglestad, Finn, 63, 102, 422n

Fulao, príncipe, 121

fulãos, 44

funerais, 74-5, 77-8, 83-5, 88-9, 181, 212, 214, 295, 402n, 421n

funerários, rituais, 38, 68, 70-1, 74-6, 79-82, 84-6, 88, 90-1, 121, 134, 153, 182, 217, 388-9n, 402n, 405n, 422n

Gakpe (duplo do rei Guezo), 209, 211

Gâmbia, 371n

Gan Yambaku, chefe, 413n

Gana, 363n, 377n, 425n

"ganho marginal", 291-2, 299, 422n

ganmὲvɔ́, ritual *ahovi* do (rezas e oferendas), 233, 407n, 416n

Gantois, Terreiro do (Salvador), 358

Ganyehessu, rei, 245

gãs, 44

Gawú (chefe militar), 169

Gayibor, Nicoué Lodjou, 65

Gbade (vodum), 165

Gbagàn (vodunon), 247

Gbamὲ sò (vodum), 124

gbe, área/línguas, 21-2, 43, 47-9, 54, 58-9, 62, 65, 69, 85, 92, 94, 96, 101-2, 104, 111, 116-8, 126, 128, 133, 167, 311, 321, 333, 336-7, 348, 359, 363n, 377n, 383n, 427n

gbejὲ (chapéu), 410n

Gbekon, 207, 225, 237, 401n

Gbengbo (vodum), 179, 395n

Gbodo, país (a grande floresta), 411n, 417n

gêmeos, nascimento de, 70, 210, 238, 270-1

genealogias espirituais, 330, 334

gênios (divindades romanas), 69

geomancia, 116

gerontocracia, 59

Gla/Jagla (vodum), 268-9, 411*n*, 417*n*

Glehué, 144, 154, 159, 384*n*

Glèlè, Maurice, 163, 410*n*

Glele, rei, 173, 201, 205, 207, 216, 224, 229-30, 233, 237, 241, 243, 266, 295, 313, 340, *342*, 381*n*, 400*n*, 408*n*, 410*n*, 421-2*n*

Glidji, 44

Glória, Adriano da, 325

Gluckman, Max, 309

Goetz, P., 374*n*

Gogan, Xavier, 46, 51, 156-9

Golfo do Benim, 22, 92, 425*n*

Gomet, 105, 158, 376*n*

Gommets, Mr., 369*n*

gonjaí, vodúnsis, 249, *250*

Gourg, 162, 169, 193, 199-200, 215-6, 218, 220-3, 340, 394*n*, 397*n*, 399*n*, 402-3*n*, 405*n*, 420*n*

gozen (pote), 87, 187, 218

Grande Popo, 139, 179, 395*n*

Great Transformation, The (Polanyi), 419*n*

gregos antigos, 68-9

gris-gris (amuleto), 29, 95

grupos etnolinguísticos na Costa dos Escravos, *45*

grupos pastoris saarianos, 364*n*

Gu (vodum), 60, 216, *232*, 381*n*

Guadja Trudo, rei, 265

guarda-sóis, 88, 191-2, 220, 262, 268

Guede (vodum), 163, 372*n*

guedevís, 44, 86, 107, 172, 175-7, 242, 257, 264, 268, 372*n*

guegueis (criaturas míticas), 409*n*

guens, 44

guerras, 44, 51, 72-3, 87, 101, 106, 110, 119, 121-2, 134, 139, 142-3, 153, 156, 169, 185, 201, 204, 206-9, 216, 220, 234, 243, 252, 260, 279, 293, *296*, 297-8, 303, 306, 309-10, 312-5, 317, 328-9, 356, 364*n*, 373*n*, 380-1*n*, 384-5*n*, 390*n*, 410*n*, 413*n*, 424*n*, 426*n*

Guezo, rei, 167, 169, 201, 205-6, 208-9, 211, 224-5, 227, 229-30, 237, 241, 251-4, 260, *263*, 264, 267, 295, 313, 340, 367*n*, 377*n*, 381*n*, 400*n*, 402*n*, 404*n*, 406*n*, 408*n*, 412*n*, 416*n*, 421-2*n*

Guiné, 71, *156*, 285, 305, 409*n*

Guiné Bissau, 371*n*

guns, 22, 85, 321, 392*n*

Haiti, 163, 254, 320

hanjitɔ (trovadores), 261

harém real, 77, 186, 406*n*

Hazoumé, Paul, 251-2

Havana, 326

Hegel, Georg Wilhelm Friedrich, 32, 421*n*

Henniker, John, 421*n*

hennu (linhagem), 47-9, 57, 59-61, 94, 96, 335, 363*n*, 366*n*, 390*n*, 392*n*, 394*n*

hennu daho (*hennu* extenso), 47, 59

hennugan (pai social), 47, 59, 62, 65, 335, 337

hennuvoduns (divindades da coletividade familiar), 60, 93, 171

heráldica, 262

heróis gregos, 69

Herskovits, Melville J., 23, 48, 59, 62, 93-4, 107, 132, 170, 238, 243, 251-3, 258, 363*n*, 366*n*, 368*n*, 376*n*, 379*n*, 390*n*, 413-4*n*, 417*n*, 422*n*, 424*n*

Hevie, cidade de, 124

Heviesò/Hevioso (vodum), 124, 162, 165, 179, 239-40, 242, 271, 314, 391*n*, 409*n*

hiena, 417*n*

hierarquia política, 67

hierarquia sacerdotal, 120, 145, 259

Hilton, Anne, 28

Hiroshima, vítimas de, 294

History in Africa (jornal), 27

Hlàn, rio, 244-5, 264, 410-1*n*, 417*n*

hode, ritual do (rezas e oferendas), 233

hoga (templos dos *tohosu*), 237, 243, 260

hogbonu (língua ritual), 394*n*

hogbonuto (iniciadas de Agassu), 394*n*

hoho, emprego do termo ("gêmeos"), 238, 270

Hoho, gêmeos (voduns), 217, 260, 270, 274

holandeses, 102, 134, 151, 153-4, 158, 269, 387*n*

Homèvo Abada (sacerdote dos *tohosu*), 242-4, 268, 409*n*

Horta, José da Silva, 28

Horton, Robin, 234, 407*n*

hotagantin (ornamentos metálicos), 223-4, 405*n*

Houseman, M., 259

Hu (vodum), 162, 179, 216, 402*n*

Huanjile *ver* Na Huanjile, rainha-mãe

Huaué (aldeia), 172-6, 244, 394*n*, 410-1*n*

Huaué (vodum), 174

Hubert, Henri, 290

hué (casa), 47, 365*n*, 406*n*

hueda, língua, 124

huedas, 22, 44, 61, 83, 85, 90, 106, 117, 134, 143-4, 159-62, 168, 270, 321, 369*n*, 384*n*, 389-90*n*, 417*n*

huedo (coletividade familiar), 47-9, 58, 96, 363*n*

Huegbaja, rei, 53, 87-8, 172-3, 175, 177, 182, 192, 205, *221*, 223-4, 259, 264-8, 393-5*n*, 398*n*, 406*n*, 408*n*, 415-6*n*

Huemu (*tohosu*), 237

huetanu (cerimônias celebradas no início do ano), 181-2, 206, 208

Huffon, rei, 156-9, 369-70*n*, 388-9*n*

huguenotes, 30, 110, 124

hulas, 22, 44, 64, 140, 144, 162, 270, 307, 321, 348, 352, 356-7, 380*n*, 384*n*, 395*n*, 425*n*

humanitarismo, 293

hŭn (atabaque/coração/canoa), 70, 82, 368*n*, 427*n*

hŭn ou *hùntín* (sumaúma), 127, 245, 381*n*

hùn fínfɔn (acordar do vodum), 246

Hundjlò (mercado), 216

hundote, vodúnsis, 245, 427*n*

hungbandan (fetos e abortos), 239, 242

hunjayi, vodúnsis, 246, 249-50

Hunon Dagbo (sacerdote supremo), 162, 174

ialorixás, 336, 426*n*

iaôs, 329, 426*n*

ìbejì (gêmeos), 270

iconografia católica, 253

idioma do parentesco, 47, 61, 91, 180, 352; *ver também* parentesco, relações de; sistema de parentesco idolatria, 28, 31, 37, 67, 112, 143, 162, 386n

ídolos, 29-31, 92, 94, 101, 109-10, 112, 122, 318, 321

Ifá ver Fá/Ifá, divindade e sistema divinatório de

Igreja Católica, 37, 325

igrejas neopentecostais, 292

Ìjẹ̀bú, 311

ijemeres (criaturas míticas), 409n

ilé (casa), 49, 331

ilê (grupo de culto), 331, 334

Ilê Axé Opô Afonjá (Salvador), 336

Ilé Ifẹ̀, 311

Ilê Iyá Nassô (Casa Branca, Bahia), 325, 358

iluministas, pensadores, 32

imolações, 76, 78, 198, 214, 234, 378n; ver também sacrifícios

imperialismo americano, 294

impostos, 51-2, 184, 299, 398n, 400n, 423n; ver também tributos

incenso, 80

incesto, tabu do, 327, 330, 426n

incorporação mediúnica, 70, 96, 99, 233, 261-2, 317, 343, 345-6

Inglaterra, 269, 294, 421n

ingleses, 89, 129, 132, 134, 151-2, 154, 157, 190, 200, 207, 211, 386-7n, 389n

Inquisição, 131, 383n

instrumentos musicais, 75

intolerância religiosa, 34, 111

inundações, 106

iorubá, língua, 114, 117, 124, 126, 128, 130-1, 133, 147, 270, 321-2, 337, 366n, 374n, 379n, 427-8n

iorubás, 44, 62, 64, 67, 83, 85-6, 90, 104, 112, 115, 117-8, 120, 125, 131,

133, 144, 199, 238, 260, 312, 318, 324-5, 333, 336, 357, 366n, 368n, 377n, 381n, 383n, 400n, 409n, 417n, 425n, 428n; ver também nagôs

Isichei, Elizabeth, 294

islã, 29-30, 37, 39, 101, 118, 165, 285, 292, 324-5, 371n, 374n, 425n; ver também muçulmanos

Itália, 110

Itaparica, ilha de (Bahia), 333

Iyami (ancestrais dos terreiros nagôs), 334

jacarés, 122-3

Jagla (vodum) ver Gla/Jagla (vodum)

Jakata sò (vodum), 124

Jakin, 43, 159, 181

jalofs, 409n

Jamaica, 320

jeje, nação, 321, 323, 334, 357

jeje-mahi, nação, 358

jejes, 22, 321-2, 329, 334, 338, 352

Jesus Cristo, 73, 125, 295, 324, 381n

jika (movimento ritual), 147

João Carlos de Bragança, d., 205, 398n

João de Portugal, d., 203-4, 296

joias, 74

jòkòde (esteiras), 316

Juda ver Uidá

Kaka Demenanu, rei ver Aho, rei

Kakè, família, 405n, 410n, 415-7n

kakeraa (moedas), 284

Kankanu (terra dos holandeses), 269

kanlìntagbigbà (quebra da cabeça do animal), 233

kannumon (pessoas escravizadas), 307

Keta, 44

kimpasi, instituições, 331

Kiti, Gabriel, 404n

Kosu (vodum), 274

Kpanyo (Espanha), 269

kpasá (baobá), 127

Kpate, rei, 151

Kpelu (tohosu), 237, 240, 243, 259, 271, 408n, 411n, 418n

Kpelusi (sacerdote de Kpelu), 237, 259, 411n

Kpengla, rei, 80, 83, 88, 132, 166, 169, 188, 199-201, 204, 215, 220, 222-5, 227, 229, 237, 259, 265, 298, 300, 339, 365n, 372n, 401n, 403n, 406-7n, 418n, 420-1n

Kpo (vodum), 127, 168, 172, 175, 178-9, 240, 395n

kpo-ge (bastão dos cantores), 340

kpojitó (rainha-mãe), 166, 177-8, 187, 209-10, 216, 219-20, 222-4, 230-1, 233, 248, 252, 266, 394n, 402n, 406-7n, 409n, 413n; ver também mães de reis; rainha-mãe

kpoli (destino), 73, 93, 429n

Kposú (chefe militar), 169

Kpoyizu, representante de Tado, 65

Kula melanésio, 419n

Kumasi (palácio de Abomé), 219, 407n

kútómè (país dos mortos), 59, 69-70

Labarthe, Pierre, 169, 384n, 390n

Labat, Le Chevalier Jean-Baptiste, 67, 78-9, 93, 114, 130, 140, 142, 144, 147, 282-3, 285, 287, 370n, 376n, 384-9n, 418n

lagartos, 113, 125

lagoas, 126, 139, 217

Lagos, 86, 139, 278, 324-5, 401n

Lamb, Bulfinch, 186-7, 218, 340

lares (divindades romanas), 69

laris (mensageiros reais iorubás), 428n

latim, 166, 377n

latrocínio, 124

Law, Robin, 27, 36, 54-7, 67, 86-8, 90, 122, 171-2, 177, 197, 265, 278, 318, 375n, 388n, 400-1n, 404n, 421n

Le Herissé, A., 48, 60, 86, 93, 170, 174, 176, 236-8, 244, 265-6, 318, 343, 364-5n, 393n, 412n, 415n, 424n

Legba (vodum), 73, 81, 93, 110-2, 114-5, 119, 125, 133, 165, 167, 173, 204, 211, 215-6, 239, 284, 321, 378n, 403n, 429n

legbasi (iniciado de Legba), 111, 214, 377n

lenha, 127

Lensuhue (hipótese etimológica de Nesuhue), 239-40, 271

leopardo, 60, 136, 168-72, 174-9, 192, 391-5n, 398n, 400n; ver também Kpo (vodum)

Lepon (vodum), 343, 345

Lewin, Thomas, 297, 421n

Lewis, Ian, 274

Lĕgbà (princípio dinâmico pessoal, na crença dos fons) ver Legba

libações, 69, 71, 404n

lĭdɔn (uma das quatro almas, segundo os fons), 73, 429n

Lima, Vivaldo da Costa, 330

línguas africanas, 25-6, 29, 33, 45, 100, 118, 124, 131, 146, 247, 320, 337, 356, 363n, 375n, 380-1n, 384n, 386-7n, 411n; ver também línguas específicas

línguas europeias, 26

línguas rituais, 124, 131, 147, 175, 247, 270, 316, 394n

Lissa (vodum), 60, 113, 115, 120, 124-6,

130, 133, 163, 167, 188, 210, 223, 234, 381*n*, 408-9*n*; *ver também* Mawu
Liverpool (Inglaterra), 294
lógica dualista, 210
Loko (vodum), 126-8, 133, 175
López, Augustin, capitão, 423*n*
lucumí, língua, 118
Lucumi, reino de, 138, 144
lucumís, 44, 83, 90, 117-8, 134, 144, 384*n*
luto, 76-7

M'Leod, John, 200, 399*n*
MacGaffey, Wyatt, 33, 362*n*
macumba do Rio de Janeiro, 425*n*
mães de reis, 68, 76, 163, 173, 177, 187, 201, 215, 219-20, 222, 242-3, 251, 253, 261, 335, 370*n*, 394*n*, 401*n*, 405*n*, 407-8*n*, 413-4*n*; *ver também* kpojitó; rainha-mãe
mães de santo, 248, 250, 330, 332, 335-6
magia, 30, 93, 95, 292, 374*n*
"magia negra", 376*n*
Mahi, 131, 204, 244, 254, 270, 306, 400*n*, 412*n*, 418*n*
mahigbè, língua, 247, 270
mahinu, vodúnsis, 246, 270, 411*n*
mahis, 22, 43-4, 64, 242, 257, 260, 267, 321, 348, 352, 356, 417*n*
mahisi, vodúnsis, 246-7, 267, 411*n*, 424*n*
Maldivas, ilhas, 278
malês, 118, 165, 184, 389*n*
Mali, 278
Malinowski, Bronisław, 419*n*
malungos, 327, 330, 426*n*
malungu (canoa), 327
mandingas, 29-30, 356, 371*n*

manes (divindades romanas), 69
Manning, Patrick, 281, 419*n*
maotias (criaturas míticas), 409*n*
mar, 27, 33-4, 75, 93, 112, 125, 127, 133, 140-1, 144, 162, 179, 213, 216, 303-4, 352, 383-5*n*, 387*n*, 402-3*n*, 408*n*, 422*n*
marabus, 29-30, 63-4, 97-9, 101-2, 104-5, 110, 152-3, 282, 285, 361*n*, 376*n*, 422*n*
Maranhão, 23, 26, 192, 248, *250*, 254, 320-1, 323, 333, 336, 340, 343, *345*, 355, 357-8, 412*n*, 414*n*
Maria Jesuína (da Casa das Minas), 412*n*, 414*n*
Maria, Santa *ver* Virgem Maria
Martiniano Eliseu do Bonfim, babalaô, 325, 336
marujos, espíritos de (no tambor de mina), 352
marxismo, 280, 317
Matory, Lorand, 324-5, 425*n*, 429*n*
Maupoil, Bernard, 107, 114, 118-9, 128, 163, 175, 376*n*, 378*n*, 409*n*, 411*n*, 417*n*
mausoléus, 78, 222, 253, 340
Mauss, Marcel, 234, 290-1, 300, 395*n*, 424*n*
Mawu (vodum), 60, 112-3, 119, 130, 133, 163, 167, 188, 210, 217, 234, 374*n*, 378-9*n*, 408-9*n*; *ver também* Lissa
medicinas sagradas, 97, 103, 128, 130, 382*n*, 409*n*
médiuns, 109, 111, 219, 233, 261, 349, 353-4, 407*n*
memória ritual, 186, 236, 357, 396*n*
Mendes, Luiz Antonio de Oliveira, 378*n*, 402*n*

mendicância ritual, 246, 267, 314, 424*n*; *ver também ahwansì*; *tobosi*

mensageiro, vodum *ver* Legba

mercadores europeus, 101, 283, 296, 304

mercadorias, 135, 149, 196, 278, 280-1, 283-4, 287, 298, 303, 317, 323, 387*n*, 418*n*

mercantilismo, 30, 46, 279, 284, 287, 301

Mercier, Paul, 38, 210, 258, 402*n*

meretrizes, 397-8*n*

Messi, rei, 85

metáfora marital, 317, 328-9

metais, 216, 220, 290, 427*n*

metempsicose (transmigração das almas), 72-3, 262, 368*n*

metodistas, 208, 253, 395*n*

Mewu, ministro daomeano, 80, 191, 203, 210, 221, 252, 397*n*, 400*n*

Mézé (fetiche), 85

mexóxó (parentes mais antigos), 269

Middle Passage (travessia atlântica), 327-8, 350

Migan, ministro daomeano, 80, 102, 165, 203, 210, 221, 251-2, 372*n*, 375*n*, 397*n*

migrações, 44, 356, 366*n*

milhete, 146, 204, 384*n*

milho, 84, 105, 146, 182, 278, 303, 314, 339, 384-5*n*, 407*n*

Milicia excelsa (árvore sagrada de Loko), 126

militarismo, 54, 64

mina, nação, 320, 357

mina-jeje, nação, 357, 358

Minas Gerais, 320-1

minerais, 72

missal católico, 166

missas católicas, 152, 166

missionários católicos, 27, 29, 63, 85, 119, 123, 134, 144, 151, 166, 369*n*, 375*n*

mitologias africanas, 70, 114

Mivede (sacerdote de Zomadonu), 237, 241, 248, 259, 266, 408-9*n*, 411*n*, 416*n*

"modo de produção asiático", 280, 419*n*

monarquia, 40, 52, 54, 63-4, 67, 80, 84, 87, 106, 122, 136, 141, 162, 164-5, 168, 179, 197, 255, 257-9, 264, 336, 348, 396*n*, 402*n*; *ver também* reis

Mono, rio, 25, 143, 363*n*, 384*n*

monogamia, imposição da, 166

monopólio comercial, 280-1

monoteísmo, 34, 234, 351

Monroe, J. Cameron, 414*n*

Montaguère, Olivier de, 166

montanhas, 44, 126, 306

"montículo das promessas", 422*n*

Moral Economy, The (Scott), 419*n*

Moral Economy, The (Thompson), 419*n*

morte, 23, 43, 59-60, 67-70, 72, 75-7, 79-82, 84, 89, 107, 119, 130, 146, 154, 156-7, 169-70, 181-2, 187, 201, 203, 213-4, 219, 245, 248-9, 251-3, 266, 292, 295, 297, 306, 311, 313, 327, 363*n*, 368*n*, 370*n*; *ver também* mundo dos ancestrais/mundo dos mortos; "outro mundo", crença africana num; país dos mortos

"morte ritual" (de vodúnsis), 246

Moseley, Katherine, 52-3, 55

muçulmanos, 118, 134, 278-9

multiplicidade mediúnica, 353

mundo dos ancestrais/mundo dos mortos, 59, 70, 82; *ver também*

morte; "outro mundo", crença africana num; país dos mortos
mundo dos vivos, 59, 68, 212, 288; *ver também* país dos vivos
muntu (dos bantos), 62; *ver também* energia vital
Museu Nacional do Rio de Janeiro, 412n
música, 99, 127, 138, 271, 354
músicos, 75, 103, 140, 191, 199, 371n, 397n

N***, Mr., 130
Na Agotimé, rainha-mãe, 222-4, 233, 251-4, 311, 401n, 407n, 412-4n
Na Huanjile, rainha-mãe, 163, 187-8, 201, 221-2, 224-5, 242, 252, 405n, 408-9n, 413n, 416n
Naeté (vodum), 140, 162
nagô, nação, 334
nagô-ketu, nação, 358
nagôs, 44, 131, 230, 243, 269, 321-2, 324-5, 334, 343, 352, 357, 368n; *ver também* iorubás
Nájera, José de, padre, 99-101, 104, 109, 120-1, 137-40, 144, 361n, 365n, 375n, 383n, 385n
Nanã Buluku (orixá), 382n
Nangon, 131
navios, 27, 139, 222, 298, 303-5, 422n
N tsé, 64
neoliberal, cultura, 300
Nesu (vodum), 218-9, 227, 240-1, 406n
Nesu, água, 218, 230-1, 404n
Nesu, casa, 219, 229, 237-8, 406n
Nesuhue, culto dos (ancestrais dos reis), 71, 184, 186-7, 204, 233, 236-41, 244-7, 249-51, 254-64, 266-71,

274-5, 311-3, 340, 343, *344*, 346, 365n, 374n, 405n, 408-12n, 415-7n, 424n, 427n
Nesu-hwe, barracões, 227, 241
Nigéria, 291, 363n, 425n
"noites do mal" (nos Costumes), 195, 197
Nokué, lago, 44, 171
Norman, Neil, 39
Norris, Robert, 55, 162, 188-90, 192, 194-6, 200, 217-8, 265, 297, 371n, 390n, 393n, 397-8n, 404n, 406n
noviças, 98, 120, 146-7, 245-6, 314-8, 328-9, 403n, 424n
nozes de cola, 230
nyì jǐ, ritual ("montar sobre o boi"), 267

Oäche *ver* Nɔtsé
Obatalá (orixá), 124, 311
"objetos de poder", 31, 33, 38, 78, 94, 103, 129, 131, 133, 194, 286, 303, 306-7, 377n; *ver também bŏ*, artefatos
Obra nova da língua geral de Mina (Peixoto), 112, 321, 376n, 378n
Oçãim (orixá), 117, 382n
oferendas, 21, 31, 37, 69, 71, 74, 78, 80, 84-5, 89-90, 97, 99, 107, 111, 126, 129-30, 140-2, 148, 150, 153, 185, 187, 197, 206, 212-4, 217, 219, 223, 229, 231, 233, 236, 243, 267-8, 285-92, 303-4, 318, 339, 349, 366n, 381n, 387n, 403n, 405-7n, 416n, 422n
Offra, porto de, 97, 137, 139, 383n
ogãs, 337-9, 355, 427-8n
Òkukù, 49
Oliver, Roland, 364n
Omolu (orixá), 382n

ontologias, 62, 347, 349, 353, 356

opón Ifá ver faté (bandeja de Fá)

oráculos, 115, 142, 164, 288-9, 303

oríkì, 179, 274-5

orixás, 29, 67, 117, 124-5, 179, 309, 311-2, 325, 329, 334, 336, 343, 345, 349-52, 357-8, 367n, 377n, 379n, 382n

Orumilá (orixá), 119, 379n

osou (pássaro), 123

ossadas (como troféus de guerra), 121, 222

ossos, 33, 60, 89-90, 121, 222, 379n, 392n

ostentação cerimonial, 40, 64, 185, 300

Ò ùmàrè (orixá), 417n

Otckpeh, feiticeiro/sacerdote, 65

ouro, 187, 221, 278, 284, 290, 304, 340-1, 343, 420n

"outro mundo", crença africana num, 37, 59, 63, 72, 79, 81-2, 100, 107, 111, 129, 212-6, 371n, 402n; ver também mundo dos ancestrais/mundo dos mortos; país dos mortos

Oyó, 43, 53, 118, 134, 138, 144, 179, 194, 205-6, 260, 269, 304-5, 311, 334, 336, 379n, 394n, 400n, 405n, 422n

padê, ritual do (candomblé), 334

padres católicos, 152, 166, 285, 325, 391n

"pagamento aos tocadores", ritual de (Casa das Minas do Maranhão), 191-2

pai, 43, 46-7, 53, 55-60, 62, 76-7, 81-3, 89, 130, 147, 154-5, 161, 179, 181, 191, 196, 204, 207, 210, 219, 227, 237, 243, 251-2, 264, 268, 311, 316, 325, 332, 335, 363-6n, 370n, 372n, 381n, 388n, 401n, 403-4n, 411n, 416n, 427n

pai de santo, 330, 335-6, 338

pai espiritual, 61; ver também tohuiyo

pai genitor, 58, 61; ver também daá mejito

pai social, 60-2, 335-6; ver também togbe

país dos mortos, 59, 69-70; ver também mundo dos ancestrais/mundo dos mortos; "outro mundo", crença africana num

país dos vivos, 69; ver também mundo dos vivos

pajelança ameríndia, 353

palácios, 23, 51, 65-6, 68, 77-8, 80-2, 85, 88, 90, 104, 106, 109, 111, 121, 128, 135, 148, 150-1, 155-6, 165-6, 172, 174, 178, 183, 186, 188-94, 196, 200, 207, 210, 214-7, 219-20, 222-3, 226-7, 228, 229-30, 233, 235, 237, 240-3, 257, 259, 263-6, 280, 298, 370-1n, 373n, 381n, 388n, 393n, 397n, 399n, 402-9n, 414-5n

palmeiras sagradas, 127, 378n

Palmié, Stephan, 42, 363n, 423n

panã, rituais (no Brasil), 315, 328

panteões, 39, 67, 112, 132-3, 140, 147, 162-3, 170, 175, 179, 188, 244, 248-50, 346-7, 352-4, 356, 358, 417n, 424n

Paon, 51, 156, 158

papagaio, penas de, 147

Paracatu (Minas Gerais), 321

paradas marciais, 185, 192-3, 207

parentesco, relações de, 28, 38, 47, 53-4, 56, 61-3, 68, 91, 93, 134, 153, 180, 324, 327, 330, 334, 336, 351,

355, 358, 364n, 387n, 411n, 429n; ver também idioma do parentesco; sistema de parentesco

Parrinder, Geoffrey, 318

pássaros, 75, 115, 122-3, 160, 217, 224, 380n, 399n

pastores protestantes, 208, 253, 285, 395n, 420n

paternidade espiritual, 59

patriarcalismo, 56, 91, 180

patrilinear, descendência, 46-7, 58, 84, 148

patrimonialismo, 53, 55-8

Patterson, Orlando, 319

Pearse, Samuel, 391n

pedras, 34, 60, 92, 315, 351, 379n, 427n

Peel, John, 133, 311, 379n

Peixoto, António da Costa, 112, 321, 376n, 378n

Pequeno Popo, 44, 134, 339, 427n

Pereira, Nunes, 250, 343

Pernambuco, 320

pérolas, 83, 221, 404n, 410n

personificação (na religiosidade africana), 31-2, 95, 261, 284, 303, 361n

Phillips, capitão, 303, 305, 380n, 382n, 384n, 387n

Phoenix reclinata (palmeira), 127

pidgin, línguas, 28, 30-1

"piedade filial", 299, 422n

Pietz, William, 30-2, 361-2n

Pires, Vicente Ferreira, padre, 56, 89-90, 128, 131, 169, 200, 203, 253, 340, 371n, 373n, 381-2n, 397-9n, 404n, 428n

piscicultura, 277

píton, culto ao ver culto à serpente

pitonisas africanas, 119, 142

plebeus, 71, 82, 86, 165, 177, 184, 235, 238, 370n; ver também anato

pluralismo religioso africano, 39, 91, 162, 170, 234, 257, 264, 322

poder absoluto do rei, 51, 68

"poder contrapontual", 63, 366n; ver também sistema "dualista"

poder feminino, 84

poder político, 38, 63, 66, 68, 99, 166, 241, 257; ver também autoridade política

poder real, 56-8, 150, 158, 167, 183, 256

Polanyi, Karl, 278, 280-1, 419n

Poli Boji (vodum), 343

poligamia, 46-7, 123, 151

politeísmo, 34

pólvora, 185, 191, 279, 387n, 417-8n

pombagiras, espíritos de (no tambor de mina), 352

Pommegorge, Pruneau de, 67, 112, 188, 196, 373n, 378n

Popo, reino de, 43, 100, 120-1, 304, 369n, 379n, 383n, 385n

popos, 22, 44, 64, 74, 79

porcos, 160, 284, 390n

Porta de Cana (Abomé), 173-4

Porto Novo, 44, 82, 85-6, 90, 106, 122-3, 171-2, 178, 204-5, 296, 318, 324, 339, 375n, 380n, 384n, 391-2n, 394n, 424n, 427n

Portugal, 131, 165-6, 205

possessão espiritual/mediúnica, 65, 70, 98, 109, 119, 146, 229, 274, 310, 314, 346, 348, 354, 356-7, 385n, 424n

Pranvi Elisa ("Pequena doutrina de Lissa", catecismo), 125, 381n

prata, 187, 193, 220-4, 340-1, 343

práticas terapêuticas, 128, 353

preces, 21, 38, 221; ver também rezas

Príapo (deus grego), 112

príncipes, 71, 81, 87, 121, 171, 184, 203, 205, 208-9, 226, 235-6, 238, 249, 255, 259, 262, 265, 269, 340, 345, 380n, 382n, 394n, 401n, 409n

"princípio de agregação" (nos panteões africanos), 39, 135, 274, 352, 354

prisioneiros de guerra, 79, 185, 310, 365n

Pritchard, Evans, 69

procissões, 51, 84, 121, 140, 146-8, *149*, 151, 153, 155, 157, 159, 187, 189, 192, *193-4*, 199, 218-9, 271, 303, *341*, 388n, 396n, 404n, 424n

profanação de tumbas, 77, 80, 87

profano, mundo, 215, 315, 317, 339

profissionalismo sacerdotal, 288, 292

proibições, 48, 66, 70, 95, 161, 314, 316

protestantismo/protestantes, 30, 111, 152, 391n

protoiorubás, 44

prova do rio (no "tribunal do vodum"), 137-41, 144

pureza ritual nagô, ideologia da, 324-5

purificação, rituais de, 75, 215, 314

puritanos, 30

Quénum, família, 405n, 410n, 415-7n

Querebenta de Zomadonu, 249-50

quilombos, 349, 357, 426n

"quitanda das iaôs", ritual da (nas casas angolas e jejes), 329

quitandeiras, 329

quojas, 368n, 371n, 391n

rainha-mãe, 154-5, 166, 178, 210, 216, 223-4, 240, 394n, 407n; ver também *kpojitó*

rainhas, 87, 220, 223, 237, 250-1, 253-4, 261, 311, 335, 405n, 412n

raios, 123-4, 165, 380n

Raphia vinifera (palmeira), 127

rãs, 115

Rassinoux, J., 404n

récades, 341, *342*, 428n

recém-nascidos, 119

Recôncavo baiano, 22, 321, 351

reencarnação, 368n

"regar as tumbas" dos reis (nos Costumes), *198*, 217, 231

reis, 21-2, 52, 55, 62, 65-6, 71, 76-7, 79, 83-7, 89-90, 110, 119, 134, 150, 164-6, 170, 173, 177, 179, 182, 184, 188, 193, 198, 212, 214, 219-20, *221*, 222-4, *228*, 229, 231, 233, 235-7, 240, 243, 245, 248, 250, 253-62, 264-8, 275, 298, 302, 304, 311, 313, 332-3, 339-41, 343, 345, 364-5n, 367n, 372n, 390n, 405-8n, 410n, 414-6n, 421n

rei-deus, 58, 67

rei-fetiche, 65

rei-mago, 65

rei-sacerdote, 66, 187

relâmpagos, 123-4, 380n

relatos de viagem, 27-8, 294

religião africana/universo religioso africano, 28-9, 32, 34-5, 37, 72, 347, 350, 426n

religião greco-romana, 68

religiões afro-brasileiras, 26, 112, 322, 324, 326, 338, 348, 352-3, 425n, 429n

relíquias craniais, 85-7, 89; ver também crânios

remédios, 94, 128-30

Renascença de Lagos, 324-5

representação (na religiosidade africana), 31, 35, 113-4, 125, 231, 295, 307, 339, 372n, 428n
República do Benim, 25
ressurreição carnal, crença na, 73, 369n
"ressurreição ritual" (de vodúnsis), 246
Revolta dos Malês (1835), 324
rezas, 37, 65, 93, 95, 99, 127, 185, 229-31, 233, 269, 289, 316, 349
Rio de Janeiro, 131, 320
rios, 25, 126, 162, 187, 242, 244-5, 254, 269-70, 363n, 368n, 410n
Roça do Ventura, Terreiro (Cachoeira), 358
rochedos, 126
Rodrigues, Nina, 335, 337
romanos antigos, 68-9
Ronen, Dov, 421n
rosários, 134, 166
Royal African Company, 186
rum, 129, 132, 191, 230-1, 233

sacerdotes africanos, 32, 40, 46, 54, 56, 60, 64-5, 70, 77, 81-2, 85, 92, 95-6, 99-104, 107, 122-3, 129, 131, 141, 143-54, 158, 161-5, 167, 170, 173-4, 214, 217, 219, 231, 237, 241-2, 244-5, 247, 254, 259, 266, 277, 282, 285, 288-90, 292, 299, 304-6, 310, 312, 315, 317-8, 322, 324-5, 328, 332, 335, 337, 349, 356, 365n, 375n, 380n, 389n, 393n, 407n, 409-11n, 416n, 423-4n; ver também vodunons
sacerdotes cristãos, 30, 100
sacerdotes islâmicos, 29
sacerdotisas africanas, 95, 98, 105, 108, 142, 146-7, 177, 187, 218-9, 229-30, 242, 249, 310-2, 335, 409n

sacralização do rei/chefe, 65-8
sacrifícios, 37, 40, 69, 72, 74, 79, 83, 86, 93, 95, 107, 114, 122, 127, 129-30, 142-3, 153, 155, 159-60, 183, 190, 194, 197, 215-7, 219, 230, 239, 243, 285, 289, 295, 298, 302-3, 337, 378n, 381n, 387n, 399-400n, 402-3n, 406n, 421n
sacrifícios humanos, 78-9, 86, 90-1, 102, 160, 183, 185, 195, 196-7, 212-6, 218, 220, 229, 231, 277, 292-7, 299, 300, 301, 302, 304, 371-2n, 395n, 404n, 408n, 420-1n
Sahel subsaariano, 364n
Sakpatá (vodum), 108, 130-2, 163-4, 179, 205, 314, 377n, 382n, 393n, 403n, 409n, 418n, 423n
Salvador (Bahia), 22, 321, 325-6, 336, 358, 428n
Sandoval, Alonso de, padre, 74, 79, 94, 100, 121-3, 367n, 369n, 380n, 390n
sangrias, 130
sangue, 21, 73, 107, 169, 213, 215, 218, 220, 231, 239, 287, 299, 304, 316, 330, 368n, 371n, 378n, 403-4n
santería cubana, 326, 357
santos católicos, 30, 110, 166-7, 351
São Luís do Maranhão, 23, 248, 250, 254, 323, 345, 417n
saúde, 62, 66, 106, 122, 290, 292, 302, 361n
Savalú, 44, 238, 244-5, 254, 266, 269-70, 409-12n
Savaluno, família (São Luís), 248
savalus, 22
Save (reino), 44, 260
Savi (capital de Uidá), 44, 84, 104, 134, 138-41, 143-5, 148, 159, 187, 372n, 384n

Scott, James, 42, 258, 419n
Sé (ser supremo), 169
secularismo, 293
Segurola, R. P. B., 95, 239-40, 404n
selvageria e barbárie, estereótipos de, 293
Semasu (*tohosu*), 237, 410n
Semasusi (sacerdote de Semasu), 237, 244, 247, 365n, 409-11n, 416n
Senegal, 409n
Senegâmbia, 30, 71, 323, 367n
Senhor Bom Jesus das Necessidades e Redenção, capela de (Agoué), 324
Senume, rainha-mãe, 166, 222, 224-5, 233
sepulturas, 48, 50, 67, 72-5, 78, 80, 87, 126, 171, 231, 333, 370n
serpentes, 51, 58, 61, 64, 84, 98, 104, 108, 111-3, 115, 125, 130, 133, 135-6, 140-8, *149*, 150, 153, 155-62, 168-70, 178-80, 213, 260, 270, 274, 282, 284-5, 287-9, 310, 321, 348, 384-5n, 387-90n, 402n, 417n; *ver também* culto à serpente; Dangbé, serpente (vodum)
Serra Leoa, 371n
Sêto, 82, 86
sé (uma das quatro almas, segundo os tons), 73, 429n
Shaw, Rosalind, 42, 258, 274
Shurley, capitão, 305
sibilas, 108
Silva, Alberto da Costa e, 21
sincretismo, 112, 167, 348
sinhún (tambor de água), 75
sin-kon, ritual do ("dar a beber"), 185-7, 198, 206, 212, 216-23, *224-5*, 227, 229-31, 233-4, 236-7, 240-1, 259,

261, 264-5, 275, 397n, 400n, 404n, 406-7n, 414n
sistema "dualista", 63-4, 101, 144; *ver também* "poder contrapontual"
sistema de parentesco, 47, 58; *ver também* idioma do parentesco; parentesco, relações de
sistemas divinatórios *ver* adivinhação; Bo (sistema divinatório); Fá/Ifá, divindade e sistema divinatório de; Legba (vodum)
Skertchly, J. A., 170, 173, 175, 209, 218, 223-5, 227, 229-31, 233, 261, 380n, 397n, 401n, 404n, 406-7n
Slenes, Robert W., 327
Smith, Mr., 129
Snelgrave, William, capitão, 159, 212-3, 216, 297, 375n, 384n, 421n
Sò (vodum), 60, 115, 120, 124-5, 162, 165, 169, 178-9, 217, 239-40, 271, *272-3*, 274, 418n
sociedades africanas, 30, 35-6, 40, 59, 292, 295, 339
Société des Missions Africaines de Lyon, 325, 391n
Sofia (afro-holandesa de Uidá), 166
Sogan (capitão dos cavalos), 398n
Sogbó (vodum), 124, 179, 240, 271
Sogbossi, Hippolyte Brice, 410n
sortilégios mágicos, 93, 95, 247
só-sin, ritual do (nos Costumes), 182, 194, *195*, 200, 208, 219, *301*, 398n, 407n, 421n
sosos, 409n
Souza, Américo de, 325
Souza, Francisco Felix de, 206, 208, 251-2, 401n
Sowzer, Felisberto, babalaô, 325
Sozo, rei, 181

sú (proibições), 95

"sucessão de posições", 233, 261

suicídios, 78, 80, 214, 301, 305

sumaúma, árvore sagrada, 127, 245, 381*n*

sunkúnkún ("assobio à lua"), 70

superstições, 29, 32, 37, 74, 162, 285

Sweet, James, 131

ta (cabeça), 85, 182

tabaco, 80, 197, 279, 287, 397*n*

tabus, 75, 108, 127, 160, 168, 327, 330, 367*n*, 396*n*, 426*n*

Tado, 44, 48, 58, 60, 63-4, 86, 100, 120, 170-2, 174, 176-7, 257, 264, 366*n*, 372*n*, 379*n*, 385*n*, 392*n*, 411*n*

talismãs, 95

tambor de mina do Maranhão, 248, 321, 323, 339, 343, 352-8, 425*n*, 427*n*; *ver também* Casa das Minas (São Luís do Maranhão)

tambores/atabaques, 70, 75, 140, 148, 165, 191-2, 337, 340, 368*n*, 424*n*, 427*n*

Tamegan, ministro daomeano, 191

tánnyí (velhas tias paternais), 47

tasino (sacerdotisas), 230-1, 407*n*

tatuagens, 178

Taussig, Michael, 307

Tchayi, rainha-mãe, 215, 220, 222-5, 405-6*n*

tchiodohun, cerimônia funerária ("colocar na canoa"), 70-1, 82, 269, 368*n*, 371*n*

tɔ́-vĭ (par "pai-filho"), 58, 83-4

"teatro da dominação" (nos Costumes), 197, 300

tecidos, 148, 184, 192-3, 196, 243, 278, 287, 291, 304, 405*n*, 417*n*

Tedo, rei, 392*n*

Tegbesú, rei, 54-5, 66, 80-1, 87, 111, 163-5, 178, 187-8, 201, 212, 217, 222, 224-7, 237, 242-3, 245, 259-60, 265, 371*n*, 406*n*, 408*n*, 416*n*

Temega, ministro daomeano, 400*n*

tempestades, 166

"tempo dos reis" *vs.* "tempo mítico" (na história do Daomé), 258

Tendji, 252, 254, 401*n*, 413*n*

teocracia, 65, 367*n*

teologia cristã medieval, 30

teologia da prosperidade, 292

teste do rio *ver* prova do rio (no "tribunal do vodum")

Tezyfon, rei (ou Alkemy), 101, 375*n*

Thompson, E. P., 419*n*

Tidjani, Abdou Serpos, 48, 57, 363*n*

"tigre" *ver* leopardo

Tobo (vodum), 244, 247

tobosi, vodúnsis, 246-7, 249, *250*, 255, 267, 346, 353, 411*n*, 424*n*

Toffa, rei, 85

Toga (província de Uidá), 139

Togbanyi, rei, 86

togbe (pai maior/pai social), 58-60, 161

Togbé-Anyi (ancestral mítico dos adjas), 60, 366*n*

Togbuihué (santuário de Togbé-Anyi), 60

Togo (República Togolesa), 44, 367*n*, 377*n*, 425*n*

Togudo, 172, 178, 394*n*

tohosu (espíritos/divindades reais), 179, 227, *228*, 229, 236-45, 247, 249-51, 254-7, 259-60, 264, 266-71, 274-5, 340-1, 343, 368*n*, 406*n*, 408-12*n*, 415-6*n*

tohuiyo (ancestral primeiro/pai espiritual), 48, 54, 60-2, 64-5, 70, 108, 133, 161, 171, 175-7, 180, 335, 366n, 374n, 390n, 392n, 394n, 410n

Tojonu, rei, 101, 120-1, 123-4, 304, 374-5n

Tokpodun (vodum), 123

tolerância religiosa, 39, 163, 359

Tom, capitão, 152, 386-7n

Tori, 82, 86, 158

totem, 60, 171, 390n, 393n

totemismo, 366n

tovoduns (príncipes e cortesãos vodunizados), 71, 93, 236, 240, 269

tradições orais, 26-7, 35, 42, 44, 170-2, 178, 206, 242, 245, 251, 369n, 412n

traficantes europeus, 41, 132, 188, 206, 208, 211, 305, 425n

traficantes locais, 303

tráfico de escravos, 25, 39-40, 46, 51-4, 56, 82, 119, 134-6, 140, 152, 158-9, 167, 181, 183, 188, 197, 204-7, 209, 211-2, 254, 277, 279, 281, 283, 286-7, 292-8, 301-2, 304-5, 307, 311, 313, 317-20, 323-4, 328, 334, 350, 355, 358-9, 364n, 412n, 421n; *ver também* comércio de escravos

transmigração das almas *ver* metempsicose

tratado anglo-português (1810), 205

travessia atlântica *ver Middle Passage*

"tribunal do vodum" (instituição jurídico-religiosa transétnica), 136-8; *ver também* prova do rio

tributos, 51, 76, 89, 181, 184, 206, 211, 269, 278, 385n, 419n; *ver também* impostos

trickster, 81, 112

troféus de guerra, 87, 90, 121, 222

trovadores africanos, 261

trovão, 93, 123-4, 133, 162, 165, 169, 179, 239, 271, 314, 352, 380n, 395n

tubarões, 304

tumbas, 73, 75, 77-8, 87, 129, 198, 217, 220, 222, 231, 253, 371-2n, 403n, 405-6n, 414-5n

Tundá, dança do, 321

Turner, Victor, 42, 309

Tylor, Edward, 368n

uatchis, 64

Uemê, rio, 25, 70, 88, 244, 363n, 394n

Uidá, 22, 25-6, 33, 36, 39, 43-4, 46, 50-3, 56, 58, 61-4, 66, 68, 73-81, 83-4, 89-92, 95, 98, 102, 104-5, 108-12, *113*, 115, 118-9, 122-30, 132, 134-6, 138, 140-4, *149*, 152, 155, *156*, 157, 159-60, 162, 165-8, 170, 174, 178-81, 187-8, 190-1, 200, 204-5, 207, 213-4, 220, 222, 238, 240, 246, 252-4, 256, 270, 277-9, 281-2, 284, 289, 297, 303, 305-6, 310, 318, 321, 324, 326, 348, 365n, 367n, 369-73n, 375n, 379-80n, 382-8n, 402n, 410-1n, 413n, 415-6n, 419n, 423n

Ulm, museu de (Alemanha), 114

universo religioso africano *ver* religião africana

urubus, 79, 122, 217

utensílios domésticos, 74

varíola, 125, 130-2, 163, 412n

veneno, prova do (no "tribunal do vodum"), 138

ventriloquia, técnicas de (entre oráculos africanos), 97, 107-9, 111, 118, 374n, 377n

Verger, Pierre, 27, 248, 251, 323, 343, 374*n*, 382*n*, 409*n*, 411-2*n*, 416-8*n*

viajantes europeus, 26-31, 33-5, 37, 41, 46, 59, 68, 71-2, 92, 94-6, 101, 111, 132, 140, 142, 160, 184, 190, 194, 229, 244, 282, 285, 293, 326, 340, 361*n*, 374*n*

Vibagee, rei, 265, 406*n*

vidaho (príncipe herdeiro), 226, 265

videton, rito ("saída da criança"), 70

Vietnam, Guerra do, 294

Villault, Nicholas, 72, 74, 380*n*

vínculo de sangue, 62

Virgem Maria, 167

Vodò kpòsì (ancestrais Nesuhue), 204

vodún tomὲ ("país do vodum"), 314

vodunização, 65, 71, 82, 236, 367*n*; *ver também* deificação

vodunons (sacerdotes), 63, 95, 99-100, 102-5, 107-8, 123-4, 128-9, 141, 146, 148-9, 152-3, 159, 164, 204, 246-7, 266, 282, 285-9, 315-6, 328, 335-6, 339, 343, 391*n*, 411*n*

voduns, 21-2, 25, 33, 39, 60-1, 67-8, 71, 93, 95, 98, 104, 108, 111, *113*, 122, 124, 126, 128, 131-3, 140, 162-3, 167, 169, 175-6, 178-9, 186-8, 206, 215, 217, 219, 239, 247-9, 252, 260, 262, 264, 266, 268, 270-1, *272-3*, 274, 303, 307, 309, 312-4, 317, 320-2, 325, 328-9, 333-4, 336-7, 340, 343, *345*, 346-7, 349-52, 355-7, 377*n*, 395*n*, 400*n*, 403*n*, 411-2*n*, 427*n*

vodúnsis (devotas ou "esposas" do vodum), 98, 146-7, 149, 187, 233, 236, 245-6, 249, *250*, 261, 267, 312-6, 328-9, 343-4, 346, 407*n*, 409*n*, 412*n*, 424*n*

Volta, rio, 44, 363*n*

voudou haitiano, 357

Wasa, 176

Weber, Max, 52, 420*n*, 429*n*

Weickmann, Christoph, 114, 378-9*n*

wɛnsagùn (uma das quatro almas, segundo os fons), 73, 429*n*

Wilberforce, William, 421*n*

Wilks, Ivor, 297, 421*n*

Xangô (orixá), 179, 311, 334, 336, 377*n*, 391*n*, 423*n*

xangô de Pernambuco, 425*n*

xaxará (feixe de fibras de dendezeiro), 131

Xɛbyoso ver Heviesò/Hevioso (vodum)

Xɛvyὲ ver Hevie, cidade de

Xla (animal mítico), 411*n*, 417*n*; *ver também* Gla/Jagla (vodum)

Yémadjé, Mènogbé, 413*n*

Yemọ̀wó (vodum), 133

Yéouhé, espírito, 409*n*

Yêvi, espírito, 409*n*

Yewa, rio, 363*n*

yὲ (uma das quatro almas, segundo os fons), 73, 429*n*

Yivodo, rituais, 246-7, 249-50, 255, 409*n*, 411*n*

Yoder, John C., 183, 206

Yovogan (chefe dos brancos), 152-3, 191, 221, 400*n*

Yovotome (terra dos brancos), 269

Zamora, Basilio de, capuchinho, 144, 385*n*

Zanhun (*tohosu*), 237

Zapata, Filipe, 375*n*

Zomadonu (*tohosu*), 237, 240-4, 249-50, 254, 259-60, 264, 266, 271, *272-3*, 274, 343, 409-12n, 414n, 416n, 418n

"zona gris" (de interseção e interpenetração cultural), 35-6

zumbi, conceito de (morto vivente), 73, 369n

ESTA OBRA FOI COMPOSTA PELA SPRESS EM MINION E IMPRESSA EM OFSETE
PELA GRÁFICA BARTIRA SOBRE PAPEL PÓLEN SOFT DA SUZANO PAPEL E CELULOSE
PARA A EDITORA SCHWARCZ EM JUNHO DE 2016